Grundwissen Politik

Begründet von
Ulrich von Alemann

Herausgegeben von
Lars Holtkamp, Hagen, Deutschland
Viktoria Kaina, Hagen, Deutschland
Michael Stoiber, Hagen, Deutschland
Annette Elisabeth Töller, Hagen, Deutschland

Herausgegeben von
Lars Holtkamp
Viktoria Kaina
Michael Stoiber
Annette Elisabeth Töller

FernUniversität Hagen, Deutschland

Wilfried von Bredow

Sicherheit, Sicherheitspolitik und Militär

Deutschland seit der Vereinigung

 Springer VS

Wilfried von Bredow
Philipps-Universität Marburg
Deutschland

ISBN 978-3-658-05332-1   ISBN 978-3-658-05333-8 (eBook)
DOI 10.1007/978-3-658-05333-8

Die Deutsche Nationalbibliothek verzeichnet diese Publikation in der Deutschen Nationalbibliografie;
detaillierte bibliografische Daten sind im Internet über http://dnb.d-nb.de abrufbar.

Springer VS
© Springer Fachmedien Wiesbaden 2015

Lektorat: Jan Treibel, Monika Kabas

Gedruckt auf säurefreiem und chlorfrei gebleichtem Papier

Springer VS ist eine Marke von Springer DE. Springer DE ist Teil der Fachverlagsgruppe Springer
Science+Business Media.
www.springer-vs.de

Inhaltsverzeichnis

Dritter Teil: Deutschlands globalisierte Sicherheitshorizonte

Abkürzungsverzeichnis

ABC-Waffen	Atomare, biologische, chemische Waffen
AIDS	Acquired Immune Deficiency Syndrome
AKUF	Arbeitsgemeinschaft Kriegsursachenforschung (Hamburg)
AWACS	Airborne Early Warning and Control System
BGS	Bundesgrenzschutz
BMVg	Bundesministerium der Verteidigung
BVG	Bundesverfassungsgericht (Karlsruhe)
DCAF	Geneva Centre for the Democratic Control of Armed Forces
DGAP	Deutsche Gesellschaft für Auswärtige Politik (Berlin)
ESDI	European Security and Defence Identity
EUFOR	European Union Force
EuGH	Europäischer Gerichtshof
EVG	Europäische Verteidigungsgemeinschaft
GASP	Gemeinsame Außen- und Sicherheitspolitik (der EU)
GSVP	Gemeinsame Sicherheits- und Verteidigungspolitik (der EU)
GVK	Gemeinsame Verfassungskommission von Bundestag und Bundesrat
GWOT	Global War on Terror
IB	Internationale Beziehungen
IFAS	International Security Assistance Force (Afghanistan)
IISS	International Institute for Strategic Studies (London)
KAS	Konrad-Adenauer-Stiftung
KDV	Kriegsdienstverweigerung
KFOR	Kosovo Force
KSZE	Konferenz über Sicherheit und Zusammenarbeit in Europa
MAD	Mutually Assured Destruction
MBFR	Mutual Balanced Force Reduction
MOOTW	Military Operations Other Than War
NVA	Nationale Volksarmee (DDR)
OEF	Operation Enduring Freedom
OSZE	Organisation über Sicherheit und Zusammenarbeit in Europa
PISM	Polish Institute of International Affairs (Warschau)
PMC	Private Military Corporation
PRT	Provincial Reconstruction Team
PTBS	Posttraumatische Belastungs-Störung
RMA	Revolution in Military Affairs
R2P	Responsibility to Protect
RtoP	Responsibility to Protect (andere Schreibweise)
SIPRI	Stockholm International Peace Research Institute
SOWI	Sozialwissenschaftliches Institut der Bundeswehr (Strausberg)
SWP	Stiftung Wissenschaft und Politik (Berlin, früher Ebenhausen)

UNDOF   United Nations Disengagement Observer Force
UNDP   United Nations Development Programme
WEU   Westeuropäische Union
WMD   Weapons of Mass Destruction
ZDv   Zentrale Dienstvorschrift (der Bundeswehr)
ZIF   Zentrum für Internationale Friedenseinsätze (Berlin)

Einleitung

Dass sich nach dem Ende des Ost-West-Konflikts 1989/90 und der Auflösung der zuvor bereits schwächer gewordenen bipolaren Struktur des internationalen Systems neue politische, nicht zuletzt auch sicherheitspolitische Probleme einstellen würden, ist seinerzeit von der Erleichterung über den Wegfall der gegenseitigen nuklearen Bedrohung der beiden Weltführungsmächte USA und UdSSR verdeckt worden. Diese Illusion fiel allerdings nach kurzer Zeit in sich zusammen. Denn neue und opferreiche gewaltsame Konflikte hielten die Welt in Atem, wenn auch auf andere Weise als vorher. Immerhin hatte es den Anschein, als verfügte die mit einem Euphemismus so bezeichnete ‚internationale Gemeinschaft' der Staaten, unterstützt durch eine Heerschar humanitärer Nichtregierungsorganisationen, über mehr und effektivere Möglichkeiten, diese Konflikte einigermaßen erfolgreich einzudämmen oder zu mildern, ihre Ursachen zu neutralisieren und ihre Folgeschäden durch internationale Hilfsprogramme zu überwinden. Das war aber die zweite Illusion, die in der Politik und in der Politikwissenschaft damals gleichermaßen verbreitet war.

Tatsächlich forcierte die dynamische Globalisierung eine Entwicklung, in deren Verlauf die geographische, aber auch die politische, wirtschaftliche und soziokulturelle Eingrenzung von Konflikten immer schwieriger wurde. Zugleich veränderte sich das institutionelle Verhältnis von Politik und Gewalt. Ein neuartiges Kriegsbild formte sich aus, das viele bis dahin deutlich identifizierbare Unterscheidungsmerkmale einebnete, etwa die zwischen Kombattanten und Zivilisten oder die zwischen staatlicher und nichtstaatlicher Gewalt. Risiken, Gefahren und Bedrohungen mussten in einem anderen, einem globalen Kontext wahrgenommen und beurteilt werden. Nur einem Teil davon kann mit militärischen Mitteln begegnet werden. Die Verletzlichkeit moderner Gesellschaften und manche Aspekte industrieller Produktion und der Finanz- und Währungswirtschaft erhöhten den Bedarf an Sicherheit, ohne dass er mit den vorhandenen Instrumenten und Strategien wirklich befriedigt werden konnte.

Spätestens mit den Erschütterungen, welche die Terroranschläge von New York und Washington am 11. September 2001 im internationalen System auslösten, sowie den ökologischen Großunfällen der letzten Jahre ist Sicherheit zu einem umfassenden Konzept geworden. In ihm bündeln sich die unterschiedlichsten Wünsche, Überlegungen und Handlungsstrategien zur Entlastung der Individuen, Gesellschaften, ja der ganzen Menschheit von Unsicherheiten aller Art. Man kann sich leicht vorstellen, dass es dabei mehr Fragen als zuverlässige Antworten gibt.

In den Sozialwissenschaften jedenfalls sind Sicherheitsforschung und Sicherheitsstudien zu einer Sammelstelle für verschiedene Disziplinen geworden, wobei auch die Ergebnisse anderer Querschnittsfächer wie der Friedens- und Konfliktforschung integriert werden. Auf der politischen Handlungsebene ist die Suche nach Sicherheit mehr denn je zu einem Hauptmotiv der Politiken verschiedener Ressorts geworden. Jeder Wahlkampf der letzten Jahre, und das wird sich in der nächsten Zukunft nicht ändern, demonstriert die wachsende Bedeutung von Sicherheit im individuellen und kollektiven Bewusstsein der Menschen.

Vor diesem Hintergrund ist es eine spannende Frage, wie denn die bislang als ‚klassisch' betrachteten Instrumente der Staaten, die ihren Bürgerinnen und Bürgern Sicherheit garantieren sollen, also in den Außenbeziehungen vor allem die Streitkräfte, von den Veränderungen der internationalen, globalisierten und sich immer weiter ausdifferenzierenden Sicherheitslandschaft betroffen sein werden. Dieser Frage wird hier anhand der Bundeswehr und der deutschen Sicherheitspolitik seit 1990 nachgegangen.

Im ersten Teil des Buches – Grundlagen – geht es um den neuen konzeptionellen Rahmen für die Analyse von internationalen Sicherheitsproblemen. Die verschiedenen Ansätze der Neuen Sicherheitsstudien werden vorgestellt. Dabei kommen die Veränderungen des Kriegsbildes ebenso zur Sprache wie das Verhältnis zwischen Frieden, Sicherheit und Demokratie. Außerdem widmet sich ein Kapitel den Schwierigkeiten, die bei der Umsetzung des von der UNO-Generalversammlung verabschiedeten Handlungsappells zur *Responsibility to Protect* entstehen, der Schutzverantwortung des Kollektivs der Staaten gegenüber Menschen, die von ihren eigenen Regierungen bedroht oder nicht geschützt werden können.

Der zweite Teil – Die Bundeswehr als Gegenstand von Militär- und Sicherheitspolitik – beschreibt und analysiert die Geschichte der deutschen Streitkräfte, der Bundeswehr, vor allem unter dem Gesichtspunkt ihrer Anpassung an die Veränderungen der Sicherheitslandschaft. Neue Aufgaben erfordern organisatorische Reformen und neues strategisches Denken. Reformen solchen Kalibers sind notwendigerweise ein schwieriger und schmerzlicher Prozess, der viel Energie und Zeit verschlingt. Bei der Bundeswehr kommt, gewissermaßen reform-erschwerend, hinzu, dass ein Teil ihres Selbstverständnisses und eine Reihe ihrer Betriebsgrundsätze, darunter besonders die Innere Führung, zu den neuen Anforderungen in Widerspruch zu geraten drohen. Will man sie nicht verabschieden, was eine prekäre Entscheidung wäre, muss man sie kreativ fortschreiben. Im übrigen sind militär- und sicherheitspolitische Reformen in einer demokratischen Gesellschaft niemals nur ein organisationsinterner Vorgang und Angelegenheit der Exekutive. Vielmehr greifen sie auch tief in das Zivilleben ein und verändern damit das Verhältnis Militär-Gesellschaft und die politisch-militärische Kultur. Am Beispiel der Aussetzung der Wehrpflicht im Jahr 2011 wird diesem komplexen Wechselverhältnis nachgespürt.

Im dritten Teil des Buches – Deutschlands globalisierter Sicherheitshorizont – gehe ich auf die Stellung Deutschlands innerhalb der NATO und der Europäischen Sicherheits- und Verteidigungspolitik ein sowie auf die multilateralen Auslandseinsätze, an denen die Bundeswehr teilgenommen hat und die, in sich sehr verschiedenartig, mehr und mehr begonnen haben, zum Hauptzweck der Streitkräfte zu werden. Wie schwierig und problematisch dieser Hauptzweck werden kann, was kaum hauptsächlich an den Streitkräften vor Ort liegt, kann man am Fallbeispiel des Afghanistan-Einsatzes der Bundeswehr im Rahmen der ISAF studieren.

Mit diesem Buch schreibe ich meine früheren Studien zu Militär und Demokratie in Deutschland fort. Der FernUniversität Hagen bin ich dankbar dafür, dass sie mir ein weiteres Mal die Gelegenheit geboten hat, meine Überlegungen in die Form der Grundlegung für einen Fernkurs zu gießen. Den damit verbundenen Zwang, sich so klar und verständlich wie möglich auszudrücken, habe ich immer als heilsam empfunden. Von den vielen Personen, bei denen ich mich wegen ihres aktiven Interesses an diesem Buch und für manchen Hinweis bedanken möchte, seien nur erwähnt: Stephan Böckenförde (Strausberg), Andreas Herberg-Rothe (Weyhers), Gerhard Kümmel (Potsdam), Martin List (Hagen), Klaus Naumann (Hamburg) und Klaus Wittmann (Berlin). Den Herausgebern der Reihe „Grundwissen Politik" und dem Springer VS-Verlag danke ich für die Übernahme des Buches in diese Reihe.

Erster Teil: Grundlagen

1 Sicherheit, Sicherheitspolitik und organisierte Gewalt

Gibt man den Begriff *security* in die Suchmaschine von Google ein, erhält man binnen 20 Sekunden über vier Milliarden Verweise auf seinen Gebrauch in den verschiedensten Zusammenhängen. Bei dem deutschen Wort *Sicherheit* sind es erheblich weniger, was an zwei Gründen liegt. Erstens ist die Suchmaschine von Google im Deutschen so eingestellt, dass viele Begriffs-Verwendungen herausgefiltert werden. Und zweitens wird die internationale Debatte über Sicherheit, Sicherheitspolitik und die Aufgabe von Streitkräften bei der „Produktion von Sicherheit" in der Hauptsache auf Englisch geführt.

Jedenfalls kann man unmöglich allen Begriffs-Verwendungen nachgehen. Aber dass Sicherheit im sozialen Alltag und in der Politik ein begehrtes Gut sowie in den Wissenschaften, nicht nur den Sozialwissenschaften, ein wichtiges Konzept ist, das überrascht nicht. Außerdem liegt auf der Hand, dass zu Zeiten eines dynamischen sozialen, kulturellen, politischen und ökonomischen Wandels Sicherheit noch mehr als sonst nachgefragt wird. In solchen Zeiten leben wir. Und der von Unsicherheiten aller Art begleitete Wandel spielt sich heute überall auf dem Globus ab, wenn auch in den verschiedenen Regionen auf unterschiedliche Weise. Das hat vielfältige Konsequenzen, insbesondere auch für die wissenschaftliche Forschung über Sicherheit.

Sicherheit als sozialwissenschaftliches Schlüsselkonzept

1.1 Sicherheit als Zielwert

Beim systematischen Nachdenken über Sicherheit fällt schnell eine Eigentümlichkeit auf: Sicherheit ist einerseits ein überhistorisch-existentieller Begriff, der in den individuellen und kollektiven Lebenspraktiken der Menschen in allen Kulturen und Gesellschaftsformen eine Rolle spielt. Andererseits ist, seit es den modernen Staat und das moderne Staatensystem gibt (das „Westfälische System internationalen Beziehungen"), der Sicherheits-Begriff gewissermaßen politisch-militärisch verengt worden. *Innere Sicherheit* bezieht sich in diesem Zusammenhang auf die Aufrechterhaltung der festgelegten Ordnung innerhalb eines Staates. *Äußere Sicherheit* meint demgegenüber den Schutz vor einem Angriff auf den Staat von außen, also in der Regel durch einen anderen Staat.

Innere und äußere Sicherheit

Dieser in der Politik auf Staatenebene angesiedelte und im politischen Alltagsgeschäft der Politik auch meist immer noch in diesem Sinne gebrauchte Begriff von Sicherheit wird heute wiederum als zu eng empfunden, weshalb es seit gut zwei Jahrzehnten oder sogar noch etwas länger wieder eine Debatte über die Erweiterung des Sicherheits-Begriffs gibt. Diese Debatte berührt zwar auch die überhistorisch-existentiellen Aspekte von Sicherheit, zielt aber eigentlich auf etwas anderes.

Sehen wir uns diese drei Perspektiven auf den Sicherheitsbegriff und das, was sie gemeinsam haben, einmal näher an. Dabei erweist es sich als nützlich, den Begriff der Sicherheit zunächst einmal von seinem Gegenbegriff her in Augenschein zu nehmen – Unsicherheit.

1.1.1 Sicherheit, umfassend

Erste Perspektive: Das menschliche Leben, das individuelle, aber auch das von Familien, Organisationen, Staaten und schließlich auch von der Menschheit als Gattung stand und steht stets unter dem Schatten der Unsicherheit. Naturkatastrophen, Schicksalsschläge, heftige und die vorgebahnten Lebensverläufe durcheinanderbringende Konflikte können jederzeit in unser Leben eingreifen, unvorhergesehen und, wie man so sagt, aus heiterem Himmel. Diese Erfahrung existentieller Ungewissheit haben wir alle gemacht – Unsicherheit als eine anthropologische Konstante, jedenfalls im bisherigen Verlauf der Menschheitsgeschichte. Unsicherheit heißt letztlich: Nichtwissen über die Zukunft, über das, was uns erwartet.

existentielle Unsicherheit des Menschen

Dieser Sachverhalt hat eine zweite anthropologische Konstante zur Folge. Denn nichts ist verständlicher, als dass die Menschen, gleichviel in welchem kulturellen Umfeld und in welcher Zivilisation sie leben, danach streben, das Ausmaß ihrer Unsicherheit zu verkleinern, indem sie sich, wo immer und so viel es geht, Sicherheit verschaffen. Der Historiker Eckart Conze hat 2009 seinem Buch über die Geschichte der Bundesrepublik Deutschland den Titel „Die Suche nach Sicherheit" gegeben. Dieser Titel würde sich auch gut für eine Universalgeschichte der Menschheit eignen. Die klassischen europäischen Vorstellungen über Vergesellschaftung und den Beginn von Kultur und Zivilisation, die sogenannten Vertragstheorien von Philosophen wie Thomas Hobbes (1588-1679), John Locke (1632-1704) und Jean-Jacques Rousseau (1712-1778), beruhen auf dem Gedanken, dass der Mensch soziale Institutionen braucht, um seine Unsicherheit ein Stück weit zurückfahren zu können. Dass mit der Etablierung solcher Institutionen neue Unsicherheiten entstehen können, diese Einsicht hat allerdings auch nicht lange auf sich warten lassen.

permanente Suche nach Sicherheit

Im Grunde muss man aber noch viel weiter gehen – die Erkenntnis, dass das Leben jedes einzelnen nach einer gewissen Zeitspanne aufhört, die „äußere" Erfahrung des Todes anderer, verbunden mit der erfahrungslosen Erwartung des irgendwann erfolgenden eigenen Sterbens, und die völlige Ungewissheit darüber, ob und wie es danach weitergeht, all das verbindet sich zu einer existentiellen Unsicherheit, welche die Menschen mit magischen Vorstellungen und mythischen Erzählungen von einer transzendenten Geister- und Götterwelt, aber auch mit den komplexen Theologien monotheistischer Religionen zu überwinden trachten. Es geht dabei immer um Sicherheit, die manchmal Geborgenheit heißt oder Gewissheit, und die über den Rahmen des irdischen Lebens hinausreicht. Im nächsten Kapitel wird der Begriff *securitization* vorgestellt werden, womit ein ganz junger Ansatz innerhalb der Internationalen Sicherheitsstudien gemeint ist. Dabei handelt es sich um politische Intentionen und Handlungen. Aber eigentlich umfasst er viel mehr, z. B. die Funktion von Religionen und ihrer Glau-

Sicherheit und Transzendenz

benssätze, Riten und Handlungsanweisungen an die Gläubigen. Transzendentale *securitization* sozusagen, wenn solch eine Hybrid-Formulierung ausnahmsweise einmal erlaubt ist. Gar nicht selten sind Religionen damit auch recht erfolgreich und verhelfen ihren Angehörigen zu einer über-individuellen Zuversicht. (Auch dies hat eine Kehrseite, nämlich wenn andere zur eigenen Zuversicht gewaltsam bekehrt werden sollen. Aber das steht auf einem anderen Blatt.)

1.1.2   Auf den Staat bezogen

Zweite Perspektive: Mit der Renaissance und der Reformation, bald auch der Aufklärung lockerte sich der im christlich-mittelalterlichen Europa festgefügte Kontext von Religion und Politik. Sicherheit erschien nun als ein Desiderat im sozialen Alltag des Hier und Jetzt, dem man nicht mit Versprechungen einer post-irdischen Sicherheit näherkommen konnte. Ein umso dringenderes Desiderat, als gesellschaftliche und wirtschaftliche Entwicklungen in Europa, und zunehmend auch darüber hinaus, komplexer wurden. Die Folge davon war eine wachsende Nachfrage nach Sicherheit – Eindämmung von physischer Gewalt und ihre Monopolisierung beim Staat, Festlegung und Durchsetzung von Normen, Regeln und Gesetzen mittels staatlicher Sanktionierungskraft, Ausbildung einer sachbezogen entscheidenden und handelnden Bürokratie. Im Aufstieg des modernen, säkularen Staates, er profitierte in Europa vom Ende der Religionskriege, wurde der Sicherheits-Begriff auf eben diesen Staat projiziert und konzentriert.

    Der Staat sollte über den Anspruch auf das Monopol der physischen Gewalt (durchgesetzt von Polizei und Justiz) seinen Staatsbürgern *innere Sicherheit* gewährleisten. Mithilfe der Streitkräfte sollte er außerdem *äußere Sicherheit* herstellen, also in defensiver und offensiver Version den Schutz der Staatsbürger und der inneren Ordnung vor Bedrohungen von jenseits der eigenen Grenzen. Außerdem sollten die Staaten das wirtschaftliche Wohlergehen der Gesellschaft fördern, also ein Stück weit auch *soziale Sicherheit* schaffen und pflegen. *[Marginalie: Sicherheit als Staats-Aufgabe]*

    Im absolutistisch organisierten modernen Staat blieben die Auffassungen von innerer, äußerer und sozialer Sicherheit weitgehend herrschaftlich-paternalistisch. Wie ja überhaupt die inhaltlichen Vorstellungen über Sicherheit, Gleichheit, Freiheit und andere Eckwerte politischer Organisation nie unbeeinflusst geblieben sind vom jeweiligen Zeitgeist, von dem Johann Wolfgang von Goethe im „Faust" bekanntlich behauptet hat, es sei im Grunde nur „der Herren eigner Geist, in dem die Zeiten sich bespiegeln".

    Im Verlauf der weiteren Entwicklung moderner Staatlichkeit und durch den Aufstieg des makro-regionalen europäischen Systems der Staatenwelt zum globalen internationalen System der Gegenwart wurde Sicherheit zu einem immer mehr begehrten Gut. Allerdings mit einem besonderen Dreh. Unter dem Vorzeichen der Nationalisierung der Staatenwelt (= der Vorstellung, dass Völker mit einer eigenen kollektiven Identität, gleichviel worauf diese sich gründet, in einem eigenen Staat leben sollen, dem Nationalstaat) wird Sicherheit zur *nationalen Sicherheit*, und diese beansprucht Priorität vor anderen Werten. Die erste Hälfte des 20. Jahrhunderts mit seinen beiden Weltkriegen und seine zweite *[Marginalie: Sicherheit für die Herrschaftsordnung im Staat]*

Hälfte mit der nuklear abgestützten Bipolarität im Ost-West-Konflikt sowie den nationalen Befreiungskriegen in den ehemaligen europäischen Kolonien weist starke Tendenzen zur „Verstaatlichung" des Sicherheitsbegriffs auf. Damit ging eine typische Blickverengung einher. Denn Sicherheit aus staatlicher Sicht war zentriert um das Militär als wichtigstem Sicherheits-Produzenten. In den Überlegungen und Vorbereitungen zum „totalen Krieg", aber auch im nuklearen Wettrüsten sowie, allerdings in anderen Formen, in den Partisanen- und Guerillastrategien der Entkolonialisierung spielten das Militär und der über dieses Instrument verfügende Staat, der existierende oder der zu errichtende, die entscheidende Rolle. Es ging immer um *seine* Sicherheit, die durch Instrumente organisierter Gewalt hergestellt, ausgeweitet, gefestigt werden sollte. Nun ist „der Staat" keine Person. Also muss man „seine Sicherheit" übersetzen als Sicherheit der Herrschaftsordnung, der Verfassung und aller institutionellen Säulen, die den Staat tragen.

1.1.3 Wieder in erweiterter Perspektive

neuartige Risiken, Gefahren und Bedrohungen der Sicherheit

Dritte Perspektive: Nicht erst mit dem Ende des Ost-West-Konflikts 1989/90, aber dadurch erst recht in den Mittelpunkt politischer und politikwissenschaftlicher Aufmerksamkeit gerückt, setzte ein Prozess ein, der in der Regel als „Erweiterung des herkömmlichen Sicherheitsbegriffs" bezeichnet wird. Das „herkömmlich" bezieht sich dabei freilich nicht auf den anthropologisch-existentiellen Sicherheitsbegriff („erste Perspektive"), vielmehr auf den staatszentrierten politisch-militärischen Sicherheitsbegriff, der sich im 17. Jahrhundert von Europa ausgehend weltweit durchzusetzen begann („zweite Perspektive"). Mit der unaufhaltsamen Globalisierung von immer mehr Lebensbereichen der Menschen wurde immer deutlicher, dass eine Reihe teils neuer, teils bislang einfach vernachlässigter Risiken, Gefahren und Bedrohungen von großer Bedeutung sind, und zwar nicht nur für die unmittelbar Betroffenen, sondern für ganze Gesellschaften, Makro-Regionen und unter Umständen sogar für die Welt als ganzes. Für die Menschen in Mitteleuropa und speziell in der Bundesrepublik Deutschland wirkte etwa das Reaktorunglück in Tschernobyl (26. April 1986) als Schlüsselerlebnis: Mangelhafte Reaktor-Sicherheit konnte nicht als ein lediglich technisches Problem ausgegeben werden, sondern bedrohte die Umwelt und die Menschen in weiten Gebieten. Staatsgrenzen oder Streitkräfte als Eindämmungs-Einrichtungen von Gefahren können dagegen nichts ausrichten. Inzwischen ist *Umwelt-Sicherheit* ein Begriff, der selbst wiederum vielfach unterteilt ist. Der Klimawandel, die Abholzung der tropischen und subtropischen Regenwälder, die Gefährdung der Ozon-Schicht rund um die Erdatmosphäre infolge der Emissionen von Fluorchlorkohlenwasserstoffen (FCKW), die Ausbreitung von Wüsten, die sich andeutende Knappheit fossiler Rohstoffe, die Versalzung der Böden, die in bestimmten Makro-Regionen drängender werdende Süßwasser-Knappheit, all das hat sicherheits-relevante Konsequenzen. Wegen der Globalisierung sind umweltsicherheits-relevante Vorgänge, obwohl sie sich nicht überall gleichmäßig abspielen, prinzipiell nicht mehr lokal oder regional einzuschränken. *Spill over*-Effekte auf andere Regionen der Erde sind immer möglich, mal mehr, mal weniger.

Weil sich als eine der Begleiterscheinungen von Globalisierung die Schwächung staatlicher Steuerungsfähigkeit herausgestellt hat, haben staatliche Einrichtungen, insbesondere von ohnehin schwachen Staaten, wachsende Schwierigkeiten damit, die innere und die äußere Sicherheit der Menschen auf ihrem Territorium zu gewährleisten. Die Trennung zwischen diesen beiden politischen Sphären ist im Übrigen auch nicht mehr so einfach. Dadurch ergeben sich beträchtliche Anpassungs-Notwendigkeiten für die staatlichen Sicherheits-Institutionen, ebenso wie für die internationale Politik des Peacekeeping und der Stabilisierung fragiler Staaten, die leicht zur Beute von Terror-Gruppen und kriminellen Organisationen werden.

sich abschwächende Steuerungsfähigkeit des Staates

Man erkennt hier ein völlig anderes Panorama von Sicherheitspolitik, bei der international abgestimmte Maßnahmen zur ökonomischen Stabilisierung, zum Schutz der Menschenrechte oder, wiederum auf einer anderen Ebene, zur Bekämpfung von Pandemien (= länder- und kontinentübergreifende Ausbreitung von Infektionskrankheiten) erforderlich sind. Das Humane Immundefizienz-Virus (HIV) bedroht die innere, äußere und die gesellschaftliche Sicherheit vieler Länder. Mit Polizei und Militär kann man da nichts ausrichten. Man muss andere Mittel einsetzen, um seine Ausbreitung einzudämmen.

Sicherheitsbedrohungen im zivilen Leben

Die nachdrücklichste und gleichzeitig akzentverschiebende Erweiterung des Sicherheitsbegriffs findet sich unter dem Etikett *human security*. Weil für unsere Ohren die deutsche Übersetzung *menschliche Sicherheit* gleich sehr abgeschliffen klingt, wird auch in der deutschen Fachdebatte meistens der englischsprachige Begriff verwendet. Entstanden ist dieser Begriff aus Debatten in diplomatischen und akademischen Kreisen im Umfeld der Vereinten Nationen sowie in einigen (nicht vielen) Ländern wie vor allem Kanada und Japan in den frühen 1990er Jahren. Der entscheidende Ansatzpunkt war die Auswechslung des Hauptadressaten von Sicherheit – nicht mehr der Staat und sein Herrschaftsgefüge, nicht mehr die existierende Gesellschaftsordnung stehen im Mittelpunkt des Sicherheitskonzeptes; vielmehr wird die Sicherheit der Menschen, der Individuen als einzelne, aber auch als Mitglied bestimmter, besonderen Sicherheits-Gefährdungen ausgesetzter Gruppen, in den Mittelpunkt gerückt. Dies hat weitreichende theoretische und praktische Folgen. So impliziert die Priorität von *human security* das Abrücken von der strikten Anerkennung des Prinzips der Nichteinmischung in die inneren Angelegenheiten eines Staates. Dieses Prinzip gehört zum Kern des völkerrechtlichen und politischen Konzepts staatlicher Souveränität. Weiterhin liegt auf der Hand, dass man, wenn die Sicherheit der Individuen an erster Stelle steht, den Sicherheits-Diskurs anderen Themen öffnen muss. Zu diesen Themen, denen jetzt größere Aufmerksamkeit gewidmet wird oder werden soll, gehören humanitäre Schutzaktionen (z. B. von Minderheiten, Migranten, Kriegsopfern), präventive Sicherheitsvorkehrungen (z. B. diplomatische Deeskalation von Konflikten zwischen Staaten, aber auch in Bürgerkriegen, Konfliktmediation), Rüstungskontrolle und Abrüstung (z. B. von bestimmten Waffen und Kriegsmitteln wie Personenminen) sowie die breite Palette von Maßnahmen zum Wiederaufbau kriegszerstörter Gesellschaften.

Human Security

Zielwert Sicherheit   Dies sind ja nun drei sehr unterschiedliche, wenn auch miteinander verbundene Perspektiven auf den Begriff Sicherheit und auf seine konzeptionelle Ausgestaltung. Eine Gemeinsamkeit soll an dieser Stelle besonders betont werden. In
allen drei Perspektiven ist Sicherheit ein *Zielwert*. Damit wird letztlich ausgedrückt, dass es für uns Menschen keine verlässliche Sicherheit gibt oder, um-
gangssprachlich ausgedrückt, keine „hundertprozentige Sicherheit". Wir können
uns ihr annähern, aber ein für allemal verwirklichen können wir sie nicht. Die
Unsicherheit bleibt lebensgeschichtlich stärker. Aber das sollte nicht zu dem
Fehlschluss verführen, es lohne sich nicht, Sicherheit anzustreben. Ganz im Gegenteil: die Unterschiede zwischen „weniger Sicherheit" und „mehr Sicherheit"
entscheiden mit über die Chance von Menschen auf ein zufriedenes und würdevolles Leben, als Individuen und in sozialen Verbänden.

1.2 Internationale Sicherheitsstudien (ISS)

Die Erweiterung des herkömmlichen Sicherheitsbegriffs bedeutet nun nicht etwa,
dass dieser vollständig obsolet geworden wäre – sonst würde man ja auch nicht
von Erweiterung, sondern von Ablösung sprechen. In den Sozialwissenschaften
hat sich aber wegen dieser beträchtlichen Horizonterweiterung in den letzten
englischsprachige   Jahren ein neues Arbeitsfeld entwickelt, die *security studies* oder *international*
Einführungen in die   *security studies*. Die englische Bezeichnung ist insofern berechtigt, als dieser
security studies   inner-akademische Ausbildungsprozess sich vor allem in der englischsprachigen
Wissenschaftslandschaft vollzogen hat. Hier gibt es inzwischen auch bereits
mehrere umfangreiche Lehrbücher (z. B. Collins 2010² oder Williams 2013²)
sowie eine anregende, in manchen Punkten ergänzungsbedürftige wissenschaftssoziologische und wissenschafts-historische Abhandlung über die Entwicklung
der *security studies* (Buzan/Hansen 2010²). Die ersten Auflagen dieser Bände
kamen 2007, 2008 bzw. 2009 auf den Markt. Wenn schon wenige Jahre später
Zweitauflagen erscheinen (in allen drei Fällen mit zahlreichen Veränderungen),
dann lässt sich daran erkennen, dass es hier eine beträchtliche akademische
Nachfrage gibt. Das betrifft nicht nur den akademischen Bereich, sondern mit
wachsender Dringlichkeit auch die politische Praxis. Abzulesen ist das etwa an
dem Schwerpunkt Sicherheitsforschung im 7. EU-Forschungsrahmenprogramm
(2007-2013), der auch in dem sich anschließenden Rahmenprogramm weiterge-
führt werden wird (Geiger 2007).
      Buzan und Hansen verwenden den Begriff der *international security studies*
und verpassen diesen sogleich auch ein Akronym: ISS. In meinem eigenen
Überblick über deutschsprachige Beiträge zu diesem Themenfeld habe ich die
Bezeichnung *Neue Sicherheitsstudien* verwendet und mich etwas vorlaut über
den eifrigen Gebrauch von Akronymen in den Sozialwissenschaften lustig gemacht (von Bredow 2010b, 413-414). Hier passe ich mich der Übersichtlichkeit
halber dem Sprachgebrauch von Buzan und Hansen an; für sie bedeutet das *international* die Klammer für verschiedene theoretische und methodische Ansätze
in den Sicherheitsstudien, von denen sie *human security, critical security studies,
the Copenhagen school of security studies, constructivist security studies* explizit

erwähnen, aber durch ein „and so on" deutlich machen, dass diese Liste längst nicht vollständig ist (Buzan/Hansen 2010², 13). Später präsentieren sie eine Übersicht mit elf unterschiedlichen Ansätzen, auf die ich weiter unten noch eingehen werde.

Internationale Sicherheitsstudien können entweder als Sub-Disziplin von den Internationalen Beziehungen angesehen werden (so Collins 2010², 2) oder als ein Untersuchungsfeld im Überschneidungsbereich mehrerer Disziplinen (so, dezidiert gegen Collins argumentierend, Williams 2013², 4-5). Buzan/Hansen legen großen Wert auf die Feststellung, dass es nicht sinnvoll sei, den Beginn der Internationalen Sicherheitsstudien als Folge der Überwindung des Ost-West-Konflikts zu sehen.

vielfältige Ansätze

> One aim of our project was to counteract the illusion that there is a clear 'before and after 1990' structure to ISS, with everything changing as a result of the Cold War ending and widening approaches suddenly appearing (Buzan/Hansen 2010², x).

Damit rennen sie in der Hauptsache offene Türen ein, denn dieser "Illusion" unterliegt kaum jemand, der sich mit den neuen Sicherheitsstudien beschäftigt. Allerdings lässt sich auch nicht leugnen, dass das Untersuchungsfeld Sicherheit durch das Ende des Ost-West-Konflikts (dieser Ausdruck trifft den Sachverhalt besser als Kalter Krieg) weiter in das Zentrum der Aufmerksamkeit rückte und entsprechend Sicherheitsstudien mit mehr Förderung rechnen konnten. Die Freude darüber drückt Collins (2010², 10) ganz ungefiltert aus:

> It is a wonderful time to be a scholar of the discipline – and by scholar I mean students and tutors – because there is so much new and innovative thinking taking place that it is impossible for it not to open your mind.

Das neue und innovative Denken kommt nun allerdings nicht einfach aus dem Nichts: Es ist *einerseits* entstanden als Reaktion auf die politischen Veränderungen im internationalen System, die sich schon vor dem Ende des Ost-West-Konflikts, durch dieses aber weiter angetrieben, abgespielt haben. James N. Rosenau hat sie unter dem Stichwort der postinternationalen Politik zusammengefasst. Die Struktur des globalen internationalen Systems hat sich nämlich transformiert und ausdifferenziert, so dass der Staatenwelt nunmehr eine non-gouvernementale Welt gegenübersteht, deren Akteure über beträchtliche Macht-, Einfluss- und Steuerungsmittel verfügen. In seinen Worten lautet das so:

neues und innovatives Denken

> In the case of the structural parameter, the transformation is marked by a bifurcation in which the state-centric system now coexists with an equally powerful, though more decentralized, multi-centric system. Although these two worlds of world politics have overlapping elements and concerns, their norms, structures, and processes tend to be mutually exclusive, thus giving rise to a set of global arrangements that are new and possibly enduring, as well as extremely complex and dynamic (Rosenau 1990, 11).

Veränderung der
internationalen
Politik

Es versteht sich, dass eine derartige Veränderung der internationalen Politik (die nun schon längst nicht mehr auf zwischen-staatliche Politik reduzierbar ist), gravierende Konsequenzen für alle Vorstellungen über Sicherheit und für die Sicherheitspolitik haben muss. Somit hat sich hier ein breites Feld für internationale Sicherheitsstudien eröffnet.

Andererseits ist dieses neue und innovative Denken über Sicherheit ein Resultat diskursiver Veränderungen in der akademischen Welt, in Universitäten und Denkfabriken *(think tanks)*. In den 1950er bis 1970er Jahren liefen akademische Sicherheits-Diskurse häufig nur in kleinen und voneinander abgeschotteten

epistemische
Gemeinschaften

epistemischen Gemeinschaften ab. *Epistemische Gemeinschaften* werden durch starke kognitive und normative Bindungen zusammengehalten, was interne Auseinandersetzungen freilich keineswegs ausschließt. In der Wissenschaft entstehen solche Gemeinschaften häufig in Opposition zu den etablierten disziplinären und thematischen Prioritäten, zum *mainstream*. Die regierungsnahen zivilen und militärischen Experten der Nuklearstrategie, dann die sich gegen das nukleare Wettrüsten engagierenden Nuklearphysiker während des Ost-West-Konflikts (mit der Zeitschrift *Bulletin of Atomic Scientists* und den verschiedenen Treffen auf den Pughwash-Konferenzen), die untereinander auch international gut vernetzten Friedens- und Konfliktforscher oder die um das *Inter-University Seminar on Armed Forces and Society* (IUS) zentrierten Militärsoziologen können hier als hervorstechende Beispiele aufgezählt werden. Zwischen diesen Diskurs-Gemeinschaften gab es nur wenig Austausch von Argumenten und Einsichten. Dies hat sich in den letzten zwei Jahrzehnten geändert. Die Internationalen Sicherheitsstudien bieten inzwischen ein gemeinsames Dach, wobei anzumerken ist, dass manche der früher hochaktuellen und potentiell auch folgenreichen Diskurse wie der nuklearstrategische Diskurs heute in den Hintergrund getreten sind. Ursächlich dafür ist in der Tat aber das Ende des Ost-West-Konflikts mit seiner scharfen nuklearen Bipolarität.

Dies halten wir als Zwischenfazit vorläufig fest:

In den Sozialwissenschaften und speziell in den Internationalen Beziehungen kann man seit längerem ein immer noch steigendes Interesse in Politik, Öffentlichkeit und Wissenschaft für die Voraussetzungen, verschiedenen theoretischen Fassungen und Ansätze zur Definition, Analyse und, ins Praktische gewendet, Realisierung von Sicherheit auf den verschiedenen politischen und gesellschaftlichen Ebenen registrieren. Sicherheit ist schon lange nicht mehr mit militärischer Sicherheit gleichzusetzen. Äußere und innere Sicherheit gehen ineinander über, weil die territorialen Grenzen in der Staatenwelt einen Teil ihrer Demarkations-Kraft eingebüßt haben. Auch nicht-staatliche Akteure aus der internationalen „Gesellschaftswelt", um einen Ausdruck von Ernst-Otto Czempiel zu benutzen, setzen organisierte Gewalt ein.

Sicherheit auf nicht-
militärischen Feldern

Sicherheit taucht inzwischen auch als zentraler Begriff in der Entwicklungspolitik auf, der Energiepolitik, der Umweltpolitik sowie der Gesundheitspolitik. Sammelbände über „zivile Sicherheit" – Zoche/Kaufmann/Haverkamp 2011 und die verschiedenen Beiträge in Gerhold/Schiller (2012) – illustrieren, wie breit der

Forschungshorizont geworden ist, wenn es um Sicherheit geht. Begleiterscheinungen der Globalisierung wie Staatszerfall, Terrorismus, Migrationsdruck haben die Nachfrage nach Sicherheit in die Höhe getrieben, ohne dass man ihrem Mangel mit den vorhandenen Mitteln angemessen abhelfen kann. Internationale Sicherheitsstudien haben es mit einem zwar unübersichtlichen, aber zusammengehörigen Gegenstandsbereich zu tun. Da nicht abzusehen ist, dass die Globalisierung in absehbarer Zukunft in ruhigere Gewässer gelangen wird, werden ihre Begleiterscheinungen weiter alle Arten von Unsicherheit produzieren. Diese zu analysieren und Möglichkeiten zu ihrer Milderung mit ihren akademischen Mitteln zu erkunden, bleibt Aufgabe der internationalen Sicherheitsstudien.

1.3 Sicherheits-Theorie-Konzepte

Sozialwissenschaftliche Untersuchungen sozialer und politischer Zusammenhänge unterscheiden sich dadurch von politischen Betrachtungen über dieselben Sachverhalte, dass sie nicht nur zu plausiblen und „wahren" Aussagen über diese Sachverhalte gelangen wollen. Sie verwenden klar umrissene und einer Überprüfung ihrer einzelnen Analyse-Schritte zugängliche Untersuchungsmethoden (deren Verwendung jeweils auch begründet wird oder werden kann). Und sie suchen nicht nur nach Aussagen über die zu analysierenden Sachverhalte, sondern auch nach der Verbesserung der Möglichkeiten, über den jeweiligen Einzelfall hinaus zu allgemeingültigen Aussagen über soziale und politische Zusammenhänge zu gelangen. Dabei handelt es sich aber, verkürzt gesagt, nicht um eine „naive Allgemeingültigkeit", ebenso wie der Begriff der Wahrheit in den Sozialwissenschaften nicht mehr ohne bestimmte Einschränkungen verwendet wird – in den anderen Wissenschaften auch nicht, aber dort ist der Horizont der Allgemeingültigkeit in aller Regel deutlich weiter ausgespannt.

In den Sozialwissenschaften ist er deshalb nicht so weit ausgespannt, weil sich, wiederum stark verkürzt ausgedrückt, Erkenntnis und Interesse miteinander vermischen, mal mehr, mal weniger. Außerdem beeinflussen den Erkenntnisprozess seine verschiedenen kulturellen Rahmungen. Immer und überall. Sozialwissenschaftliche Theorien, und seien es die ehrwürdigsten und am wenigsten angefochtenen, sind immer Konstrukte, an denen neben menschlichem Scharfsinn und Rationalität auch zeit- und kulturbedingte Geltungsannahmen beteiligt sind, die für blinde Flecken und Unklarheiten verantwortlich sind, welche aber erst in anderer kultureller Rahmung erkennbar werden. Die kulturellen Rahmungen und Umrahmungen erfolgen nun aber nicht als Optimierungsprozess. Das hoffnungsvolle Bild von der andauernden Erkenntnis-Perfektionierung und damit der immer weiter vorankommenden Suche nach der einen und einzigen, die Sachverhalte endgültig aufklärenden Wahrheit ist ein Wissenschaftsklischee, das für die Sozialwissenschaften wie für die Geisteswissenschaften nicht gilt. Ob und inwieweit es für die Naturwissenschaften und die Mathematik Geltung beanspruchen kann, ist eine spannende Frage, die hier nicht weiter verfolgt werden kann.

Sozialwissenschaftliche Theorien als Konstrukte

Wenn dieser Satz an dieser Stelle nicht zu flapsig klingt, könnte man sagen: Auch in der Wissenschaft gibt es keine Sicherheit, allenfalls als Zielwert und auf

auch in der Wissenschaft gibt es keine Sicherheit

Zeit. Flapsig oder nicht, dies bringt uns jedenfalls wieder auf das Thema Sicherheit im engeren Sinne und auf theoretische Differenzen und Differenzierungen in den Internationalen Sicherheitsstudien zurück. In diesem Unterkapitel geht es um vorherrschende Sicherheits-Theorien. Da über das, was eine Theorie ist, verschiedene Auffassungen existieren – in der Regel beeinflusst von bestimmten Vorverständnissen – wird hier mit dem Begriff Theorie-Konzept gearbeitet. Das lässt den verschiedenen Denktraditionen und Schulzusammenhängen mehr Spielraum für jeweils eigene Formulierungen dessen, was in ihrem jeweiligen Kontext als Theorie gelten soll. Gert Krell (2009) hat seiner Einführung in die Theorie der internationalen Beziehungen den Titel „Weltbilder und Weltordnung" gegeben, womit er indirekt klar macht, dass es „die" Theorie als die Mutter aller Theorien in den Internationalen Beziehungen nicht gibt.

Die Einführungen in die Internationalen Sicherheitsstudien von Collins und Williams vermeiden es, den Begriff Theorie zu verwenden. Stattdessen rubrizieren sie die gegenwärtig im internationalen Diskurs hervorstechenden Theorie-Konzepte als „approaches to security" (Collins 2010[2]) bzw. „theoretical approaches" (Williams 2013[2]). Im Deutschen sind das also Annäherungen, Herangehensweisen, Ansätze. Das bleibt hinreichend ungenau, wenn auch zielgerichtet. Solche Ungenauigkeit, eigentlich in der Wissenschaft ja nicht gern geduldet, hat aber durchaus ihre Funktion, denn es stellt sich bei näherem Hinsehen heraus, dass die gemeinten theoretischen Zusammenhänge durchaus nicht auf einer logischen Ebene angesiedelt sind. Weltbilder und Denktraditionen entstehen nicht um ein logisches Gerüst herum als rein rationale Konstrukte, vielmehr aus historischen Konstellationen heraus, die von allen möglichen vor- und außerwissenschaftlichen Faktoren mitbestimmt werden. Schulzusammenhänge wiederum sind schon in der Hauptsache inner-wissenschaftliche Konstellationen und dienen als Identifizierungs-Etikett für gemeinsame Grundüberzeugungen in der Forschung; aber sie haben auch mit akademischen Karriereperspektiven und Netzwerken zur gegenseitigen Unterstützung zu tun. In der Literatur findet sich zuweilen auch der Begriff der *Großtheorie*, mit dem deutlich gemacht werden soll, dass sich bestimmte Denktraditionen und Schulzusammenhänge auf längere Dauer einrichten konnten und weitreichende Ausstrahlung besitzen.

Williams versammelt in seiner Einführung neun theoretische Herangehensweisen, die jeweils von einem anderen Autor oder einer anderen Autorin vorgestellt werden: Realismus, Liberalismus, Spieltheorie, Konstruktivismus, Friedensforschung, Kritische Theorie, Feministische Perspektiven und Internationale Politische Soziologie. Für Collins sind es zehn Ansätze, die er, ebenfalls jeweils aus anderer Feder, für besonders wichtig hält: Realismus, Liberalismus, Sozial-Konstruktivismus, Friedensforschung, Kritische Sicherheitsstudien, Gender und Sicherheit, Human Security, Securitization und Historischer Materialismus. In den Sozialwissenschaften gehört bekanntlich dem Vergleich unter allen Methoden ein Spitzenplatz. Bei einer Gegenüberstellung dieser beiden Kataloge fällt zunächst einmal ihre beträchtliche Übereinstimmung ins Auge. Es wird aber auch deutlich, dass die einzelnen auf diesen Listen aufgeführten Ansätze untereinander ziemlich schwierig zu vergleichen sind, weil ihre Ansatzhöhe verschieden ist. Man braucht nur die Spieltheorie den Feministischen Perspektiven oder den

(Marginalie: Theorien und Ansätze)

(Marginalie: Theorie-Kataloge)

(Sozial-)Konstruktivismus dem Historischen Materialismus gegenüber zu stellen, um zu erkennen, dass es sich um ganz andere, auf unterschiedlichen Vorstellungsebenen angesiedelte Ansätze handelt, manchmal explizit auf gesellschaftsphilosophische Ziele ausgreifend, manchmal auf den Status einer Wissensphilosophie eingeschränkt.

Bei Williams erscheint Human Security unter einer anderen Rubrik, nämlich als eines von zehn „Schlüsselkonzepten" der Internationalen Sicherheitsstudien, gemeinsam mit Unsicherheit (*uncertainty*), Krieg, Terrorismus, Völkermord und Massentötungen, ethnischer Konflikt, Zwang, Armut, Umweltveränderung und Gesundheit. Manche dieser Begriffe tauchen auch, zuweilen leicht anders gefasst, bei Collins auf, allerdings verteilt auf zwei andere Kapitel („Vertiefung und Erweiterung von Sicherheit" sowie „Herkömmliche und nicht-traditionelle Sicherheit"). All das wird hier aufgeführt, um besser verständlich zu machen, dass, wenn man einen Überblick über eine Disziplin oder ein ausuferndes akademisches Themenfeld, wie eben Sicherheit eines ist, geben will, bei der Komposition des Skeletts einer solchen Übersicht eine gewisse Flexibilität und vielleicht auch Freude am geistigen Jonglieren unumgänglich sind.   *Schlüsselkonzepte*

Für das theoretische Verständnis von Internationalen Sicherheitsstudien ist speziell der wissenschaftsgeschichtliche und wissenschaftssoziologische Teil der Studie von Buzan/Hansen (2010², hier 29-60) sehr anregend, in dem sie von einem Wissenschaftskonzept in der Nachfolge von Thomas Kuhn ausgehen. Für Kuhn entwickeln sich (und lösen einander ab) wissenschaftliche Grundüberzeugungen und -annahmen in historischen Sequenzen, die er Paradigmen genannt hat. Sie bilden sozusagen den weitesten Rahmen für das Verständnis von Wissenschaft und für die innerhalb dieses Rahmens angehäuften Erkenntnisse und Wissensbestände. Allerdings können sich Paradigmen auch ihrerseits im Laufe der Zeit verändern; dass es dabei zu regelrechten „wissenschaftlichen Revolutionen" kommt (wie in der Renaissance), bleibt eher die Ausnahme. In den Sozialwissenschaften wird der Paradigma-Begriff heute vielfach in kleiner Münze gehandelt, und jeder neue Gedanke wird gleich zu einem Paradigma hochstilisiert. Das hat mit der Kuhn'schen Begrifflichkeit aber nichts mehr zu tun. Solche inner-paradigmatischen Veränderungen werden durch den Druck innerer und äußerer Faktoren auf den jeweiligen Erkenntnisstand (*state of the art*) bewirkt, zwischen beiden besteht ein Wechselverhältnis. Buzan/Hansen identifizieren fünf solcher Faktoren: die Politik der großen Mächte (Beispiel: Ost-West-Bipolarität der ‚Supermächte'), die Technologie-Entwicklung (Beispiel: Rüstungstechnologie), Ereignisse (Beispiele: das Aufkommen von AIDS oder die Terroranschläge vom 11. September 2001) als äußere Faktoren und den akademischen Diskurs (Beispiel: Theoriedebatten) und die Institutionalisierung (Beispiel: Drittmittel für Forschung oder *Think Tank*-Aktivität) als innere Faktoren.   *Paradigmen*   *Wechselverhältnis zwischen Politikentwicklung und Erkenntnisgewinn*

Es ist das Zusammenwirken dieser einzelnen Faktoren, die in unterschiedlichen Kontexten jeweils mal mehr, mal weniger Gewicht haben, welches der Entwicklung der Internationalen Sicherheitsstudien seit dem Ende des Zweiten Weltkriegs die Richtung vorgegeben hat. Wenn man es so sieht, dann eröffnet sich damit die Möglichkeit, diese Entwicklung gleichermaßen diachron (entlang der Zeitachse) und synchron (nach systematischen Gesichtspunkten) darzustel-   *diachrone und synchrone Sicherheitsstudien*

len. Aus der Entwicklung der verschiedenen nationalen Politiken und der internationalen Politik, in der es jeweils um den Zielwert Sicherheit geht, ergeben
sich quasi von selbst eine Reihe von Grundfragen, die in den Internationalen
Sicherheitsstudien immer wieder auftauchen und deren Beantwortung in der
Regel die Option der einzelnen Autorinnen oder Autoren für einen bestimmten
theoretischen Ansatz impliziert. Aus der Entwicklung des akademischen Diskurses über Sicherheit und Sicherheitspolitik lassen sich wiederum die in der *scientific community* zu einem bestimmten Zeitpunkt besonders angesehenen und
deshalb viel verwendeten Ansätze herauslesen. Man könnte den Begriff *scientific
community* wegen des Archipel-Charakters dieses Diskurses auch im Plural verwenden. Manche Sub-Diskurse, zentriert um einen bestimmten theoretischen
Ansatz, bleiben über lange Zeit hinweg unter sich und wenig oder kaum verbunden mit dem *mainstream*. Sie führen sozusagen ein Insel-Dasein. Das kann sich
aber ändern, etwa über die oben angeführten äußeren Faktoren oder infolge einer
sich mit der Zeit immer effizienter vernetzenden Diskurs-Hartnäckigkeit.

Nur nebenbei sei erwähnt, dass es zuweilen ganz sinnvoll sein kann, sich
gegenüber den Konjunkturen bestimmter theoretischer Ansätze eine gewisse
Skepsis zu bewahren. So ist es z. B. absurd, aus dem Untergang des Sowjet-
Sozialismus die analytische Unbrauchbarkeit aller auf das Werk von Karl Marx
(1818-1883) zurückgehenden theoretischen Ansätze (etwa in der Politischen
Ökonomie) ableiten zu wollen, eine nach 1990 durchaus verbreitete Verhaltensweise.

Schließlich noch eine Warnung, speziell an die Adresse von Studienanfän-
gern: Man darf die verschiedenen theoretischen Konzepte, Weltbilder und Groß-
theorien nicht als Schubladen betrachten, in denen man alles, was empirisch oder
normativ in den Sicherheitsstudien geforscht wird, übersichtlich unterbringen
(und Unliebsames auch verkramen) könnte. Allen Versuchungen zur Weltbild-
Orthodoxie muss man als Adept innovativer Forschung widerstehen. Und nie
sollte man sich auf eine Betrachtungsweise einlassen, die Theorie und Empirie
gegeneinander ausspielt! Für die Disziplin der Internationalen Beziehungen hat
Marysia Zalewski betrübt festgestellt, dass die Hitze des Diskurses in der akademischen Welt oft eher einem Territorial-Verteidigungs-Impuls entspringt, wobei
dann die Probleme, um die es eigentlich gehen sollte, in den Hintergrund treten.
Dies lässt sich auf andere sozialwissenschaftliche Disziplinen ein gutes Stück
weit übertragen.

Theorien funktionieren nicht wie Schubladen

> Debates about theory sometimes bring out the worst in those of us involved in the
> discipline of International Relations. Academic conferences, and the resulting vol-
> umes, are often places where insults get hurled both by those who consider them-
> selves, or are considered, to be primarily concerned with theory ... and those who
> regard theory as something of a dubious, even self-indulgent, pursuit...(Zalewski
> 1996, 340).

1.3.1 Grundfragen

Gehen wir noch einmal auf die Grundfragen zurück, die in den Internationalen Sicherheitsstudien immer wieder gestellt werden. Da stoßen wir als erstes auf die Frage nach dem eigentlichen Bezugsakteur von Sicherheit: Sicherheit für wen?

Sicherheit für wen?

> Security is about constituting something that needs to be secured: the nation, the state, the individual, the ethnic group, the environment or the planet itself. Whether in the form of 'national security', or later, as traditionalist 'international security', the nation/state was the analytical and normative referent object (Buzan/Hansen 2010², 10-11).

Diese Frage wird ergänzt durch eine zweite, nämlich die nach den (aus staats-zentrischer Sicht) äußeren und inneren Aspekten von Sicherheit. Innere Sicher-heit bezieht sich auf die Staats- und Gesellschaftsordnung und grenzt bestimmte Ideen und deren Protagonisten als sicherheits-gefährdend aus. Dass die staatli-chen Apparate der inneren Sicherheit in totalitären und autoritären Staaten be-sonders mächtig sind, dafür gibt es unzählige Beispiele aus Vergangenheit (auch deutscher Vergangenheit) und Gegenwart. Aber auch in Demokratien arbeiten solche Apparate, manchmal mit zwiespältigen Ergebnissen – entweder „zu gut" oder nicht gut genug. Auch dafür gibt es Beispiele aus unserem eigenen Land (z. B. die Überwachung des Rechtsextremismus).

innere Sicherheit, zwiespältig

Eine dritte wichtige Frage bezieht sich auf das Instrumentarium zur Herstel-lung von Sicherheit. Herkömmlicherweise stehen hier die Streitkräfte, Milizen und Polizeikräfte im Vordergrund. Aber Sicherheit ist nicht immer und oft auch nur teilweise mit den Instrumenten organisierter Gewalt herstellbar. Welche anderen Instrumente braucht es, wie kann man sie mit militärischen Instrumenten kombinieren? Oder ist das nicht möglich? Bevor man solche Fragen beantworten kann, muss man sich eine andere stellen: Was ist eigentlich ein *security issue*, wann darf/kann/soll man kontroverse gesellschaftliche und politische Sachver-halte und Interessen als sicherheits-relevant ansehen? Das ist vor dem Hinter-grund eines ausufernden Sicherheits-Begriffs längst nicht mehr so rasch und einfach zu beantworten. Es könnte ja sein, dass im Blick auf unterschiedliche Interessen und Interessenkonflikte die Betonung der Relevanz von (bedrohter, wieder herzustellender) Sicherheit vor allem erst einmal die Unsicherheit erhöht. Und das könnte eine vielleicht intelligente, aber sehr problematische politische Strategie einzelner Akteure sein, um ihre Sonderinteressen durchzusetzen.

Instrumente

1.3.2 Realismus

Die beiden großen Theorie-Ensembles mit Weltbild-Charakter, die wie in den Theorie-Debatten der Disziplin von den Internationalen Beziehungen (IB) auch für die Internationalen Sicherheitsstudien von besonderem Belang sind, tragen die Bezeichnung *Realismus* und *Liberalismus*. In mittlerweile schon etwas länger zurückliegenden Versionen der IB-Theorie-Debatten wurde statt Liberalismus auch der Begriff *Idealismus* verwendet, so etwa bei Meyers (1997³). Das liegt auch schon einmal an der Verlegung von Grenzziehungen zwischen diesen Groß-

Idealismus/ Liberalismus

theorien, um den Ausdruck von Meyers aufzugreifen. In diesen früheren theorie-
historischen und -vergleichenden Studien wird in der Regel der Idealismus als
Ausgangspunkt gewählt, denn die akademische Begründung der Internationalen
Beziehungen unter dem Schock des gerade beendeten Ersten Weltkriegs geschah
unter normativen Vorzeichen. Die Disziplin von den Internationale Beziehungen
sollte dazu beitragen, dass eine solche Menschheitstragödie nie wieder passieren
würde. Das war, wie man in den 1930er und 1940er Jahren feststellen musste,
ein viel zu naiv-optimistisch formulierter Auftrag gewesen, eben idealistisch im
schlechten Sinn des Wortes – auf die reine Macht der moralischen Ideen bauend,
zu optimistisch in Bezug auf die Natur des Menschen, zu naiv in der Annahme
von der unmittelbaren Überzeugungskraft von Konzepten wie Frieden, Abrüstung und Zusammenarbeit zwischen den Staaten. Wer das mit solchen und ähnlichen Worten kritisierte, nannte sich in Abgrenzung zu solchen Idealisten einen
Realisten. Das Flaggschiff unter den großen Büchern der Realisten war „Politics
Among Nations: The Struggle for Power and Peace", ursprünglich 1948 erschienen und in der deutschen Übersetzung im Jahr 1963 unter dem Titel „Macht und
Frieden. Grundlegung einer Theorie der internationalen Politik". Der Autor dieses Buches Hans J. Morgenthau hat es unter dem Eindruck der nationalsozialistischen Gewaltpolitik und dem sich nach 1945 herauskristallisierenden Kalten
Krieg geschrieben.

Der Realismus von Morgenthau und seinen „Freunden" (wie man in der
Facebook-Generation sagt) ist eine in wesentlichen Punkten auf Max Webers
Politikverständnis beruhende und um einige pessimistische Grundannahmen über
das Wesen des Menschen erweiterte Weltsicht, wonach das Streben nach Macht
bei Individuen und Staaten der entscheidende politische Handlungsimpuls ist. Da
dies alle Akteure tun, kommt es immer wieder zu Interessenkonflikten und
Sicherheitseinbußen im fatalen Kreislauf von Aufrüstung gegen Bedrohung von
außen und Reaktion anderer Akteure auf diese Aufrüstung, die sie ihrerseits als
Bedrohung empfinden. Für diesen heute „klassisch" genannten Realismus ist die
internationale Sicherheitslage grundsätzlich prekär, wenngleich kluge Machtpolitik ihr Umkippen in einen Krieg hinauszögern kann. Inzwischen hat es eine Reihe von Versuchen gegeben, die Theorie des Realismus weiterzuentwickeln.

Neorealismus

Für die Internationalen Sicherheitsstudien ist der Neorealismus von besonderer Bedeutung. In der Nachfolge und teilweise auch schon in leichten Variationen der Theorie internationaler Politik von Kenneth Waltz gehen neorealistisch
argumentierende Autoren von der Feststellung aus, dass die Staatenwelt mangels
einer entscheidungskräftigen obersten Autorität ein anarchisches System ist, in
dem jeder Staat, so gut es seine Regierung vermag, für die eigene Sicherheit
sorgen, also immer auf der Hut vor anderen Staaten sein muss. Ein typischer
neorealistischer Satz besagt: Die sicherheitspolitische Verhaltensweise der Staaten wird nicht durch ihre innere Ordnung, vielmehr allein von ihrer Stellung in
regionalen oder überregionalen Struktur der internationalen Politik bestimmt.
Was folgt daraus für die empirische Analyse von internationalen Sicherheitslagen? *Erstens* ein grundlegender Pessimismus – Neorealisten sind etwa davon
überzeugt, dass die Machtrivalität zwischen den USA und China sich in Zukunft
unweigerlich verschärfen wird. *Zweitens* eine überraschende Gleichgültigkeit

drei Aspekte neorea-
listischer Politiksicht

gegenüber den inneren Verhältnissen in einem Land, weil diese in neorealistischer Perspektive nur marginalen Einfluss auf die Sicherheitspolitik haben. *Drittens* eine Vorliebe für die Rationalität des Gleichgewichts – Waltz z. B. hat immer dagegen plädiert, die Ausbreitung von Atomwaffen anhalten zu wollen, denn auf die Dauer ließe sich das eh nicht durchsetzen und im übrigen könnte sich der Besitz von Kernwaffen gerade wegen der potentiell katastrophalen Folgen ihrer Anwendung durchaus konflikt-entschärfend auswirken.

1.3.3 Liberalismus (Liberaler Internationalismus)

Die theoriehistorisch vor dem Realismus in den Internationalen Beziehungen dominierenden theoretischen Konzepte des Idealismus und der sich als kritische Antwort auf den Realismus seit den 1970er Jahren im akademischen Diskurs entwickelnde Liberalismus stimmen darin überein, dass nicht der Nationalstaat, sondern das Individuum und gesellschaftliche Akteure der Zivilgesellschaft im Mittelpunkt der Forschung stehen. Im Übrigen gibt es auch hier jede Menge Theorie- oder Weltbild-Variationen und entsprechend unterschiedliche Bezeichnungen: liberaler Internationalismus, neoliberaler Institutionalismus, Globalismus. Liberalismus bedeutet ja auch in der Alltagspolitik für verschiedene Leute ganz Unterschiedliches. Meyers (1997[3], 406) zählt folgende „Prämissen" (= als wahr angenommene tragende Grundannahmen und die darauf aufbauenden theoretischen Ausführungen) des liberalen Internationalismus auf: Perfektibilität der menschlichen Gattung, Zusammenarbeit als bevorzugte Verhaltensweise in der internationalen Politik, Modernisierung als Motor der politischen Entwicklung. Daraus ergeben sich eine Reihe von Leitsätzen: Rechtsnormen sollen Schritt für Schritt Machtpolitik ersetzen; Konfliktregelungen sollen im Sinne von Ausgleich und Kompromiss entschieden werden, Rüstungsprozesse sollen verlangsamt und wenn möglich rückgängig gemacht werden (= Abrüstung); internationale Organisationen sollen die Errichtung eines Weltordnung befördern; die Menschenrechte gehören in den Kern dieser universalen Ordnung.

> *Prämissen des liberalen Internationalismus*

Der (in der Tat ziemlich ‚idealistische') liberale Internationalismus stützt sich letztlich auf die kleine Schrift „Zum ewigen Frieden" von Immanuel Kant (1724-1804). Warum nennt Kant seine Schrift „*Zum* ewigen Frieden" und nicht etwa, wie es sprachlich näher liegen könnte, „*Vom* ewigen Frieden"? Um das herauszufinden, muss man sie lesen. Obwohl Kant selbst sehr skeptische Vorstellungen von der „Natur" des Menschen im Kopf hatte, liegt dem liberalen Internationalismus eine optimistische Vorstellung von der Natur des Menschen zugrunde. Das unterscheidet ihn von den Welt- und Menschenbildern der verschiedenen Versionen des Realismus.

Man kann das verdeutlichen, wenn man auf die Möglichkeiten der Sicherheits-Kumulation blickt, die in den beiden gegensätzlichen Großtheorien-Familien vorgesehen sind. Wenn man sich auf den Boden des Realismus in allen seinen Spielarten stellt, erwartet man nie mehr als eine *vorläufig* erreichte Sicherheit mittels Machtanhäufung, wobei die Streitkräfte besonders wichtig sind. Sicherheit im liberalen Internationalismus kann sich hingegen durchaus als *langfristig* erfolgreiche Perspektive für alle Beteiligten ergeben. Um sie zu erreichen

> *pessimistisch versus optimistisch*

und zu pflegen braucht es Kooperation und Integration, Abbau von Feindbildern, Ausbau gegenseitiger Abhängigkeit und Demokratie.

Abschaffung des Krieges in Demokratien?

Schon Kant hatte prophezeit, so kann man seine Schrift jedenfalls lesen, dass sich mit der Ausbreitung republikanischer Staatsformen und Demokratie die Möglichkeit eröffnet, den Krieg ganz abzuschaffen. „Demokratischer Frieden" ist heute der Name für die Vorstellung, dass Demokratien untereinander keinen Krieg führen. Diese Vorstellung ist freilich umstritten.

1.3.4 Konstruktivismus

Eigentlich müsste man vom Konstruktivismus im Plural reden, denn es gibt auch hier, das ist keine wirkliche Überraschung, mehrere Theorie-Konzept-Ansätze nebeneinander. Alle zusammen haben seit den späten 1980er Jahren in den Sozialwissenschaften und in den ebenfalls ungefähr seit dieser Zeit an den Universitäten (zunächst den amerikanischen) florierenden Kulturwissenschaften (*cultural studies*) ihren Siegeszug angetreten. Auf den ersten Blick etwas sperrig, ist der

eine Art Meta-Theorie

Konstruktivismus in allen seinen Spielarten weniger eine Politik-Theorie oder ein soziopolitisches Weltbild, vielmehr eine konstitutions-theoretische Lehre über das Zustandekommen von Wahrnehmungs-Mustern und Weltbildern. Unsere zentralen politischen Begriffe, darunter auch Sicherheit, führen kein Eigenleben außerhalb unseres Aktions- und Erfahrungshorizontes. Wir „machen" diese Begriffe, das heißt wir konstruieren sie aufgrund überlieferter kognitiver Traditionen und eigener Erfahrungen. Dieses „wir" bezieht sich gleichermaßen auf Individuen und auf Kollektive. Für diese, wenn sie ein politischer Verband sind, also z. B. ein Staat, sind solche sozialen Konstruktionen gewissermaßen das Fachwerk, welches dem Gebäude der kollektiven Identität Haltbarkeit gibt. (Allgemein gilt: Metaphern sind in den Sozialwissenschaften nur mit Vorsicht zu gebrauchen, vor allem biologische und physikalische. Diese stammt aus der Architektur und mag in unserem Zusammenhang hingehen.)

Fragen an den Sicherheits-Begriff

Konstruktivistische Sicherheitsstudien fragen also zunächst einmal nach den Konstruktions-Elementen von konkreten Sicherheitsbegriffen. Wie sind diese Begriffe und Vorstellungen von Sicherheit zustande gekommen? Welche rationalen und irrationalen Vorstellungen, welche Normen, welche Interessen spielen dabei mit? Welche Schlussfolgerungen ergeben sich daraus für das Selbst- und Umweltverständnis der Akteure? Und wie verändern sich Sicherheits-Vorstellungen in einer Gesellschaft? Wie kann man z. B. das Abklingen der Feindbilder in der Spätphase des Ost-West-Konflikts erklären oder den Sachverhalt, dass manche Staaten auf den Erwerb von Nuklearwaffen freiwillig (nun ja – mehr oder weniger freiwillig) verzichtet haben und das, wie etwa im Fall Deutschlands, entgegen den Ratschlägen mancher Realisten auch nicht etwa ändern wollen, wohingegen andere Länder wie Iran oder Nordkorea ihre eigene Sicherheit durch Nuklearwaffen oder durch die Möglichkeit, sie notfalls rasch bauen zu können, zu erhöhen meinen? Und tun sie das zu Recht oder zu Unrecht?

wir sind alle Konstruktivisten

Ein kluger Kollege von mir hat einmal gemeint: „Im Grunde sind wir alle Konstruktivisten." Da hat er großenteils Recht. Nur eben, dass die Anhänger der konstruktivistischen Theorie-Konzepte *bewusste* Konstruktivisten sind und die

Konstitutionsbedingungen von scheinbar „objektiven" Sachverhalten aufmerksam beobachten, während die Realisten und die liberalen Internationalisten jeweils von unterschiedlichen „objektiven" Gegebenheiten bei Mensch und Welt ausgehen. Die sie also, sagen die Konstruktivisten, selber konstruiert haben, ohne es zu durchschauen. Freilich kann man auch ein konstruktivistisch bewusster Anhänger des Realismus oder des liberalen Internationalismus sein. Wer sagt denn, dass Theorie-Debatten immer wie ein Wettbewerb zwischen parteipolitischen Lagern verlaufen müssen? Das tun sie zwar oft, aber damit nützen sie „der Wahrheit" am wenigsten.

1.3.5 Weitere Ansätze

Buzan/Hansen (2010², 35-38) haben eine längere Liste mit weiteren Ansätzen und Konzepten für die Internationalen Sicherheitsstudien zusammengestellt. Daraus sind besonders wichtig:

- *Strategische Studien,* in deren Mittelpunkt der Gebrauch von Streitkräften in der internationalen, zwischenstaatlichen Politik geht. Zu den Themenschwerpunkten gehören Rüstung und Rüstungskontrolle (= kooperative Rüstungssteuerung), Nuklearstrategie und Counterinsurgency-Studien. Enge theoretische Zusammenhänge mit realistischen/neorealistischen Weltbildern sind unübersehbar.
- *Friedensforschung,* eine normative Alternative zu den klassischen Strategischen Studien, in der das Ziel verfolgt wird, Gewalt in der internationalen Politik, aber letztlich in allen sozialen Beziehungen, zu verringern oder abzuschaffen. Enge theoretische Zusammenhänge mit den Weltbildern von Idealismus und liberalem Internationalismus sind evident.
- *Kritische Sicherheitsstudien,* normativ ähnlich ausgerichtet wie die (im Übrigen schon immer von internen theoretischen Auseinandersetzungen charakterisierte) Friedensforschung, stellen den Emanzipations-Gedanken als zentral für ihr Erkenntnisinteresse heraus.
- *Feministische Sicherheitsstudien* beschäftigen sich insbesondere mit der Rolle von unterschiedlichen Wertungen von Männern und Frauen in den verschiedenen Sicherheitskontexten. Welche Rolle spielen bestimmte Männlichkeits-Rollenmodelle für das Verhalten von Soldaten in gewalttätigen Konflikten, inwieweit sind herkömmliche Sicherheitsvorstellungen und -politiken instrumentell für strukturelle Benachteiligungen von Frauen – solche und weitere, oftmals sehr heikle Fragen werden hier aufgegriffen und untersucht.
- *Postkoloniale Sicherheitsstudien* gehen davon aus, dass die herkömmlichen Sicherheitsstudien durch eine Blickfeld-Verengung auf westliche Perspektiven gekennzeichnet sind und deshalb häufig koloniales oder neokoloniales „Herrschaftswissen" transportieren.
- *Poststrukturalistische Sicherheitsstudien* haben eine konstruktivistische, diskurs-zentrierte Perspektive auf Sicherheit, wodurch ihnen eine besondere ideologiekritische Sensibilität zuwächst.

- *Die Kopenhagener Schule* hat mit der Einführung des Konzepts der *securitization* in den letzten Jahren große Resonanz gefunden. Gemeint ist damit der diskursive Prozess, in dem eine bestimmte politische Konstellation als für Staat und Gesellschaft besonders bedrohlich dargestellt und entsprechend für ihre Bearbeitung hohe Priorität gefordert wird. Die dahinter stehende Absicht steht in dem Generalverdacht, die Kontroll- und Abwägungsmechanismen ‚normaler' Politik aushebeln zu wollen.
- *Human Security Studies* gehen von der Prämisse aus, nicht der Staat oder die Gesellschaftsordnung seien die entscheidenden Bezugsobjekte von Sicherheit, vielmehr das Individuum und gefährdete Minderheiten. In der Perspektive von *Human Security* spielen nicht zuletzt außer-militärische Sicherheitsgefährdungen wie Unterernährung oder strukturell bedingte Krankheiten eine entscheidendes Rolle.

Viele dieser Ansätze haben eine integrierende Kraft für kleinere oder größere *communities* und Netzwerke entfaltet. Dialoge zwischen den Anhängern unterschiedliche Ansätze sind dennoch immer möglich, wenngleich hier gewiss noch Verbesserungen nötig sind. Man sollte allerdings immer im Kopf behalten, dass die Kreativität spezifischer Forschungen weniger von der theoretischen Perspektive bestimmt wird, so wichtig sie auch ist, sondern von der Originalität und Intelligenz der einzelnen Forscherinnen und Forscher.

1.4 Staats-Sicherheit und *Human Security*

In den 1980er und 1990er Jahren stellte sich immer mehr heraus, dass die sich um den Staat und seine Stabilität rankende Version von Sicherheit (als hauptsächlich mit militärischen und polizeilichen Mitteln zu gewährleistende Staats-Sicherheit) viel zu einseitig war. Die immer sichtbarer werdenden Stabilitätsprobleme der kommunistischen Regime und die viel menschliches Leid bewirkende Staatssicherheitspolitik dieser Regime, aber auch der materiell enorm kostspielige Rüstungswettlauf zwischen Ost und West bestärkten kritische Beobachter in ihren Bemühungen um einen Sicherheitsbegriff, für den die Würde des Menschen nicht als zweitrangig galt.

nicht-staatliche Akteure im internationalen System   Zugleich vermehrten sich Art und Zahl der grenzüberschreitend aktiven politischen und sozialen Handlungsträger – verschiedene Arten nicht-staatlicher Akteure wie internationale Organisationen, NGOs, transnationale Konzerne, aber auch transnationale kriminelle Organisationen gewannen an Handlungsmacht. Zusätzlich ergab sich eine Reihe von nicht überall gleichmäßigen, aber überall spürbaren Einbußen der Souveränität von Staaten, d. h. ihrer Regierungen. Herkömmliche Bedrohungskataloge mit der Gefahr zwischenstaatlicher Kriege an oberster Stelle wurden durch neue abgelöst, in denen die Bedrohung der Sicherheit von transnationaler und substaatlicher Ebene ausging.

Schon vor dem Zusammenbruch des Sowjetsozialismus, aber danach noch viel deutlicher wurde ein relativer Bedeutungsverlust des Staates und auch der Streitkräfte (im Sinne von Einbußen ihrer Handlungsmacht) unübersehbar. Vor allem muss hier auf eine Reihe von Entwicklungen hingewiesen werden, welche in ihrer Summe dem Diskurs über Sicherheit neue Impulse gaben, etwa die Entwicklung der Kommunikationstechnologie, die den globalen Informationsfluss nachhaltig beschleunigt hat, was wiederum die Möglichkeiten individueller und kollektiver Versorgung mit (politisch sehr relevanten bis völlig irrelevanten) Informationen erleichtert hat.

All diese hier nur skizzenhaft geschilderten Veränderungen haben bewirkt, dass neben den traditionellen Sicherheits-Adressat, also die Staats- und Gesellschaftsordnung, ein neuer Adressat getreten ist: das Individuum, und zwar sowohl als einzelnes Lebewesen als auch als Angehöriger einer Minderheitengruppe. (Dieser Begriff darf nicht nur quantitativ verstanden werden; er umfasst Gruppen und Kollektive mit minderen Rechten, unabhängig davon, wie groß diese Gruppen sind.) Genau das ist mit der in der Literatur immer wieder zitierten Unterscheidung gemeint: Human Security bezieht sich auf die Sicherheit des Individuums und nicht auf die Sicherheit von Staaten (Krause 2007, 1). Freilich muss beides nicht unbedingt in Widerspruch zueinander stehen. Tut es aber oft genug, vor allem in Staaten, deren Herrschaftsordnung es an demokratischer Zustimmung fehlt und deren Machthaber das eigene Volk drangsalieren. Wie ebenfalls in der Literatur zum Konzept der Human Security meist nicht zu erwähnen versäumt wird, gewann es, unangesehen früherer Verwendungen des Begriffs in unterschiedlichen Zusammenhängen, erst durch den UNDP-Bericht 1994 einen festen Platz im Diskurs über Sicherheit (vgl. Ulbert/Werthes 2008, 15).

das Individuum als Bezugseinheit für Sicherheit

Der UNDP-Bericht arbeitet mit einem sehr umfassenden Konzept von Human Security. Die Verfasser verstehen es als Sammelbegriff für wirtschaftliche Sicherheit (Überwindung von Armut), Ernährungssicherheit (Überwindung von Hunger), Gesundheits-Sicherheit (Schutz vor Krankheiten), Umweltsicherheit (Schutz vor Umweltverschmutzung aller Art), persönliche Sicherheit (Schutz vor direkter und indirekter Gewalt), Sicherstellung der Unverletzlichkeit kultureller Gemeinschaft und schließlich politische Sicherheit als Schutz vor Unterdrückung. Da liegt auf der Hand, dass trotz der Notwendigkeit, Sicherheit breiter als früher zu fassen, ein derartiges *all inclusive*-Konzept nicht nur das Problembewusstsein schärft, sondern auch Probleme schafft – vor allem unter dem pragmatischen Gesichtspunkt der Förderung von Sicherheit. Wo anfangen? Wie Sicherheitsgewinne auf der einen mit fortdauernder oder sich gar verschlimmernder Unsicherheit auf der anderen Ebene umrechnen? Wer kann und soll legitimer sicherheits-fördernder Akteur sein, wer sollte es möglichst nicht und wer dürfte es ganz bestimmt nicht sein?

Sicherheit all-inclusive

Trotz oder wegen dieser Schwierigkeiten haben Begriff und Konzept der Human Security seit 1994 eine beträchtliche Karriere im internationalen politischen Diskurs gemacht. Einige Regierungen (z. B. Kanada und Japan) haben Human Security zeitweise in ihren außen- und sicherheitspolitischen Zielkatalog übernommen, dabei allerdings bestimmte Aspekte des vielgliedrigen Konzepts besonders akzentuiert (Ulbert/Werthes 2008, 17-19). Auch im Diskurs der Internationalen Beziehungen und der Friedens- und Konfliktforschung wird seit längerem ausgiebig über Human Security debattiert.

das Konzept von
Beebe und Kaldor

Eine wohl-überlegte und in mehreren Publikationen entwickelte Version haben Mary Kaldor und ihr Ko-Autor Shannon D. Beebe vorgelegt. Für sie ist das, was im UNDP-Bericht von 1994 persönliche Sicherheit (*personal security*) genannt wurde, der wichtigste Teil von Human Security – Schutz vor Gewalt, zumal physischer Gewalt. In den letzten Jahrzehnten, so kann man beobachten, entsteht massenweise Gefährdung der Sicherheit von Personen häufig durch das Versagen von Regierungen, die den Schutz ihrer Bürger gewollt oder ungewollt vernachlässigen. Fragile Staaten, Staatszerfall, Bürgerkriege machen das Leben in bestimmten Regionen der Welt zu einer höchst gefährlichen Angelegenheit. Hier gibt es, so besagt eine politisch und völkerrechtlich nicht unumstrittene, zu Beginn des vorigen Jahrzehnts im UNO-Rahmen entwickelte Doktrin, eine Schutzverpflichtung anderer Staaten oder, wie es im UNO-Jargon heißt, der internationalen Gemeinschaft. Diese *Responsibility to Protect* funktioniert in der Praxis (als „humanitäre Intervention") nicht sehr gut (Näheres dazu in Kapitel 4). Aber wenn sie funktionieren würde, dann würde sie in der Tat so etwas wie die Umsetzung des Konzepts von Human Security bewirken, so wie es Beebe/Kaldor (2010, 8) interpretieren. Deswegen betonen sie in ihren Überlegungen auch besonders alle Bemühungen um die Bekämpfung der Ursachen von physischer Gewalt gegen Personen und Personengruppen. Bei diesen Bemühungen, die von innen kommen und von außen unterstützt werden müssen, spielen sechs Grundsätze eine entscheidende Rolle:

- Primat der Menschenrechte;
- Legitimation politischer Herrschaft;
- *bottom-up approach:* Förderung von Human Security von unten ;
- wirksamer Multilateralismus bei Interventionen von außen;
- regionaler Ansatz;
- klare zivile Leitung aller internationaler Maßnahmen.

Beebe und Kaldor kritisieren die viel zu stark auf das Militär zugeschnittenen humanitären Interventionen der letzten beiden Jahrzehnte. Sie illustrieren diese Kritik u.a. an den Einsätzen im früheren Jugoslawien, im Irak und in Afghanistan. Ihre Sichtweise ist dabei auf Handlungsträger wie Regierungen demokratischer Staaten, internationale Organisationen und Nichtregierungs-Organisationen ausgerichtet.

1.5 Gewalt, Ordnung, Sicherheit

Schutz vor Gewalt, das macht den Kern des Sicherheits-Begriffs aus, der den allermeisten Ansätzen und theoretischen Konzepten in den Internationalen Sicherheitsstudien zu Grunde liegt. Erst bei den Anschlussfragen trennen sie sich wieder, bei den Fragen nach dem Gründen für die Gewalt und ihren Verursachern, nach den richtigen Mitteln zu ihrer Minimierung oder Überwindung, nach den Akteuren, für die Sicherheit gefordert wird.

Weil das so ist, lohnt sich noch einmal ein Blick auf das Phänomen der Gewalt, das so folgenschwer die Geschichte der Menschen bestimmt hat, so lange wir zurückdenken können. Denn die meiste Zeit über handelte es sich bei der Geschichte der Menschheit um eine Geschichte, die von gewalttätigen Konflikten im Kleinen und im Großen bestimmt war. „Der Krieg ist der Vater aller Dinge", das war zwar von dem vorsokratischen Philosophen Heraklit (vermutlich) eher allgemein auf die Rolle von Gegensätzen und Widerstreitigkeiten im menschlichen Leben gemünzt. Aber man kann ihn auch als eine Art Generalnenner der Menschheitsgeschichte auffassen, je nach Gemütsart eher resignierend oder eher rebellierend. Der Soziologe Heinrich Popitz hat physische Gewalt folgendermaßen definiert:

Was ist und wie wirkt physische Gewalt?

> Gewalt meint eine Machtaktion, die zur absichtlichen körperlichen Verletzung anderer führt, gleichgültig, ob sie für den Agierenden ihren Sinn im Vollzug selbst hat (als bloße Aktionsmacht) oder, in Drohung umgesetzt, zu einer dauerhaften Unterwerfung (als bindende Aktionsmacht) führen soll (Popitz 1999², 48).

Ob auf den Augenblick der Gewaltausübung beschränkt oder – in der Absicht des Gewalttäters – als Drohmittel zu Etablierung eigener Überlegenheit: physische Gewalt eignet sich zur Destruktion und zur Unterdrückung. Aber zur Fundierung dauerhafter sozialer Beziehungen eignet sie sich nicht. Das gilt für Beziehungen zwischen einzelnen wie für ganze Gesellschaften. Angesichts von Gewalt gibt es nicht jenes Minimum an Sicherheit, das zur Stabilisierung solcher Beziehungen unumgänglich ist. Angesichts von Gewalt gibt es nur Unterwerfung oder Gegengewalt oder ein prekäres Gleichgewicht, das jederzeit in sich zusammenfallen kann. Eben deshalb sind die Anhänger des Realismus in der Regel politische Pessimisten.

Gewalt und Ordnung

In ihren virtuellen und realen Formen markiert Gewalt die Zerbrechlichkeit jeder Ordnung, die zur Regelung der Beziehungen zwischen Individuen, zwischen Gruppen, zwischen Staaten unverzichtbar ist. Nicht jede soziale Ordnung ist, normativ betrachtet, eine sinnvolle Ordnung. Viele Ordnungen verdienen es, wiederum normativ betrachtet, verändert, verbessert oder gar abgeschafft zu werden. Das Abschaffen einer sozialen Ordnung (z. B. durch eine Revolution, die ein bestimmtes Regime hinwegfegt) besagt allerdings nicht, dass es danach keine Ordnung gibt. Das mag für eine Übergangszeit so sein, aber bald etabliert sich dann eine neue soziale Ordnung. Wenn es glückt: eine bessere.

Weil eine der Hauptfunktionen von sozialen Ordnungen die Einhegung der physischen Gewalt ist, gefährdet eruptive, spontane, ungesteuerte Gewalt das Funktionieren der Ordnung. Hier stoßen wir auf einen Stolperstein auf dem Wege zur Reduzierung von Gewalt: Die Repräsentanten und Ausführungsorgane von sozialen Ordnungen verlassen sich, zumindest teilweise, ihrerseits auf Gewalt. Ohne den Anspruch auf das Monopol legitimer Gewalt und entsprechend die Ausbildung einer ihm allein unterstehenden Organisation von Gewalt ist der moderne Staat nicht vorstellbar. Schließlich muss er für die innere Sicherheit sorgen und bedrohliche Herausforderungen von außen neutralisieren können.

Aber auch staatlich domestizierte und organisierte Gewalt kann jederzeit in Destruktivität umschlagen. Dann gefährden die Ordnungs-Akteure ihre eigene

Gewalt und Unordnung

Ordnung oder definieren sie zu ihren eigenen Gunsten um. Aus diesem Dilemma gibt es keinen Ausweg, wenngleich politische Philosophen von Plato bis zu den gegenwärtigen Demokratie-Theoretikern immer wieder danach suchen. Physische Gewalt in allen ihren Formen, insbesondere aber als politisches Instrument von Regierungen und anderen Akteuren spielt eine kaum zu überschätze Rolle im gegenwärtigen internationalen System. Deshalb steht sie auch im Zentrum der meisten, aber nicht aller Forschungen im Bereich der Internationalen Sicherheitsstudien.

Cyber-Attacken   Nicht übersehen darf man allerdings, dass auch ein großer, ja ein wachsender Teil sicherheits-relevante Handlungen in Politik und Gesellschaft heute nicht durch direkte physische Gewalt oder Gewalt-Androhung gekennzeichnet ist. Das spektakulärste Beispiel hierfür sind Cyber-Attacken über das Internet auf dort mit wesentlichen ihrer Funktionen vernetzte Akteure. Anfang November 2011 fand in London eine internationale Konferenz über Cyber-Attacken statt (www.tagesspiegel.de/politik/digitale-gefahr-erste-cyberspace-konferenz-in-london/5786358.html), auf der britische Sicherheitsexperten die Auffassung vertraten, in naher Zukunft würden Attacken aus dem Internet in die Gefährlichkeits-Dimension von internationalem Terrorismus aufsteigen. Bei solchen Attacken wird keine physische Gewalt angewendet. Aber ihre Auswirkungen können unter Umständen viel desaströser als militärische Angriffe sein. Cyber-Sicherheit wird, auch wenn dies eine Übertreibung sein sollte, bestimmt ein wichtiges Thema in Internationalen Sicherheitsstudien werden.

Sicherheit versus   Ganz zum Schluss dieses Eingangskapitels sollte noch eine Überlegung ins
Freiheit   Spiel kommen, die im weiteren Verlauf dieses Kurses sporadisch immer wieder auftauchen wird. Es ist keine sehr gemütliche Überlegung. Wenn die Bemühungen um Sicherheit in einer Gesellschaft, in einem Staat, verstärkt werden, wenn bestehende Sicherheits-Organisationen weiterentwickelt und neue aufgebaut werden, dann hat das seine Kosten. Pointiert ausgedrückt hat das Wolfgang Sofsky (2005, 155): „Sicherheit kostet Freiheit." Man kann diesen Satz auch umdrehen: Freiheit kostet Sicherheit. Die Frage ist also, wie man beides miteinander optimieren kann.

2 Krieg, Kriegsbilder und Streitkräfte

Nachdem wir uns im ersten Kapitel mit dem Begriff Sicherheit sowie den zahlreichen unterschiedlichen Theorie-Konzepten in den Neuen oder Internationalen Sicherheitsstudien und schließlich auch kurz mit dem Phänomen der physischen Gewalt beschäftigt haben, wird jetzt das Blickfeld eingeengt und auf den „klassischen" Untersuchungsgegenstand von Sicherheitsstudien konzentriert. Im Mittelpunkt stehen der Krieg, der Wandel der Kriegsbilder im Lauf der historischen Entwicklung und die Streitkräfte als politisch einsetzbare Organisation physischer Gewalt. Diese Themenfelder haben, wie man unschwer erkennen kann, erhebliche praktische Bedeutung. Deshalb nehmen sie auch in der Forschung über Sicherheit (als Desiderat) und über die Institutionen und Strategien, mit deren Hilfe der Zielwert Sicherheit in Politik und Gesellschaft angestrebt wird, einen bevorzugten Platz ein.

2.1 Krieg als Normalität

Thomas Hobbes prägte in seiner berühmten Schrift über den „Leviathan" von 1651 die Formel *bellum omnium contra omnes* zur Kennzeichnung des menschlichen Zusammenlebens im Naturzustand. Erst ein Gesellschaftsvertrag mit einem Herrschafts-, Ordnungs- und Schutzauftrag an einen Monarchen könne solchem „Krieg aller gegen alle" ein Ende bereiten. Nun ist der „Gesellschaftsvertrag" ein beliebtes Gedankenspiel (von philosophischem Nutzen); freilich darf man sich keinen irgendwie gearteten „Naturzustand" so vorstellen, dass die Menschen darin andauernd übereinander hergefallen seien. Jedoch reicht die Möglichkeit aus, dass derlei jederzeit geschehen könnte, um einen Zustand permanenter subjektiver und objektiver Unsicherheit zu erzeugen.

Hobbes' Naturzustand

Auch nach der Bildung von kleineren und größeren politischen Einheiten ist es nicht zur Überwindung zwischenmenschlicher Gewalt oder gar zur Abschaffung des Krieges gekommen. Eine der jüngsten monumentalen Überblicksstudien über den Krieg in der Menschheitsgeschichte (Gat 2008) setzt an einem Zeitpunkt an, der zwei Millionen Jahre zurückliegt. Von damals bis heute dominieren Kampf und Krieg die Beziehungen zwischen sozialen Gruppen.

Krieg in der Menschheitsgeschichte

Das Ziel, den Krieg abzuschaffen, ist hingegen erst, im Anschluss an frühbürgerliche Sozialphilosophen wie u. a. Henri de Saint-Simon (1760-1825) und Auguste Comte (1798-1857), seit der Mitte des 19. Jahrhunderts durch pazifistische Vereine systematisch angegangen worden. Das geschah vor dem Hintergrund einer hoch-dynamischen Entwicklung von Rüstungstechnik und der entsprechenden Ausweitung der Kriegsführung („Industrialisierung des Krieges") in Europa und im europäisch, dann im 20. Jahrhundert transatlantisch dominierten, erdumspannenden internationalen System.

2.1.1 Arbeitsbegriffe

Wir wollen in diesem Unterkapitel zunächst eine Reihe von Arbeitsbegriffen klären. Solche Klärung kann, nebenbei gesagt, keinen Anspruch auf Endgültigkeit erheben. Hingegen kann sie mehr oder weniger plausibel sein (ich hoffe, diese ist sehr plausibel). Außerdem dient die Klärung der Begriffe, mit denen man arbeitet, der gedanklichen Disziplin und Transparenz.

Max Webers Machtbegriff

Als handlungsbezogener Grundbegriff spielt in der Politik und infolgedessen auch in der Politikwissenschaft *Macht* eine dominierende Rolle. Hier bietet sich nach wie vor die Begriffsbestimmung Max Webers an, für den Macht in der Chance besteht, den eigenen Willen auch gegen Widerstand anderer durchzusetzen, wobei sein Zusatz wichtig ist, dass diese Chance auf ganz unterschiedlichen Machtmitteln beruhen kann. Macht ist also nicht mit *Gewalt* gleichzusetzen, wenn diese auch ein besonders herausgehobenes Mittel zur Durchsetzung des eigenen Willens ist. Gewalt kann physisch oder psychisch, direkt oder indirekt wirken; sie geht von Menschen aus und richtet sich auf andere Menschen und bedeutet immer eine Bedrohung von Leib, Leben oder sozialem Beziehungsgeflecht. In Webers Macht-Definition steht der Wille im Zentrum; man kann für unsere Zwecke diesen Begriff durch den des Interesses ersetzen. Das erhellt auch die soziale Konstellation, in der Macht (und oft genug Gewalt) eingesetzt wird, nämlich den Zusammenprall gegenläufiger Interessen und Intentionen, Werten und Zielen zweier oder mehrere Akteure. Diese Konstellation heißt in den Sozialwissenschaften *Konflikt*.

Konflikte und die Versuche zur Willens- und Interessendurchsetzung kollektiver Akteure in der Sphäre der Politik müssen keineswegs zwangsläufig auf den Einsatz physischer Gewalt der einen und dann der anderen Seite hinauslaufen. In der Vergangenheit passierte aber genau das immer wieder, und die Gegenwart unterscheidet sich hier nicht von der Vergangenheit. Kollektive Akteure, in der Moderne insbesondere Staaten, unterhalten spezielle Organisationen mit besonders ausgebildeten Spezialisten (Soldaten) für den Fall, dass ihre Entscheidungsträger Gewalt einsetzen wollen oder müssen. Das sind die Streitkräfte.

kühl-rationale Definition von Krieg

Aus all dem ergibt sich eine kühl-rationale Bestimmung von *Krieg*: ein wesentlich durch organisierte physische Gewalt bestimmtes, akutes Konflikt-Verhältnis zwischen zwei oder mehr kollektiven Akteuren, das zustande kommt, weil diese Akteure entgegengesetzte Interessen mit dem Anspruch auf sofortige Durchsetzung verfolgen und deswegen gezielt Gewalt einsetzen, um den oder die Gegner zur Erfüllung ihres Willens zu zwingen.

Kühl-rationale Definitionen wirken oft sehr blass. Das liegt an ihrem vergleichsweise hohen Abstraktionsgrad, sollen sie doch auf die unterschiedlichsten Fälle passen. Und in der Tat gibt es ja, worauf im folgenden Kapitel näher eingegangen wird, die vielfältigsten Erscheinungsweisen von Krieg. Außerdem, das soll an der Gegenüberstellung der beiden anschließenden Begriffs-Fassungen erläutert werden, variieren diese Fassungen auch nach den Erkenntnis-Perspektiven der Forscherinnen und Forscher. Die Hamburger Arbeitsgemeinschaft Kriegsursachenforschung (AKUF) gibt seit mehreren Jahrzehnten ein Jahrbuch heraus, in dem das Kriegsgeschehen in einem bestimmten Jahr dokumentiert wird. Um das sinnvoll zu tun, braucht es eine Arbeitsdefinition, die vor allem auch für die Zwecke der empirischen Bestandsaufnahme tauglich ist. Die AKUF-Definition von Krieg lautet folgendermaßen:

> Krieg ist ein gewaltsamer Massenkonflikt, der alle folgenden Merkmale aufweist: a) an den Kämpfen sind zwei oder mehr bewaffnete Streitkräfte beteiligt, bei denen es sich mindestens auf einer Seite um reguläre Streitkräfte (Militär, paramilitärische Verbände, Polizeieinheiten o. ä.) der Regierung handelt; b) auf beiden Seiten muss ein Mindestmaß an zentralgelenkter Organisation der Kriegführenden und des Kampfes gegeben sein, selbst wenn dies nicht mehr bedeutet als organisierte bewaffnete Verteidigung oder planmäßige Überfälle (Guerilaoperationen, Partisanenkrieg usw.); c) die bewaffneten Operationen ereignen sich mit einer gewissen Kontinuität und nicht nur als gelegentliche, spontane Zusammenstöße, d. h. beide Seiten operieren nach einer planmäßigen Strategie, gleichgültig, ob die Kämpfe auf dem Gebiet einer oder mehrerer Gesellschaften stattfinden und wie lange sie dauern (AKUF 2008, 10).

Erheblich weniger kühl, vielmehr von einer pazifistisch geprägten Empörung über die Schrecklichkeit des Krieges geprägt ist die Kriegs-Definition des Soziologen Trutz von Trotha: *weniger kühle Definition von Krieg*

> Krieg ist der kollektive und organisierte Einsatz von materieller Schädigung, absoluter Gewalt, sprich: Tötung, und einer Zerstörungs- und besonders Waffentechnik. Er ist also der kollektive und organisierte Einsatz der Verbindung von zwei Grundformen von Aktionsmacht mit technischem Handeln. Die Merkmale des Krieges… lassen sich, wie folgt, zusammenfassen: Der Krieg erfordert eine kulturelle und soziale Organisation des Tötens und vor allen Dingen der Bereitschaft sich töten zu lassen – wobei ‚Bereitschaft‘ nur heißen kann, sich den als Zwängen verstandenen Ordnungen des Krieges zu fügen. Der Krieg ist gegen Kollektive gerichtet, vollzieht eine strenge Trennung zwischen Binnen- und Außenmoral, entfesselt die menschlichen Gewaltphantasien und ist gleichgültig gegenüber dem Leiden des Opfers…Der Krieg ist eine Wirklichkeit eindringlichster körperlicher, sinnlicher und emotionaler Erfahrungen. Seine Gewalt fasziniert, um so mehr, als der Krieg die Gewalt verherrlicht (von Trotha 1999, 71-73).

Diese Definition sieht am Krieg vor allem die Kampfhandlungen von Menschen und verweist zudem, mit Abscheu, auf die Anziehungskraft, die von Handlungen der Gewalt ausgehen kann. Dafür gibt es ja auch viele Zeugnisse in der belletristischen und der wissenschaftlichen Kriegsliteratur.

Schließlich sollte an dieser Stelle noch auf ein verbreitetes Missverständnis aufmerksam gemacht werden, dem Laien und Experten gleichermaßen oft aufsitzen. Die vielzitierte Formel von Clausewitz aus seinem nachgelassenen Werk „Vom Kriege" (zuerst erschienen von 1832 bis 1834), nämlich: „…der Krieg ist nichts weiter als eine Fortsetzung des politischen Verkehrs mit Einmischung anderer Mittel" (von Clausewitz 1973, 990) soll man selbstverständlich *nicht* als eine Definition des Krieges lesen. Sie war auch gar nicht so gemeint, vielmehr als eine Behauptung, die das Verhältnis zwischen dem Politischen und dem Militärischen beschreibt. Ob diese Beschreibung zu seiner Zeit, heute noch oder sogar zu allen Zeiten und in allen Kulturen korrekt ist, darüber kann man lange *Clausewitz über Krieg und Politik* streiten. Das hängt im Übrigen auch von der Verknüpfung dieser Formel mit anderen Aussagen bei Clausewitz ab und den dadurch sich ergebenden unterschiedlichen Lesarten seines umfangreichen Buches, das nicht in allen seinen Passagen, aber in großen Teilen seine Anregungskraft bewahrt hat.

2.1.2 Krieg und Tod

Ist der Krieg wirklich eine Normalität, womit hier gemeint ist: ein soziales Verhältnis, das sich zu jeder Epoche der Menschheitsgeschichte und in jeder Kultur immer wieder ergeben hat? Obwohl doch die Menschen in aller Regel nach Sicherheit suchen und nicht in der Unsicherheit des Krieges leben wollen? Krieg bietet aber, das können selbst Zyniker nicht leugnen, allen, die es mit ihm aktiv oder passiv zu tun bekommen, die Erfahrung äußerster Unsicherheit. Selbst wenn sie im Moment des noch kriegsfreien Kriegsbeginns individuell und kollektiv verdrängt wird, lauert im Hintergrund die Furcht vor Verletzung und Tod. Wer die Bilder des Jubels vom August 1914 sieht, auf denen sich die Hoffnung der in den Krieg ziehenden Soldaten ausdrückt und derjenigen, die sie verabschieden, bekommt eine Vorstellung von der Kraft solcher angstvollen kollektiven Verdrängung.

In ihrer eindrucksvollen Studie über den Tod in den Kriegen des 20. Jahrhunderts legt Joanna Bourke den Akzent auf das Töten und nicht auf das getötet werden.

> The characteristic act of men at war is not dying, it is killing. For politicians, military strategists, and many historians, war may be about the conquest of territory or the struggle to recover a sense of national honour but for men on active service warfare is concerned with the lawful killing of other people. Its peculiar importance derives from the fact that it is not murder, but sanctioned blood-letting, legislated for by the highest civil authorities and obtaining the consent of the vast majority of the population (Bourke 1999, XIII).

Töten und Sterben im Krieg

Nur eben, dass die gegnerischen Soldaten nicht getötet werden wollen, stattdessen ihrerseits töten dürfen oder sogar müssen, um zu überleben. Im Krieg gehören Sterben und Töten zusammen.

Stell dir vor, es gibt Krieg, und keiner geht hin, so lautete ein bekannter Spruch der Gegner der Nachrüstung in der Bundesrepublik Deutschland zu Beginn der 1980er Jahre. Warum also gehen die Soldaten in den Krieg? Und warum, um diese Reflexion jetzt auf die Massenkriege des 19. und 20.Jahrhunderts zu konzentrieren, lassen sich Zivilisten auf Zeit zu Soldaten machen, obwohl sie doch eigentlich keine speziellen Handwerker des Krieges sind? Warum kämpfen und töten sie andere Menschen, die doch ihresgleichen sind?

Die Anthropologen und Philosophen haben über solche Fragen immer wieder nachgedacht. Die Liste mit immer wieder angeführten Gründen für ein solches Verhalten ist eindrucksvoll ungenau:

- die Disposition des Menschen (Gier, Angst, Hass, Machttrieb);
- der territoriale Impetus;

- die Aufhebung der eigenen Sterblichkeit in der Unsterblichkeit der Gruppe, sei es die Familie, der Clan, die Religionsgemeinschaft, die Ethnie, die Nation;
- die Aberkennung der Menschlichkeit des Gegners, die Leugnung, dass der Kriegsgegner meinesgleichen ist (Pseudospeziation).

Insbesondere die Aufhebung des in vielen Kulturen mit großem Nachdruck durchgesetzten Tötungstabus, wie es etwa im 5. Gebot des Dekalogs im Alten Testament postuliert wird, ist erklärungsbedürftig.

> Wenn nun aber im Kriege das Tötungsverbot außer Kraft gesetzt wird, so handelt es sich nicht um einen Rückfall in den Naturzustand. Vielmehr wird ein bestimmtes kulturelles Konstrukt (das Tötungsverbot) für einen auf die Dauer des Krieges begrenzten Zeitraum vorübergehend durch ein anderes (das Tötungsgebot) ersetzt. Die Konstruktion des *Artfremden* im Sinne der Pseudospeziation kann dabei zur Begründung des Tötungsgebotes und zur Aktivierung der Kampfbereitschaft propagandistisch herangezogen werden. Sie ist jedoch nur ein Element unter mehreren, welche die Umwertung der Werte zu bewirken in der Lage sind (von Stietencron 1995, 21).

Aufhebung des Tötungstabus

Eine beunruhigende These ist das, denn sie impliziert, dass die Menschen offenbar immer wieder offen sind für Manipulationen oder, neutraler gesagt, für Konstruktionen, die ihnen Gewalt und Kampf, das Töten und die Gefahr, getötet zu werden, als sinnvoll und lebenserfüllend vorstellen. Und damit die große Unsicherheit neutralisieren.

Wer in den Krieg zieht, zieht nicht in den Tod. Aber der Tod zieht sozusagen mit ihm. Krieger (Soldaten) üben physische Gewalt (organisiert und aufgefächert in einem breiten Spektrum) aus und erfahren die Ausübung physischer Gewalt an sich. Dass man daran sterben kann, lässt sich nur kurzzeitig verdrängen, ebenso, was vielleicht noch mehr zu fürchten ist, dass es nachhaltige Verletzungen und Verstümmelungen geben kann.

2.1.3 Ambivalenz des Krieges

In ihrer Untersuchung über das Handwerk des Krieges begründet die Publizistin Cora Stephan, nicht gerade zur Freude der entschlossenen Kriegsgegner, die These von der Ambivalenz des Krieges folgendermaßen:

> Krieg ist keine Folge eines menschlichen Aggressionstriebes. Dazu hat er zuviel mit sozialen Institutionen zu tun. Krieg ist aber auch keine bloße kulturelle Erfindung – dazu ist er zu tief verwurzelt in der Menschheitsgeschichte. Vor allem aber: Das Gefährliche am Krieg ist nicht, dass er das absolut Böse wäre. Das Gefährlichste ist seine Doppeldeutigkeit. Er weckt die Bestie – und das Beste im Mann. Er verbindet Altruismus und Opferungsbereitschaft mit höchster Aggression. Er lässt die Liebe zu den einen in das Töten der anderen münden. Er ist Sakrament und Vernichtungswut in einem (Stephan 1998, 11).

Opferbereitschaft und Aggression

Krieg als
Männersache

Die Sprache ist ein bisschen salopp, trifft aber der Sachverhalt ganz gut. Die Autorin interpretiert Krieg als ein Männerbund-Phänomen, das aber, wie sie anmerkt, auf einem uralten und offenbar immer wieder erneuerten Geschlechtervertrag beruht. Dass es einen Zusammenhang zwischen Krieg und den Gender-Konstruktionen gibt, ist nicht zu übersehen. Aber es liegen nur ungenaue Annahmen darüber vor, wie es darum steht.

Die dramatische Ambivalenz des Krieges wird auch von Paul D. Williams thematisiert, womit er unterstreichen will, dass das Studium des Krieges einen ganz wichtigen Bestandteil der Internationalen Sicherheitsstudien ausmacht.

> Students of security ignore warfare at their peril. Commonly understood as a clash of armed actors, war is much more than that: it is an intense form of political relations that impacts upon virtually every dimension of human life. It has caused huge amounts of suffering and destruction but it has also been a major engine for social, political, economic and technological change (Williams 2013², 187).

2.2 Kriegsbilder und Kriegsformen

übersehene,
verdrängte,
vergessene Kriege

Zu dieser Passage von Williams passen die Überlegungen von Thomas Jäger und Rasmus Beckmann (2011, 9), die sie dem von ihnen herausgegebenen voluminösen „Handbuch Kriegstheorien" vorangestellt haben. Ich formuliere sie hier ein wenig um: Die Bedeutung von Kriegen für die Entwicklung von Gesellschaften und Staaten (und, muss man hinzufügen: des internationalen Systems) werde meist nur über die eigene geographische und existentielle Nähe zum Kriegsgeschehen wahrgenommen. Entfällt diese Bedingung oder scheint sie zu entfallen, dann werden Kriege auch gerne übersehen, verdrängt, vergessen. Kriege hinterlassen in den Räumen, in denen sie geführt werden, tiefe Spuren der Verwüstung und des Leids. Aber, um eine Beobachtung von Judith Butler (2010) zu übernehmen, wir beklagen nicht jedes Leid, das der Krieg verursacht hat.

Dieses „wir" bezieht sich nicht nur auf die allgemeine Öffentlichkeit, sondern auch, bis zu einem gewissen Grade jedenfalls, auf die wissenschaftliche Wahrnehmung des Krieges. Die „Komplexität der Kriege" (Jäger 2010) erfordert eigentlich eine nicht abreißende, intensive Beschäftigung mit den Ursachen von Kriegen, ihren sich wandelnden Erscheinungsformen und mit ihren Folgen. In diesem Unterkapitel geht es um die Erscheinungsformen von Kriegen. Zu Beginn muss allerdings gleich eine Einschränkung gemacht werden: Der Akzent dieser knappen Darstellung liegt auf Europa und auf den von Europa ausgehenden und von europäischen Staaten ausgefochtenen Kriegen. Solcher Europa-Zentrismus könnte als arrogant oder beschränkt erscheinen. Aber er lässt sich auch begründen: Das europäische internationale System hat sich über die Vehikel Krieg und Wirtschaft seit dem Mittelalter gegen andere internationale Systeme nicht nur behauptet, sondern immer weiter ausgedehnt, so dass es heute, wenn auch nicht mehr europäisch dominiert, zum „Weltsystem" geworden ist.

Zuvor soll noch auf eine begriffliche Unterscheidung hingewiesen werden, die relativ wichtig ist, obgleich sie im allgemeinen politischen Sprachgebrauch häufig ganz eingeebnet und auch in der Fachliteratur nicht immer vorgenommen wird (vgl. etwa Etzersdorfer 2007).

- **Kriegstypen**: Herberg-Rothe (2003) unterscheidet zwischen drei Kriegstypen, die bei ihm Kriegsformen heißen (aber diesen Relativsatz vergessen wir gleich wieder): Staatenkriege, Bürgerkriege und nicht-staatliche Kriege. Chojnacki (2006, 55-56) geht ähnlich vor und präsentiert eine Typologie von vier „Kerntypen": zwischenstaatliche Kriege, extrastaatliche Kriege, innerstaatliche Kriege und sub-staatliche Kriege. Die Differenz zwischen extra-staatlichen und innerstaatlichen Kriegen wird von Chojnacki so bestimmt: Erstere finden zwischen Staaten und nicht-staatlichen Akteuren jenseits bestehender Staatsgrenzen statt, letztere zwischen staatlichen und nicht-staatlichen Akteuren innerhalb bestehender Grenzen. Solche Typologien werden, wie man sieht, vor allem im Blick auf die Gewaltakteure konstruiert und bleiben weitgehend im Rahmen des modernen Staatensystems. Kriegstypen

- **Kriegsformen**: Darunter sollen Grundformen kriegerischer Auseinandersetzung verstanden werden wie: Landkrieg, Seekrieg mit der Unterform U-Boot-Krieg; Luftkrieg; Verteidigungskrieg, Angriffskrieg; Festungskrieg (Belagerung), Guerillakrieg, Nuklearkrieg usw. einschließlich ihrer jeweiligen taktischen, operativen und strategischen Grundsätze. Manche Kriegsformen sind älter, als man gemeinhin denkt, etwa der Guerillakrieg. Kriegsformen sind der Oberbegriff für verschiedene Variationen der Kriegsführung und des Kriegsgeschehens. In einem konkreten Krieg können verschiedene Kriegsformen miteinander kombiniert werden. Dieser Begriff ist strikt empirisch und spiegelt nicht zuletzt das professionelle Wissen des Militärs. Kriegsformen

- **Kriegsbilder**: Damit sind die in einer Gesellschaft (oder mehreren) vorherrschenden Diskurse und Konzepte über die Art der Bedrohungen der eigenen Ordnung durch organisierte Gewalt gemeint und die gesamtstrategischen, also die Sphären der Politik und des Militärs übergreifenden Vorstellungen, wie man diesen Bedrohungen begegnet. Außerdem umfassen sie mögliche Kriegsszenarien sowie Grundsätze über die politischen Zwecke des Einsatzes von Streitkräften und deren effektivste Bewaffnung, Ausrüstung und Ausbildung. Der Begriff ist normativ eingefärbt, weil in ihm zusammengefasst wird, was in einem bestimmten historischen und zivilisatorischen Kontext als Krieg, legitime Kriegsziele und als angemessene gesellschaftliche Organisation zur Unterstützung der Kriegsführung gilt oder gelten soll. Das heißt nicht, dass sich immer alle Experten und die Öffentlichkeit über ein einheitliches Kriegsbild verständigen können. Normativ eingefärbte Begriffe und Konzepte bleiben immer umstritten, das haben sie so an sich. Kriegsbild-Diskurse sind nicht zuletzt deshalb so aufschlussreich, weil sich in ihnen herauskristallisiert, wie sich eine Gesellschaft und ihre politischen und militärischen Führungen den „nächsten Krieg" vorstellen, also das, was zu erwarten ist, sollte es zu einem Krieg kommen. Deshalb haben Kriegsbilder einen beträchtlichen Einfluss auf alle Planungen und inhaltlichen sowie budgetären Schwerpunktsetzungen von Streitkräften. Kriegsbilder

Kriegsbilder und Kriegsformen hängen eng miteinander zusammen. Und manchmal überlappen sich diese beiden Begriffe, weil man dasselbe Sachphänomen wie beispielsweise die Entwicklung des Krieges nach 1945 gleichermaßen als Auffächerung des Kriegsbildes und als Evolution bestimmter Kriegsformen analysieren kann.

2.2.1 Kriegsbilder in Europa

Im Rückblick auf vergangene Epochen kann man deren Kriegsbild-Vorstellungen eindeutiger synthetisieren und klarer ausmachen, welche Konzepte und Diskurse sich tatsächlich durchgesetzt haben. Das ist im übrigen auch ein Grund dafür, warum über das Kriegsbild der Gegenwart sehr unterschiedliche Vorstellungen vorgebracht werden und warum es bislang auch nicht gelungen ist, mehr als einen dilatorischen Begriff, nämlich „Neue Kriege", für das Kriegsbild der Zeit nach dem Ende des Ost-West-Konflikts zu finden.

Entwicklung europäischer Kriegsbilder
Wenn wir dem nach wie vor instruktiven Einteilungsschema des britischen Militärhistoriker Michael Howard (1976) folgen, dann sieht das Grobschema für die Abfolge von Kriegsbildern in Europa so aus:

- Im Mittelalter, besonders in seinen späteren Phasen, war der Krieg vor allem ein „Krieg der Ritter".
- Dieses Kriegsbild wurde abgelöst von „Krieg der Söldner" im 16. und 17. Jahrhundert.
- Ergänzt wurde dieses Kriegsbild von dem „Krieg der Kaufleute" auf den Weltmeeren im 17. und 18. Jahrhundert.
- Im 18. Jahrhundert bestimmte in Europa und in den europäischen Kolonialkriegen in Übersee der „Krieg der Professionals" das Kriegsbild.
- Am Ende des 18. Jahrhunderts und bis in das frühe 19. Jahrhundert wandelte sich das Kriegsbild kurzzeitig in einen „Krieg der Revolution".
- Daraus entstand, dominierend im 19. Jahrhundert und bis in die Epoche der Weltkriege im 20. Jahrhundert der „Krieg der Nationen".
- Für die Zeit danach bis zum Erscheinen seines Buches kennzeichnet Howard das vorherrschende Kriegsbild als „Krieg der Technik-Experten".

Dieses Einteilungsschema beruht nicht zuletzt auf der Ausgangsüberlegung von Howard, dass eine Analyse von Kriegen in einer bestimmten Epoche nicht nur diese selbst, sondern auch die politischen, ökonomischen und kulturellen Kontexte einbeziehen muss. Wenn man eine solche Analyse vertieft, stößt man auf unterschiedliche Kriegsformen innerhalb eines bestimmten Kriegsbildes. Besonders deutlich wird das anhand der beiden Weltkriege, in denen sozusagen eine Integration aller vorhandenen Kriegsformen stattfand und dazu noch ein paar

Gleichzeitigkeit von Ungleichzeitigem
neue entwickelt wurden (Luftkrieg, Gaskrieg). Es muss also auch festgehalten werden, dass es immer so etwas wie die Gleichzeitigkeit von Ungleichzeitigkeiten gegeben hat. So prallten etwa in den deutschen Bauernkriegen im frühen 16. Jahrhundert eine Spätform des „Krieges der Ritter" und eine Vorform des Revo-

lutionskrieges aufeinander. Ein Jahrhundert später vermengt sich im Dreißigjährigen Krieg der „Krieg der Söldner" mit Vorformen des „Kriegs der Nationen".

2.2.2 Modernisierung des Krieges

Kriegsbilder werden, wie man sieht, in starkem Maße auch von der Entwicklung der Gesellschaft, ihren politischen und ökonomischen Institutionen und von kulturellen Mobilisierungs- und Integrationsvorstellungen beeinflusst. Ihrerseits wirken die Erfahrungen mit und in einem Krieg wieder zurück auf die Entwicklung der Gesellschaft. Die hauptsächlichen Faktoren für diese wechselseitige Dynamik sind auf der Seite der Gesellschaft Erfindungen, Verschiebungen sozialer Prioritäten und vor allem auch die Eröffnung oder Erweiterung ökonomischer Möglichkeiten. Hinzu kommt eine unterschiedlich hohe Kriegs-Begeisterung der Menschen, für deren Höhe und Intensität entweder tiefsitzende kulturelle Muster verantwortlich sind oder eine erfolgreiche Manipulation und Kriegspropaganda oder beides. Nicht vergessen darf man aber auch militärische Entwicklungen, neue Waffensysteme mit mehr Feuerkraft, neue Transportsysteme, die raschere Truppenbewegungen erlauben, oder auch neue Kommunikationssysteme. *Ökonomie und Technologie*

Kriegsbilder wandeln sich, Kriegsformen verändern sich und entwickeln sich weiter. In der europäischen Geschichte seit der frühen Neuzeit (Wolfrum 2003) hat es eine Reihe von technischen und organisatorischen Innovationen gegeben, die in ihrer Gesamtheit zu einer permanenten Modernisierung des Krieges (aber eben deswegen überhaupt nicht zu einer Vermehrung von Sicherheit) geführt haben. In der Literatur stößt man immer wieder auf folgende Neuerungen:

- Einführung von Feuerwaffen (1450-1648): Handfeuerwaffen, Artillerie, Ausrüstung von Schiffen mit Bordkanonen.
- Professionalisierung des Soldatenberufs und der Streitkräfte (1648-1789): den Krieg übernehmen „Berufssoldaten" (häufig zwangsrekrutiert). Bauern und Bürger sollen vom Krieg möglichst wenig behelligt werden, weil sie ja das Geld für den Unterhalt der stehenden Heere verdienen müssen.
- Industrialisierung und Nationalisierung des Krieges (1789-1914): Mechanisierung des Krieges und Integration neuer Technologien in die Kriegsplanung (Eisenbahnen, Telegraphie usw.); Bildung von Massenarmeen über die Institution der Wehrpflicht für Männer.
- Totalisierung des Krieges (1914-1945): totale Mobilmachung; Krieg gegen die Zivilbevölkerung; Rüstungswettläufe, Luftkrieg, Propaganda als „geistige Rüstung".
- Kriegsformen-Triptychon (seit 1945): nuklear – konventionell – subkonventionell.

Die in ihren Annahmen und statistischen Projektionen ziemlich erschreckenden Nuklearkriegs-Szenarien aus den Jahrzehnten des Ost-West-Konflikts nach 1945 sind heute nicht mehr aktuell. Als sie es noch waren, haben sie aber nicht nur die Sicherheitspolitik der beteiligten Staaten weitgehend bestimmt, sondern auch einen Schleier der Unsicherheit über die beteiligten Gesellschaften ausgebreitet. Deswegen wird im folgenden Unterkapitel kurz auf die Grundmuster der nuklearen Abschreckung eingegangen.

2.2.3 Nuklearkrieg

Hiroshima und Nagasaki 1945

Ganz am Ende des Zweiten Weltkrieges wurde jeweils eine Atombombe auf die japanischen Städte Hiroshima und Nagasaki abgeworfen. Diese wurden dadurch weitgehend zerstört. Außerdem bewirkte die Verstrahlung Langzeitschäden an Überlebenden. Seither sind solche Kriegsmittel nie mehr eingesetzt, allerdings seit 1945 permanent weiterentwickelt und einige Jahrzehnte lang auch immer wieder getestet worden. Um dieses hoch-gefährliche Kriegsmittel und die für seinen Transport entwickelten bemannten und unbemannten Trägersysteme hat es aber während des Ost-West-Konflikts eine ausgefeilte Debatte gegeben, vor allem, aber keineswegs nur in den Vereinigten Staaten. Dort sind auch militärstrategische Grundsätze für einen Nuklearkrieg entworfen worden, allerdings vor allem in der Absicht, einen Nuklearkrieg zu verhindern.

Abschreckung

Aufrüstung zwecks Kriegsverhinderung ist ein altes Prinzip – *Abschreckung*. In der Vergangenheit war das oftmals nicht erfolgreich. Warum hat es im Ost-West-Konflikt, in der bipolaren Konfrontation der beiden „nuklearen Supermächte" USA und UdSSR funktioniert (oder zumindest nicht nicht funktioniert)? An dieser Stelle soll nicht weiter auf die intellektuellen Feinheiten und Verdrehtheiten des nuklearstrategischen Diskurses eingegangen werden. Interessenten seien auf den entsprechenden Aufsatz in dem „Handbuch Kriegstheorien" von Jäger/Beckmann (2011) verwiesen. Festgehalten soll nur werden, dass sich aus der Logik des nuklearen Rüstungswettlaufs zwischen den 1950er und den 1980er Jahren eine Konstellation ergab, die den Entscheidungsträgern in Washington und Moskau gleichermaßen unbehaglich war. Wenn man diese Konstellation politisch rational analysierte, war die Schlussfolgerung unabweisbar, dass der Einsatz von Nuklearwaffen gegen den nuklear gerüsteten Feind den jeweils eigenen Interessen diametral entgegenstand. Ein nuklearer Angriff hätte nämlich einen nuklearen Gegenangriff zur Folge, und nach einem nuklearen Schlagabtausch wären beide Kriegsparteien weitgehend zerstört.

gegenseitige nukleare Abschreckung

Diese Konstellation nennt man *gegenseitige Abschreckung*. Sie war plausibel, weil es den beiden verfeindeten Nuklearmächten möglich war, einen genügend großen Teil ihrer eigenen Nuklearwaffen gegen einen nuklearen Erstschlag des Gegners zu immunisieren. Mit dieser Zweitschlagskapazität konnte dann der Angreifer seinerseits nuklear angegriffen werden, mit dem Ergebnis, dass ein nuklearer Schlagabtausch keinen Sieger haben würde. „Wer zuerst schießt, stirbt als zweiter", hieß ein Slogan aus jener Zeit. Und das war ja nun wirklich keine attraktive Aussicht.

Diese Grundkonstellation war circa drei Jahrzehnte so gewichtig, dass sie alle anderen Aspekte der nuklearstrategischen Konfrontation neutralisierte, also den rüstungstechnologischen Vorsprung der USA, die Auffächerung des nuklearen Waffenpotentials in strategische, taktische und Atomwaffen für das Gefechtsfeld, die Vor- und Nachteile eigener (kleinerer) Nuklearwaffen Großbritanniens und Frankreichs, die geostrategische Überlegenheit an konventionellen Streitkräften der UdSSR in Europa, die problematische Verknüpfung nuklearer Abschreckungsstrategie mit konventionellen Verteidigungsstrategien in und für Westeuropa und insbesondere die Bundesrepublik Deutschland und nicht zuletzt die in den frühen 1980er Jahren im Westen aufflammende Kritik an der Nuklearstrategie der USA und des transatlantischen Bündnisses.

Gegen Ende der 1980er Jahre schien die rüstungstechnologische Überlegenheit der USA eine neue Qualität zu bekommen, so dass die „gegenseitige Abschreckung" oder das „Gleichgewicht des Schreckens" möglicherweise nicht mehr lange glaubwürdig geblieben wären. Manche Beobachter der Spätphase des Ost-West-Konflikts nehmen an, dass der sich ausweitende rüstungstechnologische Vorsprung der USA eine Hauptgrund dafür war, dass die UdSSR unter dem seit 1985 amtierenden Generalsekretär der Kommunistischen Partei Michail Gorbatschow den Anspruch aufgeben musste, eine Supermacht mit eigenem globalen Ordnungskonzept zu sein.

Vorsprung der USA

Ende Dezember 1991 hörte die UdSSR auf zu existieren. Dass eine virtuell gebliebene Kriegsform wie der Nuklearkrieg solche nachhaltigen politischen Konsequenzen gehabt haben könnte, ist eine bis heute nicht erwiesene, letztlich auch wegen ihrer Monokausalität unwahrscheinliche These. Aber ganz einfach vom Tisch wischen lässt sie sich nicht.

2.3 Neue Kriege

Es ist schon darauf hingewiesen worden, dass die Bezeichnung *Neue Kriege* nicht zufriedenstellend ist. Denn was genau neu ist, taucht im Namen nicht auf. Außerdem bleibt unklar, ob sich neu nur auf die unmittelbar vorhergehende Epoche bezieht oder auf alle zusammen. Und speziell in den Sozialwissenschaften wecken solche Bezeichnungen den Impuls zu fragen, was denn wirklich neu an dem behaupteten Neuen ist und ob sich hinter der neuen Aufmachung nicht alte Phänomene und Zustände verbergen. Das ist bei den Neuen Kriegen nicht anders als es beispielsweise seinerzeit gegen Ende des Ost-West-Konflikts mit dem Terminus Neues Denken war. Ein paar Niveau-Stufen tiefer stoßen wir alle paar Jahre auf die Proklamation des Neuen Mannes oder der Neuen Frau. Im Alltagssprachgebrauch ist die Verwendung dieses Adjektivs häufig nichts anderes als eine Marketing-Taktik.

Was ist neu an den Neuen Kriegen?

Aber abgesehen von dieser semantischen Kalamität ist die Argumentation der Befürworter dieses Kriegsbildes, das im übrigen ganz verschiedenartige Kriegsformen auf verquere Art integriert, durchaus überzeugend, jedenfalls ein großes Stück weit. Deshalb ist die Aufzählung von (nur) vier „Kriegsformen" bei Etzersdorfer (2007), nämlich Staatenkrieg, Bürgerkrieg, Kleiner Krieg und Neuer Krieg, wenig erhellend.

2.3.1 Merkmale

Eine der ersten, die mit dem Begriff Neue Kriege arbeitete, ist Mary Kaldor (2000). Ihre Studie über „Organisierte Gewalt im Zeitalter der Globalisierung" (so der Untertitel) nannte sie „Neue und alte Kriege". Alte Kriege, das sind in ihrer Perspektive die Staatenwelt-Kriege seit dem 17. Jahrhundert, also die Kriege innerhalb des Westfälischen Systems internationaler Politik. Zur Rekapitulation:

Westfälisches System internationaler Politik

Die Epoche der internationalen Politik, die in der Hauptsache die Staaten (mit ihrem Anspruch auf innere und äußere Souveränität) als Akteure sah, kann man in der Tat mit dem Friedensschluss nach dem Dreißigjährigen Krieg (1618-1648) einsetzen lassen. Ganz unumstritten ist das allerdings nicht (Teschke 2007). Dieser Frieden wurde in Münster und Osnabrück unterzeichnet; er heißt auch Westfälischer Frieden. Von daher der Name für die staaten-konzentrierte Struktur des internationalen Systems. Viele Politikwissenschaftler gehen heute davon aus, dass die Zeit dieses so strukturierten internationalen Systems abgelaufen ist. Die Neuen Kriege sind in dieser Hinsicht eben post-westfälische Kriege.

Gegen Ende des 20. Jahrhunderts sieht Kaldor einen Bruch in der Kriegs-entwicklung, den sie gleich auf mehreren Ebenen lokalisiert, nämlich bei den kriegführenden Akteuren, den Kriegsgründen, der Art der Streitkräfte, der Militärtechnik sowie der Kriegsökonomie.

Verschwimmen der Grenze zwischen Krieg und Kriminalität

> Ich werde in diesem Buch die These entfalten, dass sich im Verlauf der achtziger und neunziger Jahre vor allem in Afrika und Osteuropa ein neuer Typus organisierter Gewalt herausgebildet hat, der als Bestandteil unseres gegenwärtigen, globalisierten Zeitalters gelten muss. Diese Form von Gewalt hat die Gestalt eines ‚neuen Krieges' angenommen. Das Adjektiv ‚neu' soll diese Kriege von den vorherrschenden, aus einer früheren Epoche stammenden Kriegskonzeptionen absetzen... Der Begriff ‚Krieg' dient dazu, den politischen Charakter dieser neuen Gewaltform hervorzuheben, auch wenn die neuen Kriege...gerade durch das Verschwimmen der Grenzen zwischen Krieg (üblicherweise als politisch motivierte Gewalt zwischen Staaten oder organisierten politischen Gruppen definiert), organisiertem Verbrechen (privat motivierte, normalerweise auf finanziellen Gewinn abzielende Gewalttaten privat organisierter Gruppen) und massiven Menschenrechtsverletzungen (von Staaten oder politisch motivierten Gruppen gegen Individuen begangene Gewalttaten) geprägt sind (Kaldor 2000, 7-8).

Hier sind eine Reihe von Beobachtungen noch relativ unsystematisch zusammengestellt, die in ihrer Summe darauf hinauslaufen, dass die Neuen Kriege eben nicht mehr „Westfälische Kriege" sind. Das lässt sich zumindest insoweit empirisch erhärten, als bei einer vergleichenden Aufzählung der Kriege nach 1989/90 ganz eindeutig die Zahl zwischenstaatlicher Kriege gegenüber der innerstaatlicher Kriege abgenommen hat.

Deshalb stellt Herberg-Rothe (2003, 153) in seinem Begriffs-Glossar diesen Sachverhalt in den Mittelpunkt der Definition von Neuen Kriegen:

> Begriff für zumeist nicht-staatliche Kriege nach dem Epochenjahr 1989, die gekennzeichnet sind durch *state failure*, dem Zerfall von Staaten hauptsächlich in der Dritten Welt, sowie der Verselbständigung der Gewalt in Gewaltmärkten und Bürger-

kriegsökonomien. Ursprünglich wurde dieser Begriff als Verallgemeinerung des Staatszerfalls und des Aufbaus von neuen Nationalstaaten des ehemaligen Jugoslawien entwickelt.

In Deutschland ist der bekannteste Theoretiker der Neuen Kriege Herfried Münkler (2002a; 2002b, 2005). Für ihn ist das entscheidend Neue daran die Kombination einer Reihe von Merkmalen, die es als einzelne auch früher bereits gegeben hat, aber eben nicht im Zusammenspiel.

Die Liste solcher Merkmale umfasst die Entstaatlichung des Krieges, das Verblassen der Trennlinie zwischen Staaten- und Bürgerkrieg, die Erosion der Trennlinie zwischen Militär- und Polizeiaktion und schließlich die Aufhebung der Unterscheidung zwischen Kombattanten und Zivilbevölkerung. Das „diffuse Gemisch unterschiedlicher Gewaltakteure" (Münkler 2005, 16) reicht von multinationalen Interventionskräften mit einem Mandat internationaler Organisationen wie der Vereinten Nationen bis zu lokalen Warlords und privaten Sicherheitskräften. Im Gegensatz zu dem klassischen Staatenkrieg sind Neue Kriege durch eine Asymmetrie der Akteure, ihrer Ziele, ihrer Bewaffnung und ihrer Kampfesweise gekennzeichnet.

diffuses Gemisch unterschiedlicher Gewaltakte

2.3.2 Neue Kriege und Staatlichkeit

Schon früher als Kaldor und Münkler hat der israelische Militärexperte Martin van Creveld prognostiziert, dass sich die Kriege der Zukunft ganz erheblich von denen des 19. und 20. Jahrhunderts unterscheiden werden. Im Englischen ist seine diesbezügliche Studie 1991 erschienen, eine deutsche Ausgabe folgte 1998. Van Crevelds Ansatzpunkt ist eine Reflexion über die Zukunft des Staates, des wichtigsten Akteurs der internationalen Politik und der Kriege im Westfälischen System. Er kommt dabei zu der Annahme, dass die Institution des Staates ihre zentrale Stellung in der Politik einbüßen wird, nicht überall gleichzeitig, aber doch unaufhaltsam. Wenn aber der Staat mit seinem Souveränitäts-Anspruch und dem Anspruch auf das Monopol legitimer Gewalt schwach wird oder gar verschwindet, dann hat das kaum zu überschätzende Auswirkungen auf die Kriegsführung.

für van Creveld dankt der Staat ab

Verschwindet der Staat, verschwinden auch die herkömmlichen Streitkräfte, wie wir sie kennen. Treffen herkömmliche Streitkräfte und die neuen Gewaltakteure aufeinander (das ist die insbesondere von Münkler hervorgehobene Asymmetrie der Neuen Kriege), dann stellt sich rasch heraus, dass die bessere Bewaffnung, Ausrüstung und Ausbildung den Soldaten herkömmlicher Streitkräfte wenig nützt.

Was für „kriegführende Einheiten" werden an die Stelle der Staaten treten? Ein Blick auf die prä-westfälischen Epochen internationaler Politik gibt zu erkennen, dass es einige Kandidaten für diese potentielle Leerstelle gibt: Stammesgesellschaften (Clans), Stadtstaaten, Religionsgemeinschaften, Söldnerbanden, Wirtschaftsfirmen. Manches auf dieser kleinen und gewiss erweiterbaren Liste klingt nicht nach Vergangenheit. Deshalb konkretisiert van Creveld seine Vorstellungen über den Krieg der Zukunft in einer Schlüsselpassage seines Buches:

Bandenkrieg der
Zukunft

Künftig werden keine Streitkräfte Krieg führen, sondern Gruppierungen, die wir heute Terroristen, Guerillas, Banditen und Räuber nennen. Sie selbst finden aber mit Sicherheit wohlklingendere Namen für ihre Organisationen. Sie stützen sich vermutlich stärker auf das Charisma eines Anführers als auf eine Institution, und ihr Ansporn ist weniger eine ‚Professionalität' als eine fanatische, ideologisch untermauerte Loyalität (van Creveld 1998, 288).

Weil van Creveld seine Argumente und Thesen zuweilen übertreibt, findet man in seinen Schriften auch Ansatzpunkte für Kritik. So vermag seine Schelte für Clausewitz, die sein Buch durchzieht, nicht zu überzeugen. Aber das ändert nichts daran, dass seine Überlegungen zur Zukunft des Krieges (womöglich inspiriert von einer Analyse der palästinensischen Aufstandsbewegung Intifada in Israel) sehr bedenkenswert sind.

2.3.3 Kritik

Wie nicht anders zu erwarten, stoßen sich die Kritiker des Konzepts von den Neuen Kriegen daran, dass darin viele seiner Merkmale als neu bezeichnet werden, die sich indes bereits in anderen Kriegsformen finden. Außerdem missfällt den Kritikern die These, das Aufkommen der Neuen Kriege bezeichne einen Epochenwandel in der internationalen Politik und der Militärgeschichte. Der Bremer Politikwissenschaftler mit Schwerpunkt Internationale Beziehungen Klaus Schlichte (2011, 91) hält diese Konzeption mittlerweile sogar für überholt:

fehlen empirische
Belege?

Die Proponenten der ‚Neuen Kriege' sind die empirischen Belege für einen Epochenbruch schuldig geblieben, haben aber mit ihren Thesen in der wissenschaftlichen und sonstigen Publizistik einen großen Resonanzboden für das Thema der innerstaatlichen Kriege geschaffen.

Eine ähnliche, weit ausholende und insbesondere auch auf die Beobachtungsmethodik seitens der „Proponenten" des Konzepts der Neuen Kriege abzielende Kritik hatte schon der Berliner Friedens- und Konfliktforscher Sven Chojnacki (2005, 93) vorgebracht:

Die These vom übergreifenden Wandel des Krieges wird…auch methodisch problematisch, weil die zugrunde gelegten Kriterien für die Erfassung ‚neuer Kriege' in hohem Maße willkürlich, intersubjektiv nur schwer nachvollziehbar und konflikttheoretisch kaum begründet sind. Dies führt wiederum zu zweifelhaften Schlussfolgerungen, weil auf der Grundlage einer unscharfen Begriffsbildung bisher nur eine Zwischenschau anekdotischer Einzelfälle vorliegt.

Für die Erfassung globaler Trends und für die Identifikation zentraler Wirkungsmechanismen reiche das nicht aus.

Neue Kriege keineswegs ganz neuartig…

Schließlich soll noch ein weiterer Kritiker zu Worte kommen, der Historiker Dieter Langewiesche, mitverantwortlich für einen sehr erfolgreichen Tübinger Sonderforschungsbereich über Kriegserfahrungen in der Neuzeit. Für ihn sind die einzelnen Merkmale der Neuen Kriege keineswegs neu, sondern finden sich in vielen Kriegen der Vergangenheit, den Kolonialkriegen, den Partisanen- und

Guerillakriegen und in kriegerischen Auseinandersetzungen außerhalb Europas. Langewiesche dreht sozusagen die Perspektive um, unter der das Kriegsgeschehen der letzten beiden Jahrzehnte betrachtet wird, und stellt fest, dass die Neuen Kriege, welthistorisch-vergleichend betrachtet, eigentlich nichts anderes als normale Kriege sind. Weil ich selbst ja ganz allgemein die „Normalität des Krieges" unterstelle, sei an dieser Stelle zur Vorbeugung von Missverständnissen darauf hingewiesen, dass dies weder bei mir noch bei Langewiesche als Zynismus verstanden werden darf. „Gut" finden wir diesen Sachverhalt nämlich nicht.

> Die ‚Neuen Kriege' ereignen sich ganz überwiegend außerhalb Europas, doch gemessen werden sie an dem europäischen Krieg in seiner Hegungsära. Darin liegt der zentrale Schwachpunkt dieses Deutungsmusters. Die Hegungsära gab es nur in Europa, und auch hier überdauerte sie nur gut zweieinhalb Jahrhunderte – seit dem Ende des Dreißigjährigen Krieges bis zum Ersten Weltkrieg: ein europäischer Sonderweg in der Weltgeschichte des Krieges (Langewiesche 2010, 322).

Der Historiker weist in diesem Zusammenhang (übrigens im Anschluss an Carl Schmitt, ohne dass dies deutlich wird) auch darauf hin, dass die Grundsätze der Hegung des Krieges des Krieges von den europäischen Mächten nie für ihre außereuropäischen Kriege galten und auch in Europa selbst oft genug gegen sie verstoßen wurde.

...vor allem nicht außerhalb Europas

2.3.4 Neue Kriege – Kriegsform oder Kriegsbild?

Einerseits sind Dispute und Debatten über Sachfragen und über die Brauchbarkeit von theoretischen Ansätzen und Methoden enorm wichtig für die Fortentwicklung der Sozialwissenschaften. Andererseits erweisen sie sich auch oft als recht unfruchtbar, weil die Protagonisten weniger miteinander als aneinander vorbeireden. Ein bisschen trifft das auch auf die Auseinandersetzung über die Neuen Kriege zu. Sie sind nicht besonders anregend und führen auch nicht recht weiter, obwohl man beiden Seiten ein Stück weit folgen kann. Dennoch aber will es nicht möglich erscheinen, aus Kritik und Gegenkritik eine besser passende Begrifflichkeit zu synthetisieren, mit dessen Hilfe das sich vor unseren Augen abspielende (und über die Bildmedien eindrücklich vermittelte) Kriegsgeschehen in verschiedenen Regionen der Welt (Afrika, Naher Osten, Zentralasien, bis vor wenigen Jahren auch der Balkan) angemessen erfassen ließe.

Woran liegt das? Mehrere Gründe sind dafür verantwortlich. Die Feststellung, dass die meisten Merkmale Neuer Kriege nicht wirklich neu sind, stimmt. Aber der Kontext, in dem diese Einzelmerkmale stehen, macht aus ihren Kombinationen eben doch etwas Neues – nicht eine neue Kriegsform, eher ein neues Kriegsbild. Wenn es zutrifft, dass der moderne Staat und das Westfälische System internationaler Beziehungen ihre Strukturkraft einbüßen, dann gewinnen nicht-staatliche Kriegsakteure in der Tat an Bedeutung. Kriege mit mächtigen nicht-staatlichen Akteure zu einer Zeit, als es den modernen Staat noch gar nicht gab, waren aber etwas anderes als es Kriege mit mächtigen nicht-staatlichen Akteuren heute sind und in naher Zukunft sein werden. Kolonialkriege als Unterwerfungskriege und Partisanen- oder Guerillakriege als Befreiungskriege

trotz aller Kritik ist der Begriff Neue Kriege nützlich

sind, wenn auch die Form solcher Kriege heutigen Neuen Kriegen weitgehend ähnelt, wegen des völlig anderen historischen und politischen Kontextes von diesen deutlich zu unterscheiden.

Aber es ist der soziopolitische Rahmen, der dem Konzept von den Neuen Kriegen seine Tragfähigkeit gibt. Dies soll anhand von drei Argumentationssträngen erhärtet werden.

Umgangssprache versus Fachsprache

Erstens fällt auch den Kritikern des Konzepts auf, dass zumindest der Begriff in der politischen Sprache eine „steile Karriere…eine Medienkarriere" (Langewiesche 2010, 317) gemacht hat. In den Sozialwissenschaften, speziell in der Politikwissenschaft, muss man bei Begriffen, die in der politischen Umgangssprache gerade hoch im Kurs stehen, besonders aufpassen (eine Mahnung, die man gar nicht oft genug wiederholen kann). In diesem Fall versteckt sich hinter der Attraktivität des Begriffs eine gewisse Hilflosigkeit der politischen Beobachter. Sie nehmen wahr, dass die Kriege der letzten Jahre anders sind als in den Kriegsbildern vom konventionellen Krieg großer Massenarmeen oder vom Nuklearkrieg. Zugleich gibt es vielfältige Formen dieses Andersseins: Terroranschläge, Bürgerkrieg, ethnisch und religiös angefachter Krieg mit lokalen Massakern und ethnischer Säuberung, Überschneidungen von Krieg und schlichter Kriminalität, Einsätze von Söldnern, Einsatz von technologisch hoch entwickelten Waffensystemen (z. B. Drohnen) und einfachen Handwaffen (z. B. Kalaschnikoff), humanitäre Interventionen usw. All dies kommt in unterschiedlichen Mischungen vor. Als Sammelbegriff bietet sich da zunächst einmal, *faute de mieux*, ein Leeretikett an. Es besagt nicht viel, aber immerhin doch dies – im Kriegsgeschehen hat sich etwas tiefgreifend verändert. Das muss man nun nicht gleich als einen „Epochenbruch" dramatisieren wollen. Aber wenn der Konstruktivismus in den Sozialwissenschaften eines (einmal mehr) deutlich gemacht hat, dann dies: Begriffe sind Konstrukte, man darf sie nicht mit den beschriebenen Sachverhalten verwechseln oder verdinglichen (reifizieren).

lokal versus global

Zweitens geht es gerade deswegen um den Rahmen, in den diese Sachverhalte gestellt werden. Im 20. Jahrhundert gab es zwei große Kriege, in die mehr Staaten verwickelt waren, als es üblicherweise der Fall war. Deshalb nennt man sie Weltkriege. Diese Ausweitung der Kriegsschauplätze auf mehreren Kontinenten blieb aber sozusagen additiv. Zwar hingen die Ereignisse in einer langen Kette zusammen, aber doch eher indirekt. Im 21. Jahrhundert sind solche und viele andere Ereignisketten (z. B. in der Sphäre der Wirtschaft) sehr viel enger geknüpft, so dass die einzelnen Ereignisse global und direkt miteinander zusammenhängen. Die Globalisierung (auch ein Begriff mit steiler Medienkarriere) macht aus lokalen Kriegsereignissen unmittelbar globale Kriegsereignisse, mit potentiellen Auswirkungen fern von ihrem Ausgangspunkt. Deswegen irritiert es so, wenn politische Analysen bei der Betrachtung der Neuen Kriege von einem Rückfall ins Mittelalter sprechen. Einzelne Kriegsaktionen können in der Tat formal solchen im Dreißigjährigen Krieg oder den Kreuzzügen gleichen. Aber es ist der globale Rahmen, der ihnen heute eine ganz andere Relevanz zuschreibt.

neue Wahrnehmung des Krieges

Drittens, und hier folge ich fürs erste der Argumentation von Langewiesche, der auf die „Neuheit" in der kollektiven Wahrnehmung der Neuen Kriege aufmerksam macht:

Die *Neuen Kriege* brechen mit der Kriegserfahrung der Gegenwart, die an dem völkerrechtlich geregelten Staatenkrieg geschult ist, mit dem Zweiten Weltkrieg als einem Sündenfall, der sich nicht wiederholen soll.

Diese Erfahrungsperspektive muss ernst genommen werden. Wenn die *Neuen Kriege* als Bruch mit den *Alten Kriegen* erfahren werden, ein Bruch also mit jenen Kriegen, an denen die Gegenwart ihre Erfahrung und die Verhaltensnormen, die sie gewahrt sehen will, gebildet hat, dann hilft es nicht, wenn Experten nachweisen, das Neue gab es schon immer…(Langewiesche 2010, 323).

Die Passage ist allerdings ein wenig schief formuliert, vor allem deshalb, weil „die Gegenwart" als eigentümliches Subjekt erscheint, das eigene Erfahrungen machen kann. Dennoch berührt Langewiesche hier einen entscheidenden Punkt. Obgleich viele Kriegsformen der Neuen Kriege altbekannt sind, stößt das Verhalten vieler Kriegsparteien in solchen gewaltsamen Auseinandersetzungen alle, nicht nur europa-zentrisch angeordnete, sondern auch internationale Erwartungen an ein einigermaßen regelgebundenes Konfliktverhalten und alle Vorstellungen (Hoffnungen) über die Haltbarkeit der Grundsätze des universal gültigen humanitären Völkerrechts vor den Kopf.

Die Neuen Kriege tragen einen unglücklichen Namen, weil das Adjektiv sozusagen nur vorläufig aussagekräftig ist. Aber die verschiedenen Kombinationen sehr unterschiedlicher Kriegsformen, die politischen, rechtlichen und militärischen Diskurse um solche gewaltsamen Konflikte seit dem Ende des Ost-West-Konflikts und die folgenreiche Relativierung von Zeit- und Raumfaktoren zur politischen und militärischen Verlangsamung und Eingrenzung des Kriegsgeschehens haben sich schon längst zu einem neuen Kriegsbild verdichtet. In den vor uns liegenden Jahrzehnten wird es hier zu weiteren Varianten kommen. Jedoch wird es *dieses* Kriegsbild sein, das als Ausgangspunkt und Projektionsfläche für alle Überlegungen über Krieg und Frieden in der Gegenwart und der absehbaren Zukunft dient.

2.4 Streitkräfte

Unter dem Begriff Streitkräfte (*armed forces*) versteht man die Organisation der bewaffneten Verbände eines politischen Akteurs, in der Moderne in erster Linie eines Staates. Ihre Aufstellung und ihr Unterhalt dienen dem Zweck, die expansiven und die defensiven Interessen dieses Akteurs mittels der Organisation physischer Gewalt durchzusetzen. In modellhaft verkürzter Perspektive sind die Angehörigen der Streitkräfte Soldaten. Modellhaft verkürzt ist dies deshalb, weil es früher schon und heute noch mehr auch zivile Angehörige der Streitkräfte gibt.

2.4.1 Vormoderne

Im Verlauf der Menschheitsgeschichte, in welcher der gewaltsame Zusammenprall gegenläufiger kollektiver Interessen üblich war und ist, haben sich die
Strukturen von Streitkräften, die Ausbildung und die Bewaffnung der Soldaten
immer wieder gewandelt. Was sich ebenfalls immer wieder anders darstellt, ist
das Verhältnis zwischen den mehr oder weniger komplexen Führungssystemen
der die Streitkräfte unterhaltenden Akteure und diesen selbst. In der Militärsozio-

civil-military -
relationslogie wird dieses Verhältnis unter dem Rubrum „zivil-militärische Beziehungen"
(*civil-military relations*) eingeordnet und ist dort Thema einer andauernden theoretischen Debatte. Es hat aber auch Gesellschaften gegeben, in denen eine solche
Differenzierung kaum oder gar nicht ausgebildet war, weil sie eine aggressive
„Kultur des Krieges" besaßen, die alle Männer als Jäger/Krieger verstand. Es hat,
wie uns die Ethnologen belehren, verschiedenartige Kriegs-Kulturen gegeben, in
denen es keine durch Arbeitsteilung und Frühformen der Professionalisierung
ausdifferenzierte Streitkräfte gab, weil eben, wenn es als notwendig angesehen
wurde, alle gemeinsam Krieg führten.

Evolutionstheoretische Spekulationen braucht es zum Glück an dieser Stelle
ebenso wenig wie solche über die „Natur des Menschen". Es genügt der Hinweis, dass die Ausbildung von Streitkräften im Zuge der gruppen- und gesell-
schaftsinternen Untergliederung in verschiedene Berufsstände zwei Konsequenzen nach sich zog, die bis in die Gegenwart hinein zu beobachten sind.

Ausbildung des
Soldatenstandes*Erstens* hing mit diesem Prozess auch die Ausbildung neuer Verhaltensregeln für die Krieger zusammen.

> Die neuen größeren menschlichen Gruppen, die Stämme, Stadtstaaten und König-
> reiche, verfolgten in ihren Kriegen Ziele, die sich weit von der Menschenjagd unter-
> schieden. Das zwang, den Krieg nach anderen Regeln als denen der Jagd zu gestalten
> und ihn auch anders zu begründen. So löste sich der Krieg von der Jagd. Hingegen
> bildete sich nur langsam eine Unterscheidung aus zwischen der Fehde, dem bewaff-
> neten Kampf Einzelner und dem Krieg, den große Gruppen gegeneinander führten.

> Um diese Zeit, in der frühen überlieferten Geschichte, hat sich wohl der Soldaten-
> stand herausgebildet (Uhle-Wettler 1989, 23).

soldatische Werte*Zweitens* entwickelte sich schon relativ früh eine die jeweils aktuelle Gegner-
schaft der Soldaten, die auf verschiedenen Seiten kämpften, transzendierender
Berufscode mit bestimmten Vorstellungen von Ehre, gegenseitigem Respekt
„über die Frontlinie hinweg" sowie häufig eine damit verbundene Geringschät-
zung des Nichtmilitärischen. Von Troja über das Mittelalter bis Verdun, von der
Ilias über die Ritterromane, die Don Quijote so verwirrten, bis zu den *Stahlge-
wittern* lässt sich dies verfolgen. Allerdings auch, dass dieser berufsständische
Code nur ein schwaches Steuerungspotential für das Verhalten im Krieg selbst
ist. Die gegenseitigen Feindbilder sind in der Regel erheblich stärker.

2.4.2 Moderne

Im letzten Abschnitt haben wir schon zu einem großen historischen Sprung in die Moderne angesetzt, also in die *Neuzeit*, wie es in der westlich geprägten Geschichtswissenschaft heißt. Für unsere Zwecke steht als kennzeichnender Begriff die oben (Kapitel 2.3.1) bereits eingeführte Bezeichnung *Westfälisches System internationaler Beziehungen* zur Verfügung. Es handelt sich um die Großepoche, die durch den Auf- und Ausbau des modernen Staates gekennzeichnet ist. Der ist nach der gängigen Definition durch das Vorhandensein eines Staatsvolkes auf einem abgegrenzten Territorium und einer durchgesetzten Herrschaftsordnung gekennzeichnet, ferner durch den Anspruch auf innere und äußere Souveränität, wozu auch der Anspruch auf das Monopol legitimer Gewalt zählt. Diese dient der Aufrechterhaltung der inneren Ordnung (in der Hauptsache die Polizei), dem Schutz gegen von außen kommende Gewalt, aber auch der Durchsetzung von außenpolitischen Zielen, die als im staatlichen Interesse (Staatsräson) liegend angesehen werden.

Dafür hat der Staat seine Streitkräfte (*armed forces*). Das sind seine bewaffneten Verbände, die umfangmäßig, in ihrer Strukturierung nach Waffen- und Truppengattungen, in Ausbildung und Bewaffnung seine äußere Sicherheit bewahren und die außen- und sicherheitspolitischen Ziele des Staates unterstützen sollen. Es versteht sich von selbst, dass Umfang und Profil der Streitkräfte nicht nur von Land zu Land immer variiert haben, sondern dass es hier in den letzten Jahrhunderten erhebliche Veränderungen gegeben hat. Entwickeln sich neue Kriegsformen und tauchen neue Kriegsbild-Vorstellungen im Entscheidungsprozess über die Unterhaltung und Entwicklung der Streitkräfte auf, dann kommt es meist zu militärischen Reformen. Deren Dynamik geht einerseits auf Veränderungen gesellschaftlicher und politischer Vorstellungen zurück, andererseits aber auch auf technologische Entwicklungen. Beides zusammen hat etwa im frühen 19. Jahrhundert die Ablösung der vom Umfang her gesehen vergleichsweise kleinen Stehenden Heere zu den Massenarmeen der Weltkriege bewirkt. Die sprunghafte Entwicklung der Rüstungstechnologie hat die Ausdiffenzierung der Streitkräfte in immer mehr Teilstreitkräfte, Truppen- oder Waffengattungen zur Folge gehabt. Der „Industrialisierung des Krieges" entsprach in den letzten zweihundert Jahren eine im Grunde permanente *revolution in military affairs*.

strukturelle Veränderungen von Streitkräften

Dieser Vorgang kann und soll hier nicht im Einzelnen illustriert werden. Zweck dieses Unterkapitels ist lediglich, das wichtigste Instrument der staatlichen Außen- und Sicherheitspolitik als Institution und Organisation legitimierter Gewalt ein Stück weit zu veranschaulichen. Dazu ist es hilfreich, sich die eben angedeuteten Ausdifferenzierungen ein wenig näher anzuschauen. Zunächst einmal untergliedern sich die Streitkräfte in Teilstreitkräfte (*armed services*), von denen es heute in der Bundeswehr drei gibt: Heer, Luftwaffe und Marine. Historisch gesehen, ist die jüngste davon die Luftwaffe. Dass es sie gibt, ist überhaupt nur möglich geworden durch die Entwicklung der Fliegerei seit dem frühen 20. Jahrhundert. Vom Umfang her gesehen, ist bei der Bundeswehr das Heer die größte Teilstreitkraft. Das Heer umfasst eine Reihe von Truppengattungen: ABC-Abwehrtruppe, Artillerietruppe, Fernmeldetruppe, Heeresaufklärungstrup-

professionelle Ausdifferenzierungen

pe, Heeresfliegertruppe, Heereslogistiktruppen, Infanterietruppen, Kommando Spezialkräfte, Panzertruppen, Pioniertruppe, Heeres-Sanitätsdienst und, nun ja, was muss, das muss, das Heeresmusikkorps. Wenn man einen Soldaten in Uniform sieht, kann man, sofern man sich die entsprechenden Symbole eingeprägt hat, seine Zugehörigkeit zu einer Truppengattung an der Waffenfarbe, der Barettfarbe und dem Barettabzeichen ablesen. Zu den drei Teilstreitkräften muss man im Fall der Bundeswehr noch die sogenannte Streitkräftebasis zählen, die gemeinsame Infrastruktur- und Unterstützungsaufgaben für sie leistet. Die Dreier-Einteilung wird in manchen Ländern noch ergänzt, z. B. in den Vereinigten Staaten durch die Marines, die Küstenwache und die Nationalgarde als jeweils eigenständige Teilstreitkraft.

kaum veränderte Organisations-Merkmale von Streitkräften

Wichtiger als diese internen Ausdifferenzierungen, die im einzelnen einem häufigen Wandel unterliegen (so wurde früher in der Bundeswehr noch zwischen Truppen- und Waffengattungen unterschieden), aber im großen und ganzen auch den meisten modernen Streitkräften ähnlich vollzogen wurden, sind gemeinsame Organisationsmerkmale. Dazu zählen eine betonte Hierarchie mit klar definierter Befehls- und Kommandogewalt; das Funktionsprinzip von Befehl und Gehorsam (nur bezogen auf dienstliche Angelegenheiten); ein internes Disziplinarwesen; der Kombattanten-Status der Soldaten; das Tragen von Uniformen; die Einordnung der Streitkräfte als Instrument der Staatsführung. Freilich blieben auch diese Organisationsmerkmale nicht völlig immun gegen Änderungen. So lässt sich als Faustregel festhalten, dass mit steigender Technisierung einer militärischen Einheit der Führungsstil der Vorgesetzten weniger autoritär als vielmehr kooperativ sein wird. In technisch geprägten Einheiten sind die Hierarchien erheblich flacher geworden, und Teamgeist verdrängt teilweise das Prinzip Befehl/Gehorsam. Aber nur teilweise, denn auch im aktuellen Kriegsgeschehen ist ein auf diesem Prinzip gründender Führungsstil im Prinzip angemessen.

3   Frieden, Demokratie und Sicherheit

Sicherheit ist das Gegenteil von Unsicherheit. Anders als die englische Sprache unterscheidet die deutsche nicht genauer zwischen mehreren Arten der Sicherheit/Unsicherheit:

Uncertainty meint die Unsicherheit, die dadurch entsteht, dass man nicht in die Zukunft blicken kann (auch Futurologen können das nicht) und auch nicht in die Köpfe anderer Menschen. Unsicherheit als Ungewissheit. Diese Art Unsicherheit begleitet die Existenz der Menschen ihr Leben lang. In der Politik und speziell der zwischenstaatlichen Politik überlappt sich *uncertainty* häufig mit der anderen Art von Unsicherheit, die im Englischen *insecurity* heißt. Hiermit sind das Gefühl und die Erfahrung gemeint, bedroht zu sein, gewaltsame Attacken gewärtigen zu müssen, das eigene Leben nicht auf die Grundlage längerfristig haltender Gewissheiten stellen zu können, weil jeden Tag alles wieder umgeschmissen werden kann. Oder einfach das Gefühl, nicht genau zu wissen, wie man sich verhalten soll oder auf Erwartungen anderer reagieren soll. Auch diese Art Unsicherheit besitzt eine für die Menschen existentielle Dimension, zugleich aber auch eine institutionelle. Denn, wie wir gesehen haben, sind viele Organisationen und nicht zuletzt der moderne Staat gegründet worden, um diese Unsicherheit zu reduzieren. Und schließlich gibt es noch das Wort *unsafety*, das allerdings häufiger als Adjektiv (safe/unsafe) oder mit seinem positiven Gegenbegriff (*safety*) verwendet wird. Es bezeichnet eine unmittelbare, konkrete, allerdings auch in der Regel eng umgrenzte Unsicherheit bzw. Sicherheit: *food safety* etwa (Lebensmittelsicherheit) oder *safety margin* für Sicherheitsabstand. *Nuclear safety* bezieht sich auf die behauptete Sicherheit einer Atomanlage im Sinne des Ausschlusses möglicher Dysfunktionen. *Nuclear security* hingegen bezieht sich auf die behauptete Folge nuklearer Sicherheitspolitik.

sprachliche Unterschiede im Englischen und Deutschen

In einem Beitrag des Einführungs-Bandes von Williams (2013², 137-154) untersuchen Ken Booth und Nicholas J. Wheeler den Überschneidungsbereich von *uncertainty* und *insecurity*. Diesen Bereich nennen sie das „Sicherheits-Paradox". Es entsteht in der Militär- und Sicherheitspolitik zwischen nicht verbündeten oder gar verfeindeten Staaten, die jeweils nur für sich ihre militärische Sicherheit auf- und ausbauen, ohne in Rechnung zu stellen, dass sie damit automatisch die Unsicherheit (und zwar jetzt sowohl die *uncertainty* als auch die *insecurity*) der anderen Staaten erhöhen, die dadurch ihrerseits zu der Annahme gebracht werden, ihre Rüstungsanstrengungen intensivieren zu müssen – mit derselben Rückwirkung. Ähnlich hatte schon John H. Herz um 1960 herum das „Macht- und Sicherheitsdilemma" moderner Staaten beschrieben:

Sicherheits-Dilemma

> Das ‚Sicherheitsdilemma' oder ‚Macht- und Sicherheitsdilemma'…ist diejenige Sozialkonstellation, die sich ergibt, wenn Machteinheiten (z. B. Staaten und Nationen in ihren außenpolitischen Beziehungen) nebeneinander bestehen, ohne Normen unterworfen zu sein, die von einer höheren Stelle gesetzt wären und sie hindern wür-

den, sich gegenseitig anzugreifen. In einem derartigen Zustand treibt ein aus gegenseitiger Furcht und gegenseitigem Misstrauen geborenes Unsicherheitsgefühl die
Einheiten in einem Wettstreit um die Macht dazu, ihrer Sicherheit halber immer
mehr Macht anzuhäufen, ein Streben, das unerfüllbar bleibt, weil sich vollkommene
Sicherheit nie erreichen lässt (Herz 1961, 130-131).

Es ist nicht schwer zu erkennen, dass diese Passage von einem reflektierten Realismus geprägt ist. Die Frage ist nun, ob die Politik in Militär- und Sicherheitspolitik und überhaupt die Politik von Staaten untereinander notwenig in diesem
Dilemma stecken bleiben muss, denn es droht ja früher oder später in einen
Krieg überzugehen. Oder ob man ihm auch entkommen kann.

Antworten auf diese Frage werden in diesem Kapitel gesucht und überprüft.
Dabei fangen wir mit Überlegungen zum Frieden an, einem Begriff, der mit dem
der Sicherheit korrespondiert, wenn er auch nicht mit ihm identisch ist. Im Anschluss daran geht es um den Zusammenhang von Frieden, Sicherheit und Demokratie, um eine Perspektive also, mit der sich sowohl in der Politik als auch in der
Politikwissenschaft große Hoffnungen verknüpfen, das Sicherheits-Paradox oder
Sicherheits-Dilemma überwinden zu können. Das folgende Unterkapitel beschäftigt sich mit der Art und Weise, wie heute nationale Sicherheitspolitik im politischen System verankert ist und definiert wird. Dem schließen sich Ausführungen
über Strukturen und Konzepte von Sicherheit im internationalen System an.

3.1 Frieden als Ausnahme

das Platzen der
Friedenshoffnungen

Die Formulierung vom Frieden als Ausnahme mag manche Leserinnen und Leser vielleicht vor den Kopf stoßen, denn ist nicht seit jeher das Bestreben der
meisten Menschen darauf gerichtet, in Frieden leben zu können? Das kann und
soll in dieser Allgemeinheit auch gar nicht bezweifelt werden. Aber ebenso wenig lässt sich beiseite schieben, dass dieses Bestreben in vielen Kulturen und
Epochen nur wenig erfolgreich gewesen ist. Und, schlimmer noch, häufig genug
wurden genau dadurch Konflikte in gewaltsame Auseinandersetzungen eskaliert.
Man kann es auch so sagen: Die Menschheitsgeschichte wurde immer von Friedenshoffnungen begleitet, aber diese Hoffnungen erfüllten sich nur für kurze
Zeiten. Dass die Menschen in Deutschland seit dem Ende des Zweiten Weltkrieges, jedenfalls bis zum Einsatz der Bundeswehr im Kosovo 1999, von Kriegen
unbehelligt geblieben sind und auch seither das Kriegsgeschehen, an dem deutsche Soldaten beteiligt sind, sich fern des eigenen Landes abspielt, das ist in der
Tat eine glückliche historische Ausnahme.

auch im heutigen
Europa?

Dieser Hinweis ist freilich noch kein Argument, allenfalls ein Denkanstoß.
Ein zweiter Denkanstoß geht an die Adresse derjenigen, die fest davon überzeugt
sind, dass die politische Entwicklung in Europa zur Europäischen Union den
Frieden zwischen den europäischen Mächten garantiert und zudem Europa als
Akteur auf der internationalen Bühne zu einem Protagonisten des Friedens auch
anderswo gemacht hat. Es spricht in der Tat vieles dafür, dass inner-europäische
Kriege, die vom Mittelalter bis ins 20. Jahrhundert Europa geprägt haben, der
Vergangenheit angehören. Nur an den Rändern Europas hat es bis vor kurzem

noch Kriege gegeben, deren Folgen gegenwärtig mit viel Aufwand abgearbeitet werden. Aber muss es nicht nachdenklich stimmen, wenn gelegentlich Politiker den Fortgang der europäischen Integration als eine „Angelegenheit von Krieg und Frieden" bezeichnen? Die hinter solchen Warnungen steckende Befürchtung hat durch die europäische Schuldenkrise der letzten Jahren neue Nahrung bekommen. Denn mehr oder weniger überall war es ein Leichtes, die alten innereuropäischen Feindbilder zu mobilisieren.

Was uns das lehren kann, ist schlicht dies: Man darf sich nicht darauf verlassen, dass der Frieden ein für alle mal erreicht ist.

3.1.1 Friedensideen in der europäischen Geschichte

Der Friedenszustand unter Menschen, die nebeneinander leben, so schreibt Immanuel Kant (1959, 125), sei kein Naturzustand. Dieser sei vielmehr von Feindseligkeit, mindestens aber von immerwährenden Drohungen mit solchen Feindseligkeiten (übrigens ein merkwürdiges Wort!) gekennzeichnet. So ähnlich steht es ja auch im „Leviathan" von Thomas Hobbes. Frieden müsse demgegenüber *gestiftet* werden. Dies ist ein wichtiger Grundgedanke, den es festzuhalten gilt – Frieden ist etwas, das man, sozusagen auch gegen den Widerstand der Verhältnisse, durchsetzen, machen, bauen, aufrechterhalten und pflegen muss. Ohne politische und andere Anstrengungen geht das nicht.

Frieden geht nicht von selbst; er muss gemacht werden

Weil das so ist, sollte es niemanden wirklich erstaunen, was ein Friedensforscher leicht betrübt angemerkt hat:

> Krieg und Ökonomie, Krieg und Gesellschaft hat offensichtlich die Aufmerksamkeit der damit befassten Wissenschaften derart mit Beschlag belegt, dass für die Ausdehnung solcher Überlegungen auf die Sphäre des Friedens nur mehr wenig Raum verbleibt. In der Geschichte des politischen Denkens wird der Friede ungleich häufiger vom Krieg her definiert als der Krieg funktional vom Frieden her begriffen…(Meyers 1994, 72).

Dieser Sachverhalt hat nichts mit einer Vorliebe der Wissenschaften und des politischen Denkens für den Krieg zu tun, sondern folgt einfach aus der Empirie: Krieg als Normalität, Frieden als Ausnahme.

Außerdem kommen wir nicht um die Feststellung herum, dass es zwar eine allgemeine Definition von Frieden geben mag, auf die sich alle Menschen einigen können. Jedoch handelt es sich dabei entweder um eine recht dürre Ausgangsdefinition oder um eine Ziel-Definition, deren Bestandteile keine oder nur wenig Hinweise über den Weg oder die Wege zum Ziel enthalten. Deswegen sind konkretere Friedensideen auch immer abhängig von den jeweiligen kulturellen/zivilisatorischen Vorstellungs- und Denkmustern, die, wenn sie auch jeweils gewissermaßen universalistische Geltungsansprüche haben, selbstverständlich mit dem Wandel des Umfeldes (Politik, Wirtschaft, Technik, Gestalt des internationalen Systems) ihrerseits erheblichen Veränderungen unterliegen.

was Frieden meint, ist kultur- und kontextabhängig

Gut kann man das an der Abfolge von Friedensideen verfolgen, die jeweils für eine Ära der europäischen Geschichte dominierend waren. Entsprechende Veränderungen von Friedensideen lassen sich selbstverständlich auch für andere

Zeitabschnitte und andere Kulturen verfolgen. Aus praktischen Gründen konzentrieren wir uns auf die europäische Geschichte seit dem Mittelalter und folgen dabei weitgehend einem Einteilungsschema von Meyers (2011, 44).

vom Gottesfrieden zur modernen Diplomatie

Frieden galt im Mittelalter hauptsächlich als Gottesfrieden, also eine religiös gebotene (partielle) Aussetzung von Gewalt gegenüber bestimmten Personen oder an bestimmten Orten und unter bestimmten Bedingungen. Die feudale, hierarchische Gesellschaftsstruktur konnte im hohen Mittelalter auch die Institution des Landfriedens einrichten, wonach die Machtträger in einer bestimmten Region bei der Durchsetzung ihrer Rechte oder was sie dafür ansahen auf das Mittel der Gewalt verzichten. In der Renaissance begann die Ausbildung eines verbindlichen Rechtssystems im Innern, das den inneren Frieden bewahren sollte. In der sich anschließenden Neuzeit mit ihrer verstärkt einsetzenden Staatlichkeit wurde der Krieg durch neue Regeln ansatzweise zivilisiert. Allerdings galt das nur für Europa, nicht für die überseeischen Kämpfe. In der Zeit der Kabinettskriege des Absolutismus war der Frieden streng an die jeweilige Staatsräson gebunden. Seit der Französischen Revolution und über das ganze 19. Jahrhundert hinweg bildeten sich Vorstellungen von einer durch Bürgerbeteiligung und Freihandel im Interesse aller Menschen sich eröffnenden Friedens-Perspektive aus. Jetzt erschien mit einem Mal Frieden als der Zustand innerhalb von und zwischen Gesellschaften, der sozusagen strukturell angesagt war, wohingegen Streitkräfte und Krieg als anachronistisch und obsolet erschienen. Die Friedensideen des 20. Jahrhundert entstammten einem schon im 19. Jahrhundert auflebenden Pazifismus, womit die Lehre von der Gewaltfreiheit zwischen Menschen gemeint ist. Es gibt mehrere Versionen des Pazifismus. Während der nuklearen Konfrontation im Ost-West-Konflikt galt Frieden vielen Menschen als einziger Ausweg aus dem in einem tödlichen Schlagabtausch endenden nuklearen Wettrüsten.

3.1.2 Friedensbegriffe

positiver versus negativer Frieden

Auch an dieser historischen Skizze erkennt man sofort, dass das, was als Frieden begriffen wird, jeweils davon abhängt, welches Kriegsbild in der Gesellschaft und dem internationalen System dominiert. In der Friedensforschung (auch als Friedens- und Konfliktforschung bezeichnet) wird mit unterschiedlichen engeren und weiteren Friedensbegriffen gearbeitet. Darüber gibt es eine ausführliche Debatte unter den beteiligten Forschern, mit der Tendenz zur Ausweitung. Im Selbstverständnis der großen Mehrheit unter den Forschern der multi- und manchmal auch interdisziplinären Friedensforschung gibt es ein Spannungsfeld zwischen dem, was hier „negativer Frieden" heißt und dem „positiven Frieden".

Mit negativem Frieden ist das „Schweigen der Waffen" gemeint. Bis ins 20. Jahrhundert hinein begannen Kriege üblicherweise mit der „Kriegserklärung" eines Staates (einer Regierung) an einen anderen. Wurde der Krieg beendet, gab es einen ausgehandelten Friedensvertrag. Berühmte Friedensverträge in der europäischen Geschichte sind etwa der Westfälische Frieden 1648, der Frieden von Utrecht 1714, die Beschlüsse des Wiener Kongresses 1815, die Pariser Vorortverträge (darunter der Versailler Vertrag) zwischen den Teilnehmerstaaten des

Ersten Weltkriegs. Aber das sind nur wenige, sehr komplizierte und besonders wichtige Friedensverträge; es gibt Hunderte solche Verträge in der europäischen Geschichte. War der Friedensvertrag unterzeichnet, gab es Frieden. Wie lange der anhielt, das stand auf einem anderen Blatt.

Der negative Frieden zwischen Staaten besteht dann, wenn sie nicht Krieg gegeneinander führen. Das soll man nicht gering schätzen. In den friedlichen Zwischenperioden der europäischen Geschichte konnten die Menschen aufatmen und sich ihren Alltagsgeschäften widmen, ohne permanent gewärtigen zu müssen, direkt oder indirekt mit der organisierten Gewaltsamkeit des Kriegsgeschehens in Berührung zu kommen. In der Perspektive der pessimistischen und skeptischen Realisten ist der negative Frieden das beste, was an Frieden erreichbar ist.

Dabei muss man in Rechnung stellen, dass solcher Frieden eben immer auch wieder umschlagen kann, dass weiterhin bestehende Konflikte jederzeit zu gewaltsamen Auseinandersetzungen eskalieren können. Deshalb lautet ein alter, von den Römern überlieferter Grundslogan der Realisten: *Si vis pacem, para bellum.* Wer Frieden will, bereite sich auf den Krieg vor – nämlich entweder um ihn abzukürzen, wenn er wieder ausbricht, oder um einen möglichen Angreifer von seinen Angriffsabsichten abzuschrecken. Wie oben erläutert, steckt man dann ziemlich schnell in einem Sicherheitsdilemma.

Si vis pacem, para bellum?

Um dies zu vermeiden und überhaupt, um dem Kreislauf von Gewalt mit kurzen Friedensintervallen zu entkommen, haben Friedensforscher in Anlehnung an ältere Überlegungen in der politischen Philosophie einen positiven Friedensbegriff konstruiert. Die Protagonisten eines positiven Friedensbegriffs sehen sich allerdings in der Zwangslage (die sie nicht als solche empfinden), ihr holistisches (= ganzheitliches) Konzept mit einer großen Zahl weiterer „positiver Ziele" auszupolstern:

> Versuchen sie doch, über die bloße Auffassung des Friedens als Abwesenheit organisierter Gewaltanwendung hinauszugehen und ihn als Muster der Kooperation und Integration größerer menschlicher Gruppen zu begreifen…Sie verknüpfen mit ihm das Fehlen von Ausbeutung, wirtschaftliche und soziale Entwicklung, Pluralismus, Gerechtigkeit und Freiheit, die Verwirklichung der Menschenrechte und die jedem Individuum einzuräumende Möglichkeit, sich gemäß seinen Anlagen und Fähigkeiten selbst zu entfalten (Meyers 2011, 41).

Die Unzufriedenheit derjenigen Wissenschaftler, die den Frieden nicht nur erforschen, sondern ihn durch ihre Forschungen auch fördern wollen, mit einem engen und nur auf die Beendigung von Kriegshandlungen ausgerichteten Friedensbegriff lässt sich gut nachvollziehen. Zwar ist auch in ihren Augen Nicht-Krieg besser als Krieg, aber wirklich friedlich geht es ja deshalb noch nicht unbedingt zu. Vor allem steht ja ein erneuter Ausbruch der Gewaltsamkeit zu befürchten. Negativer Frieden ist nicht nachhaltig.

Ob allerdings die Erweiterung des Friedensbegriffs um eine ganze Reihe von normativen Zusätzlichkeiten theoretisch und praktisch fruchtbar ist, muss mit einem Fragezeichen versehen werden. Meyers etwa, der durchaus über eine gewisse Sympathie für einen über das „Schweigen der Waffen" hinausgehenden Friedensbegriff verfügt, kann mit dem positiven Friedensbegriff nichts anfangen.

Die politisch-gesellschaftlich-ontologische Fixierung dieses Begriffs sei derart umfassend und anspruchsvoll (im Sinne von: Forderungen stellend), „dass die Wissenschaft an ihr schier verzweifeln könnte" (Meyers 2011, 41).

Frieden als Prozess   Freilich kann man mit Formeln wie „der Weg ist das Ziel" die utopische Qualität des positiven Friedensbegriffs wieder erdnäher zu machen versuchen. Es hat in der Tat vieles für sich, Frieden nicht als Zustand, sondern als Prozess zu begreifen, in dessen Verlauf je nach den besonderen Umständen einer latent oder manifest gewaltsamen Konfliktkonstellation einzelne Zwischenetappen für ihre Transformation in dauerhaft friedliche soziale und politische Strukturen festgelegt werden. Der negative Frieden ist dann die erste dieser Zwischenetappen, wichtig als Voraussetzung für alles weitere. Nicht mehr, aber auch nicht weniger.

3.2 Demokratie und Frieden

Friedensforschung und Friedenspolitik   Eine der wenigen in Deutschland herausgegebenen Zeitschriften für Friedensforschung und Sicherheitspolitik heißt „Sicherheit und Frieden", in abgekürzter Form S & F. Als sie in den frühen 1980er Jahren gegründet wurde, war die Gegenüberstellung von Friedens*forschung* und Sicherheits*politik* Signal einer Arbeitsteilung: Der Frieden sollte erforscht werden, und die Forschungsergebnisse sollten dann auf die staatliche Sicherheitspolitik einwirken, übriges nicht nur auf die staatliche, sondern auch auf die sicherheitspolitischen Vorstellungen und Aktivitäten nicht-staatlicher Akteure. Zwar gab es auch schon damals den Terminus Friedens*politik*, aber das war doch meist nur ein Etikett, das sich bestimmte Akteure selbst aufgeklebt hatten, einige mit mehr, die meisten mit weniger Recht (vgl. die instruktive Gegenüberstellung von Frieden und Sicherheit bei Wæver 2008).

Inzwischen gibt es neben der Sicherheitspolitik eine, wie wir gesehen haben, weit ausgreifende Sicherheitsforschung, und in den einschlägigen Einführungen und Übersichten der Neuen oder Internationalen Sicherheitsstudien wird die Friedensforschung als ein Teilgebiet aufgeführt. Solche Umstrukturierungen und Umbenennungen sind in den Wissenschaften insbesondere dann durchaus nicht unüblich, wenn es sich um Grenzverschiebungen zwischen herkömmlichen Disziplinen und von ihnen abgesteckten Themenfeldern handelt oder um die Durchsetzung multi- und interdisziplinärer Perspektiven.

Konjunktur von Friedens- und Konfliktforschung   Trotz der Konjunktur der Sicherheitsforschung heißt dieses Unterkapitel aber nicht ‚Demokratie und Sicherheit', sondern ‚Demokratie und Frieden'. Das liegt zum einen daran, dass zwischen den beiden Begrifflichkeiten vom Frieden und von der Sicherheit kein Verhältnis wie in einem Nullsummen-Spiel besteht. Die Friedens- und Konfliktforschung (*peace research, peace and conflict studies*) haben gegenwärtig ebenfalls Rückenwind und erfreuen sich innerhalb der Universitäten, aber auch im politischen Diskurs der Öffentlichkeit starker Fürsprache. Zum anderen liegt es aber an einem spezifischen geschichtsphilosophisch-demokratietheoretischen Axiom, das in den letzten Jahren in der transatlantischen Politikwissenschaft weit verbreitet und viel diskutiert wurde – die

Annahme, es gäbe eine institutionelle Grundlage für den Frieden zwischen Staaten und politisch überformten Gesellschaften, nämlich die Demokratie.

3.2.1 Demokratischer Frieden

Die Vorstellung, Gesellschaften, deren politisches Geschick nicht von einer abgeschotteten Herrschaftselite, sondern von der Bevölkerung insgesamt bestimmt wird, seien sozusagen von Natur aus friedlicher und der Kriegsführung gegenüber abgeneigter, geht auf Kants schon zitierte Schrift „Zum ewigen Frieden" zurück. Sie ist, selbstverständlich nicht von Realisten und Neorealisten, sondern von den liberalen Internationalisten innerhalb der Disziplin von den Internationalen Beziehungen zu einer „Theorie des demokratischen Friedens" erweitert und systematisiert worden. Es gibt mindestens zwei Varianten dieser Theorie. In der einen (monadische Theorie) liegt der Akzent auf dem einzelnen demokratischen Gemeinwesen, und es wird behauptet, dass Demokratien grundsätzlich friedlichere Kollektive seien als andere Staatsformen. Die zweite Variante (dyadische Theorie) übernimmt diese Behauptung nicht, stellt aber eine andere auf, nämlich dass Demokratien in ihrem Verkehr *untereinander* deutlich ein friedlicheres Verhalten an den Tag legen, als wenn sie es mit Nichtdemokratien zu tun haben.

[Randnotiz: monadische Theorie-Version]

[Randnotiz: dyadische Theorie-Version]

Insbesondere die zweite Variante gilt einer größeren Zahl von Politikwissenschaftlern heute geradezu als ‚empirisches Gesetz'. Gegenstimmen verweisen auf statistische Probleme bei der Beweisführung und auf ‚Gegenbeispiele' hin (die jedoch von den Anhängern dieses ‚Gesetzes' nicht als solche akzeptiert werden, z. B. die Besetzung des Ruhrgebiets durch Frankreich 1923).

Warum sind Demokratien möglicherweise friedlich(er)? Auch die Begründung dafür variiert, je nachdem, ob man eher der monadischen oder der dyadischen Variante der Theorie anhängt. Allerdings handelt es sich weniger um eine voll ausgebildete Theorie, eher um eine Ausgangsthese oder um eine präskriptive Denkfigur.

In der monadischen Theorie-Variante sind, behaupten ihre Verfechter, Demokratien aus einer Reihe von miteinander verbundenen Gründen friedlich:

[Randnotiz: Demokratien – per se friedlich?]

- Die Bürger einer Demokratie kalkulieren ihre Interessen rational, weshalb sie über ihre Partizipation an den politischen Entscheidungen eine friedliche Außenpolitik durchsetzen.
- Die Bürger in einer Demokratie haben eine Wertorientierung, die sie für eine friedliche Außenpolitik motiviert.
- Die Strukturen demokratischer Institutionen erschweren die Vorbereitung und Inszenierung eines Krieges.
- Aufgrund ihrer Wohlfahrtsinteressen und/oder ihrer normativen Ausrichtung auf kooperatives Verhalten entwickeln Demokratien mit Vorliebe interdependente Beziehungen mit anderen Staaten, die ähnliche Interessen verfolgen, was den Frieden fördert.
- Aus dem gleichen Grund betreiben Demokratien die Bildung internationaler Organisationen, die ihrerseits den Frieden fördern.

Sind Demokratien
untereinander
friedlich?

Die besondere Friedensausrichtung von Demokratien wird in der dyadischen Variante so begründet:

- Demokratien erkennen andere Demokratien als ihren Interessen und normativen Orientierungen nach auf Frieden hin orientiert. Sie streben daher nach friedlichen Beziehungen mit anderen Demokratien.
- Aus diesen friedlichen Beziehungen mit anderen Demokratien entwickeln sich gegenseitige Abhängigkeiten (Interdependenzen), welche die Kosten für eine andere als eine Politik der friedlichen Kooperation und ihrer permanenten Vertiefung in die Höhe treiben.
- Es liegt im Interesse von Demokratien, den Umfang ihrer Beziehungen zu anderen Demokratien ständig auszuweiten, weil sie untereinander Umgangsmuster entwickelt haben, die auch bei Konflikten deren Bearbeitung mit friedlichen Mitteln garantieren (nach: Müller 2002).

Beispiel: deutsch-
französische
Beziehungen nach
1945

Als Beispiele zur Erhärtung der dyadischen Variante des demokratischen Friedens können etwa die deutsch-französischen Beziehungen nach 1945 und überhaupt der europäische Integrationsprozess angeführt werden. Auch die Beobachtung, dass Demokratien, wenn sie in letzter Zeit Krieg führen, das immer öfter nicht unter der Prämisse einer nationalstaatlichen Machtpolitik tun, sondern im Namen einer ‚höheren‘ Legitimation (z. B. der Charta der Vereinten Nationen), stützt diese Variante. Demokratien werden nicht das Ziel humanitärer Interventionen, es sei denn, um sie vor antidemokratischen Kräften zu schützen. Allerdings gibt es auch Probleme mit diesem sogenannten Gesetz:

- Die Definition von Mindeststandards für eine Demokratie haben sich in den letzen Jahrhunderten erheblich gewandelt (in Bezug auf Partizipationsmöglichkeiten, in Bezug auf politische Kontrolle der Regierung, in Bezug auf Wahlmodalitäten usw.). Es ist also schwierig, den Terminus Demokratie epochen- und kulturübergreifend zu verwenden.
- Demokratien können auch immer in undemokratische Verhältnisse zurückfallen.

Tautologie-Fallen

- Es besteht die Gefahr der Tautologiefalle. Die schnappt dann zu, wenn vom Beobachter unterstellt wird, dass zur Demokratie die Einsicht der Mehrheit in die Unsinnigkeit von Kriegen gehört. Dann sind Demokratien friedlich, weil es zum Wesen der Demokratie gehört, friedlich zu sein. Was begründet werden müsste, wird bereits vorausgesetzt (vgl. Dülffer, Kröger, Wippich 1997, 18).
- Demokratisierungsprozesse sind häufig von vermehrter Gewalt begleitet. Muss man da sozusagen durch, um später ins Gewaltfreie hinaustreten zu können?
- Beispiel USA: ein Land mit vielen Kriegseinsätzen nach 1945 und auch nach 1989/90 – also nicht gerade ein Beispiel für die monadische Variante des demokratischen Friedens. Oder kann man die USA, z. B. während des Ost-West-Konflikts, gar nicht als „echte“ Demokratie führen, wie es z. B.

die kritischen Friedensforscher mit ihren Konzepten von der Herrschaft des ‚militärisch-industriellen Komplexes' in den USA behauptet haben?

- Befreiungsbewegungen, sezessionistische Gruppen und (häufig unterdrückte) Minderheiten setzen zur Propagierung ihrer Ziele häufig Gewalt ein (auch Terror). Ist wirklich abzusehen, dass eine inter/intranationale Ordnungsstruktur entstehen kann, welche all diese Ziele als erreicht kennzeichnet, so dass es keinen Grund für solche Gewaltanwendung mehr gibt? Und auch keine dubiosen Parteiungen, die solche Ziele nur vorgeben, aber ganz andere anstreben, auch mittels Gewalt?

Dass es auch „Schattenseiten des Demokratischen Friedens" gibt, haben die skeptischeren Protagonisten dieses Forschungsansatzes einräumen müssen (Geis, Müller, Wagner 2007).

3.2.2 Securitization

Manchmal wird der Begriff *securitization*, der auch im Englischen ziemlich sperrig klingt, ins Deutsche übersetzt – da steht dann *Versicherheitlichung*. Da dieses Wort aber jeglichem Sprachgefühl kräftig auf die Füße tritt, bleiben wir besser bei dem englischen Ausdruck. In den Internationalen Beziehungen und den Internationalen Sicherheitsstudien hat es das aus der „Kopenhagener Schule" stammende Theorem zu großer Prominenz gebracht (vgl. Balzacq 2011). Es lässt sich (ähnlich wie die Denkfigur vom demokratischen Frieden) sehr gut als Rahmenkonzept für unterschiedliche analytische Vorgehensweisen verwenden, und es passt hervorragend zu den in der praktischen Politik manifesten Bemühungen, den Sicherheitsbegriff auszuweiten. Worum geht es dabei? *Securitization* ist der auf einem Sprech- und Definierungsakt eines Akteurs (in der Regel eines Politikers) im diskursiven Prozess einer Gesellschaft beruhende Versuch, eine bestimmte politische Konstellation als für Staat und Gesellschaft besonders, ja existentiell bedrohlich darzustellen, was unverzügliche und außergewöhnliche politische Maßnahmen nötig macht und legitimiert, um mit dieser Bedrohung fertig zu werden.

> securitization als Sprech- und Definierungsakt

Wichtig ist die Voraussetzung, dass zunächst einmal überhaupt nichts darüber ausgesagt wird, ob und inwieweit die Darstellung der Bedrohlichkeit empirisch fundiert ist. Das kann sein oder auch nicht. Securitization ist ein Akt der Konstruktion sozialer und politischer Realität, wobei letztere immer „wahrgenommene Realität" ist. Es kommt dann darauf an, ob dieser Versuch die Angesprochenen überzeugen kann.

Versicherheitlichte Politik unterscheidet sich also von „normaler" Politik; sie ist sozusagen Ausnahmezustand-Politik, die Stunde der Exekutive. In der Tat kann man ja gut nachvollziehen, wie mit der Übertragung des Sicherheitsbegriffs auf andere als die herkömmlichen Bereiche immer auch besondere Dringlichkeiten aufgebaut werden. Die kritische Komponente dieses Theorems drückt sich in der Grundhaltung der Autoren der Kopenhagener Schule aus, die sich für eine skeptische Haltung gegenüber Prozessen der *securitization* aussprechen und für eine *desecuritization* (Entsicherheitlichung) plädieren. Intentionen und Prozesse

> Ausnahmezustand-Politik

der *securitization* stehen für sie in dem Generalverdacht, die Kontroll- und Abwägungsmechanismen „normaler" Politik, zumal in Demokratien, aushebeln zu
wollen.

In der deutschsprachigen Politikwissenschaft sind diese Überlegungen
weitgehend positiv aufgenommen worden. So werden etwa die zwiespältigen
Implikationen, die mit der Verwendung dieses Theorems als Rahmenkonzept für
Sicherheitsstudien verbunden sind, von Thorsten Bonacker und Jan Bernhardt
(2006) diskutiert, und Gunther Hellmann (2007) legt ein solcherart konstruktivis-
tisches Verständnis von Sicherheit seinem Beitrag zur deutschen Sicherheitspolitik im „Handbuch zur deutschen Außenpolitik" zu Grunde.

securitization auch   Allerdings sollte an dieser Stelle auch auf ein umfangreiches, multidiszipli-
als Aufklärung?   näres und internationales Projekt hingewiesen werden, das *securitization* als
appellative Methode verwendet, um auf bestimmte Entwicklungen auf der Erde
aufmerksam zu machen, und Gegenmaßnahmen fordert: Einen der Bände der
von ihm herausgegebenen Schriftenreihe „Hexagon Series on Human and Environmental Security and Peace" hat Hans Günter Brauch (2008) der Frage gewidmet, wie man Sicherheit im 21. Jahrhundert neu definieren muss, welche
neuen Konzepte für eine Sicherheitspolitik auf der Höhe der Zeit angesichts von
Globalisierung und ökologischen Herausforderungen angemessen sind. Seine
Mitautoren und er plädieren für einen groß angelegten Prozess der *securitization*
von Umweltpolitik und die Ausdehnung von Sicherheitsvorstellungen auf weitere Sektoren der Politik, weil nur so wesentliche Gefahren für die Menschheit
bekämpft werden können.

> The securitization of many determinants, effects, impacts, and societal and political
> consequences of the global environmental change has just started with the ‚securiti-
> zation' of climate, soil, deforestation and desertification, water, population, urbani-
> zation, as well as food and health…(Brauch 2008, 953)

Hinter solchen Alarmrufen steckt nun allerdings kein konstruktivistischer Impuls, sondern die Furcht vor der objektiven Verschlimmerung des Zustandes der
Welt.

3.3 Nationale Sicherheitspolitik

Zwischen dem vorigen und diesem Unterkapitel liegt ein tiefer Graben – theoretische und methodische Reflexionen und Denkfiguren auf der einen, handlungs-
orientierte und organisationskundliche Definitionen auf der anderen Seite. Dennoch hängt beides miteinander zusammen. Sicherheitspolitik ist heute, unter dem
Vorzeichen einer in Theorie und Praxis gleichermaßen zu beobachtenden Erweiterung des Sicherheitsbegriffs zwar längst nicht mehr *nur* eine Politik von Staaten, und sie kreist schon längst nicht mehr *nur* um das traditionelle Hauptinstru-
ment staatlicher Sicherheitspolitik, die Streitkräfte. Selbst dort, wo sie eingesetzt
werden, bilden Streitkräfte nur ein Element innerhalb eines vielschichtigen An-
satzes für „vernetzte Sicherheit" (um einen aktuellen Begriff aus dem Arsenal
deutscher Sicherheitspolitik zu verwenden).

Nicht in erster Linie militärische, sondern gesellschaftliche, ökonomische, ökologi- *erweiterter Sicher-*
sche und kulturelle Bedingungen, die nur in multinationalem Zusammenhang beein- *heitsbegriff in der*
flusst werden können, bestimmen die künftige sicherheitspolitische Entwicklung. *politischen Praxis*
Sicherheit kann daher weder rein national noch allein durch Streitkräfte gewährleistet werden. Erforderlich ist vielmehr ein umfassender Ansatz, der nur in vernetzten
sicherheitspolitischen Strukturen sowie im Bewusstsein eines umfassenden gesamtstaatlichen und globalen Sicherheitsverständnisses zu entwickeln ist (Weißbuch
2006, 29).

Hier treffen sich also die Aussagen von Sozialwissenschaftlern und Politikern –
die einen wie die anderen konstatieren die Tendenz zur Erweiterung des Sicherheitsbegriffs, die programmatisch eine Ausweitung des Kompetenzbereichs für
Sicherheitspolitik impliziert, und sie fordern neue Konzepte für eine unter solchen Voraussetzungen zu formulierende Sicherheitspolitik. Wenn man spitzzün-
gig wäre, könnte man hinzufügen, dass bei beiden Gruppen die Gefahr besteht,
sich mit dem Vorbringen von neuen Namen und wohlklingenden Leer-Etiketten
zu begnügen.

Denn obwohl staatliche Sicherheitspolitik heute andere Prioritäten verlangt
als früher, auch viel breiter angelegt wird, steht Politik mit militärischen Mitteln
und stehen die Streitkräfte nach wie vor in ihrem Zentrum. In der Sicherheitspolitik geht es nach wie vor zuerst um die äußere Sicherheit, es geht um Verteidigung und um den Einsatz von Streitkräften in unterschiedlichen Missionen, bei
denen allerdings auch in aller Regel andere staatliche und nicht-staatliche Akteure beteiligt sind.

Inhaltlich ist die Sicherheitspolitik eingebettet in die und verkoppelt mit der *Sicherheitspolitik und*
Außenpolitik, wobei sehr häufig auch die Entwicklungs(hilfe)politik mit beiden *Entwicklungspolitik*
verknüpft wird. Insofern ist die im Vertrag über die Europäische Union (Maast-
richter Vertrag) von 1992 erstmals aufgeführte Gemeinsame Außen- und Sicherheitspolitik (GASP) der EU ein Beispiel für solche Verkoppelung. Allerdings
blieb sie trotz interessanter Weiterentwicklungen bis heute mehr Anspruch als
Wirklichkeit.

3.3.1 Organisatorische Verankerung

Wenn man die für unser Thema besonders relevanten Ressorts (Ministerien) der
Regierung in den Blick nimmt, wir tun das am Beispiel Deutschland, dann ergibt
sich eine Art schematische Hierarchie: Außenpolitik-Sicherheitspolitik-Verteidi-
gungspolitik-Militärpolitik. Die *Außenpolitik* hat den weitesten Horizont, weil
sie sozusagen sämtliche Felder grenzüberschreitender politisch relevanter Handlungen abdeckt. Die *Sicherheitspolitik* befasst sich mit allen sicherheitsrelevanten Aspekten grenzüberschreitender Handlungen und wird ergänzt durch die
(einem anderen Ressort zugeordnete) Politik der inneren Sicherheit. Ein eigenes
Sicherheitsministerium gibt es nirgends, das wäre eine Art Superministerium, ein
Riesentanker, kaum steuerbar. In den Vereinigten Staaten wurde nach den Ter- *Superministerium für*
roranschlägen vom 11. September 2001 ein Ministerium für innere Sicherheit *Homeland Security*
gebildet (*Department of Homeland Security*), und das allein ist schon von enor-
mer, im Übrigen auch kontraproduktiver bürokratischer Schwerfälligkeit. In

Deutschland wird die Sicherheitspolitik im Alltagsgeschäft zwischen dem Bundeskanzleramt, dem Außenministerium und dem Verteidigungsministerium koordiniert. Für grundlegende Fragen der Sicherheitspolitik gibt es den Bundessicherheitsrat, in dem neben den drei genannten Institutionen auch die Ministerien für Finanzen, für Wirtschaft, für Inneres, für Justiz und für wirtschaftliche Zusammenarbeit und Entwicklung vertreten sind.

Die Verteidigungspolitik befasst sich mit allem, was dem Schutz des eigenen Territoriums und der eigenen gesellschaftlichen Ordnung durch militärische Bedrohungen von außen betrifft.

Verteidigungspolitik

Im gängigen Verständnis bildet Verteidigungspolitik die militärische Dimension der außengerichteten Sicherheitspolitik eines Staates. Sie umfasst konfliktverhütende Abschreckung sowie den Einsatz militärischer Gewalt zur Abwehr eines erfolgten Angriffs. Zu diesen Zwecken unterhalten Staaten auch zu Friedenszeiten Streitkräfte, Verteidigungsinfrastrukturen, entwickeln Notfallpläne und üben Prozeduren zivil-militärischer Zusammenarbeit ein (Gareis 2005, 18).

Was früher in den modernen Staaten Kriegsministerium hieß, wurde im 20. Jahrhundert umgetauft in Verteidigungsministerium. Das war ein Hinweis darauf, dass man das in der Charta der Vereinten Nationen niedergelegte generelle Verbot zum Einsatz von Gewalt außer zur eigenen Verteidigung respektierte.

Militärpolitik

Gegenstand der Militärpolitik schließlich sind die Streitkräfte, ihre Gestalt, ihre Ausrüstung, die Ausbildung der Soldaten, ihr Verhältnis zur zivilen Gesellschaft. Schematisch ist diese Hierarchie insofern, als im politischen Alltagsgeschäft sich die Grenzen zwischen diesen politischen Ebenen immer wieder verwischen.

3.3.2 Sicherheit mit militärischen Mitteln

In der Regel, zu der es allerdings auch viele gewichtige Ausnahmen gibt, fällt den Regierungen von Staaten der Einsatz nationaler Streitkräfte außer zur Verteidigung des eigenen Territoriums nicht leicht. Nun könnte man sagen: Wenn alle Staaten ihre Streitkräfte ausschließlich zur Verteidigung einsetzen, dann haben wir ja den „ewigen Frieden" erreicht. Wenn es nur so wäre! Es ist aber viel komplizierter, wie wir schon anhand der Mechanismen des Sicherheitsdilemmas einsehen mussten.

Epoche der gehegten Kriege

Der Einsatz von Streitkräften gilt jedenfalls jeder intelligenten und kostenbewussten Politik als *ultima ratio*. Nur nach dem Versagen aller anderen (diplomatischen, wirtschaftlichen und sonstigen) Mittel lässt sich der Einsatz von Streitkräften rational begründen. Im europäischen Absolutismus mit seinen Berufsarmeen („stehende Heere") galten vielen merkantilistisch denkenden Monarchen die Streitkräfte als enorm kostspielig. Deshalb setzten sie diese am liebsten nur dann in Kämpfen ein, wenn ein Sieg gewiss schien. Gemäß den geltenden operativen Grundsätzen sollte die vorteilhafte Aufstellung der eigenen Truppen im Gelände vor der Schlacht deren Ausgang mitbestimmen. Die Epoche der „gehegten Kriege" vor der Französischen Revolution kann jedoch, entgegen einem mildernden Vorurteil, nicht als eine Zeit der unblutigen Kriege angesehen werden, ganz im Gegenteil.

Die Streitkräfte wurden damals wie später zuvörderst im (von oben definierten) nationalen Interesse oder der Staatsräson eingesetzt. Das schloss ihren Einsatz in Bündnissen ein, sofern und solange die politischen Ziele und Interessen der Bündnispartner übereinstimmten oder miteinander gekoppelt werden konnten.

Streitkräfte als Mittel einer aggressiven Politik und für Angriffskriege haben im 20. Jahrhundert schrittweise ihre Legalität und Legitimität eingebüßt. Beides ist aber noch vorhanden, wenn es um die Verteidigung des eigenen Territoriums geht. Die Grenzen zwischen diesen beiden scheinbar klar voneinander getrennten Arten der Sicherheitspolitik verschwimmen aber leider. Oder sie sind mit rechtlichen Argumentationen und als Folge von unterschiedlichen, ja gegensätzlichen Wahrnehmungsmustern leicht zu durchlöchern. Selbstverständlich haben alle Regierungen, die nach 1945 einen Krieg begonnen haben, versucht, die Öffentlichkeit des eigenen Landes und die Weltöffentlichkeit davon zu überzeugen, dies sei ein rein defensiver und präventiver Akt.

Angriffskrieg versus Verteidigungskrieg

Nach 1945 haben sich zwei andere Einsatz-Arten für Streitkräfte klarer herauskristallisiert:

- Streitkräfte als Motoren nationaler Befreiung (*nation-building*) – das bezieht sich in erster Linie auf die früheren Kolonien in Asien und Afrika. Aber auch schon im Zweiten Weltkrieg haben (Partisanen-)Streitkräfte, z. B. in Jugoslawien, eine Rolle als Geburtshelfer des Staates gespielt.
- Streitkräfte als multilaterale „Friedenstruppen" (nicht mehr auf Sieg aus, sondern auf Deeskalation von Konflikten) – verwiesen sei hier etwa auf das Konzept des *peacekeeping,* wobei es um die Überwachung von Waffenstillständen und das Niederhalten neu aufflammender Gewalt an einer Waffenstillstands-Linie geht. Diese Aufgabe haben seit der Suez-Krise 1955/56 meist den Vereinten Nationen unterstellte Truppen verschiedener Nationen übernommen, die sogenannten Blauhelme.

3.4 Sicherheit im internationalen System

Eigentlich ist das keine neue Einsicht, aber sie hat durch die verschiedenen Globalisierungs-Prozess der letzten Jahrzehnten weiter an Plausibilität gewonnen: Keine Sicherheitspolitik, wenn sie erfolgreich sein will, kann sich heute und in Zukunft allein auf die nationale, das heißt auf eine nur die Eigeninteressen des Staates berücksichtigende Rüstung verlassen. Auch bi- oder multilaterale Bündnisse und Rüstungskontroll-Abkommen, wie wir sie aus den Entspannungsjahren des Ost-West-Konflikts kennen, sind nur von begrenzter Wirkung. Vor dem Hintergrund der Globalisierung und der Intensitätssteigerung regionaler Konflikte in bestimmten Zonen des Planeten drängt sich der Gedanke auf, dass es viel sinnvoller wäre, Sicherheit mittels einer international abgestimmten Politik anzustreben. In der Völkerbunds-Zeit zwischen den beiden Weltkriegen des 20. Jahrhunderts, kam dieser Gedanke in der völkerrechtlichen Denkfigur der kollektiven

kollektive Sicherheit

Sicherheit zum Ausdruck. Dieser Begriff findet sich übrigens auch im Grundgesetz, und zwar keineswegs an einer versteckten Stelle. Artikel 24, Absatz 2 GG
lautet:

> Der Bund kann sich zur Wahrung des Friedens einem System gegenseitiger kollek-
> tiver Sicherheit einordnen; er wird hierbei in die Beschränkungen seiner Hoheits-
> rechte einwilligen, die eine friedliche und dauerhafte Ordnung in Europa und zwi-
> schen den Völkern der Welt herbeiführen und sichern.

Unter einem System kollektiver Sicherheit versteht man ein Bündnis von Staaten, die ihre Sicherheit gemeinsam organisieren, wobei dieses Bündnis im Prinzip allen Staaten offen steht, denn es geht nicht um eine Konstellation kollektiver
Verteidigung gegen einen gemeinsamen Gegner. Die kollektive Sicherheit hat in
der Völkerbundszeit nicht funktioniert, und sie hat nach 1945 unter dem Vorzeichen der machtpolitischen und weltanschaulichen Bipolarität des Ost-West-
Konflikts ebenfalls nicht funktioniert. Aber dennoch hat es im Rahmen der Vereinten Nationen, des bis heute am ambitioniertesten angelegten und weitesten
gediehenen Modells für kollektive Sicherheit, eine Vielzahl von wenigstens ein
Stück weit gelungenen Bemühungen der Umsetzung von Elementen kollektiver
Sicherheit gegeben (auf die später zurückzukommen sein wird). Dennoch wäre
es irreführend, wenn man unterstellen würde, was viele Anhänger des internationalen Liberalismus sich wünschen: dass die Vereinten Nationen für die internationale Sicherheit zuständig seien. Die Anhänger des Realismus und seiner neo-
realistischen Varianten hingegen neigen der Ansicht zu, genau dies werde, egal
was so alles an feierlichen Dokumenten unterschrieben wird, ‚niemals' der Fall
sein. Aber (auch) in der Politik ist ‚niemals' keine eindeutige Zeitangabe.

3.4.1 Kooperative Sicherheit

Gemeint ist eine Sicherheitspolitik, die auf der Kooperation der Staaten und
vieler nicht-staatlicher Akteure bei der Prävention (Vorbeugung) und Deeskalation von Konflikten beruht. Dem liegt der Gedanke zugrunde, dass Kriege und
gewalttätige Konflikte, vor allem wenn es dabei zu ethnischen Säuberungen und
Völkermord kommt, nicht nur aus moralischen Gründen, sondern auch wegen
ihrer indirekten Auswirkungen in anderen Teilen der Welt intolerabel sind.

Agenda für den
Frieden 1992

Ein nach wie vor wichtiges Dokument, in welchem diese Konzeption dargestellt wurde, ist die „Agenda für den Frieden" des damalige Generalsekretärs der
Vereinten Nationen Boutros-Ghali aus dem Jahr 1992. Hier geht es um Grundsätze einer vorbeugenden, notfalls auch robust in Kriegshandlungen eingreifenden und nach einem Ende der Kampfhandlungen die lokale politische Ordnung
stützenden Sicherheitspolitik, in welcher Streitkräfte und zivile humanitäre Organisationen gemeinsam und in Absprache miteinander handeln.

> Die Begriffe ‚vorbeugende Diplomatie', ‚Friedensschaffung' und ‚Friedenssiche-
> rung' sind untrennbar miteinander verknüpft und werden in diesem Bericht mit fol-
> gender Sinngebung verwendet:

Vorbeugende Diplomatie bezeichnet Maßnahmen mit dem Ziel, das Entstehen von Streitigkeiten zwischen einzelnen Parteien zu verhüten, die Eskalation bestehender Streitigkeiten zu Konflikten zu verhindern und, sofern es dazu kommen sollte, diese einzugrenzen.

Friedensschaffung bezeichnet Maßnahmen mit dem Ziel, feindliche Parteien zu einer Einigung zu bringen, im wesentlichen durch…friedliche Mittel…

Friedenssicherung bezeichnet die Errichtung einer Präsenz der Vereinten Nationen vor Ort, was bisher mit Zustimmung aller beteiligten Parteien geschah, im Regelfall unter Beteiligung von Militär- und/oder Polizeikräften der vereinten Nationen und häufig auch von Zivilpersonal…

Dieser Bericht wird sich außerdem mit dem hierzu in engstem Zusammenhang stehenden Konzept der **Friedenskonsolidierung** in der Konfliktfolge auseinandersetzen, das heißt Maßnahmen zur Bestimmung und Förderung von Strukturen, die geeignet sind, den Frieden zu festigen und zu konsolidieren, um das Wiederaufleben eines Konfliktes zu verhindern (Boutros-Ghali 1992, 29-30).

Die englischen Bezeichnungen für die vier Schlüsselbegriffe lauten: preventive diplomacy; peace making; peace-keeping; post-conflict peace-building.

Die Argumentation von Boutros-Ghali war in seinem Bericht so angelegt, dass die Vereinten Nationen nunmehr (das heißt, nach dem Ende des Ost-West-Konflikts) zu einem starken Initiativ-Akteur im internationalen System werden und die Staaten als Mitglieder der internationalen Staatengemeinschaft rückhaltlos zur sicherheitspolitischen Kooperation auf globaler Ebene bereit sein müssen. Nun, unabhängig davon, dass dieser Begriff in der UNO-Terminologie wohletabliert ist und eine völkerrechtliche und eine politische Dimension aufweist, ist es mit dem Sachverhalt, den er bezeichnen soll, nicht weit her. Auch nach 1990 ist diese angebliche Gemeinschaft von vielen Interessendivergenzen, unterschiedlichen Wahrnehmungsmustern und sicherheitspolitischen Kulturen gekennzeichnet geblieben. Die 1990er Jahre mit seinen Zerfallskriegen auf dem Balkan und dem Völkermord in Ruanda haben die meisten der an die „Agenda für den Frieden" geknüpften Hoffnungen rasch welken lassen.

gibt es die internationale Gemeinschaft?

Die Streitkräfte sind bei solchen Krisen-Reaktions-Operationen grundsätzlich aus Truppenteilen mehrerer Nationen zusammengesetzt. Denn nur auf diese Weise wird die Quelle der Legitimation für ein solches Eingreifen sichtbar: Es geht den intervenierenden Streitkräften eben gerade nicht um einen Sieg auf dem Schlachtfeld aus nationalem Interesse heraus. Vielmehr soll die Gewalt eingedämmt und beendet werden. Die Konfliktparteien vor Ort sollen in die Lage versetzt werden, ihre Zukunft friedlich miteinander zu gestalten. Das dient dann indirekt auch den nationalen Interessen der von außen eingreifenden Akteure.

multinationale Sicherheitspolitik

Für diese Art kooperativer Sicherheitspolitik braucht es die Kraft klarsichtiger und vorausschauender Analyse. Denn je früher sie bei Konflikt-Eskalationen eingreift, desto wirksamer kann sie sein. Ferner braucht es handlungsfähige internationale Organisationen, welche die benötigten personellen und finanziellen Mittel ohne großen Zeitverlust mobilisieren können. Wichtige Grundvoraussetzung jeder multinationalen und auf die Ordnung und Stabilität des gesamten

internationalen Systems bezogenen Sicherheitspolitik ist aber, dass die führenden
Staaten der Welt ihre Beiträge zum Gemeinwohl der internationalen Ordnung als
in ihrem eigenen langfristigen Interesse liegend erkennen.

common security
        Ein kleiner historisch-begrifflicher Schlenker passt an diese Stelle: Prägnan-
te und als Markenzeichen verwendbare Namen für sicherheitspolitische Konzepte zu finden, das ist, man denke etwa an den Begriff der Human Security, gar
nicht so einfach. Manchmal ähneln sich auch die Namen der durchaus Verschie-
denes meinenden Konzepte. Gemeinsame Sicherheit (*common security*) ist nun
aber nicht einfach eine Synonym für kooperative Sicherheit, vielmehr die Bezeichnung für ein Konzept aus den frühen 1980er Jahren, als die Ost-West-Ent-
spannung ins Trudeln geraten war und an ihr Ende zu kommen drohte. Die Entwicklung ab etwa 1985 verlief dann zwar ganz anders; aber in dem Jahrfünft
davor mit Ereignissen wie der sowjetischen Invasion Afghanistans und dem
NATO-Doppelbeschluss über die Stationierung weitreichender Mittelstreckenraketen in Westeuropa gab es große Befürchtungen wegen einer drohenden Ver-
schlechterung der Ost-West-Beziehungen.

Palme-Kommission
1982
        Vor diesem Hintergrund konstituierte sich 1980 eine Unabhängige Kom-
mission für Abrüstung und Sicherheit, die nach ihrem Vorsitzenden, dem Minis-
terpräsidenten Schwedens, auch Palme-Kommission genannt wurde. In dieser
Kommission waren einige aktive, mehrere ehemalige Politiker westlicher und
neutraler Staaten, und mit Georgij Arbatov auch ein sowjetischer Teilnehmer
vertreten. 1982 veröffentlichte die Palme-Kommission ihren Bericht, den sie
Common Security nannte. Es ging darin in der Hauptsache um Vorschläge zur
Reduzierung der Gefahr eines Nuklearkrieges. In der Öffentlichkeit stieß der Bericht seinerzeit auf Sympathie, bei westlichen Militärexperten überwiegend auf
Ablehnung (vgl. etwa die Analyse des Schweizer Divisionärs Gustav Däniker in
der *Weltwoche* vom 8. Oktober 1982).

3.4.2 Regionale Sicherheit

Ost-West-Konflikt
und europäische
Sicherheit
Während kooperative Sicherheit nicht an bestimmte Räume gebunden und im
Prinzip global umsetzbar ist, war schon die Gemeinsame Sicherheit der Palme-
Kommission ein raumbezogenes Konzept für das Konfrontationsgebiet NATO/
Warschauer Pakt mit dem geteilten Europa in seinem Zentrum. Tatsächlich unterscheiden sich die Sicherheitslandschaften oder Sicherheitsarchitekturen in
verschiedenen Räumen erheblich voneinander (Wæver 2005, 155ff.). Die Globalisierung hat zwar viele Sicherheitsprobleme sozusagen raum-unabhängig gemacht. Aber dennoch ist es nicht nur aus Gründen der Übersichtlichkeit nach wie
vor sinnvoll, mit der Vorstellung von regionalen Sicherheitslagen und Sicher-
heitsstrukturen zu arbeiten, die sich in den verschiedenen Makro-Regionen der
Welt zuweilen deutlich voneinander unterscheiden. In der Politikwissenschaft,
Abteilung Internationale Beziehungen, und in den Internationalen Sicherheitsstudien wird meistens, was keine Überraschung ist, zwischen den Konstellationen regionaler Sicherheit während und nach dem Ende der Ost-West-Auseinandersetzung in der zweiten Hälfte des 20. Jahrhunderts unterschieden. Diese
Auseinandersetzung kann man mit guten Gründen als den großen und entschei-

denden Strukturkonflikt des 20. Jahrhunderts bezeichnen, politisch, militärisch, wirtschafts- und gesellschaftsordnungspolitisch. Er überschattete seit Mitte der 1940er Jahre auch alle anderen Konflikte auf der Welt und zog sie in seinen Bann. Die verschiedenen Entkolonialisierungskriege etwa waren von ihrer Anlage her nur sehr lose mit dem Ost-West-Konflikt verbunden, wurden aber im Selbstverständnis sowohl der um nationale Unabhängigkeit kämpfenden autochthonen Eliten als auch der den Kolonialstatus beibehalten wollenden Mächte sehr häufig als Teil der Ost-West-Auseinandersetzung interpretiert, und von den Führungsmächten des Ost-West-Konflikts selbst ganz genauso.

Wie schon im Zusammenhang mit der Gemeinsamen Sicherheit angesprochen, stand (trotz der fortschreitenden Entkolonialisierung) das gespaltene Europa im räumlichen Zentrum des Ost-West-Konflikts. Die wechselseitigen Bedrohungswahrnehmungen bewirkten enorme Massierungen von Soldaten und Waffen, einschließlich von Nuklearwaffen, beiderseits des Eisernen Vorhangs. Das rückte eine gefährliche Eskalation mehr oder weniger aus dem Stand in den Wahrscheinlichkeits-Horizont und beunruhigte viele Zeitgenossen.

4 Humanitäre Intervention und Human Security

In der internationalen Politik der letzten Jahrzehnte standen die verschiedenen Akteure (die Staaten, internationale Organisationen wie die Vereinten Nationen und nicht-staatliche humanitäre Organisationen) häufiger, als es ihnen lieb war, vor der Frage, ob sie angesichts von Massakern, ethnischen Säuberungen, gezielten Verletzungen von Menschenrechten in großem Umfang und Verbrechen gegen die Menschlichkeit, die in einer Diktatur oder während eines Bürgerkrieges zu beobachten waren, zu einem Eingreifen in einen solcherart brutalisierten Konflikt berechtigt oder sogar verpflichtet seien. Nur scheinbar ist diese Frage leicht zu entscheiden.

Eingreifen oder nicht?

Wie man im Jahr 2012 an den unterschiedlichen Verhaltensweisen der sogenannten internationalen Gemeinschaft (das sind im Grunde alle Mitglieder der Vereinten Nationen) in den Fällen des Gaddafi-Regimes in Libyen und des Assad-Regimes in Syrien erkennen kann, gibt es offensichtlich eine ganze Reihe von unterschiedlichen und sehr oft auch gegenläufigen Wahrnehmungen der Konfliktlage und ebenso widerstreitende Interessen der externen Akteure. Wir erinnern uns aber noch an zahlreiche andere Fälle aus der Zeit nach dem Ende des Ost-West-Konflikts, in denen die Entscheidung zur humanitären Intervention (Kosovo 1998) oder zur Nicht-Intervention (Ruanda 1994) ziemlich umstritten war und auch in der Rückschau immer noch ist.

Lücke zwischen Worten und Taten

Wer sich mit der Entwicklung der globalen Sicherheits-Landschaft und der Sicherheitspolitik von Staaten, gerade auch der europäischen Staaten und insbesondere Deutschlands beschäftigt, der kommt um eine eingehendere Betrachtung des Konzepts der humanitären Intervention nicht herum. Dieses Konzept samt seiner Einbindung in die normative Vorstellung von Human Security ist zu einem Kernbestandteil der Legitimation westlicher Streitkräfte geworden. Zwar treffen wir hier auf große Lücken zwischen Anspruch und alltäglicher Wirklichkeit. Das ist aber nichts Ungewöhnliches. Solche Lücken gibt es auch auf anderen Politikfeldern. Sie entstehen nicht immer (ja meistens nicht) aus böser Absicht, sondern als Folge der Schwierigkeit, normative Grundsätze und politische Interessen in Einklang zu bringen.

4.1 Definitionen

4.1.1 Humanitäre Intervention

Jonathan Moore hat in einer scharfsinnigen Analyse der schwierigen Entscheidungsprozesse, die der Zustimmung eines demokratischen Staates zur Beteiligung an einer humanitären Intervention vorangehen, diese Art des Eingreifens in die inneren Angelegenheiten anderer Staaten oder in Konfliktkonstellationen zerbrochener Staaten folgendermaßen definiert:

> Humanitarian intervention means action by international actors across national boundaries including the use of military force, taken with the objective of relieving severe and widespread human suffering and violations of human rights within states where local authorities are unwilling or unable to do so (Moore 2007, 169)

wann ist eine humanitäre Intervention fällig?

Eine die militärischen Aspekte solcher Aktion stark betonende Definition stammt von Münkler und Malowitz:

> Eine humanitäre Intervention ist eine militärische Maßnahme, die von einem Staat oder einer Gruppe von Staaten mit oder ohne Ermächtigung des Sicherheitsrates der UN auf dem Territorium eines anderen Staates ohne dessen Ersuchen durchgeführt wird, um Menschen beliebiger Staatsangehörigkeit vor massenhaften und gravierenden Menschenrechtsverletzungen oder den Auswirkungen herbeigeführter oder geduldeter humanitärer Notlagen zu schützen (Münkler/Malowitz 2008, 8f.).

Ein Vergleich dieser beiden Definitionen zeigt die Übereinstimmung bei den Zielen (Schutz vor massiven Menschenrechtsverletzungen und humanitären Notlagen). Auch unterscheiden sie sich nicht bei der Eröffnung der Möglichkeit, grenzüberschreitend einzugreifen. Während Moore dabei militärische Mittel zwar ausdrücklich mit einbezieht, sie aber in einem größeren Zusammenhang sieht, stellen Münkler und Malowitz ausdrücklich auf den Fall des militärischen Eingreifens ab. In beiden Definitionen sind, worauf zurückzukommen sein wird, die Voraussetzungen für ein Eingreifen scheinbar eindeutig umrissen; jedoch verflüchtigt sich diese Eindeutigkeit bei näherem Hinsehen.

militärische und nicht-militärische Komponenten

Es sollte nicht übersehen werden, dass die derartig definierte humanitäre Intervention als Konzept und als Instrument durchaus historische Vorbilder besitzt. In der frühen Neuzeit ging es dabei besonders um religiös eingefärbte politische Konflikte in einem Land, und die Intervention von außen wurde mit der Verpflichtung begründet, den unterdrückten Religionsgenossen zu helfen.

Eine weitere Art der militärisch gestützten Intervention, nämlich alle Maßnahmen zur Evakuierung eigener Staatsbürger aus einem anderen Land, in dem deren Sicherheit wegen eines Bürgerkriegs oder ähnlicher Konflikte stark gefährdet ist, ist politisch und völkerrechtlich anders geregelt und fällt nicht unter die Kategorie der humanitären Intervention.

4.1.2 Human Security

Humanitäre Interventionen sollen Menschen retten und beschützen, unter Umständen sogar gegen den Willen der Machthaber in dem Land, in dem die Menschenrechtsverletzungen und anderen Untaten passieren. Hier gibt es also eine direkte Verbindung zum dem Konzept der Human Security, das bereits in Kapitel 1.4 näher vorgestellt wurde. Der umfassende Ansatz von Human Security will nicht nur systematische physische Gefährdungen im Alltagsleben der Menschen überwinden, sondern den Menschen darüber hinaus ein würdevolles Leben ohne Hunger und Elend ermöglichen, ohne „strukturelle Gewalt", um einen Ausdruck von Johan Galtung zu benutzen. Er verstand darunter einen Zustand, in dem grundlegende menschliche Bedürfnisse (materieller und idealer Art) durch die

strukturelle Gewalt

unangemessene Verteilung von Lebenschancen und Gütern beeinträchtigt werden, obwohl diese Beeinträchtigung keineswegs unvermeidbar ist. Opfer struktureller Gewalt sind vor allem diejenigen, denen bestimmte politische und wirtschaftliche Herrschaftsstrukturen die Möglichkeit zur Erfüllung ihrer grundlegenden Bedürfnisse nehmen. Das Wort Bedürfnis sollte hier nicht nur in rein materiellem Sinne verstanden werden, sondern umfasst auch etwa das gesamte Spektrum der Menschenrechte.

In diesem umfassenden Ansatz von Human Security fallen persönliche Sicherheit, Gerechtigkeit, kulturelle Selbstbestimmung, Würde und Frieden zusammen. Das ist nun freilich ein utopisches Konzept – in dem Sinne nämlich, dass das Ziel, solche strukturelle Gewalt zu überwinden, sozusagen weit hinter dem Horizont der Gegenwart liegt. Deshalb ist es auch schwierig, dieses Konzept für kurz- und mittelfristige Aktionen fruchtbar zu machen.

es geht um die Individuen

Der engere Ansatz von Human Security ist aber immer noch ziemlich umfangreich.

> Er betont vor allem den Schutz des Individuums vor unmittelbarer Gewalt und koppelt die Definition von dem breiten Sicherheitsbegriff internationaler Entwicklungsprogramme ab. Trotzdem schließt der Ansatz Risiken, Gefahren und Bedrohungen wie Drogenhandel, Landminen, ethnische Gewalt, funktionsgestörte Staaten und Klein- und Leichtwaffen ein (Gärtner 2008², 101-102).

An dieser Stelle ist also wichtig festzuhalten: Beides, humanitäre Intervention und Human Security, beruht auf der Vorstellung, dass den Individuen, unabhängig von ihrem Status innerhalb eines Staates (oder den Ruinen eines Staates) ein besonderer Schutz zusteht und dass angesichts von eklatanten Verletzungen dieses Schutzes innerhalb einer bestimmten Herrschaftsordnung (oder -unordnung) auch Akteure von außerhalb aufgerufen sind einzugreifen.

4.2 Interventionskasuistik

Es gibt zwei große und schwierige Probleme, die eine einfache und rasche Antwort auf die Frage erschweren, wann und unter welchen Umständen eine humanitäre Intervention einzuleiten ist.

unklare Sachlage

Das erste dieser Probleme entsteht dadurch, dass es in gewaltsamen Konfliktlagen häufig nicht möglich ist, sich rasch ein zutreffendes Bild von der Sachlage zu machen. Die Unterdrücker unternehmen in der Regel alles, um ihre Taten so unsichtbar wie möglich zu machen. Oppositionelle Gruppen, die für die Unterdrückten sprechen, sind untereinander oft zerstritten oder verfolgen ihre eigenen machtpolitischen Pläne und Ziele. Die Berichterstattung über die Konfliktereignisse in den lokalen Medien ist oft reine Propaganda (von allen Seiten), und die internationalen Medien, vor allem die Bildmedien, können Objektivität auch nur vorspiegeln.

Interessenabwägung

Neben dieses *Informations-Problem* über die Vorgänge in den Konfliktzonen tritt ein *Interessen-Abwägungs-Problem* der Regierungen in denjenigen Staaten, die in den Vereinten Nationen oder anderen internationalen Organisationen über die humanitäre Intervention entscheiden und die damit zugleich auch einen Entschluss über ihre eigene direkte oder indirekte Beteiligung daran zu fassen haben.

Um diese Probleme zu mildern (denn ganz aus der Welt schaffen lassen sie sich nicht), hat sich in den letzten beiden Jahrzehnten ein politisch-akademischer Diskurs über Interventionskasuistik entwickelt. Sein Ziel ist die Festlegung von möglichst präzisen Kriterien, die eine humanitäre Intervention erlauben und notwendig machen und die dafür sorgen sollen, dass die Intervention selbst die Konfliktlage nicht etwa weiter verschärft.

4.2.1 In den 1990er Jahren

Dieser Diskurs begann mit einem gewissen Überschuss an Optimismus in den frühen 1990er Jahren. Er soll hier anhand dreier Aufsätze nachgezeichnet werden, die 1992/93 im „Europa-Archiv" publiziert wurden, der damals wichtigsten außenpolitischen Fachzeitschrift in Deutschland. Das Wort Optimismus mag angesichts der Lage der Opfer von Unterdrückung und Verfolgung befremdlich wirken. Gemeint ist in diesem Zusammenhang auch nur, dass die frühen Beiträge zu einer Interventionskasuistik von der Vorstellung getragen waren, die beiden oben angesprochenen Entscheidungsprobleme seien vergleichsweise leicht zu bewältigen. Das Ende des Ost-West-Konflikts 1990 und die Überwindung des damit einhergehenden fragilen nuklearen „Gleichgewichts des Schreckens" hatten Hoffnungen auf eine friedliche Weltentwicklung befördert.

In einem konzeptionell weit ausholenden Aufsatz zur Zivilisierung der internationalen Beziehungen hat Dieter Senghaas 1992 eine Reihe von Vorschlägen für eine Interventionskasuistik vorgelegt, mit deren Hilfe die internationale Politik dem Schutzgebot gegenüber den Menschen besser gerecht werden könne, „dem Schutz der Freiheit, dem Schutz vor Gewalt, dem Schutz vor Not und dem Schutz vor Chauvinismus" (Senghaas 1992, 650). Um dieser vierfachen Schutzbedürftigkeit der Individuen nachkommen zu können, braucht es einen Bedingungskatalog für friedenspolitisch legitime Interventionen. Senghaas (1992, 650-652) nennt sieben Fallgruppen:

Zivilisierungsperspektive

- Genozid-Politik (Beispiel: das Pol Pot-Regime in Kambodscha);
- Massenhafte Vertreibungen (Beispiel: ethnische Säuberungen im ehemaligen Jugoslawien);
- Katastrophale Notlagen in Kriegen und Bürgerkriegen (Beispiel: Somalia 1992);
- Gravierende Menschenrechtsverletzungen ohne externe Folgen (Beispiel: das Tiananmen-Massaker in Peking 1989);
- Verletzung von Rechten ethnischer, religiöser und anderer Minderheiten;
- Ökologische Kriegsführung (Ansätze dazu gab es beispielsweise seitens Saddam Husseins im Irak-Krieg 1990/91);
- Streben nach Massenvernichtungsmitteln und ihre Proliferation.

Als Friedensforscher ist Senghaas optimistisch bezüglich der Sinnhaftigkeit humanitärer Interventionen als Instrument internationaler Politik, freilich auch sehr vorsichtig, wenn es um deren militärische Komponente geht. Er befürwortet nicht-militärische Mittel der Intervention (gezielte Verurteilungen, Embargo- und Boykottmaßnahmen, Sanktionen), wo immer sie erfolgversprechend sein können.

Entwicklung des Völkerrechts

Unter rechtlichen und speziell völkerrechtlichen Perspektiven hat Christopher Greenwood 1993 die damals gerade sehr aktuellen Konfliktfälle Irak, Somalia, Liberia und Jugoslawien untersucht. Aus der Art, wie auf diese Fälle in den entscheidenden Gremien der Vereinten Nationen und von verschiedenen Regierungen (hauptsächlich des Westens) reagiert wurde, könne man folgern, „dass die internationale Haltung hinsichtlich humanitärer Intervention in den letzten beiden Jahren eine beachtliche Wandlung durchgemacht hat" (Greenwood 1993, 104). Dennoch bleibt der Autor in seinem Fazit zurückhaltend. Obwohl er feststellt, es sei nicht länger tragbar, dass das internationale Recht militärische Interventionen im Namen des Grundsatzes der Nichteinmischung in die inneren Angelegenheiten souveräner Staaten gänzlich verbietet, wenn eine Regierung ihr Volk massakriert oder ein Staat zerfällt, so führt er doch auch – aus heutiger Sicht eine Art visionärer Pessimismus – praktische Probleme bei der Umsetzung dieses Rechts ins Feld:

> All die betrachteten Fälle werden vielleicht noch zeigen, dass es einfacher ist, eine humanitäre Intervention zu beginnen, als sie zu beenden. Die Möglichkeiten für einen Missbrauch dieses Rechts auf humanitäre Intervention bleiben heute so groß wie eh und je. Selbst wenn der intervenierende Staat völlig in gutem Glauben handelt und nur darauf abzielt, begrenzte humanitäre Ziele zu erreichen, können seine Handlungen das Kräfteverhältnis innerhalb eines Staates entscheidend verändern (Greenwood 1993, 105-106).

Gewicht moralischer Gründe

Schließlich hat sich auch Pierre Hassner an dieser Debatte mit einem Plädoyer für die Intervention beteiligt. Er argumentiert ganz im Bann der Auflösung des Ost-West-Konflikts und hofft auf die Durchsetzung einer neuen Weltordnung, in welcher gemeinsame Werte und Grundvorstellungen das Handeln der Staaten weit mehr als vorher prägen und in der die Vereinten Nationen eine entscheidende Rolle spielen. Wenn es zu gewaltsamen Konflikten und massenweiser Verfolgung und Unterdrückung in einem Teil der Welt kommt, können die westlichen Demokratien sich jedenfalls nicht hinter einen Limes zurückziehen und die ‚neuen Barbaren' sich selbst überlassen. Das sei weder moralisch akzeptabel noch politisch oder in strategischer Sicht realistisch. Selbstverständlich können sie (und andere Mächte) nicht in allen Bürgerkriegen und gegen jede Aggression intervenieren, auch nicht alle Hungersnöte von außen beheben.

> Eine Wahl wird immer nötig sein, und diese Wahl wird einerseits immer einer Abwägung von Interessen, der Kosten und Risiken entsprechen und andererseits immer ein Stück Willkür beinhalten. Zwei Bemerkungen müssen jedoch diesen Relativismus abschwächen. Zum einen gibt es Fälle, in denen das Abwägen sich nur auf die Mittel beziehen kann und wo das Handeln ein absolutes Gebot ist: wenige Menschen werden leugnen, dass der Völkermord Hitlers ein solcher Fall war. Die Verbrechen

von Pol Pot und Milošević an der Menschheit sind kaum geringer. Zum andern gibt
es Mittel, die das angestrebte Ziel zerstören, wie es auch immer lauten mag: wenige
Menschen werden gleichfalls leugnen, dass es trotz der Grauen des Gulag unver-
zeihlich gewesen wäre, den Planeten in die Luft zu sprengen oder die sowjetischen
Völker zu vernichten, um Stalin zu eliminieren (Hassner 1993, 157).

Die drei Autoren aus drei europäischen Ländern waren damals bei aller Unterschiedlichkeit ihrer Argumentationsweise doch einig darin, dass sich in der internationalen Politik die Schutzverantwortung gegenüber den Opfern deutlich
ungerechter und systematischer repressiver Gewaltmaßnahmen, gleichviel unter
welchem Herrschaftsregime diese leben, in Gegenwart und Zukunft politisch,
rechtlich und moralisch auch gegen den Souveränitätsanspruch der Staaten
durchsetzen werde.

Im Jahr 1994 kam es dann zum Völkermord in Ruanda, ohne dass die internationale Staatengemeinschaft eingriff. War infolge dieses eklatanten Gegenbei-
spiels alle Hoffnung auf die Durchsetzung von Regeln für humanitäre Interventionen verflogen?

4.2.2 Die Internationale Schutzverantwortung

Das war keineswegs der Fall. Im Gegenteil, das wichtigste internationale Doku-   Internationale
ment über humanitäre Interventionen, der Bericht der International Commission   Kommission für
on Intervention and State Sovereignty (ICISS) mit dem inzwischen zu einem   Intervention und
festen Begriff gewordenen Titel „The Responsibility to Protect", wurde einige   Staats-Souveränität
Jahre später, nämlich im Dezember 2001 veröffentlicht. Zunächst blieb er noch
ganz im Schatten der Terroranschläge in den Vereinigten Staaten vom 11. September 2001 und deren Folgeereignissen. Spätestens 2005 jedoch hatte sich R2P,
wie die gängige Abkürzung des Begriffs lautet, im internationalen Diskurs über
Interventionen und vor allem humanitär motivierte Interventionen einen wichtigen Platz erobert. Abzulesen ist das daran, dass die Generalversammlung der
Vereinten Nationen die Kernaussage von R2P in das Schlussdokument des
Weltgipfels 2005 aufgenommen hat.

Die zwei Grundprinzipien des R2P-Berichts lauten: *Erstens*, die Souveränität eines Staates impliziert seine Verantwortung für die Menschen, die auf seinem Territorium leben. Ihr Schutz ist die oberste Verantwortung des Staates. Das
zweite Grundprinzip soll hier im englischen Originaltext zitiert werden:

> Where a population is suffering serious harm, as a result of internal war, insurgency,
> repression or state failure, and the state in question is unwilling or unable to halt or
> avert it, the principle of non-intervention yields to the international responsibility to
> protect (ICISS 2001, XI).

In dem Bericht wird klar herausgehoben, dass die Schwelle für eine legitime   hohe Schwelle
militärische Intervention hoch ist.

> Military intervention for human protection purposes is an exceptional and extraordi-
> nary measure. To be warranted, there must be serious and irreparable harm occur-
> ring to human beings, or imminently likely to occur, of the following kind:

a. large scale loss of life, actual or apprehended, with genocidal intent or not, which is the product either of deliberate state action, or state neglect or inability to act, or a failed state situation; or
b. large scale 'ethnic cleansing', actual or apprehended, whether carried out by killing, forced expulsion, acts of terror or rape (ICISS 2001, XII).

Voraussetzungen   Von denjenigen externen Mächten, die sich an einer humanitären Intervention beteiligen, wird in dem Bericht die Erfüllung von vier Voraussetzungen verlangt. Ihr Motiv soll primär von der Absicht bestimmt sein, menschliches Elend zu lindern (*right intention*). Andere, nichtmilitärische Mittel, um dies zu erreichen, haben versagt (*last resort*). Der Interventions-Einsatz soll genau dosiert sein (*proportional means*). Und schließlich muss vor Beginn des Militäreinsatzes eine gut erkennbare Chance bestehen, dass er sein proklamiertes Ziel auch erreichen kann, ohne dabei andere Schäden anzurichten, die im Endeffekt schlimmer wären als ein Nicht-Handeln (*reasonable prospects*).

Autorisierung durch die UNO   In dem Bericht wird ferner deutlich gemacht, dass humanitäre Interventionen auf einem autorisierenden Beschluss des Sicherheitsrates der Vereinten Nationen beruhen sollten. Die fünf Veto-Mächte des Sicherheitsrates werden aufgefordert, bei solchen Beschlüssen auf ihr Veto zu verzichten, außer wenn jeweils eigene vitale Interessen auf dem Spiel stehen. Wenn der Sicherheitsrat sich zu keiner Interventions-Entscheidung durchringen kann, obwohl sie von der Sache her notwendig wäre, gibt es die Möglichkeit einer „Uniting for Peace"-Resolution der UNO-Generalversammlung. Oder eine Regionalorganisation der UNO kann, wenn es sich um einen Fall innerhalb der jeweiligen Region handelt, einen entsprechenden Beschluss fassen. Beides sind aber nur Notlösungen. Der ICISS-Bericht weist ausdrücklich darauf hin, dass unterlassene Entscheidungen des Sicherheitsrates den Status und die Glaubwürdigkeit der Vereinten Nationen beschädigen.

Operations-Grundsätze   Und schließlich zählt der Bericht sechs *operational principles* auf, die bei der Durchführung einer humanitären Intervention zu beachten sind:

- klare Zielsetzung, ein jederzeit eindeutiges Mandat und ausreichende Mittel;
- einheitliches militärisches Kommando, engstens koordiniertes Vorgehen der verschiedenen militärischen Kontingente, uneingeschränkte Kommunikation zwischen ihnen;
- vorsichtiges und schrittweises Vorgehen bei dem Einsatz von militärischer Gewalt, immer nach dem Grundsatz, dass es die Bevölkerung zu schützen gilt;
- der Schutz der eigenen Einsatzkräfte darf nicht zum obersten Einsatzziel werden;
- weitestgehende Absprachen des militärischen Vorgehens mit zivilen humanitären Organisationen.

4.3 Entscheidungsprobleme

Auf dem Papier sehen diese Anforderungskataloge und Handlungsgrundsätze sehr überzeugend aus. Das ist zunächst einmal positiv und nicht etwa abwertend gemeint, obwohl bei der Formulierung dieses Satz das einschränkende „Aber" schon mitschwingt. Darauf kommen wir gleich. Viel kritikwürdiger wäre es, wenn schon die Leitüberlegungen zur humanitären Intervention deutlich erkennbare Unebenheiten aufwiesen, etwa indem ihnen die unerlässliche Empathie für die notleidende Bevölkerung fehlte, um derentwillen die Intervention ja überhaupt stattfindet.

Nun kommen wir zu dem „Aber". Das steht als zwar nicht unüberwindbares, jedoch je nach Einzelfall verschieden hohes Hindernis vor der Umsetzung dieser Anforderungen und Handlungsgrundsätze. Gäbe es so etwas wie ein global gleichmäßig verteiltes Verantwortungsgefühl für das Schicksal der Menschen, gleichviel, wo sie leben, gäbe es eine politisch belastungsfähige weltweite Solidarität, wäre es leichter. Denn dann würden die Regierungen der in der UNO versammelten Staaten gemeinsam feststellen können, wo eine humanitäre Intervention nötig ist. Und sie würden entsprechend dieser Notwendigkeit in Absprache, Arbeits- und Kostenteilung untereinander dort, wo es nötig ist, intervenieren.

überzeugendes Konzept, aber…

4.3.1 Nationale Interessen und internationale Solidarität

Tatsächlich aber urteilen und handeln diese Regierungen nach unterschiedlichen Kriterien. Die Außenpolitik von Staaten verfolgt nun einmal in erster Linie das nationale Interesse. Was das genau ist und welche Ziele und Werte in diesem Interessengeflecht Priorität beanspruchen können, das ist in demokratisch verfassten Gesellschaften öffentlich umstritten. In der politischen Theorie ist der Begriff des nationalen Interesses ein leerer Signifikant. Das heißt, er wird von allen politischen Akteuren eines Staates jeweils aus ihrem Selbstverständnis, ihrer (Um)Weltwahrnehmung, ihren Zielvorstellungen und ihren Wertprioritäten heraus bestimmt. Dabei kommen dann, jedenfalls in einer Demokratie, viele verschiedene Versionen des nationalen Interesses heraus, und es ist die Aufgabe der Regierung (man kann auch abstrakter sagen: die Funktion des politischen Systems), aus diesen verschiedenen Versionen eine für das Regierungsgeschäft brauchbare und in der Gesellschaft mehrheitlich auf Akzeptanz gestützte Handlungsversion zu machen.

nationales Interesse…

Gegner einer auf das nationale Interesse bezogenen Außenpolitik beklagen, teilweise nicht ohne gute Gründe, dass die Staaten, d. h. ihre Regierungen das nationale Interesse häufig viel zu eng definieren (z. B. im Blick auf die nächsten Wahlen). Das kann so sein, und wenn es so ist, steckt meist eine kurzsichtige Politik dahinter. Kurzsichtige oder kurzfristig ausgerichtete Politik kann per definitionem nicht mit mittel- oder langfristigen Folgen der aktuellen Politik und ihrer Entscheidungen rechnen. Das ist im Fall der Entscheidung über eine humanitäre Intervention deshalb problematisch, weil diese nur in Ausnahmefällen ein kurzzeitiges Unternehmen ist.

…enger oder weiter definiert

Interventionen
sind teuer

Regierungen können, selbst wenn sie das Gegenteil behaupten, auch die Entscheidung zur Teilnahme an einer humanitären Intervention und insbesondere über einen Auslandseinsatz der eigenen Streitkräfte nicht losgelöst von den eigenen nationalen Interessen treffen. Das liegt schlicht daran, dass sich Regierungen, jedenfalls in Demokratien, vor der Öffentlichkeit rechtfertigen müssen und bei den nächsten Wahlen die Erneuerung ihres Mandats anstreben. Bei einer Entscheidung für die Teilnahme an einer humanitären Intervention steht eine Menge auf dem Spiel: Soldaten der eigenen Streitkräfte können dabei verwundet oder getötet werden. Die finanziellen Ausgaben solcher Einsätze sind beträchtlich. Sie stehen dann für andere, der eigenen Bevölkerung näherliegende Zwecke nicht zur Verfügung. Der Einsatz im Land A bedeutet unter Umständen, dass für einen vielleicht ebenso notwendigen oder sogar noch notweniger erscheinenden Einsatz im Land B nicht mehr genügend Ressourcen vorhanden sind.

Nur in Klammern sei erwähnt, dass die hier immer mit dem Zusatz „jedenfalls in Demokratien", aufgeführten Entscheidungsprobleme in straff zentralisierten und auf die Herrschaft eines Diktators oder einer kleinen Clique ausgerichteten Staates grundsätzlich ebenfalls existieren. Nur die Rechtfertigung vor dem Volk und dessen Entscheidungs-Partizipation entfallen. Freilich ist es nicht schwer sich vorzustellen, dass bei solchen Herrschaftsverhältnissen humanitäre Interventionen ohnehin eher mit großem Misstrauen betrachtet werden.

4.3.2   Der Zeitfaktor

Obwohl oft genug von den Entscheidungsträgern und in der Öffentlichkeit unterschätzt, spielt hier der Faktor Zeit eine außerordentlich wichtige Rolle.

- *Vor* der Entscheidung über die Beteiligung an einer humanitären Intervention gelingt es humanitären Nichtregierungsorganisationen, unterstützt durch die Medienberichterstattung, Elend und Unterdrückung in einem bestimmten Land in den Brennpunkt öffentlicher Aufmerksamkeit zu rücken. In dieser Konstellation entsteht ein Druck auf die Regierungen, dagegen nicht nur mit Worten, sondern mit Taten Stellung zu beziehen. Der Sicherheitsrat berät und beschließt zunächst nur Resolutionen mit Aufforderungscharakter an die Adresse der Verursacher. So ist es ja in der Vorgehensweise nach den Grundsätzen der *Responsibility to Protect* auch vorgesehen. Ändert sich an den katastrophalen Zuständen nichts, werden hinter den Kulissen des Sicherheitsrates Verschärfungen ausgehandelt. Je nach der Sachlage des einzelnen Falles kommt es zu einer Entscheidung, die einen Einsatz mit militärischen Mitteln zum Schutz der geschundenen Bevölkerung ermöglicht – oder auch nicht. Schon vorher haben einzelne Regierungen, oft auf Anfrage aus dem UNO-Hauptquartier in New York, bekundet, ob sie sich an einer solchen Aktion beteiligen wollen oder nicht. Wenn sie sich beteiligen wollen, müssen sie in ihrem eigenen politischen System nach dessen rechtlichen und politischen Vorschriften diese Entscheidung auf nationaler Ebene treffen und sie dann umsetzen.

- *Mit* der Entscheidung für eine solche Intervention, die in Deutschland in den letzten Jahren meist mit wenig, auf jeden Fall mit wenig belastungsfähiger öffentlicher Unterstützung fällt, setzt sogleich auch, von den Politikern meist unwidersprochen bleibend, die Erwartung ein, dass die eigene Beteiligung an der humanitären Intervention zeitlich begrenzt bleibt.

- *Nach* der Entscheidung stellt sich dann aber oft heraus, dass die Hoffnung auf einen kurzfristigen Einsatz unbegründet ist. Der Einsatz der Bundeswehr in Bosnien-Herzegowina und im Kosovo bietet dafür ein anschauliches Beispiel. Ist eine Einsatzentscheidung einmal gefallen, muss man sich darüber im Klaren sein, dass sie so lange zu gelten hat, bis man guten politischen Gewissens das Land verlassen kann. Eine vorher festgelegte „Exit-Strategie" ist nützlich, aber in den seltensten Fällen einzuhalten. Wichtig ist, dass auch der Öffentlichkeit über die Konsequenzen und ggf. die Langfristigkeit einer Einsatzentscheidung kein Sand in die Augen gestreut wird. Sonst muss man alle Naslang *ab ovo* erneut über den Sinn und den Zweck des Einsatzes debattieren. Anfängliche humanitäre Sentiments der Öffentlichkeit pflegen bei Schwierigkeiten rasch zu verblassen (siehe Umfragedaten), und das nutzen populistische Politiker allzu gerne aus. Auf den Afghanistan-Einsatz der Bundeswehr, an dem sich viele der hier erwähnten Schwierigkeiten gezeigt haben, wird in einem späteren Kapitel eingegangen werden.

4.3.3 Entscheidungs-Gründe als Mosaik

Ein Land wie Deutschland hat großes Interesse an einer friedlichen Weltordnung, in welcher die Staaten ohne Gewalt und Gewaltandrohung kooperativ miteinander umgehen sowie die Globalisierung nicht behindern. Dieses Interesse schließt ein, dass, wenn es zu gravierenden und gewalttätigen Konflikten kommt, diese möglichst rasch de-eskaliert werden sollten. Es schließt außerdem ein, dass sich möglichst viel von dem „westlichen" Gedankengut wie Demokratie und Menschenrechte ohne Zwang in anderen Teilen der Welt durchsetzt. Denn damit ist die Erwartung verbunden, dass sich die zwischenstaatlichen Beziehungen infolge der Homogenität der politischen Regime auf der Basis von Zusammenarbeit zu allseitigem Nutzen friedlich weiterentwickeln (das ist ja auch der Kerngedanke der Vorstellung vom „demokratischen Frieden").

Nun ist aber der über längere Zeit hin verbreitete Optimismus inzwischen verflogen, diese westliche Version einer angemessenen und sicheren Weltordnung würde in anderen Teilen der Welt wenn schon nicht immer bei den Regierenden, aber auf jeden Fall bei einer großen Mehrheit der Bevölkerung auf Zustimmung stoßen. Die Menschen in anderen politischen Kulturen beharren auf ihrer Eigenständigkeit. *(Probleme mit unterschiedlichen kulturellen Werten)*

Das heißt aber nichts anderes, als dass sich ein häufig vorgebrachter logisch-rationaler (oder so erscheinender) Grund für die Solidarität mit unterdrückten Völkern anderswo aufzulösen droht: Denn wenn die längerfristige Konsequenz humanitärer Interventionen *nicht* eine Annäherung der Normen und Werte, Politik- und Gesellschaftsvorstellungen an westlich-humanitäre Werte bedeu- *(Beispiel: Bildung für Mädchen und Frauen in Afghanistan)* tet, wenn also beispielsweise die Ausbildung der Mädchen und jungen Frauen in einem Staat wie Afghanistan nach dem Abzug der westlichen Truppen wieder als unwichtig oder sogar als gefährlich eingestuft wird, wozu soll dann genau *dieses* politische Ziel für dieses Land mit soviel Nachdruck und Kosten von den Interventionsgesellschaften aus verfolgt werden? Nun kann man den westlichen Wiederaufbau-Einsatz für Afghanistan nur bedingt unter der Rubrik humanitäre Intervention aufführen. Aber das Beispiel ist dennoch illustrativ, weil es unter anderem genau *dieses* Ziel war, das westliche Regierungen in ihren Ländern öffentlichkeitswirksam als Legitimationsgrund für ihr Eingreifen in Afghanistan in den Vordergrund schoben.

Politik und Moral

Hier wie in den allermeisten anderen Fällen waren und sind es jedoch ganz verschiedene Gründe, die mit ausschlaggebend dafür sind, dass eine humanitäre Intervention zustande kommt. „Reine" Solidarität und Entscheidungen, die allein aus einem moralischen Impetus heraus erfolgen, gibt es in der Politik so gut wie gar nicht, gleichviel auf welcher Ebene. Immer spielen machtbezogene Interessen auch eine Rolle, sei es, dass eine Regierung in einer multinationalen Koalition nicht fehlen will, dass bestimmte Anschluss-Benefits beim Wiederaufbau erwartet werden, dass eine innenpolitische Lobbygruppe zufriedengestellt werden soll oder dass die Instabilität in dem konflikt-zerrütteten Land als ein Risiko für die eigenen Pläne in dieser Region angesehen wird. Dies alles braucht nicht in Widerspruch zu den humanitären Gründen für eine Intervention zu stehen. Anders gesagt: Politik und Moral müssen sich keineswegs widersprechen, aber letztere kann auch nicht – Machiavelli hat darauf aufmerksam gemacht – an die Stelle der Politik treten. Es kommt darauf an zu erkennen, dass hier, wie auch sonst in der Politik, eine bestimmte Entscheidung nicht auf einen einzigen und schon gar nicht auf einen alleinigen moralischen Grund zurückzuführen ist. Es gibt immer mehrere Entscheidungsgründe, die miteinander verknüpft werden. Nicht immer werden die gewichtigsten darunter in der Öffentlichkeit auch als solche wahrgenommen.

Kriterien, die erfüllt sein sollten, bevor es zu einer Intervention kommt

Humanitäre Interventionen sind ein kostenintensives, komplexes und nicht leichtfertig einzusetzendes Instrument internationaler Politik. Aus diesem Grunde können sie auch nur in beschränktem Umfang erfolgen. Einen starren Kriterien-Katalog als Entscheidungshilfe für die Entscheidungen darüber kann es nicht geben. Die einzelnen Kriterien müssen jeweils neu abgewogen werden. Zu solchen Kriterien gehören:

- Ausmaß der humanitären Bedrohungen für die Menschen in dem Land, in dem der Konflikt stattfindet;
- Bedrohungsintensität durch die Konfliktfolgen für die internationale Sicherheit;
- Übereinstimmung oder zumindest Kompatibilität mit der nationalen Sicherheitsstrategie (wenn vorhanden – in Deutschland sind wir noch nicht recht so weit);
- Intensität des öffentlichen Drucks seitens von Medien, NGO und anderen Akteuren auf Parlament und Regierung;
- Aufforderung zum Eingreifen seitens der Vereinten Nationen;

- Kompatibilität mit der NATO, der GASP und ESVP;
- Hilfsmöglichkeiten zur Eindämmung und Deeskalation des Konflikts, über die wir in Verbindung mit anderen Ländern verfügen;
- Kalkül zu den Kosten des Einsatzes (*how much & how long?*).

4.4 Keine Komplexitätsreduktion

In öffentlichen Diskursen über die Möglichkeit, die Schwierigkeiten und die Ausgestaltung einer humanitären Intervention in einem bestimmten Land, sagen wir Libyen 2011 oder Syrien 2012, argumentieren ihre Befürworter häufig so, als würde damit ein Gordischer Knoten von Elend und Unterdrückung einfach mit ein paar Militärschlägen durchhauen. Das ist ein verführerisches Bild, aber leider ein viel zu simples. Bevor das im nächsten Kapitel anhand der Fallstudie über diese beiden Länder näher exemplifiziert wird, soll hier zunächst ganz allgemein festgehalten werden, dass humanitäre Interventionen hoch-komplexe Operationen sind, denen man mit einfachen Betrachtungsmodellen nicht gerecht wird.

4.4.1 Zivile und militärische Aspekte

Humanitäre Interventionen haben eine zivile und eine militärische Ebene. Beide sind eng miteinander verbunden, und je nach Konstellation steht mal die eine, mal die andere Dimension im Vordergrund. Was aber nicht klappt, ist die Vorstellung, man könne es auch auf einer einzigen dieser beiden Ebenen schaffen. Ohne militärischen Schutz und unter Umständen sogar massive militärische Aktivitäten lässt sich ein prekärer lokaler Konflikt nicht eindämmen und deeskalieren. Ohne ihn lassen sich aber auch die neuen Strukturen nicht aufbauen, die benötigt werden, damit das von der humanitären Katastrophe befreite Land wieder auf die Beine kommt. Aber sicherlich ist auch richtig, dass, wie der pazifistische Slogan etwas passiv-aggressiv sagt, Krieg nicht die Lösung ist. Die Anwesenheit des Militärs ist hingegen die durch nichts zu ersetzende, notwendige, wenn auch lange nicht hinreichende Voraussetzung für „die Lösung", also den Aufbau des Landes.

zivile Hilfe und militärischer Schutz

Hinter dem Adjektiv zivil verbergen sich im Übrigen mindestens drei Arten der Zivilität. Von Interventions-Beobachtern ist immer wieder darauf hingewiesen worden, dass in Ländern wie Afghanistan, Bosnien, im Kosovo, Osttimor, Haiti und anderen überhaupt erst einmal zivile Verwaltungsstrukturen aufgebaut werden müssen. *State-building* also. Darunter fallen eine vertrauenswürdige Polizei, kommunale, regionale und schließlich auch zentrale Administrationen sowie eine nicht nach Willkür entscheidende Justiz. Ferner Schulen und andere Bildungseinrichtungen und Krankenversorgung – die Liste kann man verlängern. Davon zu unterscheiden sind jene keineswegs unwichtigen Einrichtungen, die man hierzulande unter der Rubrik der *Zivilgesellschaft* führt – politische, soziale und kulturelle Vereinigungen mit ihren jeweiligen Zielsetzungen. Von beidem wiederum unterschieden, aber keineswegs weniger wichtig, sind die *Wirtschafts-akteure*, Bauern, Händler, Banker, Unternehmer, ohne deren erfolgreiches Wir-

drei Arten von Zivilität

ken das Land keine wirtschaftliche Stabilität erreichen kann. Bei diesen drei
Arten ziviler Entwicklung spielt das Militär meist nur indirekt eine Rolle (über
seine Schutzfunktion), aber in Notfällen auch schon einmal auf direkte Weise
(siehe die *Provincial Reconstruction Teams* in Afghanistan).

Soldaten: auch eine
Art Sozialarbeiter mit
Waffen

Für die Streitkräfte bedeutet dieser zivil-militärische Zusammenhang eine
ernste Herausforderung. Sie haben nämlich ein erweitertes Einsatzspektrum zu
bewältigen. Sie müssen kämpfen können, und zwar unter unterschiedlichsten Bedingungen – unter Benutzung ultra-moderner Ausrüstung und Waffen, aber auch
unter den Bedingungen asymmetrischer Kriegsführung, das heißt u. a. gegen
Guerilla- und Terrorgruppen. Sie müssen aber auch fit sein für die zivil-militärische Zusammenarbeit mit all jenen zivilen Akteuren, die ich gerade aufgeführt
habe. Selbstverständlich müssen sie deshalb auch so etwas wie Sozialarbeiter mit
Waffen sein (aber das „mit Waffen" ist dabei entscheidend.)

4.4.2   Interventionsparadoxien

Die nähere Betrachtung der Entscheidungs-Situation für Regierungen und Öffentlichkeit im Falle einer von einigen zivilgesellschaftlichen Gruppen geforderten humanitären Intervention macht schon deutlich, wie heikel es darum steht
und dass man sich keineswegs auf festem politisch-moralischem Grund bewegt.
Vorbehalte und Einwände gegen humanitäre Interventionen werden hier noch
einmal zusammengefasst.

Wilson-Paradox
- Das „Wilson-Paradox": Im Ersten Weltkrieg verkündete der amerikanische
  Präsident Wilson, der Kriegseinsatz der USA würde die Ausbreitung der
  Demokratie in der Welt befördern (*make the world safe for democracy*), und
  dies liege im amerikanischen Interesse. Tatsächlich verschwanden am Ende
  dieses Krieges eine Reihe nicht-demokratischer Regime (in Russland,
  Deutschland, Österreich-Ungarn, der Türkei). Damit wurde die Welt aber
  nicht friedlicher, sondern eher noch turbulenter. Die neuen Regime in diesen Ländern waren in keinem Fall eine funktionierende Demokratie. Militärische Interventionen können Interessen schützen. Sie können auch Werte
  retten, aber sie können keine Werte oktroyieren.

Neutralitäts-Paradox
- Das „Neutralitäts-Paradox": Eigentlich soll nur den Menschen geholfen
  werden. Aber jedes Eingreifen zerstört auch soziale und politische Strukturen und lässt neue entstehen. Es gibt immer auch Verlierer bei solchen Aktionen, die es nicht verdient haben zu verlieren. Ebenso wie es Gewinner bei
  solchen Aktionen gibt, die es nicht verdient haben.

Unschulds-Paradox
- Das „Unschulds-Paradox": Das militärische Eingreifen von außen soll die
  Opfer interner Gewalt schützen, weil sonst niemand dazu in der Lage ist.
  Eine klare Trennung in „unschuldige Opfer" und „kriminelle Täter" ist aber
  nur in begrenztem Umfange möglich. Meistens bewegen sich die Beteiligten in Grauzonen. Opfer, die sich wehren, verwenden dabei ähnliche Methoden wie ihre Verfolger.

Besatzungs-Paradox
- Das „Besatzungs-Paradox": Eine militärische Intervention aus humanitären
  Gründen wird zum ‚normalen' Krieg, wenn sich ihr militärisch auf längere

Dauer widersetzt wird. Gleichviel, welche Gründe die lokalen Widersacher motivieren – gewinnen sie einen Teil der Bevölkerung für sich, erscheinen die Interventionstruppen bald als Besatzungstruppen. Widerspricht dem humanitären Selbstverständnis der intervenierenden Akteure ihr Image am Ort ihres Eingreifens, verliert es schon bald an Motivationskraft für die eingesetzten Truppen, aber auch in den Entsende-Gesellschaften selbst.

Jede Form der Intervention in einen gewaltsamen Konflikt ist Parteinahme – jede Nicht-Intervention angesichts eines solchen Konfliktes auch.

Es gibt in der Tat Situationen, da ist eine klare und gewissermaßen spontane Parteinahme richtig und nötig: etwa bei der Verhinderung eines Völkermords, der zu beginnen droht oder schon begonnen hat. Indes sind solche Eindeutigkeiten immer eingebettet in komplexere Konstellationen. Für diese ist eine klare Scheidung schwarz/weiß oder Täter/Opfer nicht so leicht, wenn überhaupt möglich. Interventionen sind auch ein Akt der politischen Gestaltung und der politischen Destruktion, und manche Konsequenzen einer Intervention bleiben den intervenierenden Akteuren während ihrer Intervention verborgen.

undeutliche Täter / Opfer-Unterscheidung

Jede Politik mit militärischen Mitteln, auch eine humanitäre Intervention, steht in der Gefahr, das, was sie erreichen will, zu beschädigen. Aber wenn Politik grundsätzlich auf militärische Mittel und also auch auf humanitäre Interventionen verzichten würde, machte sie sich, eben auch zum Schaden der Schwächeren, weitgehend wirkungslos. Der Interventions-Optimismus der 1990er und der ersten Jahre nach der Jahrhundertwende hat inzwischen einem angestrengten Grübeln über die „post-interventionist era" (Kümmel, Gigerich 2013) Platz gemacht.

4.5 Fallbeispiel Libyen/Syrien seit 2011

Vorweg sei betont, dass es sich bei der Gegenüberstellung der Aufstandsbewegungen und Bürgerkriege in Libyen und Syrien sowie der (Nicht-)Beteiligung dritter Staaten daran keineswegs um eine einigermaßen umfassende Ausleuchtung der Hintergründe und Analyse der Ereignisketten handelt. Auch nicht um deren historisch genaue Rekonstruktion. Da diese Ereignisketten noch keineswegs, besonders im Falle Syriens, klar definierbare Zwischenetappen erreicht haben, da noch alles im Fluss ist und in zwei Monaten vieles ganz anders aussehen könnte, enthält sich die folgende Darstellung, abgesehen von einem generellen Hang zur Skepsis bezüglich menschenfreundlicher Lösungen der Konflikte, auch jeglicher Prognose.

Arabischer Frühling oder Arabellion sind die Namen für politische Protestbewegungen gegen autokratische Regierungen in Nordafrika wie Tunesien, Marokko, Ägypten oder Jemen. Die Proteste begannen im Dezember 2010 in Tunesien und verbreiteten sich dann rasch auf andere Länder in der Region. Getragen wurden sie von ganz unterschiedlichen sozialen Gruppen – von jungen Männern, die auf dem heimischen Arbeitsmarkt keine Chancen für sich sahen, religiösen (islamistischen) Oppositionsgruppen, darunter aber nur wenige Extremisten,

Exilpolitiker, um nur diese zu nennen. In einigen Ländern, besonders dramatisch in Ägypten, schien ein Regimewechsel zunächst auch ohne Bürgerkriegsgewalt zu glücken. Jedoch nahmen die Ereignisse bald eine unerwartete Wendung, und die frühen Hoffnungen auf eine Kombination von Modernisierung und Demokratisierung der Gesellschaft zerstoben erst einmal. Welche mittel- und langfristigen Folgen die Ereignisse für die einzelnen Länder und die Region haben werden, ist inzwischen schwieriger denn je vorherzusagen. Bemerkenswert ist in dem hier untersuchten Zusammenhang, dass diese Vorgänge ohne wesentlich ins Gewicht fallende äußere Beteiligung begannen. Sie hielt sich auch im weiteren Verlauf in Grenzen.

Für zwei andere Länder, die ebenfalls in den Sog des Arabischen Frühlings gerieten, lässt sich das nicht behaupten: Libyen und Syrien.

4.5.1 Libyen

Libyen als Schurkenstaat

Das Gaddafi-Regime in Libyen reagierte mit heftigen Drohungen und sofortiger Gewalt auf die Demonstrationen, die im Februar 2011 begannen. Gaddafi war der Anführer einer Gruppe von Offizieren, die 1969 gegen sich sozusagen auf Handzeichen auflösenden Widerstand in einem Putsch die Monarchie abschafften. Er gehörte bis zu seinem gewalttätigen Tod Ende Oktober 2011 zu den eher bizarren unter den Langzeitdiktatoren, die in der Region nach der Entkolonialisierung und einer ersten post-kolonialen Phase interner Instabilität mithilfe des Militärs die Macht übernahmen. Reichhaltige Öl- und Gasvorkommen sicherten seinem Regime die finanziellen Mittel für ehrgeizige bis verrückte politische Projekte aller Art. In der internationalen Politik galt Gaddafi, jedenfalls aus westlicher Perspektive, als völlig unberechenbar. Libyen wurde geradezu als der Prototyp eines *rogue state* (Schurkenstaates) angesehen. Immer wieder kam es zu schweren Konflikten mit den westlichen Regierungen, z. B. wegen seiner Finanzierung anti-amerikanischer Terrorunternehmungen. All das verhinderte jedoch nicht, dass in den letzten Jahren eine gewisse Annäherung zwischen Libyen und westlichen Regierungen eingesetzt hat.

Sicherheitsrats-Resolutionen

Am 26. Februar 2011 verabschiedete der UNO-Sicherheitsrat einstimmig eine Resolution, in der zur Einstellung der Kämpfe aufgerufen wird. Ferner wurden ein Waffenembargo und eine Reihe von Sanktionen (Reisebeschränkungen, Einfrieren von Auslandskonten) beschlossen. Dies brachte jedoch nicht den gewünschten Erfolg. Die Unruhen breiteten sich weiter aus, und das Regime setzte schwere Waffen ein, um die Aufständischen zur Kapitulation zu zwingen. Angesichts dieser Entwicklung verabschiedete der Sicherheitsrat am 17. März 2011 die Resolution 1973, in der u. a. eine Flugverbotszone über das ganze Land verhängt wurde und die Staaten aufgerufen wurden, die zivile Bevölkerung gegen die Streitkräfte und Polizei des Regimes zu schützen, und zwar „mit allen dazu notwendigen Mitteln". Diese Formulierung wird verwendet um klarzumachen, dass auch militärische Mittel eingesetzt werden können. Das Abstimmungsverhalten der 15 Mitglieder des Sicherheitsrates ist besonders erwähnenswert: Zehn Mitglieder stimmten für die Resolution, fünf enthielten sich, nämlich Brasilien, China, Indien, Russland – und Deutschland. Das hat in Deutschland zu heftiger

Kritik an Außenminister Westerwelle und der deutschen Außenpolitik geführt, die mit dieser Enthaltung sowohl aus der europäischen als auch der transatlantischen Solidarität ausgestiegen sei und darüber hinaus die Grundsätze der *Responsibility to Protect* verraten habe (vgl. etwa Seibel 2011).

Zwei Tage nach der Verabschiedung der SR-Resolution 1973 begannen die militärischen Aktionen gegen das Gaddafi-Regime, darunter besonders folgenreich eine Seeblockade und Luftschläge gegen die Kampfflugzeuge der libyschen Luftwaffe. Die Kontingente der multinationalen Koalition wurden in der Hauptsache, wenn auch nicht ausschließlich von der NATO gestellt. Die Kämpfe in Libyen konnten erst gegen Ende Oktober 2011 beendet werden – da war das Regime besiegt. Die Aufständischen übernahmen die Macht. Der Sicherheitsrat verlängerte das Interventionsmandat nicht über den 31. Oktober hinaus. Zwar liegen keine genauen Zahlen vor, aber es wird geschätzt, dass im Bürgerkrieg ungefähr 30.000 Menschen umkamen und etwa 50.000 verwundet wurden, die Hälfte davon mit schweren Verletzungen.

Bürgerkrieg und Intervention von außen

Es gibt zwei völlig entgegengesetzte Deutungen des Militäreinsatzes der NATO. Die Mehrheitsmeinung (unter Politikern, in den Medien sowie unter akademischen Experten) in den westlichen Ländern begrüßt diesen Einsatz und schreibt ihm Vorbild-Charakter für das zukünftige internationale Konfliktmanagement und speziell auch für die Umsetzung der internationalen Schutzverantwortung (R2P) zu. Manche Beobachter werten den Fall Libyen als einen Wendepunkt internationaler Politik gegenüber Massenverbrechen innerhalb eines Staates:

> Debates about preventing and responding to mass atrocities are no longer primarily about *whether* to act, but about *how* to act (Bellamy 2011, 265).

Nicht ganz so euphorisch urteilt Weiss, einer der Verfasser des ICISS-Berichts von 2001. Für ihn ist es ebenfalls wichtig, dass die internationale Schutzverantwortung nicht immer nur mir Worten beschworen, sondern auch mit militärischen Mitteln durchgesetzt wird.

> But until the international military action against Libya in March 2011, the sharp end of the R2P stick – the use of military force – had been replaced by evasiveness and skittishness from diplomats, scholars, and policy analysts (Weiss 2011, 287).

Weiss stellt erleichtert fest, der Militäreinsatz in Libyen habe klargestellt, dass die Welt sagen kann, keinen Holocaust mehr, kein Kambodscha und kein Ruanda – und dass sie es manchmal auch wirklich so meint.

Erfolg des NATO-Militäreinsatzes

Von den vielen Zeugnissen aus Deutschland, in denen Zustimmung zu dem Militäreinsatz aus dem Geist der Schutzverantwortung bekundet wird, sei an dieser Stelle nur eines aufgeführt, das besonnene Urteil des ehemaligen Bundestagsabgeordneten der GRÜNEN Winfried Nachtwei, der im Mai 2011 in einem Text für das Zentrum für Internationale Friedenseinsätze (ZIF) schrieb:

> Die Beschlüsse des UN-Sicherheitsrats zu Libyen waren notwendig und legitim. Die Wirksamkeit der beschlossenen Maßnahmen ist ungewiss, die Risiken der internati-

onalen Intervention sind erheblich. Eine deutsche Mitwirkung wäre dennoch sicher-
heits- und bündnispolitisch geboten gewesen (Nachtwei 2011, 4).

Die das Verhalten der Bundesregierung betreffende Aussage von Nachtwei steht
an dieser Stelle nicht zur Debatte. Sein Hinweis auf die Ungewissheit und das
Risiko, die bei Entscheidungen zur Intervention aber trotz aller scheinbaren Klarheit der Sachlage nicht völlig zu neutralisieren sind, kann schon als Überleitung
dienen für die Vorstellung der entgegengesetzten Beurteilung des Libyen-
Einsatzes.

Russland und China
sehen das anders

Auf sie trifft man vor allem in Russland und China, aber auch in westlichen
Zirkeln mit abweichenden politischen Grundvorstellungen. Russland und China
haben die Resolution 1973 nicht blockiert, was sie als Veto-Mächte hätten tun
können. Stattdessen haben sie sich enthalten. An der Militäraktion haben sie sich
nicht beteiligt. Ihre durch die Bilder von Regierungsmassakern an Aufständischen nicht zu überwindenden Bedenken bestanden in der Hauptsache aus zwei
politischen Überlegungen. *Erstens* würde der Militäreinsatz früher oder später zu
einem Regimewechsel führen. So etwas ist aber von der internationalen Schutzverantwortung nicht vorgesehen, wenn es sich auch schwer vermeiden lässt.
Zweitens hatten die westlichen Regierungen in ihren Augen ein vorrangiges
Interesse am Regimewechsel und wollten sich damit unter anderem auch wirtschaftliche Vorteile verschaffen. Im Nachhinein kann man erkennen, dass diese
Einschätzung nicht aus der Luft gegriffen war.

wie sicht die neue
Ordnung aus?

Eine andere skeptisch stimmende Beobachtung aus heutiger Sicht: Der
Übergang vom Gaddafi-Regime zu einer neuen stabilen Ordnung ist bislang
nicht gelungen. Im Land herrschen noch immer unklare politische Verhältnisse.
Genau dies ist ja ein Element der Nachtwei'schen „Ungewissheit". Niemand
kann vorhersagen, welche politischen Kräfte sich mit welchen Vorstellungen für
die Zukunft des Landes durchsetzen werden. Eines nur ist relativ deutlich (und
deshalb auch nicht dem Westen als Vorwurf zu machen): Ein Überstülpen westlicher Demokratie-Vorstellungen auf das neue Regime hat nicht stattgefunden,
derlei hätte auch niemals eine Erfolgs-Chance gehabt.

4.5.2   Syrien

alawitische Diktatur

1946 wurde Syrien zu einem unabhängigen Staat. Von Anfang an gab es ethnische und religiöse Spannungen in dem Land, das in den ersten 15 Jahren seines
Bestehens durch große politische Instabilität gekennzeichnet war. 1963 kam
dann die ihrem Selbstverständnis nach sozialistische Ba'ath-Partei an die Macht.
1970 schließlich gab es einen Putsch des Chefs der Luftwaffe Hafiz al-Assad.
Unter seiner eisernen Führung konsolidierte sich das Land, wandelte sich aber zu
einer selbst für die Maßstäbe der Region besonders brutalen Diktatur. Die kleine
Herrschaftsschicht rekrutierte sich aus der religiösen Minderheit der Alawiten.
Bekannt und berüchtigt ist das Massaker der Regierungstruppen gegen Aufstän-
dische in der Stadt Hama im Jahr 1982. Martin van Creveld (2009, 285-297) beschreibt die skrupellose Gewalttätigkeit beim Vorgehen der Regierungstruppen
als eine von zwei Möglichkeiten für eine Regierung, sich gegen die Guerillame-
thoden eines entschlossen Widerstand leistenden Gegners im eigenen Land

durchzusetzen. Dieses Urteil hat ihm viel Kritik eingebracht. Vermutlich hat er aber nicht ganz Unrecht, jedenfalls unter den damaligen Umständen. Es kann aber auch sein, dass der damalige „Erfolg" (aus der Sicht des Diktators) seinen Nachfolger dazu gebracht hat, mit denselben Mitteln zu versuchen, den aktuellen Aufstand niederzuschlagen. Aber man steigt bekanntlich nicht zweimal in denselben Fluss…

Rein unter dem Gesichtspunkt der internationalen Schutzverantwortung betrachtet, unterscheidet sich der Fall Syriens nur wenig von dem Libyens. Nur dass alles noch viel schlimmer geworden ist. Seit Beginn der Unruhen im März 2011 bis heute (Februar 2014) hat es, grob geschätzt, etwa 130.000 Tote gegeben, die meisten davon Zivilisten. Nach jüngsten Zahlen sind 2,4 Mio. Syrer aus dem Land in angrenzende Staaten geflohen (vor allem in den Libanon) und leben dort in Lagern unter ärmlichsten Verhältnissen. Die Zahl der Binnenflüchtlinge ist auf etwa 6,5 Mio. gestiegen (Spiegel Online, 1. Februar 2014). Im Lande gehen Streitkräfte, Polizei und Geheimpolizei des Regimes brutal gegen die eigene Bevölkerung vor, aber auch manche Gruppen der Aufständischen kennen in ihrem Kampf kein Erbarmen mit der Zivilbevölkerung.

brutaler Bürgerkrieg

Aber dennoch hat es bis heute kein humanitäre Intervention zum Schutz dieser Bevölkerung gegeben. Regionale und globale Faktoren haben das bislang verhindert. Die Liste verbaler Verurteilungen des Diktators Bashar al-Assad ist lang. Die meisten westlichen und viele andere Länder haben Wirtschaftssanktionen gegen das Regime verhängt. In der Region unterstützen schiitisch dominierte Staaten wie Iran und Irak Bashar al-Assad, wohingegen sunnitisch dominierte Staaten wie Saudi-Arabien, Katar oder auch die Türkei halb offen, halb versteckt den Aufständischen helfen.

R2P und Geopolitik

Bis heute haben alle Beobachtermissionen (etwa der Arabischen Liga) und Friedenspläne (etwa der Annan-Plan) ihr Ziel verfehlt.

> At the beginning of the rebellion, a 'pacted transition'…as in Egypt and Tunesia, might have been possible; even later the 'hurting stalemate'…might still have enabled a negotiated transition. However, the hard-liners within both regime and opposition were empowered by the rising violence…Moreover, international encouragement, of the opposition by the West and of the regime by Russia and China, deterred both from moves towards compromise…The chance was missed and, as both sides started to feel they were waging a life-or-death struggle…protracted conflict… seemed increasingly likely (Hinnebusch 2012: 112).

Der UNO-Generalsekretär Ban Ki-moon hat in einer ungewöhnlich offenen Weise den Sicherheitsrat dafür kritisiert, dass er hier (infolge des Abstimmungsverhaltens Russlands und Chinas) keine Resolution ähnlich wie der Resolution 1973 im Falle Libyens zu fassen in der Lage ist.

kein Beschluss des Sicherheitsrates

> Die Lähmung des Rats schadet dem syrischen Volk; sie schadet zudem seiner eigenen Glaubwürdigkeit (Spiegel Online, 6.September 2012).

Zwar wächst der Druck auf das Regime sozusagen von Tag zu Tag. Ebenso gibt es inzwischen eine große Zahl von ernsthaften Untergangsprognosen für die

Herrschaft des Assad-Clans (vgl. etwa Perthes 2012). Aber die Zerstrittenheit der Oppositionskräfte und das in diesem Fall sehr problematische Gleichgewicht der Einfluss-Macht dritter Mächte haben den prekären Status quo immer weiter verlängert. Abkommen über die Vernichtung der Chemiewaffen, über die das Regime Assads reichlich verfügt, werden nur schleppend umgesetzt. Internationale Beratungen und Konferenzen über die Zukunft Syriens haben bislang nichts erbracht. Die Leidensgeschichte der Bevölkerung ist noch lange nicht zu Ende.

4.5.3 Vergleich und Fragen

Weshalb die Differenz? Der Verlauf der internen und in einen Bürgerkrieg eskalierenden Unruhen in Libyen und Syrien zeigt Ähnlichkeiten und Unterschiede. Die Geschichte beider Länder, ihre jeweilige Sozialstruktur, die Stützstrukturen für die Absicherung der Herrschaft, die Person des Diktators – all das ist ziemlich unterschiedlich. Die Unterdrückungsintensität der Diktatoren kann man hingegen als ziemlich ähnlich einschätzen. Während aber das Gaddafi-Regime wegen der Intervention von außen, legitimiert durch die Sicherheitsresolution 1973, binnen gut eines halben Jahres überwunden wurde, hält sich das Assad-Regime immer noch an der Macht (Stand: Juli 2014). Das wird nicht ewig dauern. Wann genau es abgelöst werden wird, ist als Frage weniger interessant als drei andere: Warum konnte es sich so lange an der Macht halten? Warum ist es nicht, ähnlich wie im Falle Libyens, zu einem konzertierten Eingreifen der sogenannten internationalen Gemeinschaft (der Staaten) gekommen? Und schließlich: Was wird danach kommen?

Einer der Gründe dafür, dass der Sicherheitsrat im Falle Syriens gelähmt scheint, ergibt sich direkt aus der Vorgeschichte, nämlich der Sicherheitsrat-Entscheidung zu Libyen. Dort hatten sich Russland und China enthalten, also gewissermaßen abwartend-kooperativ verhalten. Das hat sich, so werden sich ihre Außen- und Sicherheitspolitiker sagen, für sie nicht gelohnt, denn der Westen hat einen Teil der Früchte der Intervention einbehalten. Syrien ist aber nicht nur für diese beiden Mächte, sondern auch für den Iran unter geostrategischen Gesichtspunkten wichtig. Auch der Iran hat aller Voraussicht nach von einem post-Assad-Regime nicht viel zu erwarten. Weil wegen der Zerstrittenheit der Opposition gegen das Assad-Regime schwer vorhersehbar ist, welchen Kurs ein künftiges Syrien einschlagen, ja selbst ob es überhaupt in der jetzigen Form überleben wird, und weil die regionale Bedeutung des Landes erheblich höher ist als die Libyens, gibt es trotz der bröckelnden Basis des jetzigen Regimes immer noch genügend innere und äußere Kräfte, die es stützen (vgl. Hokayem 2012).

Vor allem fällt ins Auge, dass allen potentiellen Trägern einer humanitären Intervention die Kosten für eine solche Aktion sehr viel höher als im Falle Libyens erscheinen. Wir sehen uns hier mit der Ambivalenz einer moralisch fundierten internationalen Politik konfrontiert. Es sind eben doch immer und immer wieder nationale Interessenkalküle, die sich in den Vordergrund drängen. Insofern kann man Weiss (2011, 291) nur zustimmen: „Libya suggests that we can say no more Holocausts, Cambodias and Rwandas – and occasionally mean it". Occasionally (gelegentlich) – aber eben nicht mehr

Zweiter Teil: Die Bundeswehr als Gegenstand deutscher Militär- und Sicherheitspolitik

5 Die Bundeswehr und die politisch-militärische Kultur der Bundesrepublik Deutschland bis 1990

Für die Organisation von nationalen Streitkräften, ihr Verhältnis zur Zivilgesellschaft und für die Sicherheitspolitik eines Land gilt, dass die kollektive Selbst- und Umweltwahrnehmung, der dominierende politische Habitus der Eliten, die Traditionen und die als schicksalhaft wahrgenommen kollektiven historischen Kriegs-Erfahrungen, also kurz: die *politisch-militärische Kultur* eines Staates (oder sonstwie politisch verfassten Gesellschaft) einen hoch zu veranschlagenden Einfluss auf die Alltagspolitik in dieser Gesellschaft, aber auch auf ihr Außenverhalten ausüben. Ferner spielen auch geopolitische Langzeitfaktoren (etwa die Insellage eines Staates oder im Falle Deutschlands sein Lage „mitten in Europa") eine wichtige Rolle und dürfen, ebenso wie bestimmte Interessenkonstellationen der inneren und der äußeren Politik, nicht ignoriert werden.

Es kommt relativ selten vor, dass sich die politisch-militärische Kultur als Teil der politischen Kultur und damit die gesellschaftlichen Vorstellungen über Sinn und Zweck, Status und Rolle der Streitkräfte eines Landes schlagartig oder auch nur rasch verändern. Selbst bei einem Regimewechsel oder gar einer Revolution ist das oft nur oberflächlich der Fall. Selbstverständlich gibt es einen permanenten Veränderungsprozess auch der politischen Kultur einer Gesellschaft und ihrer auf die Streitkräfte und die Sicherheitspolitik bezogenen Elemente. Als Ursache dafür kommen am ehesten technische Veränderungen, aber auch solche in der Konstellation der internationalen Politik in Frage. Im Allgemeinen handelt es sich dabei um einen so langsamen Prozess, dass er den Beteiligten nur ausnahmsweise richtig bewusst wird.

Veränderungen in der politisch-militärischen Kultur

In Ausnahmefällen gehen solche Veränderung rasch und gewissermaßen dramatisch vor sich. Einer dieser Ausnahmefälle ist Deutschland nach 1945. Ein Land, dessen Mehrheit zumindest seit dem 19. Jahrhundert und vor allem nach den Bismarck'schen Einigungskriegen (gegen Dänemark 1864, gegen Österreich 1866, gegen Frankreich 1870/71) überzeugt davon war, „Blut und Eisen" seien die entscheidenden Instrumente der Politik gegenüber anderen Staaten, hat dieser Vorstellung nach 1945 nachhaltig abgeschworen. Die dadurch entstandene Distanzmentalität gegenüber dem Militär wurde und wird im politischen Diskurs, von den einen hoffnungsvoll, von anderen mit einem eher verächtlichen Unterton, mit dem Adjektiv pazifistisch bezeichnet. Das trifft den Sachverhalt jedoch nicht. Es handelt sich eher um eine erfahrungs-gestützte Scheu vor dem Krieg, vor militärisch geprägten Weltbildern und einem erneuerten Militarismus.

Ausnahme: Deutschland nach 1945

Zuweilen geht diese Scheu in die Illusion über, die eigenen Erfahrungen mit Krieg und Niederlagen würden auch alle anderen Staaten in der Weltpolitik davon überzeugen, Politik mit nicht-militärischen Mitteln sei immer und grundsätzlich vorteilhafter für sie und damit für alle. Wenn man sich gegen diese Illusion immun macht (sie ist verständlich, allerdings auch politisch töricht), dann ist der Wandel der politisch-militärischen Kultur in Deutschland nach 1945 unterm

Strich ein Glücksfall für das Land, das in der ersten Hälfte des 20. Jahrhunderts seine Nachbarn und sich selbst mit organisierter Gewalt überzog. Die furchtbaren Folgen für Millionen von Menschen werden über mehrere Generationen spürbar bleiben.

Dramatik des
Wandels

Mein Ziel in diesem Kapitel ist keine historische Beschreibung, vielmehr die systematische Analyse der entscheidenden sicherheitspolitischen Schritte der Bundesrepublik Deutschland. Bei der Darstellung von Vorgeschichte und Geschichte der Bundeswehr bis zur Vereinigung Deutschlands 1990 kommt es mir nicht zuletzt darauf an, die Dramatik dieses Wandels deutlich herauszuarbeiten. Das ist nämlich für ein Verständnis auch der gegenwärtigen Auseinandersetzungen über die deutsche Sicherheitspolitik und die Ausrichtung der Bundeswehr sehr nützlich. Man kann diese nur dann angemessen einordnen und bewerten, wenn man sich den Bruch in der politisch-militärischen Kultur Deutschlands direkt nach 1945 immer wieder vor Augen hält.

5.1 Die politisch-militärische Kultur Deutschlands bis 1945

5.1.1 Politische und militärische Kultur

Kulturwissenschaften

In den letzten Jahren ist der Begriff der Kultur in den Sozialwissenschaften dermaßen populär geworden, dass manche Autoren von einem *cultural turn* sprechen (etwa Jameson 1998). Gemeint ist damit eine Hinwendung der Forschung zu den Ideen, Werten und Handlungsvorstellungen, die Menschen als Individuen und in sozialen Gruppen hegen und die ihre tatsächlichen Handlungen weit stärker prägen als es in einer struktur-materialistischen Perspektive erkannt werden kann. Im Zusammenspiel mit konstruktivistischen Grundannahmen über das soziale Handeln von Menschen (einschließlich übrigens der Forschung darüber) haben die Teile der überlieferten geistes- und sozialwissenschaftlichen Disziplinen, die sich zu den interdisziplinär angelegten Kulturwissenschaften (*cultural studies*) zusammengeschlossen haben, etwa in der Gender-Forschung oder den sogenannten post-kolonialen Studien neue Perspektiven eröffnet.

Dimensionen
politischer Kultur

Das Konzept der politischen Kultur ist allerdings älter. Es bezieht sich auf Kollektive (Verbände, Unternehmen, vor allem aber auch staatlich verfasste Gesellschaften) und umfasst die in ihnen vorherrschenden politischen Einstellungen, Wertvorstellungen, kollektiven Bewusstseinsinhalte, Verhaltensnormen und den Grad ihrer Gültigkeit. In manchen politikwissenschaftlichen Arbeiten wird dabei besonders auf die subjektive Dimension der gesellschaftlichen Grundlagen politischen Handelns abgehoben. Dabei geht es vor allem um das Verhalten in der Politik, aber auch um das Beurteilen politischer Vorgänge. Dazu kommen ferner inter-subjektive Aspekte wie die Verankerung gemeinsamer Selbst- und Weltbilder, identitäts-stiftende Rituale und Traditionen, über die Sozialisation erworbene Grundorientierungen und Sinnbezüge. In seiner Einführung in die Politikwissenschaft nennt Kevenhörster vier Dimensionen, die zusammen die politische Kultur einer politisch verfassten Gesellschaft bestimmen:

- das Legitimationsverständnis der Bürger und das Maß ihrer Identifikations-bereitschaft mit den politischen Institutionen;
- die Orientierungen der Bürger gegenüber den Leistungen des politischen Systems;
- ihre Einstellungen zu Organisationen, Werten und Weltanschauungen;
- ihre Einschätzungen eigener Rechte, Pflichten und politischen Handlungs-möglichkeiten (nach Kevenhörster 2008[3], 64f.)

Ich will an dieser Stelle den Begriff der politischen Kultur noch um zwei weitere Dimension ergänzen, die nicht nur das subjektive politische Bewusstsein betref-fen, sondern Ausdruck eines politisch-gesellschaftlichen Klimas sind. Gemeint sind:

- der in der Gesellschaft vorherrschende Durchsetzungs-Stil (Führungsverhal-ten, Bedeutung von Hierarchien, Normendurchsetzung);
- die Modalitäten des öffentlichen politischen Diskurses (u. a. Grad der Of-fenheit, Umgang mit abweichenden Vorstellungen).

Die Einstellungen zu inter-personaler Gewalt und zu Gewalt als Durchsetzungs-Mittel staatlicher Ziele gehören auch zur politischen Kultur einer Gesellschaft. Diesen Teil der politischen Kultur habe ich oben als politisch-militärische Kultur bezeichnet. Man kann aber auch einen eigenständigen Begriff der militärischen Kultur aufstellen. Ein 1995 erschienenes und damals vieldiskutiertes Buch des britischen Militärhistorikers John Keegan heißt sogar so: „Die Kultur des Krie-ges". Bei näherem Hinsehen stellt sich allerdings heraus, dass der deutsche Titel eine eigenständige Erfindung war (man kennt derlei Eigenständigkeit am ehesten von amerikanischen Filmen, die im Deutschen ja auch oft ganz anders heißen als die Originale). Im Englischen heißt Keegans Buch schlicht und unspektakulär „A History of Warfare". *(militärische Kultur)*

Dennoch findet man bei Keegan eine kulturbezogene Deutung des Solda-tenberufs und der Anwendung organisierter Gewalt im Krieg (mit anderen For-men organisierter Gewalt, etwa der Polizei, hat Keegan indes nichts am Hut). Der Krieg, so lautet Keegans Grundthese, ist nicht nur so alt wie die Menschheit, sondern er beruht auf einer eigenen militärischen Kultur, die sich erstens in der Art der Kriegsführung zeigt und zweitens in der Art und Weise, wie die militäri-schen Vorstellungen die jeweilige Gesellschaft in ihren Werten und dem Verhal-ten der Menschen beeinflussen. Kurz: Krieg ist, anders als von Clausewitz postu-liert, kein Instrument der Politik, sondern Kultur und Lebensweise der Soldaten. *(Keegan gegen Clausewitz)*

> Krieg ist stets Ausdruck einer Kultur, oft sogar eine ihrer bestimmenden Größen, und in manchen Gesellschaften die Kultur selbst (Keegan 1995, 34).

Eingebettet ist dieser Gedanke Keegans in eine kaum überzeugende Kritik an dem Axiom von Clausewitz, wonach der Krieg eine Fortsetzung des politischen Verkehrs unter Beimischung anderer Mittel ist. Wenn wir die etwas pompösen Bemerkungen Keegans über die Soldaten als Krieger mit einer eigenen militäri-schen Kultur (die Zulu, die Mamelucken, die Samurai) und die Ausrichtung *(manche Gesellschaften sind ‚militärischer' als andere)*

bestimmter Gesellschaften (nicht etwa nur die Hunnen oder die Mongolen, sondern auch etwa das Römische Reich) auf militärische Werte auf ihren nüchternen
Kern hin betrachten, dann können wir aber in der Tat feststellen:

- Es gibt in den Streitkräften eine eigene Organisationskultur, die sich in
  vielen Punkten von entsprechendem Selbstverständnis, von Verhaltensweisen, Führungsstilen und Lebensweisen in anderen Organisationen unterscheiden.
- Ferner gibt es Gesellschaften, in denen die militärische Organisationskultur
  mehr als in anderen die Werte, Entscheidungsprioritäten und allgemein das
  Handeln der Menschen bestimmt. Wenn die politische Kultur einer Gesellschaft von der militärischen Organisationskultur dominiert wird, sprechen
  wir von Militarismus, den es in sehr unterschiedlichen Formen gibt (vgl.
  von Bredow 1983).

5.1.2 Militarismus, deutsche Version

In der neueren Forschung zum Verhältnis Staat/Politik/Krieg der letzten Jahr-
hunderte ist inzwischen ein breites Panorama ausgemalt worden, das verschiedene Bilder als Variationen desselben Bildes zeigt, nämlich das der Gründung
moderner Nationalstaaten aus Krieg und Gewalt.

> Ungleich mehr moderne Nationalstaaten sind aus Krieg und Revolution hervorge-
> gangen als aus friedlicher Verselbständigung oder dank der Mutation älterer Herr-
> schaftssysteme (Wehler 2000, 229).

(alt)preußischer Militarismus

In den Gründungsmythen europäischer Nationen und der USA (vgl. Buschmann/
Langewiesche 2003), aber auch der durch Befreiungskriege gegen die Kolonial-
mächte unabhängig gewordenen jungen Staaten Afrikas, Asiens und Lateiname-
rikas und nach Bürgerkriegen etablierter Regime spielen organisierte Gewalt und
Krieg eine Hauptrolle. Das war in Preußen und Deutschland nicht anders. Hier
haben sich mit dem (alt-) preußischen und dem wilhelminischen zwei unterschiedliche Formen von Militarismus entwickelt, die eines gemeinsam hatten,
nämlich die Hinnahme der Priorität militärischer Imperative und der Bedürfnisse
der Militärorganisation durch wesentliche Teile der zivilen Gesellschaft. Diese
übrigens an eine Formulierung von Eckart Kehr aus dem Jahre 1928 anknüpfen-
de Grobdefinition des Militarismus (von Bredow 1983, 28 ff.) taucht bereits,
empirisch ausgeschmückt, in einer Passage des Historikers Otto Hintze aus dem
Jahr 1906 auf:

> In der Armee verkörpert sich der neue Staatsgedanke am deutlichsten und greifbars-
> ten, der Gedanke des machtvollen, zentralisierten, absolutistischen Großstaats. Die
> Unterhaltung der Armee wird die Hauptaufgabe der staatlichen Finanzverwaltung;
> sie führt zu einer bis dahin unerhörten Anspannung der Steuerschraube und in Ver-
> bindung damit zu einem eigentümlichen Wirtschaftssystem, das die Vermehrung der
> baren Geldmittel und zugleich die künstliche Beförderung und Anreizung zur Pro-
> duktion, namentlich auf dem gewerblichen Gebiet bezweckt...Machtpolitik, Mer-

kantilismus und Militarismus hängen unter sich zusammen; der absolute Militärstaat entwickelt sich zum bevormundenden Polizeistaat, der die salus publica, die er auf seine Fahne schreibt, nicht im Sinne der individuellen Glückseligkeit seiner Unter-tanen, sondern im Sinne der Erhaltung und Kräftigung der staatlichen Gesamtheit versteht. Und zugleich dringen die Einrichtungen der Armee maßgebend in die Sphäre der bürgerlichen Verwaltung ein. Das wird besonders deutlich in Preußen (Hintze 1975, 75f.).

Dies bezieht sich, wie man unschwer herauslesen kann: ohne kritische Obertöne, sondern deskriptiv und affirmativ (zustimmend), auf den vor-kapitalistischen Militarismus in Preußen, wie er etwa in der Figur des „Soldatenkönigs" Friedrich Wilhelm I verkörpert war, der Preußen von 1713 bis 1740 regierte.

Die militärischen Erfolge seines Sohnes Friedrich II, der von 1740 bis 1786 regierte, machten Preußen zu einem wichtigen europäischen Machtfaktor. Mit der Französischen Revolution 1789 und den Feldzügen Napoleons verblasste dieser Machtfaktor allerdings erstaunlich rasch wieder. Das lag auch daran, dass die europäische Ordnung jetzt eine war, für welche die deutschen Kleinstaaten, selbst die größeren unter ihnen, zu wenig Gestaltungsmacht aufbringen konnten. Und so bestimmte seit den „Freiheitskriegen" gegen Napoleon, die aber eben zugleich auch „Einheitskriege" waren, wie in vielen anderen Ländern Europas der Wunsch nach nationaler Einheit das politische Denken des Bürgertums im 19. Jahrhundert. Erreicht wurde sie durch Kriege. Als Folge dieser Erfahrung entwickelte sich ein neuer, aus anderen kulturellen Mustern als denen des (alt-) preußische Militarismus bestehender, protzig-populistischer Militarismus, der im Grunde in allen Gesellschaftsschichten verankert war, nichts zuletzt im Klein-bürgertum (Rohrkrämer 1990).

Die derart militarisierte politische Kultur des Wilhelminischen Reiches blieb aber immer voller Widersprüche und ziviler, ja anti-militärischer Enklaven. So darf man beispielsweise auch die durchaus aufbrandende Begeisterung in Deutschland aus Anlass des Kriegsausbruchs im August 1914 nicht schlicht ver-allgemeinern. Es gab auch, nicht nur als Einzelstimmen und Äußerungen von Außenseitern, Skepsis und Furcht vor dem, was der Krieg bringen würde. Der Intensitäts-Unterschied an rhetorischer und existentieller Kriegsbegeisterung zwischen Deutschland und anderen europäischen Gesellschaften ist nicht selten übertrieben worden.

Wilhelminischer Militarismus

5.1.3 Totale Mobilmachung für den Krieg

Für Clausewitz, geschult im Umgang mit den Denkern des deutschen Idealismus und in seiner Ausdrucksweise von angestrengter Klarheit, bedeuteten Militär und Krieg nicht in erster Linie eigenständige Kulturen, vielmehr Mittel für damit zu erreichende Zwecke, die sich aus der Sphäre des Politischen ergeben. Fälschli-cherweise wird häufig behauptet, seine berühmte Bestimmung des Verhältnisses von Krieg und Politik sei eine Definition des Krieges. Das ist sie selbstverständ-lich nicht, wohl aber ein Ansatzpunkt zur Bestimmung des Stellenwerts von Streitkräften und militärischem Denken in einer Gesellschaft.

Politik steuert
die Kriegsent-
scheidungen, nicht
die Kriegsführung

Clausewitz umschreibt das folgendermaßen:

> Wir behaupten…der Krieg ist nichts als eine Fortsetzung des politischen Verkehrs
> mit Einmischung anderer Mittel. Wir sagen mit Einmischung anderer Mittel, um
> damit zugleich zu behaupten, dass dieser politische Verkehr durch den Krieg selbst
> nicht aufhört, nicht in etwas ganz anderes verwandelt wird, sondern dass er in sei-
> nem Wesen fortbesteht, wie auch seine Mittel gestaltet sein mögen, deren er sich be-
> dient, und dass die Hauptlinien, an welchen die kriegerischen Ereignisse fortlaufen
> und gebunden sind, nur seine Lineamente sind, die sich zwischen den Krieg durch
> bis zum Frieden fortziehen. Und wie wäre es anders denkbar? Hören denn mit den
> diplomatischen Noten je die politischen Verhältnisse verschiedener Völker und Re-
> gierungen auf? Ist nicht der Krieg bloß eine andere Art von Schrift und Sprache ih-
> res Denkens? Er hat freilich seine eigene Grammatik, aber nicht seine eigene Logik
> (Clausewitz 1973, 990f.).

Die vier zusammenhängenden Metaphern am Schluss dieser Passage – Schrift,
Sprache, Grammatik, Logik – klingen ein wenig fremdartig. Immerhin konze-
diert Clausewitz eine Besonderheit des militärischen Handelns und des Verhal-
tens im Krieg („eigene Grammatik"). Diese Besonderheit bleibt aber immer an
bestimmte Zwecke gebunden (keine „eigene Logik"). Dass diese Bindung zum
Zerreißen gespannt sein kann, dass in den kriegerischen Gefechten das Handeln
der Soldaten die Logik der Politik auch abschütteln kann, war Clausewitz geläu-
fig. Er hat dies missbilligt.

Das ganze 19. Jahrhundert hindurch und besonders im Ersten Weltkrieg
1914-1918 verwischen sich die zunächst einmal klar und deutlich hervorgetrete-
nen Grenzen zwischen politischem und militärischem Denken. Anders gesagt:
die politischen Kulturen der Nationen militarisieren sich (vgl. auch: Neugebauer
2007). Das liegt einmal an den neuen Groß-Ideologien zur Integration ganzer
Gesellschaften, also besonders dem *Nationalismus* und etwas zeitverschoben
dem *Sozialismus*. Die Zeugnisse sozial-darwinistischen, imperialistischen und
rassen-überheblichen Denkens im letzten Drittel des 19. Jahrhunderts können
uns heute noch das Gruseln lehren. Zweitens beruht dieser Verwischungsprozess
aber auch auf der rapiden Technisierung des Krieges im 19. Jahrhundert. Sie
prägte neue Kriegsformen und brachte das Kriegsbild der modernen Massenarmeen hervor. Für deren Unterhalt waren ebenso wie für die Kriegsvorbereitung
und –führung in psychologischer wie ökonomischer Hinsicht langfristige Dispo-
sitionen des politischen Systems notwendig. Der Schlüsselbegriff dafür lautet
„totaler Krieg".

totaler Krieg

Was so griffig erscheint, ist ein sehr komplexer und viele historische Entwicklungen und Entscheidungen zusammenbindender Begriff. Zuletzt wurde er
sehr eingehend in einer Serie von Veröffentlichungen des Deutschen Historischen Instituts in Washington exploriert. In den Beiträgen von Experten aus
mehreren Ländern werden die begriffsgeschichtlichen Aspekte mit empirischen
Daten aus unterschiedlichen sozialen Dimensionen angereichert: Politik, Rüstungstechnologie, Strategie (Chickering, Förster 2003). Der entscheidende Punkt
bei der Ausbildung von Konzepten des totalen Krieges ist die Verknotung von
zwei Radikalisierungsprozessen. Die Kriegsziele der Akteure wurden ebenso
radikaler und, wenn man so will, rücksichtsloser in Bezug auf Kollateralschäden

wie die Methoden der Kriegsführung. Jegliche Unterscheidung zwischen Soldaten (Kombattanten) und Zivilisten (Nicht-Kombattanten) wurde programmatisch
aufgehoben. Nicht mehr nur Massenarmeen kämpften gegeneinander und überzogen einander auf den Schlachtfeldern mit Tod und Zerstörung in ungeahntem
Ausmaß. Die Völker selbst wurden für den totalen Krieg mobilisiert, und ganze
Gesellschaften so gut wie restlos in den Dienst der Kriegsanstrengung gestellt.

Der totale Krieg zeigte sich am unverhohlensten in den als Weltkriege be- | Epoche der Welt-
zeichneten bewaffneten Großkonflikten zwischen 1914 und 1918 sowie zwi- | kriege 1914-1945
schen 1939 und 1945. Er war keine deutsche Erfindung und beeinflusste auch die
Kriegsvorbereitungen und Kriegsführung anderer Nationen. Jedoch ist es kein
Zufall, dass die knappe und die Programmatik des totalen Krieges am sinnfäl-
ligsten herausarbeitende Schrift aus der Feder eines deutschen Generals stammt.
Weil das politische System des deutschen Kaiserreichs infolge der übermäßigen
Kriegsanstrengungen im Ersten Weltkrieg regelrecht zusammenzubrechen drohte, übernahm die Oberste Heeresleitung in seiner letzten Phase die Macht und
regelte die militärischen und politischen Belange des Reiches gleichermaßen
autoritär. Nach außen repräsentierte General Paul von Hindenburg (1847-1934)
diese Quasi-Militärdiktatur; derselbe Hindenburg, der als Greis 1925 zum
Reichspräsidenten gewählt wurde und ab 1930 eine zunehmend unerfreuliche
Rolle beim Untergang der Weimarer Republik spielte.

Der bestimmende Kopf der Obersten Heeresleitung gegen Ende des Ersten | Erich Ludendorff
Weltkriegs war aber General Erich Ludendorff (1865-1937). Seine Rolle in der
Weimarer Republik war ebenfalls ziemlich dubios, so nahm er am 9. November
1923 am erfolglosen Putsch der Nationalsozialisten gegen die Regierung teil und
stellte sich auch später, wenngleich ohne wirklichen politischen Einfluss, der
nationalsozialistischen Bewegung zur Verfügung. Aus seiner Feder stammt die
kleine Schrift mit dem Titel „Der totale Krieg", veröffentlicht 1935, in welcher
er die Unterordnung der gesamten Gesellschaft und des politischen Systems
unter die Belange des Militärs fordert und begründet.

Ausgehend von seinen Erfahrungen im Ersten Weltkrieg, sieht Ludendorff | Sozial-Darwinismus
in den Konflikten seiner Gegenwart den Ausdruck eines geradezu manichäischen
Ringens der großen Mächte um die Vorherrschaft in der Weltpolitik. Weil es
dabei um alles oder nichts geht, haben diese Konflikte die Tendenz, zu totalen
Kriegen zu werden. Ein totaler Krieg, so Ludendorffs sozial-darwinistisches
Grundargument, ist ein existentieller Kampf von tiefer sittlicher Berechtigung.
Denn es geht in einer Art Nullsummenspiel zwischen den als kollektive Seins-
Einheiten aufgefassten Nationen um die Überlebensperspektive ganzer Völker.
In diesem schicksalhaften und jedenfalls unausweichlichen Kampf muss sich
bereits in der Vorbereitungsphase des Krieges jedes Individuum, jede gesell-
schaftliche Gruppe dessen Imperativen unterordnen. Sämtliche Lebensbereiche,
die Wirtschaft, die Politik, die Kultur müssen, dieses Wort liest man noch nicht,
aber es steht schon virtuell zwischen den Zeilen, gleichgeschaltet werden.

Das Wesen des totalen Krieges beansprucht buchstäblich die gesamte Kraft eines | Clausewitz auf den
Volkes (…) Wie sich so das Wesen des Krieges geändert hat, und zwar unter der | Kopf gestellt
Einwirkung unabänderlicher, nicht rückgängig zu machender Tatsachen, ich möchte
sagen gesetzmäßig, so hätten sich auch der Aufgabenkreis der Politik erweitern und

die Politik selbst ändern müssen. Diese muss, wie der totale Krieg, totalen Charakter gewinnen. Sie muss, im Hinblick auf die Höchstleistung eines Volkes im totalen Kriege, ausgesprochen die Lehre von der auf sie zugeschnittenen Lebenserhaltung eines Volkes sein und genau beachten, was das Volk auf allen Gebieten des Lebens, nicht zuletzt auf dem seelischen Gebiete, zu einer Lebenserhaltung bedarf und beansprucht. Da der Krieg die höchste Anspannung eines Volkes für seine Lebenserhaltung ist, muss sich eben die totale Politik auch schon im Frieden auf die Vorbereitung dieses Lebenskampfes eines Volkes im Kriege einstellen und die Grundlage für diesen Lebenskampf in einer Stärke festigen, dass sie nicht in dem Ernst des Krieges verschoben, brüchig oder durch Maßnahmen des Feindes völlig zerstört werden kann (…)

Das Wesen des Krieges hat sich geändert, das Wesen der Politik hat sich geändert, so muss sich auch das Verhältnis der Politik zur Kriegsführung ändern. Alle Theorien von Clausewitz sind über den Haufen zu werfen. Krieg und Politik dienen der Lebenserhaltung des Volkes, der Krieg aber ist die höchste Äußerung völkischen Lebenswillens. Darum hat die Politik der Kriegsführung zu dienen (Ludendorff 1936², 9f.).

Am Anfang dieser langen Passage blickt Ludendorff zurück auf die Zeit des Ersten Weltkriegs und stellt fest, dass damals die Politik den Anforderungen des totalen Krieges nicht gerecht geworden sei. Sie hätte ihren Charakter ändern müssen. Im letzten Teil konstatiert der Autor im Blick auf die nationalsozialistische Politik, diese Änderung habe sich nunmehr vollzogen. In der Tat: diese Politik führte direkt und bewusst auf den Krieg hin, der dann 1939 von Hitler vom Zaun gebrochen wurde.

Popularität solcher Ideen

Auch wenn man sicherlich nicht behaupten kann, dass diese Vorstellung von Politik und Krieg, vom Vorrang des militärischen Denkens in der Gesellschaft und überhaupt die ideologischen Kurzschlüsse des Sozialdarwinismus im Deutschland der ersten Hälfte des 20. Jahrhunderts bis 1945 ohne Widerspruch geblieben sind, waren sie doch sehr weit verbreitet und stießen, abgesehen vielleicht von ein paar besonders überspitzten Radikalismen, auf breite Zustimmung. Anders gesagt: Sie nahmen in der politisch-militärischen Kultur Deutschlands jener Jahre einen bevorzugten Platz ein. Das spiegelt sich z. B. im Selbstverständnis von Reichwehr- und Wehrmachtführung wider, ebenso in zahlreichen Äußerungen von Parteien, Verbänden und deren Repräsentanten. Selbst als die nationalsozialistische Kriegspolitik im Osten den Soldaten in großem Stil kriminelle Handlungen vorschreibt, werden diese von der großen Mehrheit fraglos ausgeführt. Dabei ist es in unserem Zusammenhang gleichgültig, ob dies aus innerer Zustimmung, unreflektiertem Gehorsam oder dem Motiv der Anpassung als individueller Überlebensstrategie erfolgte. Und noch ein zweiter Satz muss in diesem Sprachgestus formuliert werden: Selbst als es gegen Kriegsende überdeutlich war, dass Deutschland den Krieg verloren hatte und das Kriegsende als „totale Niederlage" unmittelbar bevorstand, kämpften die Soldaten weiter und blieb ein Aufstand für die Rückgewinnung des Primats der Politik über das militärische Denken aus.

5.2 Vor der Gründung der Bundeswehr

Der Zweite Weltkrieg markiert insofern einen Wendepunkt in der Kriegs-Geschichte, als mit ihm die Zeit der Massenarmeen und der potentiell unbegrenzten Kriegszerstörungen geendet hat. Fürs erste jedenfalls, denn Langzeitprognosen zu machen, ist nicht die Sache von Sozialwissenschaftlern. Luftangriffe auf Städte weit im Hinterland, Vernichtungsschlachten, Zwangsumsiedlung und die Extermination ganzer Völker, schließlich der Atombombeneinsatz im August 1945 in Japan – ein Weltkrieg mit Kriegsschauplätzen in Europa, Asien und Afrika, über 50 Millionen Gefallenen und getötete Zivilisten, mit ungezählten körperlich und seelisch Verletzten, mit materiellen Zerstörungen von Häusern, Fabriken und weiteren Schäden, das hat es seither nicht gegeben. Richten wir unseren Blick auf Deutschland, sehen wir im Spätfrühling 1945 ein Land, das zum zweiten Mal binnen noch nicht einmal 30 Jahren als Auslöser eines Weltkrieges stigmatisiert war, den es jedes Mal verloren hatte.

1945: Ende der Zeit von Massenarmeen und potentiell unbegrenzter Kriegszerstörung

Die Frage nach der „Kriegsschuld" ist zwar nicht angemessen zu beantworten, ohne auch das Vorkriegsverhalten anderer Akteure miteinzubeziehen. Aber die Niederlagen waren jedenfalls eindeutig. Die von 1918/19 stellte noch keinen tiefen Einschnitt in der deutschen Geschichte dar, weil es das Bemühen Deutschlands in den Folgejahren war, sie gewissermaßen ungeschehen zu machen. Von so unterschiedlich situierten Chronisten wie George F. Kennan und Wolfgang Mommsen und vielen anderen als die „Urkatastrophe des 20. Jahrhunderts" bezeichnet, hinterließ der Erste Weltkrieg im politischen Bewusstsein vieler Zeitgenossen in Deutschland zwar einen bleibenden Eindruck, veränderte es aber nicht wesentlich.

Das war nach 1945 anders. Keine Dolchstoßlegenden, stattdessen bedingungslose Kapitulation. Deutschland wurde territorial aufgeteilt und unter Kuratel der Siegermächte gestellt. Teils gemeinsam, teils getrennt strebten diese eine nachhaltige Verkleinerung der machtpolitischen Möglichkeiten Deutschlands an. Damit sollte eine politische Rekonstruktion des Landes in kleinen Schritten einhergehen, allerdings nun als zum Frieden konvertierte stabile Demokratie.

Zäsur 1945

Dieses Ziel wurde, wenn auch anders, als von den meisten Beteiligten damals konzipiert, auch wirklich erreicht, entgegen vielen Befürchtungen und Unkenrufen. Zahlreiche Faktoren haben dazu beigetragen. Einige davon seien hier in äußerster Kürze aufgezählt

5.2.1 Das Niederlagen-Chaos

Anders als nach dem Ersten Weltkrieg, dessen Ausgang von vielen Deutschen nicht akzeptiert wurde und den sie revidieren wollten, gab es 1945 keinerlei Möglichkeit, der politischen Erkenntnis von der „deutschen Katastrophe" auszuweichen. Mit diesem Titel brachte der konservative Historiker Friedrich Meinecke in einem kleinen Buch aus dem Jahr 1946 die Situation, in der sich das Land nach der Niederlage wiederfand, für viele Deutsche auf den Punkt. Nationalsozialistisches Gedankengut war zwar keineswegs von einem Tag zum anderen verschwunden, ist es ja bis heute nicht. Aber es war und blieb in Deutschland

deutsche Katastrophe

stigmatisiert als eines, das in die Katastrophe führt, und zwar andere Länder und das eigene Land.

Diese Katastrophe wurde zuvörderst am eigenen Leibe verspürt – Deutschland war ein von Besatzungstruppen anfangs mit Verachtung überwachtes Chaos ohne politische Strukturen. Millionen von Menschen suchten als Flüchtlinge oder befreite Zwangsarbeiter und entlassene Kriegsgefangene nach einer Bleibe, nach der täglichen Nahrung, im strengen Winter nach Heizungsmaterial. Niemand konnte in den ersten zwei Jahren an politische, gar militärische Wiederauferstehung denken. Der in den Medien (Zeitungen und Rundfunk) rasch einsetzende Strom von Informationen über die Greueltaten des Dritten Reiches verstärkte die Vorstellung, dass die eigene Nation auf dem herkömmlichen Weg der Machtstaatspolitik in die Irre geleitet wurde.

„Stunde Null"   Aus der Abgrenzung gegenüber diesem alten politisch-militärischen Denken entstand der Motivations-Mythos von der Niederlage als der „Stunde Null". Tabula rasa, Neuanfang, und zwar ganz anders als früher, das Loslassen einer verkorksten kollektiven Vergangenheit, freilich auch der Unwille, sich damit und mit den Gründen für ihr Verdorbensein intensiv auseinanderzusetzen, das kennzeichnet die Innenansicht des Bruchs mit der politisch-militärischen Kultur Deutschlands nach 1945.

5.2.2   Von außen kontrollierter Regimewechsel

Dies allein hätte womöglich eine Rückkehr zu alten politischen Wahrnehmungen und zur Militär-Affinität der Eliten wie der „kleinen Leute" nur eine Zeitlang aufhalten können. Von entscheidender Bedeutung für deren Überwindung sind die äußeren Bedingungen, die Deutschland nach 1945 in ein zunächst starres Kontroll-Gerüst einzwängten, das nur behutsam gelockert wurde. Tatsächlich handelte es sich sogar um zwei solcher Kontroll-Gerüste, denn in der sowjetischen Besatzungszone funktionierte es nach anderen Regeln als in den drei westlichen Besatzungszonen, etwa was den Wiederaufbau deutscher politischer Verantwortungsstrukturen betrifft.

Antifaschismus
und Antimilitarismus
im Potsdamer
Abkommen   Aber trotz aller Unterschiede, die sich mit dem Aufkommen des Kalten Krieges ab 1947 mit großer Geschwindigkeit vergrößerten, gab es auch Gemeinsamkeiten aller Vier Alliierter. Was die politisch-militärische Kultur Deutschlands vor 1945 betrifft, so zogen sie gemeinsam einen Schluss-Strich. Das drückt sich am klarsten im Potsdamer Abkommen vom 2. August 1945 aus, worin es heißt:

> Der deutsche Militarismus und Nazismus werden ausgerottet, und die Alliierten treffen nach gegenseitiger Vereinbarung in der Gegenwart und in der Zukunft auch andere Maßnahmen, die notwendig sind, damit Deutschland niemals mehr seine Nachbarn oder die Erhaltung des Friedens in der ganzen Welt bedrohen kann.

> Es ist nicht die Absicht der Alliierten, das deutsche Volk zu vernichten oder zu versklaven. Die Alliierten wollen dem deutschen Volk die Möglichkeit geben, sich darauf vorzubereiten, sein Leben auf einer demokratischen und friedlichen Grundlage von neuem wieder aufzubauen…

Die Ziele der Besetzung Deutschlands…sind:

(I) Völlige Abrüstung und Entmilitarisierung Deutschlands und die Ausschaltung der gesamten deutschen Industrie, welche für die Kriegsproduktion benutzt werden kann, oder deren Überwachung…

(II) Das deutsche Volk muss überzeugt werden, dass es eine totale militärische Niederlage erlitten hat und dass es sich nicht der Verantwortung entziehen kann für das, was es selbst dadurch auf sich geladen hat, dass seine eigene mitleidlose Kriegführung und der fanatische Widerstand der Nazis die deutsche Wirtschaft zerstört und Chaos und Elend unvermeidlich gemacht haben.

(III) Die Nationalsozialistische Partei mit ihren angeschlossenen Gliederungen und Unterorganisationen ist zu vernichten; alle nationalsozialistischen Ämter sind aufzulösen; es sind Sicherheiten dafür zu schaffen, dass sie in keiner Form wiederauferstehen können; jeder nazistischen und militaristischen Betätigung und Propaganda ist vorzubeugen (zit. nach von Schubert 1978, 59f.).

Wäre dies eine Geschichte der politischen Kultur Nachkriegsdeutschlands, müssten an dieser Stelle vertiefende Analysen dieses Textes folgen, der ja unter anderem auch die später gerne verwendete Dichotomie eingeführt hat zwischen „den Nazis" und denen, die nicht nur keine waren, sondern auch keine Ahnung zu haben sich einreden konnten, wie tief die NS-Politik in Verbrechen verstrickt war. Die Auseinandersetzung über die apologetische Problematik dieser Dichotomie setzte erst viel später ein.

Hier genügt das Resümee, dass die Grundlinien der Ziele, wie sie im Potsdamer Abkommen aufgeführt sind, bis heute in der politischen Kultur Deutschlands und in der Haltung der Mehrheit der Deutschen zu Streitkräften und militärischer Gewalt als Mittel der Politik deutlich erkennbar sind. Obwohl der Einklang der vier Alliierten bald darauf zerbröckelte, wurden diese Ziele doch weiter verfolgt, etwa mit den Nürnberger Prozessen, dem amerikanisch inspirierten Programm der *Re-education* (der sich im übrigen auch die Wiedereinführung der Politikwissenschaft an deutschen Universitäten verdankt) und auch, so eigentümlich das klingen mag, dem verordneten Antifaschismus in der sowjetischen Besatzungszone.

Re-education im Westen

Der innere und der von außen angesetzte Druck bewirkten in ihrem Zusammenspiel den Abschied von entscheidenden Elementen der überlieferten politisch-militärischen Kultur Deutschlands.

5.2.3 Beginn des Kalten Krieges

Deutschland schien vor allem von der Vorstellung Abschied genommen zu haben, demnächst wieder eigene Streitkräfte zu unterhalten. Dieser Sachverhalt wurde aber recht bald von einer gegenläufigen Entwicklung erfasst und dadurch in eine andere Richtung gezogen. Die internationale Politik machte einen Strich durch alle politischen Rechnungen, die auf der Einigkeit der Alliierten in Ost und West gründeten und für Deutschland eine vorrangige Beschäftigung mit dem Wiederaufbau unter demokratischen Vorzeichen und isoliert von machtpolitischen Kalkülen vorsahen.

Der Kalte Krieg, die neue Phase des Ost-West-Konflikts, trat an die Stelle der Anti-Hitler-Koalition. Er bewirkte, dass die Länder und Territorien, die bei

Kalter Krieg ohne Raum für Neutralität

Kriegsende entweder vom Westen oder vom Osten besiegt, befreit oder besetzt waren, nun zur jeweils eigenen Einfluss-Sphäre geschlagen und bald auch zu Verbündeten der einen oder anderen Seite wurden. Neutrale Zonen gab es nur ausnahmsweise und nur dann, wenn es beiden Seiten genehm war.

Teilung Deutschlands entlang der Front des Kalten Krieges

Für Deutschland hatte dies besondere Bedeutung. Für lange Zeit verfestigte sich der Zustand der nationalen Teilung – für insgesamt 45 Jahre, wie sich herausstellen sollte. Das konnte damals freilich niemand voraussehen. In den ersten zehn Jahren nach der Teilung gab es bei vielen Menschen die Hoffnung auf ihre baldige Überwindung. In den 1960er und 1970er Jahren hingegen schrieb eine wachsende Zahl der Deutschen die Wiedervereinigung ab. Wie auch immer – 1949 wurden aus den Besatzungszonen, drei im Westen, eine im Osten, erst einmal zwei Staaten. Und jener Teil von Deutschland in den Grenzen von 1937, der östlich von Oder und Neiße lag, wurde Polen und der Sowjetunion einverleibt. Provisorisch, wie die Deutschen hofften, endgültig, wie man in den beiden anderen Ländern postulierte.

Der Kalte Krieg hatte in Europa mit der Berlin-Blockade 1948 durch die Sowjetunion und den spektakulären Hilfsaktionen der Westmächte für West-Berlin sehr schnell einen dramatischen Höhepunkt erreicht. Der zweite, nämlich der Korea-Krieg ließ nicht lange auf sich warten.

professioneller Respekt vor der Wehrmacht

Schon vor 1950 gewann im Westen, genauer: in Regierungskreisen in Washington und London (nicht so in Paris) im Zuge allgemeiner militärstrategischer Überlegungen über die Verteidigung Westeuropas gegen die angenommene (und durch die Berlin-Blockade ja auch ein Stück weit plastischer hervortretende) Bedrohung durch die Sowjetunion der Gedanke an deutsche Soldaten zur Verstärkung des westlichen Militärpotentials eine gewisse Attraktivität. Das professionelle Können der gerade besiegten Wehrmacht und der deutschen Soldaten wurde von vielen Militärexperten in den alliierten Streitkräften hoch eingeschätzt (für Amerika siehe etwa van Creveld 2005, 189; Muth 2011). Daraus resultierte zu Beginn des Kalten Krieges eine gewisse Unbefangenheit alliierter Offiziere gegenüber der militärischen Kultur der Wehrmacht. In Deutschland wurde wegen des oben beschriebenen Bruchs in dieser Kultur solcher Unbefangenheit zuweilen ungläubiges, manchmal etwas peinlich berührtes Schweigen entgegengebracht.

5.3 Wiederbewaffnung, keine Remilitarisierung

Folgen des Korea-Krieges ab 1950

Ein für den öffentlichen Diskurs entscheidendes Datum auf dem Weg zur Wiederbewaffnung war der 25. Juni 1950. An diesem Tag überschritten nordkoreanische Truppen die Grenze nach Südkorea. Der damit begonnene Korea-Krieg schien eine auf militärische Machtmittel setzende weltpolitische Initiative der Sowjetunion anzukündigen. Und gerade wegen der geostrategischen Asymmetrie in Europa – Westeuropa als kleiner ‚blauer' Zipfel einer von der Sowjetunion kontrollierten riesigen ‚roten' Landmasse – erschienen die Staaten Westeuropas besonders gefährdet. Dies wurde jetzt auch der breiten Öffentlichkeit in Europa bewusster. In dem Maße, wie dies geschah, traten die politischen Bedenken gegen die Aufstellung deutscher Streitkräfte in den Hintergrund.

5.3.1 Der Weg nach Andernach

Weil 1949 zwei deutsche Staaten gegründet wurden, beide jeweils fest eingebunden und überwacht von den Besatzungsmächten, beide auf verschiedenen Seiten der Eiserner Vorhang genannten „Systemgrenze" zwischen Ost und West, gibt es auch zwei unterschiedliche Wege zur Aufstellung deutscher Streitkräfte. In beiden deutschen Staaten standen übrigens auch noch (und sollten noch lange dort bleiben) große Kontingente der Armeen der Siegermächte. Das waren sozusagen die aufsichtsführenden Verbündeten der Nationalen Volksarmee in der DDR und der Bundeswehr in der Bundesrepublik.

In der DDR entstand die Nationale Volksarmee (NVA) 1956. Sie setzte sich überwiegend aus übergeleiteten paramilitärischen Kräften zusammen (kasernierte Polizeibereitschaften seit 1948; grenzpolizeilicher Dienst zur See seit 1950) und konnte nach 1962 auf Wehrpflichtige zurückgreifen. Mitte der 1980er Jahre umfassten die Landstreitkräfte der NVA 191.500 Soldaten (davon 71.500 Wehrpflichtige), die Luftstreitkräfte 53.000 Soldaten (davon 15.000 Wehrpflichtige) und die Volksmarine 22.000 Soldaten (davon 8.000 Wehrpflichtige). Zur selben Zeit waren die Grenztruppen der DDR auf eine Stärke von ca. 50.000 Mann angewachsen. Die Geschichte der ostdeutschen Streitkräfte und die Sicherheitspolitik der DDR sind hier nicht das Thema, so dass ich es bei diesen Angaben bewenden lasse. Interessante Forschungsfelder bieten sie aber allemal (vgl. u. a. Diedrich, Ehlert, Wenzke 1998).

> Nationale Volksarmee in der DDR

Der Weg zur Aufstellung westdeutscher Streitkräfte war anders, als zunächst vorgestellt. Er führte über Planungen und Beschlüsse für eine Europäische Verteidigungsgemeinschaft (EVG), die aber nicht verwirklicht werden konnte, zur Gründung nationaler Streitkräfte Ende 1955/Anfang 1956. Mit gerunzelter Stirn hat Detlef Bald die Feierstunde aus Anlass der Aufstellung der ersten Lehrkompanien des Heeres, der Marine und der Luftwaffe folgendermaßen beschrieben:

> Bundeswehr-Gründung 1955/56

> So kam dem 20.Januar 1956 schließlich die Ehre zu, als ‚Tag der Streitkräfte' mit Bundeskanzler Adenauer in Andernach bekannt zu werden. Schulfrei war gegeben worden; Bund und Länder hatten Flaggen aufgezogen, auch die Kirchen erwiesen mit ihren Fahnen Reverenz; unter den Klängen des York'schen Marsches waren 1.500 Soldaten zum offiziellen Appell angetreten; ein paar amerikanische Panzer und Haubitzen zierten das Rund und gaben den Rahmen ab für die militärische Feierstunde. Der Kanzler nannte als ‚Bewährungsprobe für unsere Demokratie', das Militär in das ‚Staatsgefüge' einzuordnen (Bald 2005, 9).

Bis dahin gab es über die erste Hälfte der 1950er Jahre verteilt eine eifrige Geschäftigkeit der Experten für die organisatorischen, rechtlichen, militärischen und politischen Angelegenheiten neu aufzustellender deutscher Streitkräfte (vgl. dazu die mehrbändige Reihe „Sicherheitspolitik und Streitkräfte der Bundesrepublik Deutschland", die das Militärgeschichtliche Forschungsamt seit 2006 herausgibt). Es sind diese Jahre zugleich auch gekennzeichnet von einer heftigen

> öffentliche Debatten über die Wiederbewaffnung

und die Bevölkerung aufwühlenden öffentlichen Debatte über Sinn und Folgen einer Wiederbewaffnung. Bis in die Namensgebung dafür reichte die Polarisierung: Die Gegner sprachen von der Remilitarisierung Deutschlands, weil da die Assoziation an den Militarismus mitschwang und damit an die Gefahr des Wiederauflebens der politisch-militärischen Kultur der Vergangenheit. Unter den Wehrmachtssoldaten, die jetzt ihre berufliche Zukunft in der Bundeswehr sahen, waren solche überlieferten Denkmuster gewiss auch noch weit verbreitet. Aber, wie sich insbesondere in dem Kapitel über die Innere Führung zeigen wird, wirkten Politik und zivile Gesellschaft, vertreten etwa durch die Kirchen und die Gewerkschaften, darauf hin, dass diese Denkmuster sich nicht durchsetzten. Sie hätten im Übrigen auch wegen der internationalen Supervision der westdeutschen Wiederbewaffnung keine Durchsetzungs-Chancen gehabt.

5.3.2 Der Preis der Wiederbewaffnung

Die Wiederbewaffnung hatte für die Westalliierten ihren Preis. Das heißt, die Bundesregierung konnte in ihren politischen Kalkülen spätestens nach dem Beginn des Korea-Krieges davon ausgehen, dass die West-Alliierten bei allen Vorbehalten (die – noch einmal unterstrichen – bei den anglophonen Mächten erheblich geringer waren als in Frankreich) ein handfestes Interesse daran hatten, ihre eigenen Streitkräfte durch deutsche Soldaten zu entlasten. In der jungen Bundesrepublik war der Gedanke an eine Wiederbewaffnung wenig populär – der Bruch in der politisch-militärischen Kultur ging tief. Das kommt in dem politischen

„Ohne mich"   Slogan „Ohne mich" der Wiederbewaffnungs-Gegner zum Ausdruck. Freilich gab es auch Befürworter, darunter am interessantesten aus heutiger Sicht, die Soldatenverbände, die sozusagen entgegen dem dominanten Mentalitätswechsel in der Öffentlichkeit die Ehre der Reichswehr- und Wehrmachtsoldaten wiederherstellen (und verständlicherweise bessere Versorgungsbezüge für Veteranen und Hinterbliebene erstreiten) wollten (vgl. Manig 2004).

Adenauers diplomatisches Geschick   In einem Memorandum über die Sicherung des Bundesgebietes nach innen und außen vom 29. August 1950, das er den Außenministern der drei Westmächte zustellen ließ, spitzte Bundeskanzler Adenauer vor dem Hintergrund des Korea-Krieges die Bedrohungswahrnehmung überaus geschickt zu. Am Ende seiner Darlegung erscheint eine deutsche Wiederbewaffnung geradezu als ein generöses Angebot, das für den Westen insgesamt mehr als nützlich sein, aber keinerlei unerfreuliche (nationalistische) Nebeneffekte aufweisen wird. Der Text dieses Memorandums ist von erlesener diplomatischer Raffinesse. Hier einige der entscheidenden Sätze:

> Die Entwicklung hat innerhalb der deutschen Bevölkerung Beunruhigung und Unsicherheit ausgelöst. Das Vertrauen, dass die westliche Welt in der Lage sein würde, Angriffshandlungen gegen Westeuropa rasch und wirksam zu begegnen, ist in einem besorgniserregendem Ausmaß im Schwinden begriffen und hat zu einer gefährlichen Lethargie der deutschen Bevölkerung geführt...

> Das Problem der Sicherheit des Bundes stellt sich zunächst unter dem äußeren Gesichtspunkt. Die Verteidigung des Bundes nach außen liegt in erster Linie in den

Händen der Besatzungstruppen. Der Bundeskanzler hat wiederholt um die Verstärkung dieser Besatzungstruppen gebeten und erneuert diese Bitte hiermit in dringendster Form. Denn die Verstärkung der alliierten Besatzungstruppen in Westeuropa kann allein der Bevölkerung sichtbar den Willen der Westmächte kundtun, dass Westdeutschland im Ernstfall auch verteidigt wird…Der Bundeskanzler hat… wiederholt seine Bereitschaft erklärt, im Falle der Bildung einer internationalen westeuropäischen Armee einen Beitrag in Form eines deutschen Kontingents zu leisten. Damit ist eindeutig zum Ausdruck gebracht, dass der Bundeskanzler eine Remilitarisierung Deutschlands unter Aufstellung einer eigenen nationalen militärischen Macht ablehnt (zit. nach von Schubert 1978, 79ff.).

Dies ist also der mit einem ganz leicht vorwurfsvollen Unterton vorgetragene Gang von Adenauers Argumentation: Im Zuge des Kalten Krieges, der eine weltpolitische Auseinandersetzung zwischen Ost und West ist, hat der Osten in Asien die Initiative ergriffen. Die Westmächte müssen sich verstärken, um dem militärischen Druck der Roten Armee in Europa standhalten zu können. Zugleich müssen sie deutlich machen, dass sie auch dem politischen Druck standhalten und dass die Bundesrepublik unter ihrem Schutz steht. Weil das alles sehr teuer ist, könnte ein deutsches militärisches Kontingent die militärische Kraft des Westens verstärken. Eigene machtpolitische Ziele verfolge die Bundesrepublik nicht. Unausgesprochen schwingen hier aber doch eine Reihe eigener Ziele mit: Die Bundesrepublik befördert die post-nationale europäische Integration. Sie stellt für die Verbündeten absolut ungefährliche eigene Streitkräfte auf, ohne in alte politisch-militärische Denkmuster zurückzufallen. Sie bietet den Westmächten Entlastung an (beim Schutz der westdeutschen Bevölkerung), zunächst noch, ohne dafür irgendetwas einzufordern. Dafür war es 1950 auch noch zu früh.

Angebot zwecks Verstärkung des eigenen Schutzes

In den nächsten Jahren kristallisierte sich aber der Preis heraus, der von den Verbündeten erwartet wurde. Nämlich erstens eine Aufwertung als Partner (später auch verbunden mit der Forderung nach mehr Souveränitätsanteilen), zweitens die Anerkennung als Demokratie, die nicht mehr anfällig ist für Nationalismus und Militarismus, und drittens, später, als es mit der Aufstellung des „deutschen Wehrbeitrags" konkreter wird, die Ehrenerklärung für die Wehrmachtssoldaten. Dieser Preis wurde gezahlt, anstandslos von der US-Regierung, erheblich zögerlicher von den europäischen Verbündeten.

informelle Gegenforderung

5.3.3 Die Kosten der Wiederbewaffnung

Die Vorbereitung der Wiederbewaffnung nahm die erste Hälfte der 1950er Jahre in Anspruch, eine Zeitspanne, die zwar einerseits vom Kalten Krieg mit seinen präzisen territorialen Abgrenzungen gekennzeichnet war, andererseits jedoch auch von den dennoch unternommenen Versuchen zahlreicher Akteure, die Teilung Deutschlands gemäß den im Potsdamer Abkommen formulierten Erwartungen zu überwinden. Aus der Perspektive von 1955 und den drei Folgejahrzehnten erschien diese Perspektive dann durch die Wiederbewaffnungspolitik des Westens immer mehr verstellt zu werden. Die berühmte und heftig umstrittene Stalin-Note (an die Westmächte) vom 10. März 1952 mit dem Vorschlag einer Neutralisierung Gesamtdeutschlands unter bestimmten Bedingungen wurde etwa

sowjetische Note vom März 1952

von Adenauer, der eine Falle witterte, mit allem Nachdruck zurückgewiesen. Verschiedene Ost-West-Konferenzen jener Jahre, in denen Deutschlands politisches Schicksal auf der Tagesordnung stand, erbrachten kein Ergebnis.

Wiederbewaffnung contra Wiedervereinigung?

Die Gegner der Wiederbewaffnung, etwa die Paulskirchen-Bewegung, wiederholten immer wieder, dass Wiedervereinigung und Wiederbewaffnung sich gegenseitig ausschlössen, jedenfalls eine Wiederbewaffnung, bei der Staat und Streitkräfte dermaßen nachdrücklich in das westliche Bündnis integriert würden. Damit hatten sie gewiss Recht. Ob allerdings die Absage an die Westintegration, wäre sie denn durchsetzbar gewesen, automatisch auch den Weg zur Wiedervereinigung in Frieden, Freiheit und Neutralität eröffnet hätte, das ist doch sehr die Frage.

Dennoch: die Wiederbewaffnung war nicht nur in Mark und Pfennig teuer (und wäre ohne das parallele „Wirtschaftswunder" auch finanziell nicht so leicht zu verkraften gewesen). Es gab auch politische Kosten, die entrichtet werden mussten. Innenpolitisch löste sie eine wenn auch nicht dramatische Polarisierung aus oder vertiefte sie zumindest. Bei den Wählern war sie unpopulär, und in den folgenden Jahrzehnten konnte dies regelmäßig benutzt werden, um die Sicherheitspolitik der Bundesregierungen zu attackieren, am heftigsten in den Auseinandersetzungen über den NATO-Doppelbeschluss und die Nachrüstung zu Beginn der 1980er Jahre.

5.4 Strategische Funktionen im Bündnis

Bundeswehr als Kriegsabschreckungs-Armee

Die Geschichte der Bundeswehr zerfällt in zwei deutlich und scharf voneinander unterschiedene Zeitabschnitte: Die Zäsur bildet das Ende des Ost-West-Konflikts 1990. Bis zu diesem Zeitpunkt war die Bundeswehr eine *Kriegsabschreckungs-Armee*, was nirgends deutlicher zum Ausdruck kommt als in dem zuweilen auch von höheren Offizieren der Bundeswehr missverstandenen Ausspruch „Der Ernstfall ist der Frieden". Das war alles andere als ein pazifistisches Bekenntnis. Vielmehr kennzeichnete es knapp eine ziemlich schwierige und auch nicht risikofreie politisch-militärische Strategie der Kriegsverhinderung für eine Freund-Feind-Konstellation von hoher Intensität. Wenn nicht der Kalte Krieg, was sonst kann so bezeichnet werden? Und auch in der Entspannungsphase in Europa, seit dem Ende der 1960er Jahre (im bilateralen Verhältnis USA-UdSSR setzte sie schon früher ein, nämlich nach der Kuba-Krise im Herbst 1962) bestand diese Konstellation weiter, wenn auch rüstungskontroll-politisch gezähmt.

In diesem Kapitel soll näher untersucht werden, was „Kriegsabschreckungs-Armee" eigentlich bedeutet und welche strategischen Funktionen die Bundeswehr als Bündnispartner in den beiden Militärbündnissen NATO und Westeuropäischer Union (WEU) übernommen hat (ausführlich für die Anfangsjahre: Thoß 2006). Im Folgekapitel 5.5 werden dann, allerdings nur als grobe Skizze, die Konturen der Organisation der Bundeswehr in diesem Zeitraum und für die Zwecke der Kriegsabschreckung vorgestellt. Beides zusammen soll die These von der tiefen Zäsur erhärten, welche die Geschichte der Bundeswehr 1990 in zwei „deutlich und scharf" voneinander unterschiedene Abschnitte unterteilt.

5.4.1 Nuklearstrategie

Der Begriff Kriegsabschreckung ist ungebräuchlich, denn in aller Regel wird Abschreckung in der Militärsprache auf einen Gegner bezogen, der abgeschreckt werden soll. Abschreckung ist ein sehr altes Konzept für die einerseits kostenintensive, andererseits aber auch wieder Kosten einsparende Nutzbarmachung militärischer Mittel zur Durchsetzung des eigenen Sicherheitsinteresses gegenüber potentiellen Aggressoren. Wer überzeugend signalisieren kann, er sei militärisch stark genug, um jeden Angreifer zurückzuschlagen, schreckt diesen von einem Angriff ab. Ein dann leicht entstehendes Problem sind die wechselseitigen Bedrohungswahrnehmungen. Denn was für den einen als Abschreckungspotential, also als defensiv gilt, kann von dem potentiellen Gegner als Aggressionspotential ausgelegt werden – und vice versa. Eine Rüstungsspirale beginnt sich zu drehen, ein Rüstungswettlauf setzt ein, der klassische Fall eines Sicherheitsdilemmas. [Kriegsabschreckung]

Dieses Dilemma verschärft sich erheblich im Sonderfall der nuklearen Abschreckung (siehe auch Kapitel 2.2.3). Sie hat sich im Kalten Krieg entwickelt und ist in den späten 1950er und frühen 1960er Jahren zur Konfiguration einer wechselseitigen oder gegenseitigen nuklearen Abschreckung zwischen den USA und der UdSSR mutiert, ein Sonderfall des Sonderfalls. Mit dem Ende des Ost-West-Konflikts ist dieser spezielle und welthistorisch bislang einmalige Sonder-Sonderfall verschwunden, wohingegen es Abschreckung und nukleare Abschreckung selbstverständlich auch heute noch gibt. [nukleares Sicherheitsdilemma]

Die amerikanische und, wegen des Standes ihrer Nuklearrüstung fast immer nachhinkend, die sowjetische Nuklearstrategie haben sich unterschiedlich, jedoch letztlich so entwickelt, dass sie von den gleichen Axiomen geleitet waren. Die immer weiter entwickelten nuklearen Waffensysteme wirklich einzusetzen, würde eine ungeahnte Menschheits-Katastrophe bewirken. Deshalb musste ihr Einsatz unterbleiben, mussten diese Kriegsmittel in den Bereich der virtuellen Kriegsführung und der symbolischen Politik verschoben werden.

Wie kam es zur gegenseitigen nuklearen Abschreckung? Nach 1945 besaßen die USA für ein paar Jahre ein ‚atomares Monopol'. Aber die UdSSR setzte alles daran, ihrerseits in den Besitz von Nuklearwaffen zu gelangen. Im August 1949 gelang ihr denn auch die erste ‚erfolgreiche' Testexplosion. Von diesen ersten, auf dem Prinzip der Kernspaltung (*fission*) beruhenden Atombomben gab es dann einen enormen Qualitätssprung zu der 1952 von den USA und 1954 von der UdSSR zum ersten Mal getesteten Wasserstoffbombe, deren Sprengkraft auf der Kernverschmelzung (*fusion*) beruht. Seit Mitte der 1950er Jahre konzentrierte sich der nukleare Rüstungswettlauf auf Möglichkeiten zur Vergrößerung und Verkleinerung der verschiedenen Wirkungen (Druck; Hitze; Strahlung) nuklearer Sprengmittel, auf die Trägersysteme (Flugzeuge, Raketen, Untersee-Boote usw.) und noch später auf die elektronischen Kontroll- und Lenkmechanismen. Nur nebenbei sei erwähnt, dass schon bald nach 1945 auch andere Mächte nach dem Besitz von Atomwaffen strebten. Großbritannien, dann Frankreich und später auch der Volksrepublik China gelang es so, Mitglied in dem exklusiven ‚Klub der Nuklearstaaten' zu werden. In den Jahren des Ost-West-Konflikts waren es jedoch so gut wie ausschließlich die beiden Weltführungsmächte USA und [frühes nukleares Monopol der USA]

UdSSR, die für den quantitativen und qualitativen Ausbau der Nuklearwaffen die Verantwortung trugen.

Die Entwicklung der Nuklearstrategie wurde in der Hauptsache von zwei Faktoren bestimmt, den geopolitischen Gegebenheiten und den rüstungstechnologischen Neuerungen. Was den ersten Faktor betrifft, so genügt ein Blick auf die Weltkarte, um sich klar machen zu können, dass es hier einen gewissen Vorteil für die UdSSR gab. Sie bildete nämlich zusammen mit ihrem ,strategischen Vorfeld' eine geographische Einheit, wohingegen Westeuropa von Nordamerika durch den Atlantik getrennt ist. Das sowjetische Übergewicht an Truppen für den konventionellen Krieg besaß nur für Westeuropa einen unmittelbaren Bedrohungscharakter. Wenn nun die NATO dieses regionale konventionelle Übergewicht der Truppen des Warschauer Paktes (hauptsächlich) mittels amerikanischer Nuklearwaffen neutralisierte, so konnte dies von der UdSSR als direkte Bedrohung interpretiert werden. Politisch gewendet: Während es das Ziel der westeuropäischen Mächte war, die USA möglichst eng an sich zu koppeln, um das Bedrohungsrisiko durch die UdSSR nicht alleine tragen zu müssen, war es das Ziel der UdSSR, Westeuropa strategisch von Nordamerika möglichst abzukoppeln.

Diese An/Abkoppelungsproblematik bildet ein Leitthema der Ost-West-Politik bis zum Ende des Ost-West-Konflikts. Es spiegelt sich auch in den nuklearstrategischen Doktrinen, die freilich vor allem von der Entwicklung der Rüstungstechnologie beeinflusst wurden.

Seit Januar 1954 galt die Massive Vergeltung (*massive retaliation*) als offizielle Nuklearstrategie der USA. Jedweder kommunistischen Aggression sollte durch einen massiven Einsatz von Nuklearwaffen begegnet werden. Das heißt nichts anderes als: Die kommunistischen Staaten sollten durch diese Drohung von einer Aggression abgeschreckt werden. Diese strategische Doktrin begann in dem Augenblick an Glaubwürdigkeit zu verlieren, in dem die kommunistischen Staaten über genügend Nuklearwaffen und Trägersysteme verfügten, was sie in die Lage versetzte, ihrerseits einen westlichen Ersteinsatz von Nuklearwaffen abzuschrecken. Genau diese Entwicklung fand aber statt, so dass der Westen seine Nuklearstrategie verändern musste, wollte er weiterhin sein eigenes Potential an Nuklearwaffen glaubwürdig zur Abschreckung auch von begrenzten, konventionell vorgetragenen Aggressionen nutzbar machen. Zu diesem Zweck führte die NATO 1967 die Nuklearstrategie der Flexiblen Reaktion (*flexible response*) ein. Dabei handelt es sich, verkürzt gesagt, um eine Strategie, nach der die NATO abgestuft auf Aggressionen zu reagieren in der Lage sein sollte, und zwar so, dass in einem Ost-West-Militärkonflikt die Gefahr einer ungebremsten und durch nichts aufzuhaltenden Eskalation bis hin zu einem allgemeinen nuklearen Schlagabtausch vermieden werden konnte.

Hier bringt sich wieder die geographische Trennung zwischen Nordamerika und Westeuropa ins Spiel. Würden, so die Frage besorgter westeuropäischer Sicherheitsexperten, die USA das Risiko einer nuklearen Eskalation eingehen, wenn die UdSSR ihre konventionell vorgetragene Aggression auf Westeuropa oder Teile davon beschränkt und zugleich dem amerikanischen Präsidenten signalisiert, wenn die USA in den europäischen Konflikt nicht nuklear eingreifen, würde es auch keinen nuklearen Angriff der UdSSR auf die USA geben?

Seit den frühen 1960er Jahren entstand so eine (wohlgemerkt: virtuelle, denn die Ost-West-Nuklearstrategie war ein hochbrisantes virtuelles Spiel!) Sicherheitslücke zwischen Nordamerika und Westeuropa. Das bilaterale nuklearstrategische Verhältnis zwischen den USA und der UdSSR war durch die sich herausbildende Konstellation der „gegenseitig gesicherten Zweitschlagskapazität" (*mutually assured destruction capability*) gekennzeichnet. Beide Mächte verfügten über Nuklearwaffen und Trägersysteme, die in einem nuklearen Erstschlag der anderen Seite nicht ausgeschaltet werden konnten und als Revanche für einen nuklearen Zweitschlag selbst dann zur Verfügung blieben, wenn der Erstschlag unvorstellbare Schäden in dem angegriffenen Land angerichtet hatte. Diese Konstellation des ‚nuklearen Gleichgewichts' besaß eindeutig eine stabilisierende und kriegsabschreckende Wirkung.

M-A-D

5.4.2 Abschreckung und Verteidigung

Aber eben nur für die USA und die UdSSR. Nicht für Westeuropa. Dieses Ungleichgewicht wurde übrigens zum entscheidenden rüstungskontrollpolitischen Thema in den *Mutual Balanced Force Reduction* (MBFR)-Verhandlungen zwischen NATO und Warschauer Pakt seit dem Herbst 1973 und dann auch noch, in anderer Form, in den Auseinandersetzungen zum NATO-Doppelbeschluss und der Nachrüstungs-Debatte zu Beginn der 1980er Jahre.

MBFR

Das all dem zugrundeliegende militärstrategische Problem lässt sich so zusammenfassen: Sicherheit in Europa, gleichviel ob aus westlicher oder aus östlicher Sicht, ließ sich nie auf nukleare Abschreckung allein abstützen. Es musste immer auch eine glaubwürdige Antwort auf die Frage geben, was geschehen würde, wenn es doch zu direkten konventionellen Kriegshandlungen auf europäischem Territorium kommen sollte.

Die europäischen Staaten, wenn sie zur Zeit des Kalten Krieges in Europa Sicherheit wollten, hatten immer auch in Rechnung zu stellen, dass sie auf einen konventionellen Angriff vorbereitet sein sollten. Das implizierten die dominierenden Bedrohungsvorstellungen beider Seiten. Dabei ist es auf der Ebene militärstrategischer Logik gleichgültig, ob diese Bedrohungsvorstellungen oder Feindbilder wirklichkeitsangemessen waren oder nicht. Die Staaten Europas waren also gehalten, Vorkehrungen für ihre territoriale Verteidigung gegen einen grenzüberschreitenden Angriff zu treffen. Mit anderen Worten: sie mussten sich in ihrer Bewaffnung, ihrer operativen Ausbildung, ihren Einsatzplänen und in Manövern auf einen modernen konventionellen Krieg vorbereiten, der aber eine vorbedachte Eskalation in den Gebrauch von Nuklearwaffen kleineren Kalibers auf dem Gefechtsfeld einschloss. Oder zur Demonstration eigenen Entschlossenheit anderswo. Nochmals: dieser militärstrategische Imperativ bestand völlig unabhängig von der Frage, ob einer der Antagonisten wirklich die Absicht hegte, einen solchen Krieg zu beginnen.

fatale Verteidigungsproblematik Westeuropas

Für Westeuropa entstand hier eine Art Zielkonflikt. Denn je stärker die Verteidigung ausgebaut wurde, desto weiter rückte die strategische Abschreckung seitens der USA weg. Diese mussten nämlich ein großes Interesse daran haben, einen in Europa ausgebrochenen Militärkonflikt möglichst regional begrenzt zu

europäischer Zielkonflikt

halten und allenfalls mit ihren dort stationierten Truppen in den Konflikt hineingezogen zu werden. Würde nämlich dieser Konflikt horizontal über Europa hinaus eskalieren, befänden sich die USA in der Falle, entweder ihre strategischen
Nuklearwaffen einzusetzen und sich dadurch unter Umständen einen nuklearen
Gegenschlag einzuhandeln, oder aus Furcht davor davon abzusehen und Europa
seinem Schicksal zu überlassen.

Die westeuropäische Sicherheitspolitik jener Jahre war entsprechend darauf
aus, die regionalen Verteidigungs-Optionen, so gut es möglich war, in die Abschreckung zu integrieren. Das konnte nur gelingen, wenn sich die NATO in
Europa für bestimmte militärische Optionen des Warschauer Paktes gerade auch
unterhalb der nuklearen Schwelle Verteidigungs-Dispositive zulegte, die allein
für sich genommen, aber auch in der Aussicht auf vorbedachte, begrenzte Nukle-
areinsätze wirkungsmächtig genug erschienen, um als regionale, wie man in den
1980er Jahren sagte: euro-strategische Abschreckung den Warschauer Pakt davon abzubringen, seine militärischen Angriffs-Optionen auszuführen.

5.4.3 Dilemma einer Bündnisarmee

Nuklearmächte
Frankreich und
Großbritannien

Frankreich und Großbritannien milderten dieses strategische Problem für sich
dadurch, dass sie ihrerseits den Besitz von Nuklearwaffen anstrebten und sich
entweder durch eine besonders enge Allianz mit den USA (Großbritannien) oder
mittels einer eigenen, unabhängigen nuklearen Abschreckungsmacht samt eigener Nuklearstrategie ein Mehr an nationaler Sicherheit versprachen. Dieser Weg
war, wiewohl er auch zuweilen von einigen Politikern ventiliert wurde (vgl. dazu
Thoß 2006, 482ff.), für die Bundesrepublik Deutschland nicht gangbar. Die Erinnerung an den Eroberungskrieg der Wehrmacht stand zwar einer Wiederbewaffnung nicht entgegen. Aber nur dann nicht, wenn diese unter besonderen
Kontroll-Bedingungen erfolgte. Nuklearwaffen in deutscher Hand, dagegen
waren so gut wie alle Akteure des Ost-West-Konflikts, egal auf welcher Seite
des Eisernen Vorhangs.

keine Nuklearwaffen
in westdeutschem
Besitz

Wie die Vorgeschichte ihrer Gründung überdeutlich macht, wurde die Bundeswehr gemäß dieser ‚besonderen Kontroll-Bedingungen' als Bündnis-Armee
geschaffen. Das hieß nichts anderes, als dass die neuen deutschen Streitkräfte
(fürs erste jedenfalls) nicht unter nationalem Befehl eingesetzt werden konnten,
sondern nur im Rahmen der vorhandenen Kommandostrukturen der NATO.
Wegen des großen Misstrauens gegen ein wiederbewaffnetes Deutschland hätte
es ohne diese weitgehende Unterstellung (Assignierung) der Bundeswehr in die
NATO keine Chance zur Wiederbewaffnung gegeben. Den deutschen Sicher-
heitspolitikern jener Jahre war das recht. Denn ihnen war auch klar, dass ein
Krieg in Europa (immer gedacht als Folge einer sowjetischen Aggression) nur
über eine engstmögliche Verknüpfung des westlichen Abschreckungspotentials
zu verhindern sein würde.

schwieriger Auftrag
der Bundeswehr 1970

Der Auftrag der Bundeswehr in seiner sicherheitspolitischen (abschre-
ckungsbezogenen) und seiner verteidigungsbezogenen Dimension ist aus dieser
Einsicht heraus folgendermaßen formuliert worden:

Die Bundeswehr muss – gemeinsam mit den Truppen unserer Bündnispartner – im Frieden durch ihre Existenz und ihre ständige Einsatzbereitschaft einen möglichen Gegner von der Androhung oder Anwendung militärischer Gewalt abhalten. In der Krise und im Spannungsfall stellt sie eine Plattform dar, von der aus die politische Führung handeln und verhandeln kann, ohne befürchten zu müssen, dass ihr ein fremder politischer Wille aufgezwungen wird. Kommt es trotz Abschreckung und Krisenmanagement zum Verteidigungsfall, soll sie die Unversehrtheit des eigenen Hoheitsgebietes bei maximaler Schadensbegrenzung wahren oder wiederherstellen, mindestens einen Angriff so bremsen, dass Zeit zur Mobilisierung und zur Fassung politischer Entschlüsse bleibt (Weißbuch 1970, 38).

Die Formulierungen aus dem Verteidigungs-Weißbuch von 1970 der Bundesregierung finden sich in ähnlicher Form auch in vielen anderen offiziellen Dokumenten, denn an dieser Grundkonstellation hat sich von der Gründung der Bundeswehr bis 1989/90 nichts geändert. Zum Vergleich seien hier noch die entsprechenden Passagen aus dem Weißbuch 1985 angeführt:

Durch Einsatzbereitschaft im Frieden dienen die Streitkräfte der Abschreckung und sichern den Frieden. Nur durch hohen Präsenzgrad, Einsatzbereitschaft und Kampfkraft schrecken sie den möglichen Gegner von dem Versuch jedes Angriffs, insbesondere dem Versuch eines Überraschungsangriffs, ab. Die Fähigkeit zur Verteidigung mit konventionellen Mitteln gibt der politischen Führung Handlungsfreiheit und ist wichtige Bedingung der auf Abschreckung und Wiederherstellen der Abschreckung ausgerichteten Strategie der NATO…Im Krieg müssen die Streitkräfte der Bundesrepublik Deutschland gemeinsam mit den verbündeten Streitkräften…die Sicherheit und Integrität der Bundesrepublik erhalten oder wiederherstellen. Zweck ihres Einsatzes wäre es, den Krieg bei größtmöglicher Begrenzung des Schadens so schnell wie möglich unter politisch annehmbaren Bedingungen zu beenden und die Abschreckung wiederherzustellen (Weißbuch 1985, 73 und 77). *Auftrag der Bundeswehr 1985*

Der Auftrag der Bundeswehr hatte in der Ära des Ost-West-Konflikts also einen Abschreckungs- und einen Verteidigungs-Aspekt. Ob sie, einmal transatlantisch, zweitens regional-europäisch gesehen, zusammenpassten oder nicht, sollte in diesem Kapitel auseinandergesetzt werden. Für die Bundeswehr kommt allerdings noch eine Problem-Verschärfung hinzu. Begriffe wie *Unversehrtheit des eigenen Territoriums* oder *größtmögliche Begrenzung des Schadens* waren nichts anderes als Euphemismen. Denn jeder, der über einen Ost-West-Krieg in Europa nachdachte, musste zu dem Schluss gelangen, dass solch ein Krieg zumindest in dem ‚Frontstaat' Bundesrepublik erhebliche, höchstwahrscheinlich sogar katastrophal schwere Schäden anrichten würde. In Manövern und Planspielen, die auf einigermaßen realistischen Annahmen beruhten, wurde dies auch ein ums andere Mal deutlich.

Die euphemistische Sprache bei der Formulierung des Verteidigungsauftrags der Bundeswehr hebt die Schwierigkeiten einer glaubwürdigen Abschreckung für Westeuropa ungewollt mehr hervor, als dass sie diese auflöst. Die westdeutschen Sicherheitspolitiker und die Generäle der Bundeswehr waren jedoch entschlossen, zwischen Abschreckung und Verteidigung nicht nur keinerlei Widerspruch zu sehen, sondern eine möglichst effiziente Vorbereitung auf die Verteidigung des eigenen Territoriums als bestmöglichen eigenen Beitrag zur *Verteidigung als Teil der Abschreckung – glaubwürdig?*

Optimierung der Abschreckung zu definieren. Diese Einstellung sah davon ab, dass eine ‚größtmögliche Schadensbegrenzung' im Kriegsfall reines Wunschdenken war. Die ungemütliche Widersprüchlichkeit der Abschreckungs/Verteidigungs-Konstellation für die Bundesrepublik hat niemand klarer herausgearbeitet als die seinerzeit kurzzeitig viel öffentliche Aufmerksamkeit erheischende „Weizsäcker-Studie" über Kriegsfolgen und Kriegsverhütung aus dem Jahr 1971. In der Zusammenfassung dieser Studie, die ein Jahr später publiziert wurde, formulieren die Autoren:

> (1) Die Bundesrepublik ist mit konventionellen Waffen nicht zu verteidigen. (2) Der Einsatz nuklearer Waffen in der Absicht der Verteidigung der Bundesrepublik würde zur nuklearen Selbstvernichtung führen. (3) Für die Bundesrepublik gibt es nur eine in sich widerspruchsvolle Abschreckung (Abschreckung durch für beide Seiten unkalkulierbares Risiko) (Afheldt u.a. 1972, 9).

So war es wohl. Andererseits gab es weit und breit keine akzeptable und vor allem keine sichere Alternative. Es sei denn, man betrachtete die Parole des von der UdSSR ferngesteuerten Weltfriedensrates als eine solche. Sie hieß bekanntlich „Lieber rot, als tot".

Auch die regierungsamtlichen Anläufe zur Propagierung ziviler Bevölkerungsschutz-Programme wirkten nicht unbedingt sicherheitsfördernd. Das hatten sie übrigens mit ähnlichen Bemühungen in den Vereinigten Staaten gemein.

5.5 Organisation der neuen Streitkräfte

Aufbauschwierig-
keiten

Die Aufstellung der neuen Streitkräfte geschah, bei einer eher unfreundlichen Abwarte-Stimmung im eigenen Land, mit amerikanischem Rückenwind, unter den misstrauischen Augen der westlichen Nachbarn und im Lärm einer sozusagen aus allen Rohren schießenden Propaganda aus den Ländern des Warschauer Paktes, am kräftigsten freilich seitens der DDR. Der Aufbau der Bundeswehr war, wie Frank Nägler schreibt, „durch einen – zurückhaltend formuliert – krisenartigen Verlauf gekennzeichnet":

> Als die ersten Ausbildungseinheiten formiert wurden, gingen die Planungen für den 31. Dezember 1959 noch von einer Zielgröße von 583.200 Soldaten aus. Dies deckte sich noch weitgehend mit der am 16. September 1955 dem Bündnis mitgeteilten Endstärke von 605.000 deutschen Soldaten. Noch vor Ablauf des ersten Aufstellungsquartals wurde der Orientierungsrahmen verändert, indem ein allerdings schon zum 31. Dezember 1958 einzunehmender Umfang von in etwa 500.000 (499.711) Mann festgeschrieben wurde (Nägler 2007, 88).

Und auf diese Weise ging es weiter. Die Zielzahlen mussten sozusagen laufend nach unten korrigiert werden.

5.5.1 Anfangsschwierigkeiten

Dafür waren verschiedene Gründe ausschlaggebend: personelle, rüstungsbezogene, organisatorische, finanzielle und militärstrategische. Vorweg sollte man allerdings einräumen, auch im Blick auf heutige Organisationsdebakel, vom neuen Berliner Flughafen Schönefeld über die Hamburger Elbphilharmonie bis zur Tieferlegung des Stuttgarter Hauptbahnhofs, dass das flächenweite Projekt Wiederbewaffnung, für das nur wenige Jahre eingeplant waren, ziemlich erfolgreich über die Bühne gebracht wurde. Aber selbstverständlich gab es auch jede Menge Probleme, kleinere und größere Skandale und eben Korrekturen an den Planzielen.

Zunächst meldeten sich zwar genügend Freiwillige, aber es fehlte an Kasernen, um sie unterzubringen. Der erste Verteidigungsminister Theodor Blank (CDU), der seit dem Oktober 1950 als „Beauftragter des Bundeskanzlers für die mit der Vermehrung der alliierten Truppen zusammenhängenden Fragen" (clevere Bezeichnung!) tätig war und seit dem 7. Juni 1955 das Ministerium leitete, wurde am 16. Oktober 1956 von Franz Josef Strauß (CSU) abgelöst. Dieser hatte es zunächst mit einbrechenden Bewerberzahlen für den Dienst an der Waffe zu tun, weil die boomende Wirtschaft attraktivere Arbeitsplätze anbot. Strauß veränderte das Aufstellungsziel. Statt der Stärke von 500.000 Mann innerhalb von drei Jahren sollte jetzt eine Stärke von 350.000 Mann innerhalb von fünf Jahren angestrebt werden (Reinfried/Schulte 1985, 93). Ohne die Übernahme von knapp 10.000 Angehörigen des Bundesgrenzschutzes (BGS) und ohne die unter dem Etikett „Dienstgruppen" geführten Verbände ehemaliger Wehrmachtsoldaten, die nach Kriegsende Unterstützungsdienste für die Streitkräfte der westlichen Alliierten erbracht hatten, wären auch die (bald noch weiter) reduzierten Personalziele nicht erreicht worden. Reinfried und Schulte machen darauf aufmerksam, dass unter den historisch-psychologischen Rahmenbedingungen des Kalten Krieges im ersten Jahrzehnt der Bundeswehr eine solche Verlangsamung durchaus möglich war, ohne gefährliche Konsequenzen zu haben. So ergab sich z. B. auch mehr Eingewöhnungszeit für die deutschen Offiziere, die allmählich in die NATO-Stäbe hineinwuchsen.

Den größten Anteil der Soldaten nahm das Heer auf. Aufgestellt werden sollten und wurden schließlich auch 12 Divisionen mit insgesamt 36 Brigaden, die allesamt der NATO assigniert wurden.

> Die Gliederung dieser Divisionen entsprach weitgehend dem amerikanischen Vorbild, was sich anbot, da die US-Armee als ‚Taufpate' und Hauptlieferant für Waffen und Gerät fungierte…Eine Panzerdivision verfügte über drei Panzer- und drei Grenadierbataillone, eine Grenadierdivision über sieben Grenadierbataillone und ein Panzerbataillon (Schraut 1993, iii).

Der Aufstellungsprozess verzögerte sich allerdings, so dass dieses Ziel erst Mitte der 1960er Jahre erreicht wurde. Ein Grund dafür war auch, dass die Heeresführung an den Aufgabenprofilen und der Bewaffnung der Divisionen immer wieder Änderungen vornahm.

Marginalien:
von Blank zu Strauß

Streckung der Planungsziele

Heer

Der Personalumfang der Bundeswehr hat sich folgendermaßen entwickelt (siehe Tabelle 5.1).

Luftwaffe, Marine, Verwaltung

Die Personalstärken der einzelnen Teilstreitkräfte variierten beträchtlich. Im Heer (vgl. Hammerich u. a. 2006) dienten in den 1970er und 1980er Jahren um die 330.000 Soldaten. Die Luftwaffe (vgl. Lemke u.a. 2006) wuchs von ca. 12.000 Mann im Jahr 1956 zu einer Stärke von etwas über 100.000 Mann in den 1970er und 1980er Jahren auf. Die kleinste Teilstreitkraft, die Marine (vgl. Sander-Nagashima 2006), verfügte in diesem Zeitraum über nicht ganz 40.000 Soldaten. Hinzu kamen noch die Angehörigen des Sanitätsdienstes, der zentralen militärischen Dienststellen (samt dem Verteidigungsministerium) und bis zum Zeitpunkt seiner Zusammenlegung mit dem Feldheer 1969 die Territorialstreitkräfte.

Und schließlich muss auch noch die zivile Bundeswehrverwaltung erwähnt werden, die 1956 etwa 15.000 Mitarbeiter hatte. Deren Zahl wuchs mit den Jahren auf 170.000 an. Die Bundeswehr erwarb sich so alsbald den Ruf, eine besonders undurchdringliche Bürokratie zu haben.

Tabelle 5.1: Personalentwicklung der Bundeswehr 1956-1990

1956	66.100
1957	122.400
1958	174.700
1959	248.800
1960	270.400
1961	325.200
1962	389.400
1963	403.300
1964	435.300
1965	440.800
1970	458.500
1975	475.800
1980	481.400
1985	482.300
1990	509.100

(Quelle: Rang 2005, 48)

5.5.2 Minister-Reigen

Franz-Josef Strauß blieb bis 1962 Verteidigungsminister und trat schließlich Ende November jenes Jahres in der Folge der „Spiegel-Affäre" zurück, in der es um einen, wie Bundeskanzler Adenauer ganz unironisch vor dem Parlament sagte, „Abgrund von Landesverrat" (durch Redakteure jenes Wochenmagazins) zu gehen schien. Aber eigentlich ging es um die außen- und innenpolitische Nervosität der Bundesregierung nach der Berlin- und der Kuba-Krise, um innerbürokratische Auseinandersetzungen zwischen Verteidigungsministerium und Bundesnachrichtendienst und, in den Augen der Öffentlichkeit, um den Schutz der Pressefreiheit gegen staatliche Willkürmaßnahmen.

In die Zeit von Strauß fallen einige Aufwuchsprobleme der Bundeswehr, auch einige Beschaffungs- und andere Skandale, die immer wieder dafür sorgten, dass die Bundeswehr zum nicht gelinden Missfallen ihrer Angehörigen Gegenstand besonders rasch zu mobilisierender öffentlicher Kritik blieb. Die beiden Nachfolger, Kai-Uwe von Hassel (1963-1966) und Gerhard Schröder (1966-1969), beide von der CDU, versuchten, einen Kurs der Konsolidierung für die Militärorganisation einzuschlagen, was aber auch nur zum Teil gelang. Die im Offizierkorps verbreiteten Vorbehalte gegen die Grundvorstellungen der unter dem Etikett der *Inneren Führung* zusammengefassten Reformen verdichteten sich, so dass kritische Beobachter von einer Polarisierung zwischen Traditionalisten und Modernisierern sprachen und letztere eindeutig in der Minderheit sahen. Außerdem hatte die Luftwaffe große Schwierigkeiten bei der Bewältigung der Herausforderungen, die das Kampfflugzeug F-104 *Starfighter* an Piloten und Wartungsdienste stellte.

Die folgenden drei Verteidigungsminister stammten aus den Reihen der SPD. Helmut Schmidt (1969-1972) stieß eine neue Runde von Bundeswehr-Reformen an, darunter wohl als wichtigste die Akademisierung der Offiziersausbildung (Gründung zweier Bundeswehr-Hochschulen). Bis heute gilt er neben Strauß als der kompetenteste Verteidigungsminister. Unter den Ministern Georg Leber (1972-1978) und Hans Apel (1978-1982) schien es zu einer Ausruhphase zu kommen. Sie wurde allerdings bald, nämlich seit der Jahreswende 1979/80, durch die große und schmerzliche sicherheitspolitische Debatte um die Nachrüstung und die Stationierung weitreichender, nuklear bestückter Mittelstreckenraketen auf dem Territorium der Bundesrepublik beendet, in deren Verlauf die sozial-liberale Regierung unter Kanzler Schmidt schließlich zerbrach. Manfred Wörner (1982-1988) und Rupert Scholz (1988-1989), beide von der CDU, wurden die letzten Verteidigungsminister der ‚alten' Bundesrepublik. Ihr Nachfolger Gerhard Stoltenberg (CDU), der Mitte April 1989 den Amtseid leistete, hatte das Privileg, der erste gesamtdeutsche Verteidigungsminister zu werden (bis 1992).

5.5.3 Ende einer Epoche

So kann man das getrost nennen, das Jahr 1990. Mit dem sich schon vorher, etwa auf der KSZE-Nachfolgekonferenz in Wien und in der inneren Entwicklung in Ländern wie der UdSSR und Polen ankündigenden überwiegend gewaltfreien

Nachfolger von Strauß

von Helmut Schmidt zu Gerhard Stoltenberg

Zusammenbuch des Sowjetsozialismus im ‚östlichen Lager' verschwand die weltpolitische Bipolarität, endete auch die Spaltung Europas, Deutschlands und damit auch Berlins in zwei nicht nur unterschiedlich, sondern gegensätzlich ausgerichtete politische Hälften.

Ende der Ost-West-Bipolarität

An die Stelle der weltpolitischen Bipolarität trat aber nicht, was von vielen zeitgenössischen Beobachtern erwartet wurde:

- Weder erfolgte eine globale Anpassung an das westliche System, wie es der Slogan vom „Ende der Geschichte" proklamierte.
- Noch konnten sich die Vereinigten Staaten länger als nur eines kurzen, eines sehr kurzen ‚unipolaren Moments' ihrer alleinigen Dominanz der Weltpolitik erfreuen. Die Selbsteinschätzung als ‚einzig übrig gebliebene Supermacht' war von Anfang an illusionär.
- Und schließlich bedeutete das Ende des Ost-West-Konflikts auch kein *back to the future'*. Der Vergleich der internationalen Politik nach 1990 mit politischen Strukturen des Mittelalters oder der Ära vor den beiden Weltkriegen des 20. Jahrhunderts erbrachte wenig Einsichten für die Gegenwart.

Ende einer militär-strategischen Konzeption

Während die neue Epoche in ihren Konturen noch nicht recht wahrnehmbar war, konnten Aussagen über das Verschwinden des Ost-West-Konflikts erheblich deutlicher ausfallen. Im Blick auf das Thema Sicherheit lässt sich festhalten, dass die gleichzeitige Stabilisierung und Destabilisierung der ‚nuklearen Superstruktur' des Ost-West-Konflikts und das ‚Gleichgewicht des Schreckens' nicht mehr existierten. Die gegenseitige Bedrohung und die (teilweise von ihr unabhängigen) Bedrohungswahrnehmungen sowie die Feindbilder der Ost-West-Konfrontation entfielen bis auf wenige Restbestände. Damit konnten ganze Bibliotheken mit Ausführungen zur Militärstrategie des Westens ins Archiv gebracht werden. Der Abschreckungs- und Verteidigungsauftrag von NATO und Bundeswehr verlor den größten Teil seiner Bedeutung. Die ‚potentiellen Gegner' von einst kooperierten. Die Bundeswehr übernahm von heute auf morgen die Nationale Volksarmee (NVA) der DDR oder das, was von ihr übriggeblieben war. Speziell dieser Vorgang ist in einer Fülle von Studien wissenschaftlich begleitet und analysiert (vgl. u. a. Meyer/Collmer, 1993; Herspring 2000;), auch von vielen Betroffenen und Zeitzeugen aus ihrer Sicht nacherzählt worden (vgl. u. a. Kirchbach/Meyers/Vogt 1992; Ehlert 2002). Die Bundeswehr könne nun doch eigentlich mitsamt der NVA aufgelöst werden, und die NATO sowieso, schlugen ein paar Militärkritiker vor. Andere propagierten, an die Stelle der NATO eine militärisch erheblich reduzierte Europäische Sicherheitsgemeinschaft (ESG) zu setzen. Sie sollte aus der KSZE/OSZE hervorgehen. Ihr sollten insgesamt etwa 1.000.000 Soldaten angehören.

> Für Deutschland (und in ähnlicher Weise für alle anderen Mitgliedsstaaten auch) könnte dies – endlich – die Chance zur Abrüstung auf ein Kontingent mit ca. 50.000 bis 100.000 (deutschen) Soldaten bei einer Reduzierung des Wehretats auf ca. 10 bis 20 Milliarden DM bedeuten (ISFH 1995, 263).

Aber so einfach und nah am ‚Ende der Militärgeschichte' lagen die Dinge nun doch nicht, im Gegenteil. Es war klar, dass die Bundeswehr zunächst einmal gewissermaßen noch mehr als vorher eine Armee im Bündnis bleiben würde, nur jetzt auf Grund einer formal rundum souveränen Entscheidung der Bundesregierung. Aber welche Aufgaben sollte sie übernehmen? Wie und durch welche Konflikte würde die Epoche nach dem Ende des Ost-West-Konflikts gekennzeichnet sein? „Wir produzieren Sicherheit" war ein Slogan in der öffentlichen Selbstdarstellung der Bundeswehr als Kriegsabschreckungsarmee gewesen. Wie und mit welchen Mitteln sollte Sicherheit für die Zeit nach 1990 produziert werden?

kein „Ende der Militärgeschichte"

6 Neue Herausforderungen

Fassen wir zu Beginn dieses Kapitels noch einmal die wichtigsten Strukturveränderungen der inter/transnationalen Politik zusammen, die für die Sicherheitspolitik und darunter jene, die sich auch militärischer Mittel bedient, relevant
sind. Drei darunter stechen besonders hervor:

neue Multipolarität

- Der Übergang von der Bipolarität des Ost-West-Konflikts zur *Multipolarität* des internationalen Systems beeinflusst nicht nur die Festlegung strategischer Horizonte, sondern auch die Bedrohungskataloge der meisten Akteure
  in der internationalen Politik. Dass die Ost-West-Bipolarität eigentlich eine
  Zweieinhalb-Polarität (um einmal ausnahmsweise ein schiefes Bild zu benutzen) und gegen ihr Ende hin auch schon ziemlich fragil war, ändert an
  dieser Feststellung nichts.

Dynamik der
Globalisierung

- Der in der Fachliteratur und bei Straßendemonstrationen umstrittene Begriff
  der *Globalisierung* besagt zunächst nicht mehr und nicht weniger, als dass
  immer mehr Menschen auf der Erde in ihren privaten, beruflichen und politischen Lebensverhältnissen miteinander vernetzt werden. Möglich wurde
  dies wegen der rasanten Entwicklung der Kommunikations- und der Ver-
  kehrstechnologie. Beides zusammen hat zu einer beispiellosen Erhöhung
  der globalen Mobilität von Informationen, Menschen und Sachen (Gütern)
  geführt. Diese Entwicklung wird noch weiter gehen und ist ihrerseits verantwortlich für folgenreiche Veränderungen im Verhältnis unterschiedlicher
  Kulturen zueinander, im Wirtschaftsleben (Produktion, Handel und Dienstleistungen) sowie der Entlokalisierung von politischen Problemen. Ein
  Merkmal der Globalisierung ist die Ungleichmäßigkeit ihrer Auswirkungen
  auf zentrale und Randregionen. Besonders sicherheits-relevant ist ferner die
  Zunahme von Risiken und Gefahren, die sich aus der Raumverknüpfung ergeben. Bestimmte Umweltschäden wie etwa die Abholzung der Regenwälder (vgl. Pearce 2012, 118f.), Finanzkrisen wie die amerikanische Immo-
  bilienblase und anschließende Bankenkrise 2007/2008 oder gewalttätige Konflikte und Bürgerkriege besitzen mittlerweile automatisch eine destruktive
  makro-regionale und globale Ausstrahlung.

Staatsabschwächung

- Obwohl nicht überall auf dem Globus gleichermaßen sichtbar, gehört der
  Prozess der *Staatsabschwächung* deshalb zu den wichtigsten Strukturveränderungen des gegenwärtigen internationalen Systems, weil er große und in
  der Regel problematische Auswirkungen auf die internationale Sicherheit
  hervorruft. Die Zahl der eher handlungsschwachen Staaten hat sich, besonders in Afrika, aber auch auf anderen Kontinenten, während der letzten Jahre vergrößert. Der Begriff der Staatsabschwächung bezieht sich aber nicht
  nur auf fragile und zusammenbrechende Staatlichkeit (vgl. Schneckener
  2006), sondern auch darauf, dass durchaus stabile Staaten Einbußen an ihrer
  Fähigkeit zur Steuerung hinnehmen mussten, z. B. in der Wirtschafts- und

Finanzpolitik. Die Handlungsmacht nicht-staatlicher Akteure ist demgegenüber angestiegen, etwa die der finanziell kräftigen Akteure auf den internationalen Märkten.

Je nach Perspektive und Mentalität der Beobachter werden ganz unterschiedliche
Schlüsse aus den hier beschriebenen Vorgängen gezogen. Einerseits besteht die
Hoffnung auf eine weitere Ausbreitung von Demokratie und Menschenrechten,
was vielleicht einen Rückgang von Gewalt und Krieg nach sich ziehen könnte.
Andererseits wird befürchtet, dass wegen der nachlassenden Ordnungskraft der
Staaten Gewalt und Krieg häufiger werden. Auf jeden Fall ergeben sich zahlrei-
che Herausforderungen für die Sicherheitspolitik und die Organisation der
Streitkräfte sowie für die Ausbildungsdoktrinen der Soldaten. Kritiker dieser
Sichtweise weisen darauf hin, dass eine Reihe dieser Herausforderungen keines-
wegs neu sind (Mey 2001, 20). Das mag bis zu einem gewissen Punkt stimmen.
Aber weil sie miteinander verknüpft sind und sich gegenseitig potenzieren, ha-
ben sie nun eine neue Qualität.

6.1 Verschiebung des Bedrohungs-Spektrums

Um diese im Grunde triviale Einsicht auf keinen Fall untergehen zu lassen: Die
äußere Sicherheit von Staaten war niemals ausschließlich eine militärische Angelegenheit, selbst nicht im ‚militaristischsten' Staat der Antike, in Sparta. Die
Regierungen nutzten auch immer andere Instrumente und Methoden, um Bedrohungen abzuwehren oder gar nicht erst entstehen zu lassen. Insofern ist die neuerdings öfter hervorgehobene Bedeutung von weichen im Gegensatz zu harten
Machtmitteln des Staates nur die Bekräftigung einer altbekannten Einsicht.

6.1.1 Harte und weiche Macht

Weiche Macht (*soft power*) beruht auf einer hohen Zufriedenheits- und Zustim- | hard, soft, smart
mungsrate der Gesellschaft mit bzw. zu ihrer politischen Führung, ferner auf | power
dem internationalen Ansehen des Staates, auf der Glaubwürdigkeit, Berechen-
barkeit (im Sinne von Zuverlässigkeit) und Attraktivität seiner Politik und den
kulturellen Vorzügen, wozu etwa sein Bildungs- und sein Wirtschaftssystem
gehören. Harte Macht (*hard power*) eines Staates wird gebildet aus dem Reich-
tum an (verfügbaren) natürlichen Ressourcen, der auch politisch einsetzbaren
Wirtschaftskraft und ganz besonders auch den Streitkräften (vgl. Nye 2004). Als
moderne Formulierung der im ersten Abschnitts angesprochenen Kombination
verschiedener harter und weicher Machtressourcen entstand das Konzept der
‚smart power', worunter die kluge Verknüpfung von Diplomatie, Verteidigungspolitik und Entwicklungspolitik usw. zu verstehen ist (Nye 2011, 207ff.).
   Einerseits ist nun infolge jener drei oben geschilderten Strukturveränderungen des internationalen Systems der Aspekt der weichen Macht in der internationalen Politik wichtiger geworden, insbesondere für Demokratien. Andererseits
geht damit keineswegs ein Bedeutungsverlust harter Macht einher – die beiden

verhalten sich nicht unbedingt wie Flüssigkeiten in kommunizierenden Röhren. Deshalb gibt es auch keine feste Rezeptur für das Mischungsverhältnis von *smart power,* obwohl in politischen und politikwissenschaftlichen Debatten immer wieder welche angeboten werden (vgl. Czempiel 1999). Wenn man diese Debatte auf das Feld der Sicherheitspolitik konzentriert, dann reduziert sich harte Macht meist auf militärische Macht. Als weiche Machtmittel zählen dann alle zivilen Instrumente zur Abwehr oder Verminderung von Bedrohungen. Zweierlei ist dabei besonders zu beachten:

viele Bedrohungs-
kataloge

- Erstens gibt es nicht nur einen Bedrohungskatalog, sondern viele, je nach geographischer Lage, geopolitischer Konstellation und geostrategischen Perspektiven eines Staates. Die Regierung der USA definiert die Bedrohungen ihres Landes anders als etwa die Regierungen in der Europäischen Union die Bedrohungen Europas definieren. Und bei Ländern wie Israel, Indien oder Indonesien sieht es wieder ganz anders aus. Allerdings hat sich über die Globalisierung auch wieder eine Reihe von Übereinstimmungen in den unterschiedlichen Bedrohungs-Wahrnehmungen ergeben. Und was die Globalisierung auch erreicht hat, ist eine überall notwendig gewordene Ausweitung des eigenen Sicherheits-Perimeters, gleichviel wo ein bestimmtes Land liegt und wie hoch es auf der Rangskala der Staaten angesiedelt ist.

worst-case-Szenarien

- Zweitens gilt es festzuhalten, dass Bedrohungskataloge nicht etwa Prognosen künftiger Konflikte sind, oder nur zu einem kleinen Teil. Sie umfassen denkbare und einigermaßen wahrscheinliche negative politische Entwicklungen bewusst übertreibend in Form von düsteren Konflikt-Gemälden (*worst case scenarios*), die ein Staat und seine Regierung mittels vorbeugender Konflikt-Diplomatie am besten nicht einmal ansatzweise Wirklichkeit werden lässt. Aber gerade wenn er sich darum bemüht, muss er sich darauf vorbereiten. Das ist das Gegenteil vom Mechanismus einer *self-fulfilling prophecy.*

6.1.2 Bedrohungen, Risiken, Gefahren

In den meisten Dokumenten zur Sicherheitspolitik moderner Staaten wird seit längerem ein *erweiterter* oder *umfassender Sicherheitsbegriff* verwendet. Darin spiegeln sich einmal die Strukturveränderungen des internationalen Systems wider. Zugleich reflektiert er die theoretischen und konzeptionellen Überlegungen im Rahmen der Neuen Sicherheitsstudien. Als Beispiel sei eine Passage aus dem bislang letzten Weißbuch der Bundesregierung aufgeführt:

vernetzte Sicherheit

Nicht in erster Linie militärische, sondern gesellschaftliche, ökonomische, ökologische und kulturelle Bedingungen, die nur in multinationalem Zusammenwirken beeinflusst werden können, bestimmen die künftige sicherheitspolitische Entwicklung. Sicherheit kann daher weder rein national noch allein durch Streitkräfte gewährleistet werden. Erforderlich ist vielmehr ein umfassender Ansatz, der nur in vernetzten sicherheitspolitischen Strukturen sowie im Bewusstsein eines umfassenden gesamtstaatlichen und globalen Sicherheitsverständnisses zu entwickeln ist (Weißbuch 2006, 29).

Ein kleines „Achtung!"-Schild muss hier aufgestellt werden: Solche Passagen sind recht überzeugend formuliert, in sich stimmig und hätten, würden sie schon umgesetzt sein, vermutlich eine andere Sicherheitspolitik zur Folge. Tatsächlich jedoch sind sie weit von ihrer Umsetzung entfernt und dürfen auf keinen Fall als empirische Beschreibung missverstanden werden.

Wenn man mit einem erweiterten oder umfassenden (*comprehensive*) Sicherheits-Konzept arbeitet, lässt sich das, was die Sicherheit bedroht oder gefährdet, nicht mehr so präzise angeben. In der traditionellen Sichtweise zwischenstaatlicher Politik konnten Bedrohungen der Sicherheit zunächst einmal genau nach ihrem Ursprungsort unterschieden werden: Bedrohungen der inneren Sicherheit und Bedrohungen der äußeren Sicherheit. Letztere entstanden in der Regel aus dem Zusammenprall eigener nationaler Interessen und Handlungen mit denen anderer Staaten.

Heute gibt es, eine Folge der Globalisierung, kaum noch die Möglichkeit, diese kategoriale (und organisatorische) Trennung in alter Schärfe beizubehalten. Innere und äußere Sicherheit gehen, etwa im Fall des transnationalen Terrorismus, ineinander über. In der sicherheitspolitischen Debatte wird zudem zwischen Bedrohungen, Risiken und Gefahren unterschieden.

- *Bedrohungen* heißen gezielte Programme und Aktionen eines Akteurs, die einen anderen schädigen sollen. Handelt es sich dabei um Staaten, geht es meistens um territoriale Interessen im Widerstreit. Als jüngstes Beispiel kann man etwa den Streit zwischen China und Japan um eine kleine Inselgruppe (Diaoyu oder Senkaku) im ostchinesischen Meer anführen. „China droht Japan mit Wirtschaftskrieg" lautet die Überschrift zur entsprechenden Meldung der FAZ vom 18. September 2011. *(Bedrohungen)*

- Demgegenüber sind *Risiken* ihm selbst und anderen potentiell Schaden zufügende Nebenwirkungen von Handlungen eines Akteurs, der keineswegs die Absicht hegt, einen solchen Schaden herbeizuführen, aber in Kauf nimmt, dass es dazu kommen könnte. Ein Kernkraftwerk könnte bei ernsthaften Funktionsstörungen große Schäden anrichten, und wie man noch vom Fall Tschernobyl vom April 1986 her weiß, bleiben diese Schäden nicht auf das Territorium des Staates beschränkt, in dem das Kernkraftwerk steht. *(Risiken)*

- Unter *Gefahren* versteht man problematische Ungewissheiten, die weitgehend unabhängig von den Akteuren und ihrer Politik entstehen. Die Trennschärfe zwischen Risiken und Gefahren ist nicht besonders hoch. Dennoch lohnt es sich, beide Begriffe nicht in eins zu setzen. Auf diese Weise können etwa auch Pandemien und Seuchen als „ernsthafte Gefahren für Stabilität und Frieden" (Weißbuch 2006, 27) erkannt und zum Gegenstand staatlicher Sicherheitspolitik gemacht werden. *(Gefahren)*

In einer umfassenden Sicherheitsperspektive kommt im Übrigen der Prävention eine gewachsene Bedeutung zu. Die Bundesregierung hat dazu in ihrem (sehr optimistisch angelegten) Aktionsplan „Zivile Krisenprävention, Konfliktlösung und Friedenskonsolidierung" vom 12. Mai 2004 in ein weit ausholendes Konzept vorgelegt. Danach hat sie im Abstand von zwei Jahren Berichte über die Fortschritte bei der Umsetzung dieses Aktionsplans vorgelegt. In all diesen Dokumenten findet man viele interessante Ideen und Projekte; aber die Weite des Horizontes für einen umfassenden Sicherheitsbegriff erkennt man doch in erster Linie daran, dass man ihn aus den Augen verliert.

Europäische Sicherheitsstrategie 2003

Für die Streitkräfte ist es freilich trotz dieser Erweiterung zunächst eine Reihe von Bedrohungen, auf die sie sich einzustellen haben. Der Bedrohungskatalog der ersten *Europäischen Sicherheitsstrategie*, die der Europäische Rat im Dezember 2003 angenommen hat, sieht völlig anders aus als die westeuropäischen Bedrohungskataloge aus der zeit vor 1990. Er enthält folgende Hauptbedrohungen:

- Terrorismus;
- Verbreitung von Massenvernichtungswaffen;
- regionale Konflikte (gemeint sind Konflikte außerhalb der eigenen Region mit einem befürchteten *spill over*-Effekt);
- Scheitern von Staaten;
- organisierte Kriminalität.

Die Dramatik der Veränderung kommt spätestens dann in das Blickfeld, wenn man sich vor Augen hält, was in diesem Bedrohungskatalog fehlt, nämlich die klassische Konstellation des zwischenstaatlichen Krieges, der Angriff auf das eigene Territorium. Und von nuklearer Abschreckung ist auch nicht mehr die Rede, jedenfalls nicht in der Weise, wie man vor 1990 darüber gedacht hat. Den Verfassern der Europäischen Sicherheitsstrategie, die in den Folgejahren um einige Punkte erweitert wurde, muss diese, wie soll man sagen, kahle Stelle ebenfalls aufgefallen sein – ebenso wie die naheliegende Möglichkeit, die aufgezählten Bedrohungen als nicht so gravierend zu interpretieren. Dem haben sie mit folgender Formulierung vorzubeugen versucht:

„sehr ernste"
Bedrohungen

Bei einer Summierung dieser verschiedenen Elemente – extrem gewaltbereite Terroristen, Verfügbarkeit von Massenvernichtungswaffen, organisierte Kriminalität, Schwächung staatlicher Systeme und Privatisierung von Gewalt – ist es durchaus vorstellbar, dass Europa einer sehr ernsten Bedrohung ausgesetzt sein könnte (Europäische Sicherheitsstrategie 2003, 5).

Die Bundesregierung hat diesen Bedrohungskatalog für ihre eigenen sicherheitspolitischen Grundüberlegungen weitgehend übernommen. Im Weißbuch 2006 wird, graphisch besonders hervorgehoben, ein Satz des damaligen Außenministers Frank-Walter Steinmeier zitiert, der auf der 42. Münchner Konferenz zur Sicherheitspolitik am 5. Februar 2006 gesagt hat:

Neben der Proliferation von Massenvernichtungswaffen stellt der global agierende Terrorismus die ernsteste Bedrohung unserer Sicherheit dar (zit. nach Weißbuch 2006, 26).

6.2 Ursachen gegenwärtiger und künftiger Kriege

Wenn man sie aus einem anderen Blickwinkel heraus betrachtet, fächern sich diese Bedrohungen weiter aus. Man kommt zu dieser Auffächerung, wenn man sich den Ursachen der Eskalation von Konflikten in organisierte Gewaltanwendung und Krieg zuwendet. Das muss nicht eine Eskalation in traditionelle zwischenstaatliche Kriege sein, obwohl diese Möglichkeit, wiewohl von den meisten Fachleuten als eher obsolet angesehen (vgl. etwa die Berichte der Arbeitsgemeinschaft Kriegsursachenforschung AKUF an der Universität Hamburg), keineswegs ein für allemal ausgeschlossen werden kann.

6.2.1 Konflikt-Panorama

Jedoch hat sich organisierte Gewalt seit den 1990er Jahren viel häufiger aus dem Streben von ethnisch, sozial oder religiös definierten Gruppen ergeben, politisch unabhängig zu werden oder Eigenstaatlichkeit zu erlangen. Die angegriffenen Staatsführungen haben sich dagegen zur Wehr gesetzt. In der Folge ist es zu heftigen Bürger- und Sezessionskriegen gekommen, etwa auf dem Staatsgebiet des ehemaligen Jugoslawien. In schwachen und instabilen Staaten können auf diese Weise Langzeitkonflikte entstehen, die eine lange Schwelzeit haben. Konflikte um Werte

Konflikte zwischen Gruppen mit unterschiedlichen kulturellen Werten und Religionen haben in den letzten Jahren eine enorme Sprengkraft entwickelt. Dabei geht es etwa um Konflikte zwischen islamischen und christlichen oder zwischen hinduistischen und islamischen Gruppen und Gesellschaften, aber auch um inner-islamische Konflikte, die in manchen Teilen der Welt dieselbe Schärfe angenommen haben, wie sie die inner-christlichen Religionskriege im Europa des 16. und 17. Jahrhunderts hatten. Religiöser Fundamentalismus kann, wenn er sich ein politisches Programm gibt und dabei zu terroristischen Methoden greift, solche Konflikte in weitab gelegene Länder exportieren. Terror der einen Seite ruft dann Terror der anderen Seite hervor. Die islamistischen Terroranschläge von Madrid 2004 und London 2005 haben über die unmittelbaren Folgen hinaus soziale Abgrenzungsgräben vertieft. Der Fall des rechtsextremen anti-islamistischen Massenmörders Brevnik hat 2011 ein so ‚ruhiges' Land wie Norwegen in Angst und kollektive Selbstzweifel gestürzt. Islamismus und Antiislamismus

Drückender werdende Knappheit lebenswichtiger Ressourcen wie Wasser oder notwendiger Treibmittel moderner Ökonomien wie Rohöl und Gas kann das scheinbar überholte Muster zwischenstaatlicher Kriege um bestimmten Grund und Boden neu beleben. Konflikte um Ressourcen

Hunger und Elend ganzer Gesellschaften, als Folge von Naturkatastrophen, beschleunigtem Bevölkerungswachstum oder der verantwortungslosen Politik von Staatsführungen stehen oft am Beginn von regionalen Unruhen, die sich rasch ausbreiten. Dadurch werden Migrationswellen ausgelöst, die auch die Nachbarstaaten in wirtschaftliche Bedrängnis bringen und dort politische Turbulenzen auslösen können. unkontrollierte Migration

Das technische Wissen und die materiellen Bestandteile, die benötigt werden, um Massenvernichtungswaffen zu bauen, sind auf einem globalen schwar- Massenvernichtungswaffen zen Markt ohne allzu große Schwierigkeiten zu erwerben. Nicht solche Waffen an und für sich kann man unter die Ursachen von Kriegen zählen. Aber gelangen solche Waffen in die Hände von verantwortungslosen Staatsführungen oder in den Besitz von Kriminellen, dann ist die Schwelle, die von ihrer Benutzung abhält, niedriger, als sie es in der Konstellation der gegenseitigen Abschreckung im Ost-West-Konflikt war.

Waffenhandel

Bei konventionellen Waffen gibt es einen regen internationalen Handel, teils legal, teils illegal. Er trägt dazu bei, dass überall dort, wo Konflikte gewalttätig zu werden drohen, die Mittel zur gewalttätigen Eskalation rasch und umstandslos in die Reichweite der Konfliktparteien kommen. Wer bezahlen kann, bekommt Waffen. Wer nicht bezahlen kann, bekommt sie zuweilen auf Kredit oder von Sympathisanten gespendet.

Cyberwar

In den letzten Jahren ist ein ‚friedliches' Konfliktmittel stärker in das Blickfeld geraten, nämlich die sogenannten Cyber-Angriffe (*information warfare*, *cyberwar*). Darunter sind Aktionen zu verstehen, die über das Internet auf die elektronischen Steuerungsmechanismen in komplexen Gesellschaften einwirken und sie lahm legen wollen. Da auch die Streitkräfte solcher Gesellschaften auf solche Steuerungsmechanismen angewiesen sind, richten sich Cyber-Angriffe auf die zivile und auf die militärische Infrastruktur. Zwar kommt bei diesem Konfliktmittel keine direkte physische Gewalt zur Anwendung. Die zerstörerischen Konsequenzen solcher Angriffe können allerdings beträchtlich sein.

6.2.2 Aufgaben für die Streitkräfte

Die Multipolarisierung der Weltpolitik verstärkt den Hang zu Multinationalisierung militärischer Aufgaben. Die in der Vergangenheit fraglos im Vordergrund stehenden Zwecke von Streitkräften, wie sie im gesamten 19. und 20. Jahrhundert als selbstverständlich galten, spielen jetzt nur noch eine Rolle neben anderen. Selbstverständlich bleibt der politische Zweck der Streitkräfte die Festigung der nationalen Sicherheit. Jedoch kann man darunter nicht mehr nur die Verteidigung des eigenen Territoriums gegen einen Angriff von außen verstehen. Und schon gar nicht, jedenfalls dann, wenn man die Regeln des Völkerrechts nicht in den Wind schlägt, kann man darunter die offensive Ausdehnung des eigenen Machtbereichs durch kriegerische Eroberungen verstehen. Selbstverständlich auch bleiben die Soldaten als Individuen und die Streitkräfte als Organisation auf die Nation eingeschworen, der sie dienen. Dennoch haben sich entscheidende Aspekte verschoben:

territoriale Bedrohungen verflüchtigen sich

„Größere Angriffe gegen Mitgliedsstaaten sind nunmehr unwahrscheinlich geworden", heißt es in der Europäischen Sicherheitsstrategie von 2003. Ähnliche Formulierungen finden sich in den entsprechenden Dokumenten der meisten westlichen Staaten. So heißt es etwa in den „Verteidigungspolitischen Richtlinien" des Bundesministeriums der Verteidigung vom 18. Mai 2011: „Eine unmittelbare territoriale Bedrohung Deutschlands mit konventionellen militärischen Mitteln ist … unwahrscheinlich". Wenn das richtig ist, und es wird nur von wenigen bestritten, dann muss man sich überlegen, ob es weiterhin sinnvoll ist, Streitkräfte vordringlich auf den Zweck der territorialen Verteidigung auszurichten.

- Noch deutlicher als schon in der zweiten Hälfte des 20. Jahrhunderts gibt es in der von Globalisierung und dem Funktionswandel von Staatsgrenzen gekennzeichneten Sicherheitslage keine eindeutige Trennung mehr zwischen innerer und äußerer Sicherheit und folglich eine Vermischung der Aufgaben von Militär und Polizei. *Konstabulisierung* der Streitkräfte heißt der dafür verwendete Fachbegriff, den etwa der Schweizer Militärsoziologe Karl W. Haltiner (2006, 518ff.) im Anschluss an Morris Janowitz (1964, 417ff.) entwickelt hat.

  innere und äußere Sicherheit überlagern sich

- Das Einsatzspektrum von Streitkräften umfasst keineswegs nur am Rande, sondern gewissermaßen als Hauptbeschäftigung Krisen-Reaktions-Operationen, die direkt wenig oder nichts mit dem Schutz des eigenen Territoriums zu tun haben. Indirekt schon, manchmal über vielfältige mäandernde Umwegüberlegungen. Solche Einsätze sind in erster Linie ein Beitrag zur internationalen Ordnungspolitik, in der Regel mit der Perspektive, den lokalen/regionalen Konflikt zu deeskalieren und die Voraussetzungen für einen friedlichen Wiederaufbau zu schaffen.

  neu: Krisen-Reaktions-Operationen

- In einer verschränkten multipolaren Welt finden solche Einsätze nicht als nationale Interventionen statt, weil sie nur über multinational getroffene und getragene Entscheidungen (z. B. des UN-Sicherheitsrates) Legitimation bekommen, also von der gerne so bezeichneten ‚internationalen Gemeinschaft'.

  „Internationale Gemeinschaft"

6.3 Kontinuität und Wandel militärischer Kulturen

Aus den Überlegungen im vorigen Kapitel zur politischen und militärischen Kultur in Deutschland und zu ihrem Wandel nach 1945 ergibt sich auch die Einsicht, dass wir je nach Blickwinkel die Einheitlichkeit des Soldatenberufs und der Aufgaben von Soldaten im Krieg vor Augen haben oder eben Veränderungen von beidem. Beide Blickwinkel haben ihre Berechtigung, und einen davon auszuschließen, würde bedeuten, den eigenen Erkenntnisgewinn mutwillig zu halbieren. Die Formel von Kontinuität und Wandel drückt die Sachlage im Übrigen nicht ganz korrekt aus, denn sie bezieht sich nur auf den Zeit-Aspekt. Er muss ergänzt werden durch den Vergleichs-Aspekt. Streitkräfte unterschiedlicher, auch sozial-strukturell ‚ähnlicher' Gesellschaften wie z. B. Deutschland und Frankreich sind in unterschiedlichen politischen und militärischen Kulturen eingebettet, und sie reagieren keineswegs in gleicher Weise auf dieselben Herausforderungen.

6.3.1 Kontinentaleuropäische Länder

Um das ein wenig zu verdeutlichen: Wenn man heute die militärische Kultur und die Streitkräfte in den Mitgliedsstaaten der OSZE vergleicht, fallen einem eine Menge Ähnlichkeiten und zugleich zahlreiche Unterschiede auf (vgl. für die EU-Staaten und die Türkei Biehl, Giegerich, Jonas 2013). Ein pragmatischer Professionalismus im westlichen Europa steht einem sich politischer Kontrolle nur ungern öffnenden, aus einer gewissen Frustration heraus eher radikalen Professionalismus in Ländern wie Bulgarien, Rumänien und Russland gegenüber. Aber auch in Westeuropa stoßen wir auf Unterschiede, von der Sonderstellung der Vereinigten Staaten ganz zu schweigen. In Ländern wie Deutschland, den Nie-

Veränderungen europäischer militärischer Kulturen im Vergleich

derlanden oder Dänemark sind die Streitkräfte nicht nur oberflächlich in die zivile Gesellschaft eingebunden, was z. B. die Mitgliedschaft von Soldaten in Gewerkschaften oder das Einräumen von Möglichkeiten zur politischen Betätigung erlaubt. In Ländern wie Italien oder Frankreich wird demgegenüber das organisatorische Eigenleben der Streitkräfte stärker gepflegt. Um das zu veranschaulichen, ein Mini-Gedankenspiel: Man stelle sich vor, die Bundesregierung würde bekannt geben, die Bundeswehr solle durch eine Fremdenlegion ergänzt werden, wie sie in Frankreich seit langem existiert (*Légion étrangère*)! Dann würden hierzulande alle demokratischen Haare zu Berge stehen! Und es gäbe einen Sturm der Entrüstung, gegen den die Spiegel-Affäre von 1962 ein harmloses Geplänkel war.

In allen europäischen Gesellschaften werden das jeweilige soldatische Selbstverständnis und das zivil-militärische Verhältnis nachdrücklich vom Gewicht der Geschichte mitbestimmt. Dieses Gewicht stellt sich freilich nur in *Deutschland* als eine Last dar. Ein paar Streiflichter auf drei andere westeuropäische Gesellschaften sollen das illustrieren.

Frankreich

In *Frankreich* spielten die Streitkräfte eine wichtige Rolle bei der Modernisierung der nationalen Identität und der republikanischen Institutionen. Die militärischen Unternehmungen Napoleons, gleichviel ob als glamouröse Siege oder als desaströse Niederlagen, haben z. B. ihren unbestrittenen Platz im virtuellen Pantheon des kollektiven Gedächtnisses. In den Jahren nach der Niederlage gegen die Wehrmacht und der Teilung des Landes (territorial, aber auch ideologisch) im Zweiten Weltkrieg sowie den Jahrzehnten der verlustreichen und aussichtslosen Kolonialkriege in Asien und Nordafrika gegen dortige nationale Befreiungsbewegungen fielen zwar Schatten auf das ansonsten gesellschaftlich ungebrochen hohe Ansehen der französischen Streitkräfte in der Öffentlichkeit. Aber bleibende Veränderungen in der militärischen Kultur Frankreichs bewirkten sie nicht.

Italien

Die Streitkräfte in *Italien* haben bis zum Ersten Weltkrieg für die nationale Einheit eine große und im Allgemeinen mit Fortschritt und Modernisierung assoziierte Bedeutung gehabt. Danach sah es weniger brillant aus: Die Erfahrungen im Faschismus und im Zweiten Weltkrieg sowie schließlich die tiefreichenden Zwistigkeiten im politischen System der Nachkriegszeit ließen das politische Interesse an den und die öffentliche Identifizierung mit den Streitkräften abflauen. Dies hat sich auch nach 1990 wenig geändert.

Niederlande

In den *Niederlanden* begann vor ungefähr dreißig Jahren ein Prozess der Neubewertung der eigenen kolonialen Vergangenheit und damit auch der Rolle, welche die Streitkräfte dabei gespielt haben. Damit ging eine aus traditionsverhafteter militärischer Sicht dramatische Liberalisierung der organisations-internen Verhaltensregeln einher. Dies und der starke Widerhall der anti-nuklearen Friedensbewegung der frühen 1980er Jahre in der niederländischen Gesellschaft bewirkten eine Art soziale Marginalisierung der Streitkräfte, jedenfalls mehr als in anderen westeuropäischen Ländern. Die Beteiligung an Friedensmissionen im früheren Jugoslawien wertete das kollektive Selbstwertgefühl der Soldaten wieder auf. Aber wegen des Massakers in Srebrenica (Juli 1995), das vor den Augen der niederländischen Soldaten ablief und gegen das einzuschreiten sie sich nicht in der Lage sahen, und wegen der vielen bis heute offenen Fragen nach diesen Vorfällen sind diese Aufschwünge inzwischen wieder vorbei.

6.3.2 Großbritannien

Nach dem Ende der Ost-West-Konfrontation sind auf die Streitkräfte aller darin einbezogenen Länder Reformen und Umrüstungen größeren Ausmaßes zugekommen. Mit der Abschaffung der Wehrpflicht, mal rascher, mal nach längerem Zögern, setzte sich in den meisten Ländern ein Trend durch, der nicht nur für die Streitkräfte selbst, sondern auch für das zivil-militärische Verhältnis folgenreich ist. Die Abschaffung der Wehrpflicht – dem Fall Deutschland wird ein besonders Kapitel gewidmet – wird in der Regel mit dem Hinweis darauf begründet, dass die neuen Aufgaben der Streitkräfte eine stärkere Professionalisierung voraussetzen und dass man Wehrpflichtigen nicht zumuten kann, sich an Auslandsmissionen mit womöglich großen Gefahren für Leib und Leben zu beteiligen.

Anders als Frankreich, Italien, die Niederlande und Deutschland hat *Großbritannien* die Wehrpflicht schon seit längerem, seit 1960 abgeschafft. Die britischen Streitkräfte zehren noch heute, ähnlich wie die britische Gesellschaft insgesamt, vom Ruhm der Vergangenheit: erfolgreiche Kolonialkriege, zwar unglaublich opferreiche, aber letztlich doch erfolgreiche Teilnahme am Ersten Weltkrieg; Sieg über das nationalsozialistische Deutschland in einer alle Reserven des Landes mobilisierenden Anstrengung. Die Bilanz nach dem Zweiten Weltkrieg fällt demgegenüber viel düsterer aus: Rückzug aus den Kolonien nach oftmals blutigem Guerilla-Krieg (Asien, Afrika); Suez-Krise 1956. Man erinnere sich aber an die nationale Begeisterung, die der Falkland-Krieg 1982 auslöste und die insbesondere einige deutsche Beobachter verwunderte (einige darunter wie Karl-Heinz Bohrer auch mit ein wenig Neid erfüllte), oder an die zeitweise hohen Zustimmungsraten in der britischen Öffentlichkeit zu der Beteiligung britischer Soldaten an den Irak-Kriegen 1991 und 2003.

Bei letzterem haben sich auch wieder einmal die besonderen politischen und militärischen Beziehungen zwischen Großbritannien und den USA manifestiert. Allerdings wurde diese Geschichte bald zu einem Trauerspiel für die britische Regierung und vor allem auch für den Premierminister Tony Blair von der Labour-Party. Aber wenn es, wie in diesem Fall, zu öffentlichen Kontroversen kommt, wird die Regierung kritisiert, während die Streitkräfte von solcher Kritik weitgehend ausgespart bleiben.

6.3.3 Parallele Trends

Die neuen Herausforderungen für die Sicherheitspolitik und die Streitkräfte werden in den verschiedenen europäischen Ländern, nicht zuletzt auf Grund des jeweils unterschiedlichen historischen Hintergrundes, nicht in gleicher Weise wahrgenommen. Infolgedessen reagieren die Regierungen auch nicht in gleicher Weise darauf. Trotz solcher Differenzen fällt jedoch auch eine Reihe von Gemeinsamkeiten ins Auge:

[Randnotiz: britische Sonderstellung]

- Überall ist der militärische Auftrag der Landesverteidigung gegen einen territorial vorgetragenen Angriff in den Hintergrund getreten. Andere Militär-Missionen sind demgegenüber wichtiger geworden.
- Überall gab es nach 1990 zunächst nicht unbeträchtliche Kürzungen der Militärbudgets, oftmals zwischen 20 und 35 Prozent.
- Überall geht der Trend dahin, die Zahl der Freiwilligen und Berufssoldaten, der Spezialisten und darunter insbesondere auch der Spezialkräfte für Sondereinsätze zu erhöhen.
- Gar nicht selten werden auch viele Funktionen, die früher von Soldaten wahrgenommen wurden, inzwischen von Zivilisten außerhalb der Streitkräfte übernommen. Diesen Vorgang nennt man *Outsourcing*, und ihm liegen vor allem zwei Motive zugrunde. Erstens geht es um die Erhöhung der Wirtschaftlichkeit und zweitens darum, hochspezialisierte Expertisen, die man nur zu bestimmten Zwecken benötigt, für diese begrenzten Zwecke und für bestimmte Zeit einzukaufen.
- Überall hat sich in den letzten Jahren der Anteil weiblicher Soldaten erhöht. Dies verlief nicht ohne interne Schwierigkeiten, schließlich galten und gelten die Streitkräfte als Prototyp einer ‚männlichen' Organisation.
- Die politische Kontrolle der Streitkräfte (in jedem Land ein wenig anders institutionalisiert) hat durch diese Veränderungen nicht gelitten. Jedoch hat sich die soziale Distanz zwischen den Streitkräften und der zivilen Gesellschaft vergrößert. Die allgemeine Unvertrautheit mit der Sphäre des Militärischen hat sich ausgeweitet, etwa weil es keine Wehrpflichtigen mehr gibt. Dieser Sachverhalt wird auch nicht dadurch relativiert, dass sich auf einer Reihe von Feldern die zivil-militärische Zusammenarbeit intensiviert hat.

6.4 Private Konkurrenz oder neue Arbeitsteilung?

Wiederkehr der Warlords Unübersehbar ist inzwischen der Trend zur Entstaatlichung der organisierten Gewalt. Wenn er staatlich kontrolliert ist, handelt es sich um eine Art *Outsourcing* an private Militär- und Sicherheitsfirmen (vgl. die Aufsätze in Jäger/Kümmel 2007). Oft aber kann von einer staatlichen Kontrolle keine Rede sein, weil der Staat zu fragil ist und der Regierung die Autorität zur Kontrolle fehlt. Dann greifen verschiedene mehr oder weniger militärisch organisierte Banden und Milizen von Warlords nach dem zerfledderten Monopol physischer Gewalt und sichern sich ein paar Stücke davon.

6.4.1 Söldner und paramilitärische Milizen

Ein wenig plakativ, aber treffend nennt Georg-Maria Meyer (2002, 81) diesen Vorgang die „Rückkehr der Söldner". Michels und Teutmeyer (2010, 97) konstatieren, die zunehmende Privatisierung von Sicherheit sei eine „der folgenreichsten Entwicklungen" nationaler und internationaler Sicherheitspolitik des 21. Jahrhunderts. Ähnlich sieht es Münkler, der betont, es sei für die neuen Kriege charakteristisch, dass der Staat sein Monopol der Kriegsgewalt verloren hat.

Wenn er in ihnen überhaupt noch in Erscheinung tritt, dann nur in einer Reihe mit privaten Kriegsunternehmern, die sich teilweise aus ideologischen Gründen, vor allem aber um des Raubens und Plünderns willen den Kriegführenden zugesellt haben...Die paramilitärischen Verbände, die Truppen der Warlords, lokale Milizen und Söldnereinheiten werden nicht von funktionsfähigen Staaten ausgerüstet und besoldet, die durch Steuern einen Teil des gesellschaftlichen Mehrprodukts für diese Zwecke abschöpfen, sondern müssen sich in der Regel selbst versorgen. Das hat zu einem unmittelbaren Anstieg der Gewalt besonders gegen Zivilisten geführt (Münkler 2002a, 33f.)

Anstieg der Gewalt gegen Nicht-Kombattanten

Insbesondere in Afrika, aber auch in Asien (siehe z. B. den Krieg in Afghanistan) bestimmen die Privatarmeen einzelner lokaler und regionaler Machthaber, Warlords genannt, das Bild der Privatisierung von Gewalt. Der Übergang zur organisierten Kriminalität ist fließend. Besonders prekär in diesem Zusammenhang ist die große Zahl von Kindersoldaten, die dabei zum Einsatz kommen, oftmals geraubte und mit Drogen gefügig gemachte Kriegssklaven der lokalen Machthaber.

6.4.2 Private Military Corporations (PMC)

Ein Komplementärphänomen in den Metropolen der westlichen Welt ist die Gründung von privaten Sicherheitsfirmen, die sowohl Bewachungsaufgaben übernehmen als auch kleinere Einheiten von regulären Streitkräften ersetzen können (z. B. für Kommandounternehmen).

Besonders bekannt wurde Executive Outcomes, die von einem ehemaligen südafrikanischen Offizier mit Kriegserfahrung im Kampf gegen die angolanische Regierung gegründet wurde. Ironischerweise führte genau diese Firma später Kampfaufträge für Angola gegen oppositionelle Rebellen aus. Moderne Söldnerfirmen bieten nicht nur Kämpfer, sondern auch Ausbildung, Logistik, Waffen und Schutzmaßnahmen an. Zur Rechtfertigung ihrer Tätigkeit beteuern diese Firmen, dass sie nur im Auftrag legitimer Regierungen handeln, und weisen die Bezeichnung ‚Söldner' weit von sich. Die englische Firma Sandline wirbt damit, UN-Beobachtungs- und Friedensmissionen billiger und besser ausführen zu können als staatliche Militärbehörden. Im Zuge zunehmender Spezialisierung und Technologisierung der Kriegführung könnte es sein, dass privatwirtschaftlich organisierte Sicherheitsfirmen in Zukunft Teilbereiche bislang staatlich verantwortetet Sicherheit übernehmen (Herberg-Rothe 2003, 68f.)

Executive Outcomes, Sandline etc.

Im letzten Abschnitt dieser Passage formuliert Herberg-Rothe sehr vorsichtig, was nicht nur zu vermuten, sondern bereits Realität ist und in den nächsten Jahren immer häufiger anzutreffen sein wird. Dabei geht es nicht um Konkurrenz, sondern um Arbeitsteilung. Im Irak und Afghanistan sind in den letzten Jahren private Militärfirmen (*Private Military Corporations*, abgekürzt PMC), hauptsächlich aus den anglophonen Ländern, von den dort stationierten westlichen Streitkräften angeheuert und eingesetzt worden. Die Größenordnung kann nur geschätzt werden, aber es sind insgesamt weit über 100.000 Mann.

Das mag einige Probleme der Streitkräfte lösen; zugleich schafft es neue Probleme. Die oben angeführte Behauptung der Firma Sandline bezüglich der

Kostenkalküle

Kosten von UN-Missionen ist unter rein finanziellen Gesichtspunkten auch gar nicht einfach von der Hand zu weisen. Jedoch unterschlägt eine nur auf finanziellen Kriterien beruhende Beurteilung eine Reihe anderer Aspekte, nicht zuletzt rechtliche. Michels und Teutmeyer (2010, 97) führen das Eingreifen von Executive Outcomes in den Bürgerkrieg in Sierra Leone als Beispiel an. Die private Militärfirma beendete zwar 2002 den Konflikt; aber nach einer Weile flammte er wieder auf. Haben also, wie manche Beobachter behaupten, die negativen Folgen des Engagements die positiven überwogen? Das ist schwierig zu entscheiden.

Nicht nur die Regierungen von schwachen oder aus anderen Gründen von stabilen Staaten sind versucht, bestimmte militärische Aufgaben statt von ihren eigenen Streitkräften durch private Firmen erledigen zu lassen. Vor allem private Auftraggeber, zum Beispiel große Unternehmen in Afrika, die dort Rohstoff-Vorkommen ausbeuten, verlassen sich vor Ort weniger auf staatlichen Schutz, sondern heuern für diesen Zweck private Firmen an.

neuer Arbeitsmarkt   Es kommt hinzu, dass auf dem internationalen Arbeitsmarkt für Mitarbeiter von PMCs das Angebot mit der steigenden Nachfrage Schritt hält. Es sind vor allem Soldaten aus Streitkräften vieler Nationen, die, wenn sie längere Zeit an Krisen-Reaktions-Einsätzen und Friedensmissionen teilgenommen haben, sich hier tummeln. Häufig, jedenfalls öfter, als man es sich wünscht, fühlen sich die Veteranen solcher Einsätze und Missionen in den Streitkräften und der zivilen Gesellschaft ihrer Länder nicht mehr wohl. Manche von ihnen suchen das Abenteuer und den ,Kick', andere bessere Verdienstmöglichkeiten.

offene Fragen   Auf jeden Fall werden private Militärfirmen in der Zukunft eher noch wichtiger werden, als sie es heute schon sind. Mag sein, dass sie in manchen Fällen Sicherheitsprobleme besser lösen als staatliche Gewaltakteure. Zugleich jedoch ergeben sich dadurch eine Reihe neuer Probleme. Das beginnt bei Detailfragen wie der nach der Haftung für Personen- und Sachschäden, die als Folge der Aktionen privater Sicherheitsfirmen entstehen. Aus politikwissenschaftlicher Sicht sind es freilich vor allem Fragen nach der Legitimation solcher Aktionen und nach der Möglichkeit und Wirksamkeit ihrer Kontrolle durch die Auftraggeber, die Regierungen und die internationalen Organisationen, die bislang noch nicht befriedigend beantwortet worden sind.

6.5 Deutschlands sicherheitspolitischer Status

In ihrer Schlussbetrachtung über die deutsche Sicherheitspolitik zwischen 1998 und 2004 betonen Overhaus, Harnisch und Katsioulis in erster Linie die Kontinuität der Grundlinien dieser Politik:

Kontinuität deutscher Sicherheitspolitik   Die deutsche Sicherheits- und Verteidigungspolitik ist nach dem Ende des Ost-West-Konfliktes wesentlichen Merkmalen aus der Zeit des Kalten Krieges treu geblieben. Dazu zählen die feste Einbindung deutscher Politik in die euro-atlantische Institutionen EU und NATO, eine parteiübergreifende ,Kultur der Zurückhaltung', die sich in der Öffentlichen Meinung widerspiegelt, sowie die besondere Bedeutung der bilateralen Beziehungen zu Frankreich und den USA (Overhaus/Harnisch/Katsioulis 2004, 253).

Das lässt sich nun wirklich nicht leugnen, auch nicht über das Jahr 2004 hinaus bis in die Gegenwart. Allerdings besagt es auch nicht viel, denn die institutionellen und auch die methodischen sicherheitspolitischen Grundlinien standen schon allein deshalb nicht zur Debatte, weil sie nach wie vor eindeutig im deutschen nationalen Interesse liegen und weil sich die in diesem Kapitel skizzierten neuen Herausforderungen für die deutsche Sicherheitspolitik erst langsam in die Wahrnehmung der Experten und der Öffentlichkeit einschleichen mussten. Und von da zu einer konzeptionellen Veränderung der Sicherheit, selbst wenn sie erst allmählich und behutsam in Gang kommt, vergeht auch noch eine Menge Zeit.

6.5.1 Gestiegene Erwartungen

Die ‚Kultur der Zurückhaltung’, auf die in der Passage oben angespielt wird, manifestiert sich als eine sicherheitspolitische Methode und ein sicherheitspolitischer Stil. Die *Methode* ist die des Multilateralismus – anders als andere Mächte, zumal die USA, ist es für Deutschland nicht ratsam, seine politischen Interessen in der internationalen Politik unilateral zu definieren und gar durchsetzen zu wollen. Von daher ergibt sich eine besondere Affinität zu internationalen Organisationen und Regimen, von der Europäischen Union über die NATO und die OSZE (die allerdings nach 1990 rasch an Bedeutung verloren hat) bis zu den Vereinten Nationen. Der *Stil* zeigt sich in der automatischen Präferenz für nichtmilitärische Konfliktbearbeitung. Er hat sich zu einem wichtigen Merkmal der politisch-militärischen Kultur Deutschlands entwickelt.

Kultur der Zurückhaltung

Solange Deutschland geteilt war und die beiden deutschen Staaten einander in antagonistischen Lagern gegenüberstanden, lag es auf der Hand, dass sich deutsche Streitkräfte hüben wie drüben eng in die militärstrategischen und sicherheitspolitischen Vorgaben integrierten. Und das war’s dann auch – darüber hinaus kamen allenfalls noch Auslandsmissionen im Katastrophenschutz bei Dürre, Hochwasser oder Erdbeben in Frage. Die Teilnahme deutscher Soldaten an Operationen des Peacekeeping war sozusagen undenkbar.

Genau dies hat sich indes in den 1990er Jahren geändert. Die weitgehende deutsche Abstinenz im Irak-Krieg 1990/91 wurde mittels großzügiger Zahlungen zur Unterstützung der durch die UNO legitimierten Militärintervention ausgeglichen, was aber in erster Linie nur ausländische Kritik an Deutschlands ‚Scheckbuchdiplomatie’ zur Folge hatte. Die Hinweise der Bundesregierung Kohl/Genscher (in Übereinstimmung mit ihren Vorgänger-Regierungen), das deutsche Grundgesetz verbiete Militäreinsätze außerhalb des NATO-Gebietes (*out of area*) verloren nach der Entscheidung des Bundesverfassungsgerichtes in Karlsruhe vom Juli 1994 ihre Berechtigung. Seitens der UNO und ihres damaligen Generalsekretärs Boutros Boutros-Ghali wurden die Aufforderungen an Deutschland, sich an Friedensmissionen zu beteiligen, immer lauter. Auch NATO und EU drängten Deutschland, sich multilateralen militärischen Missionen nicht weiter zu verweigern.

Scheckbuchdiplomatie weckt Misstrauen

6.5.2 Auf Zehenspitzen zu einer robusteren Sicherheitspolitik

Unter einer robusteren Sicherheitspolitik wird hier verstanden, die Streitkräfte ein Stück weit für die Außen- und Sicherheitspolitik zu instrumentalisieren. Das muss keineswegs zu einer ‚militarisierten' Außen- und Sicherheitspolitik führen. Aber vor dem Hintergrund der Entwicklungen im internationalen System und vor allem der *spillover*-Gefahr von gewaltsamen Konflikten weit ab vom eigenen Territorium, gar nicht zu reden von moralischer und völkerrechtlicher Verantwortung für eine Deeskalation solcher Konflikte, wäre es kaum zu legitimieren, dass ein Staat wie Deutschland Streitkräfte unterhält, aber für Zwecke der Aufrechterhaltung der internationalen Sicherheit und des Friedens nicht zur Verfügung stellt.

Zwischenfazit   Im dritten Teil dieses Buches werden wir auf eine ganze Reihe von Aspekten näher eingehen, die sich aus diesem Axiom ergeben. Hier soll zunächst nur als eine Art Zwischenfazit skizziert werden, welche Konsequenzen sich aus den in diesem Kapitel vorgestellten neuen Herausforderungen für die deutsche Außen- und Sicherheitspolitik ergeben könnten.

Von Außen- und Sicherheitspolitik (statt nur von Sicherheitspolitik) ist hier deshalb die Rede, weil ein erweiterter, umfassenderer Sicherheitsbegriff militärische und zivile Komponenten umfasst. Wollte man diese Komponenten im deutschen politischen System ressortmäßig verteilen, dann kommt hier das Außenministerium für die eher zivilen, das Verteidigungsministerium für die eher militärischen Komponenten in Frage. Außerdem muss auch noch das Bundesministerium für wirtschaftliche Zusammenarbeit erwähnt werden, das Wiederaufbauhilfe in Konfliktregionen organisiert. Welche Konsequenzen dann in den jeweiligen Einzelfällen gezogen werden, welches „Mischungsverhältnis" ziviler und militärischer Komponenten angestrebt wird, das hängt nicht zuletzt vom Verlauf des sicherheitspolitischen Diskurses in der Öffentlichkeit und den Entscheidungen des Wahlvolkes bei Bundestagswahlen ab. Die folgenden drei Punkte erscheinen mir als Zwischenfazit unabweisbar:

aktivere Außen- und   ■ Deutschland wird durch die Entwicklung des internationalen Systems genö-
Sicherheitspolitik   tigt, eine aktivere Außen- und Sicherheitspolitik zu betreiben. Das, was an
                            ihr aktiv ist, muss von innen und von außen auch sichtbar und identifizier-
                            bar sein. Eine allenfalls auf versteckte Weise aktive Außen- und Sicher-
                            heitspolitik, die in früheren Jahren schon einmal probiert wurde, geht nicht
                            mehr.

                         ■ Aktiver heißt nicht nur, aber auch: robuster. Wenn internationale Organisa-
                            tionen wie die UNO, deren in der UNO-Charta niedergelegten Aufgaben zu
                            unterstützen ein programmatisches Element deutscher Politik war und ist,
                            eine verstärkte militärische Mitarbeit Deutschlands bei multinationalen
                            Deeskalations-Missionen anfordern, kann sich die Bundesregierung auf
                            Dauer nicht wegducken.

                         ■ Lässt sich Deutschland auf diese Perspektive ein, und zwar nicht nur rheto-
                            risch, dann impliziert das aber auch die Notwendigkeit einer Reform der

Bundeswehr, damit diese in die Lage versetzt wird, eine robustere Sicherheitspolitik effektiv unterstützen zu können.

Es liegt also in der Logik dieses Gedankenganges, sich jetzt näher mit den Reformen zu beschäftigen, denen die deutschen Streitkräfte seit gut zwei Jahrzehnten ausgesetzt sind.

7 Strukturreform der Bundeswehr

Reform oder
Reformen?
Der Gebrauch des Singulars in der Kapitelüberschrift soll nicht etwa den Eindruck erwecken, die verschiedenen Schritte und Maßnahmen zur Veränderung
von Gestalt und Profil der Bundeswehr gehörten alle in ein längerfristig geplan-
tes Gesamtkonzept. Dafür waren der Zeitraum, in dem diese Veränderungen
stattfanden, und ihre Summe viel zu groß. Zwar war um 1990 herum den sicherheitspolitischen Entscheidungsträgern (damals noch) in Bonn klar, dass auf die
Bundeswehr drastische Reformen zukommen würden. Und bald darauf setzte
sich auch der etwas missverständliche Begriff der Einsatzarmee als Bezeichnung
dafür durch, was die Bundeswehr werden sollte. Freilich war auch die Bundeswehr vor 1990 mit ihrem Abschreckungs- und Verteidigungsauftrag im Einsatz.
Die Einsätze, an welche nach 1990 gedacht wurden, unterschieden sich aber
deutlich davon.

In diesem Kapitel werden einige der wichtigen Etappen und Zwischenziele
der Bundeswehr-Reformen der letzten beiden Jahrzehnte sowie die Anstöße
vorgestellt, die ihre Ausrichtung bestimmten.

7.1 Übernahme der Nationalen Volksarmee

verebbende Wieder-
vereinigungsfreude
Die Vereinigung Deutschlands am 3. Oktober 1990 wurde zwar von der überwiegenden Mehrheit der Deutschen begrüßt. Aber den Experten schwante von
Anfang an, dass das gemeinsame nationale Erbe und die Freude an der wieder-
gewonnenen Einheit der Nation nur für kurze Zeit den Berg von Problemen vergessen machen würden, der sich für den konkreten Einigungsprozess ergab.
Schließlich waren die beiden „Systeme" nicht nur anders aufgebaut, sondern in
ihren Grundwerten antagonistisch aufeinander bezogen. Nicht wenige Schwierigkeiten beim gegenseitigen Verständnis und der wechselseitigen Anpassung
zwischen Ost- und Westdeutschen haben sich als ausgesprochen zählebig erwiesen und beeinflussen noch heute, nach mehr als zwei Jahrzehnten seit der Vereinigung, das Leben in Deutschland. Weil die Vereinigung unter westlichen Vorzeichen stattfand, war die wechselseitige Anpassung, wie hätte es auch anders
sein können, oft eine einseitige Angelegenheit. Für zahlreiche Einrichtungen der
DDR bedeutete die Vereinigung das Aus, insbesondere für solche, die von der
SED kontrolliert worden waren. Der Staatsapparat, das Justizsystem, die Universitäten, die Polizei – vom Führungspersonal in diesen Einrichtungen, oft hinunter
bis ins mittlere Management und tiefer, blieben nicht allzu viele übrig.

7.1.1 Die Loyalität der NVA-Soldaten

Integration der NVA
in die Bundeswehr
Ausgerechnet die Streitkräfte bilden hier, bis zu einem gewissen Grad, eine Ausnahme. Waren es nicht die Soldaten der NVA, die von ihrer politischen und

militärischen Führung zum unbeugsamen Hass auf den militärisch gerüsteten Klassenfeind jenseits von Mauer und hochgerüsteter Staatsgrenze und zu permanenter Wachsamkeit angeleitet wurden? Waren die beiden deutschen Streitkräfte nicht die jeweiligen (konventionell ausgerüsteten) Speerspitzen der antagonistischen Bündnisse NATO und Warschauer Pakt? Waren den deutschen Soldaten hüben und drüben nicht alle Gedanken an ihre trotz solcher institutionalisierten Feindschaft bestehende nationale Gemeinsamkeit, an ein nationales Band oberhalb aller Feinderklärungen von den jeweiligen Verbündeten und von ihren Vorgesetzten ausgeredet worden? Und dennoch – die Vereinigung Deutschlands umfasste auch die Integration der NVA in die Bundeswehr. Dazu bedurfte es nur eines Tagesbefehls des Verteidigungsministers. Dass sie weitgehend erfolgreich war, ist ein den Sozialwissenschaftler damals wie heute faszinierender Sachverhalt. Wie kann man das erklären?

Zunächst einmal darf man die Bedeutung nicht unterschätzen, die der Zusammenbruch des sowjetsozialistischen Modells einer kommunistischen Gesellschaft für die Menschen in ihrem Herrschaftsbereich hatte. Am Ende, als sich die Auflösungserscheinungen von allen Stützen des SED-Regimes und auch bei den Streitkräften, ganz offen vollzogen, wurde allen klar, vielleicht mit Ausnahme von ein paar ganz Verbohrten, dass das politische Weltbild, einschließlich des Feindbildes vom aggressiven Westen, auf abenteuerlich falschen Prämissen beruht hatte.

Eine postsozialistische und in einer großen Kehre wieder auf den Nationalismus als Selbstverständnis-Ideologie zurückkommende Option hat es nach 1990 niemals auch nur ansatzweise gegeben, obwohl in den neuen Bundesländern insgesamt ein größeres Potential für nationalistisch definierte politische Ziele vorhanden war – auch als Reaktion auf die Enttäuschung durch das internationalistisch-sozialistische DDR-Regime. Immerhin aber ist diese virtuelle nationale Option zumindest in der unmittelbaren Übergangsphase gewissermaßen als Linderungsmittel zum Einsatz gekommen. Nirgends drückt sich das besser aus als in dem viel zitierten Satz aus dem Munde des ersten Befehlshabers im Bundeswehrkommando Ost, General Jörg Schönbohm (1992, 33): „Wir kommen nicht als Sieger zu Besiegten, sondern als Deutsche zu Deutschen."

kein Neo-Nationalismus

7.1.2 Armee der Einheit

Dieses Etikett stammt aus dem Arsenal der Bundeswehr-Öffentlichkeitsarbeit und hatte, obwohl empirisch nicht ohne eine gewisse Fundierung, primär Appell-Charakter. Das „Weißbuch 1994" verwendet den Begriff als eine Selbstverständlichkeit. Dabei waren es erst die großen Hilfseinsätze der Bundeswehr während der Überschwemmungen in den neuen Bundesländern (Oder 1997; Elbe und Nebenflüsse 2002), die sie in den Augen der Öffentlichkeit der neuen Bundesländer zur Armee der Einheit machten.

Im Kreis der deutschen Sozialwissenschaftler, die den Übernahmeprozess der NVA durch die Bundeswehr verfolgt haben, wird ,Armee der Einheit' deshalb lieber nicht oder allenfalls mit spitzen Fingern verwendet (vgl. etwa die Aufsätze in Klein, Zimmermann 1993). Ausländische Beobachter wie Zilian Jr.

(1999) oder Herspring (2000, 201) kommen aber letztlich zu dem Ergebnis, die Übernahme der NVA und ihrer Soldaten durch die Bundeswehr habe sich ohne größere Konflikte vollzogen. Freilich hat es eine beträchtliche Zahl ‚kleinerer' Konflikte gegeben, und das waren solche, bei denen es um unerfüllt bleibende Weiterverwendungs-Hoffnungen ehemaliger NVA-Soldaten ging, speziell von Offizieren.

reibungslose Zusammenarbeit

Die Zusammenarbeit deutscher Soldaten (West) mit deutschen Soldaten (Ost) verlief alles in allem von Anfang an erstaunlich reibungslos. Dafür kann man aber nicht, trotz des oben zitierten Ausspruchs von Schönbohm, einen neu gefundenen Gleichklang nationaler Wertvorstellungen als Erklärung heranziehen. Stattdessen muss man hier erstens auf den lange Jahre vor sich hin tröpfelnden und am Ende sprunghaften Legitimitätsverlust der DDR-Herrschaftselite und der Ideologie des Sowjet-Sozialismus insgesamt hinweisen und zweitens auf den soldatischen Professionalismus, der Anknüpfungspunkte über nationale und System-Grenzen hinweg bot. Die Soldaten der Bundeswehr kamen zur NVA als Deutsche zu Deutschen, gewiss. Aber sie kamen auch als Fachleute zu Fachleuten. Es waren nicht zuletzt die vergleichsweise harten professionellen Erfahrungen der NVA-Soldaten in ihrem militärischen Alltag, welche sie in ihrem Austausch mit den Bundeswehr-Soldaten vor allzu dramatischen Einbrüchen ihres Selbstwertgefühls schützten.

Ministerium für Abrüstung und Verteidigung

Am 3. Oktober 1990 umfasste die NVA noch rund 90.000 Soldaten (darunter circa 50.000 Zeit- und Berufssoldaten). Außerdem gab es noch rund 19.000 Angehörige der am 21. September 1990 aufgelösten Grenztruppen und rund 48.000 Zivilangestellte. In der Fachliteratur finden sich dazu übrigens leicht voneinander abweichende Zahlen. Im April 1990 war das *Ministerium für Nationale Verteidigung* umbenannt worden in *Ministerium für Abrüstung und Verteidigung*. Der letzte Verteidigungsminister der nun schon auf den Vereinigungs-Kurs ausgerichteten DDR hieß Rainer Eppelmann und kam aus der Bürgerrechtsbewegung. Der Akzent seiner Amtszeit lag mehr auf Abrüstung und Abwicklung als auf Verteidigung. Gegen wen hätte sich die DDR in diesem Monaten auch verteidigen sollen? Für die Monate April bis Oktober 1990 trat überdies ein Gesetz in Kraft, das den Wehrpflichtigen der DDR die Verweigerung des Waffendienstes nicht nur ermöglichte, sondern sie nachgerade dazu ermunterte. Kein Wunder also, dass sich die NVA im Herbst 1990 in einem desolaten organisatorischen Zustand befand.

7.1.3 Zahlen

Am Tag der Einheit wurden das DDR-Ministerium für Abrüstung und Verteidigung und die NVA aufgelöst. Die Soldaten der NVA, nicht aber die Angehörigen der anderen bewaffneten Organe der DDR, wurden *en bloc* vorläufig in die Bundeswehr übernommen. Das ging so vor sich, dass die NVA-Einheiten zügig aufgelöst und Truppenteile, gemischt aus Angehörigen der (alten) Bundeswehr und der ehemaligen NVA, neu aufgestellt wurden. Von den 50.000 Zeit- und Berufssoldaten der NVA waren rund 9.000 Stabsoffiziere (Dienstgrade vom Major aufwärts), rund 15.000 sonstige Offiziere (Dienstgrade Leutnant bis

Hauptmann), rund 14.000 Unteroffiziere mit Portepee (Feldwebel-Dienstgrade), rund 9.000 Unteroffiziere ohne Portepee (Unteroffiziere und Stabsunteroffiziere) und 3.000 Mannschafts-Dienstgrade. Die Dienstgrad-Bezeichnungen in Klammern sind solche des Heeres der Bundeswehr und dienen hier nur zur Illustration der Unterscheidungen.

Wenn Dienstgrade vom Major aufwärts ein ganzes Zehntel von Streitkräften ausmachen, muss eigentlich schon eine ganze Menge schief gelaufen sein – viel zu viele Häuptlinge, kaum Indianer. Oder man baut einen Kader auf zwecks raschen Aufwuchses der Streitkräfte. *viele Häuptlinge, wenig Indianer*

Ungefähr die Hälfte der hier aufgezählten Soldaten schied aus mehr oder weniger eigenem Wunsch bald aus dem Dienstverhältnis aus. Für die anderen ehemaligen NVA-Soldaten richtete die Bundeswehr zunächst insgesamt 30.000 auf zwei Jahre befristete Planstellen ein. Die verbliebenen Soldaten der Grenztruppen und der Zivilverteidigung der DDR erhielten einen bis zum 30. September 1991 befristeten zivilen Status in der Bundeswehr und wurden zum Abbau der Grenzanlagen eingesetzt, eine Arbeit, die sie professionell und effizient verrichteten. Auch die Zivilangestellten der NVA wurden zunächst einmal übernommen. Viele von ihnen waren für die nun anstehenden Maßnahmen der Umorganisation im Grunde sogar wichtiger als die Uniformträger. Folgerichtig konnten viele von ihnen auch mit einer längeren Weiterbeschäftigung rechnen.

Das „Weißbuch 1994" des Bundesministeriums der Verteidigung macht zum Verbleib ehemaliger Angehöriger der NVA in der Bundeswehr folgende Angaben: *Bundeswehr: Armee der Einheit?*

> Rund 12.000 Offiziere, 12.000 Unteroffiziere und 1.000 Mannschaften bewarben sich für ein Dienstverhältnis in der Bundeswehr. Die Bewerbungen erfolgten überwiegend mit dem Ziel, als Berufssoldat oder längerdienender Soldat auf Zeit übernommen zu werden. 6.000 Offiziere, 11.200 Unteroffiziere und 800 Mannschaften wurden in ein Dienstverhältnis als Soldat auf Zeit zunächst für die Dauer von zwei Jahren berufen. Ihnen wurde im Hinblick auf die vorgesehene Verwendung nach vergleichender Betrachtung von Vorbildung, Ausbildung, Dienstzeiten, Laufbahnzugehörigkeit und Funktion in der ehemaligen NVA mit entsprechenden Werdegängen in der Bundeswehr ein endgültiger Bundeswehrdienstgrad verliehen.
>
> Für ein weiterführendes Dienstverhältnis als Berufssoldat oder längerdienender Soldat auf Zeit sind 3.027 Offiziere, 7.639 Unteroffiziere und 207 Mannschaften ausgewählt worden. Die persönliche Eignung der als Berufssoldat vorgesehenen Offiziere wurde nach den Bestimmungen des Einigungsvertrages durch den unabhängigen ‚Ausschuss Eignungsprüfung' festgestellt.
>
> Für ausscheidende Soldaten der ehemaligen NVA wurden umfangreiche Programme zur Umschulung und Fortbildung in zivilen Berufen angeboten. Mehr als 12.000 ehemalige Soldaten haben sich mit Hilfe des Berufsförderungsdienstes der Bundeswehr für eine neue berufliche Zukunft qualifiziert (Weißbuch 1994, 16).

Es wurde also, zurückgerechnet auf den Personalumfang der NVA im Herbst 1990, ungefähr ein Zehntel davon auf Dauer übernommen. Viel ist das ja nun wirklich nicht, und deshalb kann man die Kritik an der „besonderen Integrationsleistung" durchaus verstehen (etwa von Koop 1995, 20 oder Bald 1999, 27), welche die Bundeswehr-Führung für sich reklamiert hat. Hinzu kommt auch, dass die Qualifizierung für zivile Berufe gewiss mehr Erfolg gezeitigt hätte, wenn die allgemeinen wirtschaftlichen Rahmendaten für die neuen Bundesländer nicht bald Anlass zu erheblichem Pessimismus gegeben hätten.

Regelungen im Zwei-plus-Vier-Vertrag

Dennoch: Im Vergleich etwa zum Auswärtigen Amt, das so gut wie niemanden aus den Reihen der ehemaligen DDR-Diplomaten übernommen hat und dabei eine Menge Sachverstand brach liegen ließ, sind die Integrationsanstrengungen des Verteidigungsministeriums recht beachtlich. Zumal ein ganz entscheidendes Datum für die Bundeswehrentwicklung im „Vertrag über die abschließende Regelung in Bezug auf Deutschland" (dem sogenannten „Zwei-plus-Vier-Vertrag") vom 12. September 1990, und zwar dort im Artikel 3, festgeschrieben wurde: Deutschland verpflichtet sich, binnen drei bis vier Jahren den Personalumfang seiner Streitkräfte auf 370.000 Soldaten zurückzufahren. Auch ohne die Konkurrenz von ehemaligen NVA-Soldaten um Planstellen in der auf Schrumpfung programmierten Bundeswehr waren die längerdienenden Freiwilligen und Berufssoldaten einem harten professionellen und persönlichen Stress ausgesetzt. Die Verkleinerung des Bundeswehr-Umfangs um ein knappes Viertel binnen vier Jahren, das kann man nur als enorme organisatorische Herausforderung bezeichnen.

7.2 Die Entscheidung des Bundesverfassungsgerichts vom 12. Juli 2004

hochrespektiertes Bundesverfassungsgericht

Heiße politische Kontroversen, bei denen es, wie man so sagt, ans Eingemachte geht, werden hierzulande gerne dem Bundesverfassungsgericht (BVG) in Karlsruhe zur Entscheidung vorgelegt. Das entlastet die Politiker und hat im Übrigen dem BVG ein enormes Renommee eingebracht. Es ist zur am meisten respektierten Institution der Bundesrepublik Deutschland geworden. Obwohl es sich für die politische Kultur eines Landes in langer Perspektive vielleicht nicht so günstig erweist, wenn die gewählten Entscheidungsträger gelernt haben, ihre politische Entscheidungskompetenz hinter juristischen Verdikten gewissermaßen zu verstecken. Aber das ist eine andere Debatte.

Die Vereinigung Deutschlands vom 3. Oktober 1990 erfolgte (gemäß dem in seiner alten Fassung inzwischen aufgehobenen Artikel 23 des Grundgesetzes) als *Beitritt* der DDR zur Bundesrepublik Deutschland, weshalb es für die sich bald darauf formierenden neuen Bundesländer die leicht kabarettistisch klingende Bezeichnung *Beitrittsgebiet* gab. Die Vereinigung bedeutete eine so beträchtliche Veränderung der Gestalt und der politischen Substanz Deutschlands, dass die Forderung aufkam, jetzt sei der Zeitpunkt für eine gründliche Überarbeitung des Grundgesetzes von 1949 gekommen, ja am besten sogar im Blick auf den Artikel 146 des Grundgesetzes seine Ablösung durch eine neue Verfassung fällig.

7.2.1 Gemeinsame Verfassungskommission von Bundestag und Bundesrat

Daraus wurde nichts. Aber immerhin wurde eine Gemeinsame Verfassungskommission des Deutschen Bundestages und des Bundesrates (GVK) eingerichtet, die sich am 16. Januar 1992 konstituierte und am 5. November 1993 ihren – ziemlich mageren – Abschlussbericht vorlegte. Für das Politikfeld „Staatliche Souveränität und militärische Verteidigung" ventilierte die Kommission eine Reihe von Änderungsvorschlägen zum Text des Grundgesetzes. Sieben Unterpunkte setzte sie auf ihre Tagesordnung: Einsatz der Bundeswehr außerhalb des NATO-Territoriums (*out of area*); Spannungsfall, Bündnisfall, Verteidigungsfall; Friedensfähigkeit des Staates; Verzicht auf ABC-Waffen; Verbot von Waffenexporten; gleiche Dauer von Wehrdienst und Zivildienst; Dienstpflicht für Frauen. Das waren alles spannende Sachpunkte, und die Dokumentation der Diskussionen in der Kommission und mit eingeladenen Experten ergibt eine anregende Lektüre. Im Abschlußbericht der GVK heißt es dann jedoch unter dem Punkt *Empfehlungen* zu diesem Politikfeld lapidar: „Die Gemeinsame Verfassungskommission spricht zu diesem Beratungsgegenstand keine Empfehlungen aus."

> keine Grundgesetz-Veränderung auf dem Feld der Sicherheitspolitik

Sie tat das bei den wirklichen wichtigen dieser sieben Fragenkomplexe aus zwei Gründen nicht. *Erstens* konnten sich ihre Mitglieder nicht einig werden, und jede Empfehlung für eine Änderung des Grundgesetzes hätte, wenn sie denn Aussicht auf Erfolg haben sollte, eine Zweidrittel-Mehrheit in der Kommission erfordert. *Zweitens* aber waren im Sommer 1992 und im Frühling 1993 insgesamt vier Klagen beim Bundesverfassungsgericht eingegangen, in denen es um die Verfassungsmäßigkeit bestimmter Bundeswehr-Einsätze ging. Über diese unter dem Titel „Adria-, AWACS- und Somalia-Einsatz der Bundeswehr" gebündelten Klagen entschied das BVG am 12. Juli 1994. Den Mitgliedern der Verfassungskommission wie auch der politisch interessierten Öffentlichkeit ist immer klar gewesen, dass die BVG-Entscheidung, wie immer sie ausfallen würde, sofort ein besonderes politisches Gewicht erhalten würde. Und genau weil das so empfunden wurde, zog es die Kommission vor, mit eigenen Empfehlungen sehr zurückhaltend zu sein. Schließlich würde eine inhaltliche Differenz zwischen einer frühen Empfehlung und dem später erfolgenden Urteil die Kommission tendenziell blamieren. Das Abwarten war kein unumgänglicher, aber ein bequemer Weg für die Kommission.

> die Kommission wartet lieber ab…

7.2.2 Klagen vor dem Bundesverfassungsgericht

Im Kern musste das Gericht entscheiden, ob und gegebenenfalls unter welchen Voraussetzungen das Grundgesetz eine Erweiterung des hauptsächlich in Artikel 87a, Absatz 1, Satz 1 relativ eng umschriebenen Auftragsprofils der Bundeswehr zulässt. Dieser Satz lautet kurz und knapp: „Der Bund stellt Streitkräfte zur Verteidigung auf." Bis 1990 wurde dieser Satz von der Bundesregierung, gleichviel welcher Couleur, und in der Öffentlichkeit, wenn auch nicht unbedingt von allen Staatsrechts-Experten, so aufgefasst, dass die Bundeswehr im Rahmen der beiden westlichen Militärbündnisse Westeuropäische Union (WEU) und Nordatlantikpakt (NATO) das eigene Territorium und das der Bündnispartner schützt,

> „Streitkräfte zur Verteidigung"

indem sie einen möglichen Angreifer abschreckt und, falls dieser dennoch angreift, es gemeinsam mit den Verbündeten verteidigt. Zu mehr und anderem sollte die Bundeswehr nicht dienen, sieht man einmal von Hilfseinsätzen bei Katastrophen ab.

Diese restriktive Auslegung der Verwendungsmöglichkeiten für die Bundeswehr darf man nicht einfach auf einen sicherheitspolitischen Quietismus zurückführen, obgleich es davon in der ‚alten' Bundesrepublik auch genug gab. Damit sollte nämlich ein Signal an die Nachbarn und Verbündeten ausgesendet werden. Der westdeutsche Staat würde das Instrument der Streitkräfte *nur* im Rahmen völkerrechtlicher Bestimmungen, *nur* mit der allergrößten Behutsamkeit und vor allem *niemals* so einsetzen wollen, dass man solchen Einsatz in irgendeiner Weise als offensiv oder aggressiv interpretieren könnte. Ein derartiges glaubwürdiges Signal gehörte, wie in Kapitel 5.4.3 näher ausgeführt, zu den Entstehungsbedingungen der Bundeswehr. Die damit verbundene Einstellung zu Militär und Krieg verankerte sich fest in der politischen Kultur der Bundesrepublik. Solange die Ost-West-Bipolarität Europa und Deutschland in zwei Hälften aufspaltete, gab es auch keinen sinnvollen Anlass, an dieser Einstellung zu rütteln.

veränderte internationale Sicherheitslandschaft

Das Ende des Ost-West-Konflikts brachte auch eine Veränderung der internationalen Sicherheitslandschaft mit sich, und zwar ziemlich schlagartig. Zu diesen Veränderungen zählte auch die Aufwertung der Rolle Deutschlands im internationalen System (siehe Kapitel 6.5). Diese Rolle umfasste nämlich jetzt auch die aktive Unterstützung von Friedenssicherungs-Aufgaben der Vereinten Nationen oder der KSZE/OSZE. Aktive Unterstützung meint hier nichts anderes als die Bereitstellung von Streitkräfte-Kontingenten. Der Rollen-Begriff in den Sozialwissenschaften beruht auf dem Axiom, dass es vor allem die Erwartungen anderer Akteure sind, die zur Ausgestaltung einer Rolle beitragen. In der internationalen Politik kann man das ja auch täglich beobachten. Im Falle der Rollen-Erweiterung Deutschlands nach 1990 kam das besonders deutlich zum Ausdruck, liefen doch die Erwartungen des Auslands an Deutschland der deutschen Selbstverständigungs-Debatte über die neue Rolle des Landes in der Weltpolitik weit voraus. Zum ersten Mal wurden solche Erwartungen im Golf-Krieg 1990/ Anfang 1991 formuliert. Hier hielt sich die Bundesregierung demonstrativ zurück, sehr zur Erleichterung einer noch mehrheitlich gegen die Übernahme internationaler Ordnungsfunktionen eingestellten Öffentlichkeit und sehr zum Ärger ihrer Verbündeten. Dieser Ärger wurde dann aber, auch das war Bestandteil der damaligen Nichtbeteiligungs-Politik Bonns, durch großzügige Zahlungen an die UNO-Interventionskoalition erst einmal gemildert.

Scheckbuchdiplomatie auf Dauer nicht möglich

Weil sich diese ‚Scheckbuch-Diplomatie' aber auf Dauer nicht würde durchhalten lassen, begann die Bundesregierung Schritt für Schritt, ihre Streitkräfte für Aufgaben im Rahmen der internationalen Sicherheitspolitik der Vereinten Nationen zur Verfügung zu stellen. Das geschah zuvörderst erst einmal nur im Rahmen humanitärer Hilfe oder militärischer Hilfsdienste – im ehemaligen Jugoslawien, in Kambodscha, im Arabischen Golf, Irak (nach Ende der Kriegshandlungen) und schließlich, besonders spektakulär, zwischen dem August 1992 und dem Februar 1994 in Somalia.

Gegen diese Einsätze richteten sich die Klagen.

7.2.3 Leitsätze der Gerichtsentscheidung

Ein Kuriosum am Rande soll nicht unerwähnt bleiben. Es ist nur logisch, dass die Opposition bestimmte Beschlüsse der Regierung nicht nur rhetorisch attackiert, sondern, sofern sie sich davon etwas verspricht, auch mit einer Klage vor dem Bundesverfassungsgericht droht. In diesem Falle gab es aber auch eine Klage von der FDP-Fraktion im Bundestag, obwohl die FDP damals den Außenminister der Bundesregierung stellte. Das war schon sehr seltsam.

Das Bundesverfassungsgericht stützte seine Entscheidung vom 12. Juli 1994 in erster Linie auf den Artikel 24, Absatz 2 des Grundgesetzes:

> Der Bund kann sich zur Wahrung des Friedens einem System gegenseitiger kollektiver Sicherheit einordnen; er wird hierbei in die Beschränkung seiner Hoheitsrechte einwilligen, die eine friedliche und dauerhafte Ordnung in Europa und zwischen den Völkern der Welt herbeiführen und sichern.

Das Gericht stellte fest, dass dieser Artikel des Grundgesetzes auch die Verwendung der Bundeswehr zu Einsätzen erlaubt, die im Rahmen und nach den Regeln eines solchen Systems gegenseitiger kollektiver Sicherheit stattfinden *(Erster Leitsatz)*. Ausdrücklich wird darüber hinaus betont, dass Artikel 87a derartigen Einsätzen nicht entgegensteht *(Zweiter Leitsatz)*. Und schließlich legt das Gericht der Bundesregierung die Pflicht auf, vor jedem Einsatz bewaffneter Streitkräfte dieser Art die konstitutive Zustimmung des Deutschen Bundestages einzuholen *(Dritter Leitsatz)*.

Leitsätze der BVG-Entscheidung

Das Echo auf diese Entscheidung war von großer Zustimmung geprägt, untermischt mit ein wenig juristischer Verwunderung über die Auslegungsfreiheit des Gerichts. Kritische Stimmen gab es auch, aber nur wenige. Bundesregierung und Bundeswehr-Führung nahmen die Entscheidung mit Genugtuung auf. Erstere war vor allem auch deshalb erleichtert, weil damit die Notwendigkeit einer Änderung des Grundgesetzes oder einer „Klarstellung" seines Textes (womit man wohl, etwas unklar, eine sprachliche, nicht aber eine inhaltliche Veränderung meinte) entfallen war. Alle Parteien im Parlament konnten mit der im Urteil implizierten Kennzeichnung der Bundeswehr als „Parlaments-Streitmacht" oder „Parlamentsheer" im Grundsatz zufrieden sein.

Bundeswehr als Parlamentsheer

In der Bundestags-Debatte am 22. Juli 1994 sprach der SPD-Abgeordnete Walter Kolbow von einer tiefen Zäsur in der deutschen Nachkriegsgeschichte, die der Richterspruch aus Karlsruhe bewirkt habe. Die Zäsur lag schon etwas zurück, aber mit dem BVG-Urteil wurde sie sozusagen notariell beglaubigt. Seither haben sich die Gewichte der militärischen Auftragsgefüge der Bundeswehr kontinuierlich verschoben, weg von der territorial gebundenen Verteidigung und hin zu internationalen Krisenreaktions-Einsätzen und militärischen Interventionen aus (vornehmlich) humanitären Gründen.

In der deutschen Öffentlichkeit bewirkte die Entscheidung zunächst einmal das ziemlich abrupte Ende der Debatte. Es wurde letztlich überall akzeptiert, außer bei betont militärkritischen Minderheiten. Allerdings flammten Auseinandersetzungen über deutsche Militäreinsätze später immer wieder einmal auf. Aber von nun an immer nur bezogen auf einen bestimmten Einzelfall.

7.3 Reformen in kleinen Schritten

In der ersten Hälfte der 1990er Jahre war die Bundeswehr mit den Folgen der NVA-Übernahme und mit der Umsetzung der vertraglich eingegangenen Verpflichtung beschäftigt, den Umfang der Streitkräfte auf 370.000 Soldaten zu reduzieren. Das erforderte eine Menge Entscheidungen über die Aufgabe von Stationierungsorten (Garnisonen) und über die Zusammenlegung von Truppenteilen. Damit wurde zugleich über den künftigen Arbeitsort für eine große Zahl von Soldaten entschieden. Das hat oft genug das Familienleben der Soldaten enorm belastet. Man darf das nicht aus den Augen verlieren, wenn man das Reformtempo der Bundeswehr insgesamt als zu unentschlossen kritisiert, wie es auch hier geschieht.

Kritik am Reform-tempo
    Hauptadressat solcher Kritik sind primär die für die Sicherheitspolitik Verantwortlichen in Regierung und Parlament sowie die Bundeswehr-Führung. Hier wie dort griff man den Reform-Impetus – aus unterschiedlichen Gründen – zwar mit zuweilen schneidiger Rhetorik auf. Wenn es aber um konkrete Umgestaltungen ging, verließ man sich oft auf einen eher matten Pragmatismus. Zum Glück gab es für die Bundeswehr in diesen Jahren und auch noch etwas länger nicht wirklich eine harte militärische Bewährungsprobe zu bestehen, so dass durch die schleppende Anpassung der Bundeswehr an die im Grunde von allen Experten *uni sono* formulierten neuen Herausforderungen kein großer Schaden entstanden ist.

7.3.1 Schwarz-gelbe Bundeswehrpolitik bis 1998

Weißbuch 1994
Im April 1994, also ein paar Monate vor der BVG-Entscheidung, veröffentlichte das Bundesministerium der Verteidigung, zuständiger Minister war Volker Rühe, das „Weißbuch 1994". Seine Verfasser haben dort die veränderten sicherheitspolitischen Rahmenbedingungen und die sich daraus ergebenden Konsequenzen für die Umgestaltung der Bundeswehr so formuliert:

> 202. Die Gefahr einer großangelegten und existenzbedrohenden Aggression ist überwunden. Deutschlands territoriale Integrität und die seiner Verbündeten ist militärisch auf absehbare Zeit nicht existentiell bedroht. Dagegen wird die Lage in anderen europäischen Regionen von Krieg, Unmenschlichkeit und Unterdrückung geprägt...

> 214. Risikoanalysen über künftige Entwicklungen müssen von einem weiten Sicherheitsbegriff ausgehen. Sie dürfen sich nicht auf Europa beschränken...Sie müssen gesellschaftliche, ökonomische und ökologische Tendenzen einbeziehen und in Beziehung setzen zur Sicherheit Deutschlands und seiner Verbündeten...

> 254. Militärische Konflikte, die Deutschlands Existenz gefährden können, sind unwahrscheinlich geworden...

> Vor diesem Hintergrund gilt es, Risiken schon am Ort ihres Entstehens und vor ihrer Eskalation zu einem akuten Konflikt mit einer vorbeugenden Politik abzufangen. Sicherheitsvorsorge muss als erweiterte Schutzfunktion verstanden werden. Die Fähigkeit zur Verteidigung bleibt auch in diesem sicherheitspolitischen Konzept das

Fundament der Sicherheit Deutschlands und der Nordatlantischen Allianz. Konfliktverhütung und Krisenbewältigung im erweiterten geographischen Umfeld unter einem völkerrechtlich legitimierenden Mandat müssen aber im Vordergrund der
Sicherheitsvorsorge stehen (Weißbuch 1994, 23, 26 und 39).

Diese Passagen enthalten im Grunde schon alle Ingredienzien der sicherheitspolitischen und der Bundeswehr-Entwicklung der nächsten fünfzehn Jahre. Es wird
betont, dass der bis 1990 gültige Bedrohungskanon nicht mehr gilt, dass ein
erweiterter Sicherheitsbegriff auch andere als rein militärische Risiken umfasst,
dass Prävention am Ort von lokalen und regionalen Krisen wichtiger wird. (Letzteres hat man sich wohl etwas einfacher vorgestellt.)

Aber zugleich wird in für die deutsche Politik (nicht nur) dieser Jahre typi-   *Sowohl/Als auch-*
scher Sowohl/Als auch-Manier daran festgehalten, dass die gar nicht mehr so   *Reformen*
stark benötigte Fähigkeit der territorialen Verteidigung das Fundament deutscher
Sicherheitspolitik bilden soll. Das war keineswegs nur eine rhetorische Figur, um
den Diskurs über die Reformen für Strukturkonservative in Gesellschaft und
Bundeswehr schmackhafter zu machen. Stattdessen hatte die sich hier durchset-
zende Furcht vor harten Reformschnitten oder großen Reformschritten einen
stark verlangsamenden Effekt auf Folgeentscheidungen, etwa für die Rüstungs-
beschaffung oder die Rekrutierungspolitik.

Auch unterstützt durch den Tenor der BVG-Entscheidung vom Juli 1994,
arbeitete die CDU/CSU/FDP-Koalition, die bis zum Herbst 1998 die Regierung
stellte, schon seit 1990 in ihrer Bundeswehrpolitik darauf hin, andere als herkömmliche Verteidigungs-Aufgaben in den Vordergrund zu rücken. Und von
Abschreckung wurde so gut wie gar nicht mehr gesprochen. Dabei nahm sie sich
allerdings eben auch immer wieder selbst den Wind aus den Reformsegeln. Das
Motiv dafür war die Befürchtung, rasche und weitreichende Umformulierungen
des Auftrags der Bundeswehr würden die Soldaten und die Öffentlichkeit womöglich überfordern.

7.3.2 Rot-grüne Bundeswehrpolitik bis 2005

Nach den Bundestagswahlen vom 27. September 1998 gingen die Regierungsge-
schäfte an eine Koalition aus SPD und der Partei der Grünen über. Bundeskanzler wurde Gerhard Schröder (nicht verwandt mit dem früheren Innen-, sodann
Außen- und schließlich Verteidigungsminister gleichen Namens), Verteidigungsminister Rudolf Scharping, beide von der SPD.

Die neue Bundesregierung sah sich bei ihrem Amtsantritt einem ungewöhn-   *Kosovo-Einsatz der*
lichen sicherheitspolitischen Problem gegenübergestellt. Der ethnische Konflikt   *Luftwaffe*
zwischen Serben und Albanern in der jugoslawischen Provinz Kosovo war in den
Jahren 1997 und 1998 immer heftiger eskaliert. Es kam zu Massakern von serbischen Polizisten und anderen paramilitärischen Kämpfern an den Kosovo-Alba-
nern. Eine von diesen gegründete „Befreiungsarmee des Kosovo" (UÇK) setzte
sich ihrerseits mit Gewalt zur Wehr und propagierte die Unabhängigkeit des Kosovo. Internationale Vermittlungen scheiterten. Da der Sicherheitsrat der Vereinten Nationen wegen der Haltung Russlands und Chinas keine Beschlüsse zum
Eingreifen fassen konnte, beschloss die NATO, ethnische Säuberungen großen

Stils seitens der Serber an den Kosovaren mit militärischen Mitteln zu verhindern, auch ohne das eine solche Aktion völkerrechtlich legitimierende UNO-Mandat. Die NATO begann am 24. März 1999, in den Konflikt mit Luftangriffen auf Jugoslawien (Serbien) einzugreifen – unter Beteiligung der deutschen Luftwaffe. Zum allerersten Mal wurde die Bundesrepublik Deutschland dadurch zu einem Kriegsteilnehmer. Die Luftangriffe wurden am 10. Juni ausgesetzt und am 21. Juni von der NATO für beendet erklärt. Von diesem Tag ist eine internationale Friedenstruppe (KFOR) im Kosovo präsent, auch ein deutsches Kontingent zählt dazu. Das Kosovo hat inzwischen seine Unabhängigkeit erklärt, die von den meisten europäischen Staaten und weltweit ungefähr von der Hälfte aller Staaten anerkannt wird. Im September 2012 beendete ein internationales Aufsichtsgremium (*International Steering Group for Kosovo*) seine Tätigkeit, was einen großen Schritt des Kosovo in die Rolle eines souveränen Staates bedeutet.

öffentliche sicherheitspolitische Debatte

Der Kosovo-Krieg und die Gründe für und gegen eine deutsche Beteiligung daran bestimmten 1999 hierzulande die sicherheitspolitische Debatte unter den Experten und in der politisch interessierten Öffentlichkeit. Mehrheitlich fand die Bundesregierung Zustimmung für ihre Entscheidung, sich an den Luftschlägen zu beteiligen. Im Nachhinein wird allerdings auch deutlich, dass dieser Krieg nicht zuletzt auch ein Propagandakrieg war, in dem die westlichen Argumente zunächst eine große Glaubwürdigkeit gewannen, die jedoch nur teilweise fundiert war.

Jedenfalls nutzte Verteidigungsminister Scharping die Welle des Zutrauens, die ihm und seinem Kollegen von den Grünen, dem Außenminister Joschka Fischer, entgegenschlug, um auch die Reform der Bundeswehr voranzubringen. Er legte im Mai 1999 eine „Bestandsaufnahme" der Sicherheitspolitik und der Bundeswehrreform vor und beauftragte zugleich eine hochrangig besetzte Kommission „Gemeinsame Sicherheit und Zukunft der Bundeswehr", nach ihrem Vorsitzenden Richard von Weizsäcker auch „Weizsäcker-Kommission" genannt, mit der Ausarbeitung von umsetzbaren Konzepten zur, wie es recht vollmundig hieß, „Erneuerung der Bundeswehr von Grund auf".

schnelle Eingreiftruppe der EU

Ein Jahr später legte die Weizsäcker-Kommission ihren Bericht vor. Aus ihm lässt sich die gewachsene Bedeutung einer „Europäisierung" der Sicherheitspolitik herauslesen, die im Anschluss an den Kosovo-Krieg von der Westeuropäischen Union und dem Europäischen Rat kräftig vorangetrieben wurden. Der Europäische Rat, also die Staats- oder Regierungschefs der Europäischen Union, hatte im Juni 1999 in seiner Kölner Erklärung beschlossen und dann auf seiner Sitzung in Helsinki im Dezember 1999 konkretisiert, im Rahmen der gemeinsamen Europäischen Sicherheits- und Verteidigungspolitik (ESVP) eine Schnelle Eingreiftruppe aufzustellen. Das sollte in den folgenden drei Jahren geschehen. Sie sollte 50.000 bis 60.000 Soldaten umfassen, die binnen 60 Tagen in ein Krisengebiet verlegt werden und dort in jeder Beziehung unabhängig von NATO und USA militärisch operieren können sollten.

Empfehlung der Weizsäcker-Kommission

Um die in dieser (Verpflichtungs-)Erklärung implizit und explizit angesprochenen militärischen Fähigkeiten entwickeln zu können, brauchte es in der Tat eine Erneuerung der Bundeswehr. Die Weizsäcker-Kommission empfahl der Bundesregierung einen umfangreichen Katalog von Reformmaßnahmen, darunter etwa die Umgliederung der Streitkräfte, die Reduzierung der Friedensstärke auf 240.000 Soldaten, die Förderung der Multinationalisierung, die Modernisierung der Ausrüstung, die Privatisierung von Dienstleistungen (*outsourcing*) und die gleichberechtigte Zulassung von Frauen für den Soldatenberuf.

Bei der Bundeswehr-Führung kamen diese Vorschläge nicht so gut an. Sie überredete den Minister zur Veröffentlichung eines „Eckpfeiler-Papier" genannten Dokuments, das die vorgeschlagenen Reformmaßnahmen sozusagen halbierte. Dieser Vorgang war nur ein Beispiel für etliche Verhedderungen des Ministers, dessen Fortune schmolz wie Schnee im Frühling. Im Juli 2002 trat Scharping auf Grund massiven öffentlichen Drucks zurück. — *Eckpfeiler-Papier des Ministeriums*

Sein Nachfolger Peter Struck (SPD) führte die Amtsgeschäfte bis zum November 2005 und konnte vor dem Hintergrund der internationalen Sicherheitslage, die sich nach den Terroranschlägen von New York und Washington vom 11. September 2001 verdüstert hatte, die Reformagenda wieder etwas in Schwung bringen. In die einschlägigen Nachschlags-Archive für kräftige Sprüche ist Minister Struck mit dem Satz eingegangen „Deutschlands Sicherheit wird auch am Hindukusch verteidigt", den er auf einer Pressekonferenz im Dezember 2002 äußerte. Der „legendäre Satz" (Süddeutsche Zeitung Magazin 22/2008) machte Furore, obwohl oder gerade weil er begrifflich undeutlich war. Aber er schien eine Verschiebung der sicherheitspolitischen Perspektive der Bundesregierung anzudeuten. So stießen auch die Anfang Mai 2003 vom neuen Minister erlassenen „Verteidigungspolitischen Richtlinien" auf ein gestiegenes Interesse. Hier wurde einmal mehr festgehalten, eine Gefährdung deutschen Territoriums durch konventionelle Streitkräfte gebe es derzeit und auf absehbare Zukunft nicht. Infolgedessen habe sich das Einsatzspektrum der Bundeswehr grundlegend gewandelt. — *Verteidigungspolitische Richtlinien 2003*

Aus den „Verteidigungspolitischen Richtlinien 2003" entstand in kurzer Zeit ein umfassender Entwurf für eine (Neu-)Konzeption der Bundeswehr. Darin werden die Anforderungen an die Streitkräfte konkreter gefasst: — *Neu-Konzeption*

> Multinationale Sicherheitsvorsorge ist ein grundlegendes Prinzip deutscher Sicherheits- und Verteidigungspolitik…Die Bundeswehr benötigt nach Einsatzbereitschaft und Fähigkeiten konsequent differenzierte Streitkräfte. Sie müssen schnell, wirksam, durchsetzungsfähig und durchhaltefähig gemeinsam mit Streitkräften anderer Nationen eingesetzt werden können. Dazu ist ein Fähigkeitsprofil erforderlich, das sechs miteinander verzahnte Fähigkeitskategorien umfasst: Führungsfähigkeit, Nachrichtengewinnung und Aufklärung, Mobilität, Wirksamkeit im Einsatz, Unterstützung und Durchhaltefähigkeit, Überlebensfähigkeit und Schutz…Auf Teilfähigkeiten kann verzichtet werden, wenn dies vertretbar und sichergestellt ist, dass Verbündete oder Partner diese bereitstellen (Grundzüge Konzeption Bundeswehr 2004, 7, 31).

Für den Prozess der Neukonzipierung und Umstellung der Bundeswehr begann sich nach den Manifestationen eines inter/transnational operierenden Terrorismus 2001 ein Schlüsselbegriff durchzusetzen: Transformation (darüber Näheres in Kap. 7.4).

Der Bundeswehrpolitik der Großen Koalition 2005 bis 2009 braucht kein eigenes Kapitel gewidmet zu werden, weil es sich dabei nur um die Fortsetzung der Politik ihrer Vorgängerregierung handelte, ohne viel neue Impulse.

7.3.3 Reformen vor düster werdendem Hintergrund

wachsende Schwie-
rigkeiten mit dem
Afghanistan-Einsatz

Mit dieser Überschrift wird auf den Afghanistan-Einsatz der Bundeswehr im Rahmen von ISAF und der Operation Enduring Freedom (OEF) angespielt. Bis 2004/05 erfüllten die zivilen und militärischen Konzepte für den Wiederaufbau Afghanistan nach der Vertreibung der Taliban die meisten Beobachter und die Beteiligten mit Zuversicht. Ab dann verdüsterte sich das Bild. Auf diesen umstrittensten aller Auslandseinsätze der Bundeswehr wird ausführlicher im Kapitel 14 eingegangen. Hier genügt der Hinweis, dass die wachsenden Schwierigkeiten in Afghanistan nicht ohne Einfluss auf die Diskussion der Bundeswehr-Reform blieben, und zwar paradoxerweise so, dass zunächst einmal die üblichen Mechanismen der Verdrängung und des unwahrhaftigen Schönredens angeworfen wurden.

Seit Ende November 2005 regierte (nach den Bundestagswahlen am 18. September) eine Große Koalition aus CDU/CSU und SPD. Bundeskanzlerin Angela Merkel (CDU) amtierte nun als Nachfolgerin von Gerhard Schröder (SPD), dem der Abschied vom Amt alles andere als leicht fiel. Eigentlich bietet eine Große Koalition wegen ihrer großen Mehrheit im Bundestag gute Möglichkeiten, Reformentscheidungen zu treffen und durchzusetzen, gerade wenn sie zunächst noch relativ unpopulär sind. Allerdings beginnt mit dem Regierungsantritt einer solchen Regierung immer auch schon ein regierungs-interner Wahlkampf im Blick auf die nächsten Bundestagswahlen. Das war schon zwischen 1966 und 1969 so gewesen.

große Koalition der
Reformverlangsamer

Was die Bundeswehr-Reformen betrifft, so stößt man nun auf eine informelle Große Koalition innerhalb der Koalition, die das Tempo der Reformen lieber kräftig bremsen mochte. Am deutlichsten erkennbar ist das an einem Reformthema, das schon längere Zeit sozusagen im Raume schwebte, nämlich die Reform des Wehrsystems. Im Kapitel 10 wird dieses Reformthema ausführlicher behandelt. Aber der Druck, der von den sicherheitspolitischen Rahmenbedingungen, den finanziellen Möglichkeiten und den Erwartungen der Verbündeten ausging, auch die Signale von den Auslandseinsatz-Orten der Bundeswehr ließen eine zu deutliche Verzögerung des Reformtempos nicht zu. Außerdem war eine ganze Reihe von Veränderungen angelaufen. Und wie das bei allen großen Organisationen der Fall ist: Wenn solche Vorgänge einmal laufen, dann laufen sie auch weiter.

Man kann das gut an dem ganz geschäftsmäßigen Ton erkennen, der die Sprache des „Weißbuchs 2006" kennzeichnet, herausgegeben von Franz Josef Jung (CDU), der im Jahr davor Peter Struck (SPD) als Verteidigungsminister abgelöst hatte.

Weißbuch 2006

Die herkömmliche Landesverteidigung gegen einen konventionellen Angriff als strukturbestimmende Aufgabe der Bundeswehr entspricht nicht länger den aktuellen sicherheitspolitischen Erfordernissen. Die große Anzahl der noch bestehenden nicht-aktiven Truppenteile wird bis 2010 deutlich verringert.

Die Streitkräfte werden in drei Kräftekategorien gegliedert: Eingreif-, Stabilisierungs- und Unterstützungskräfte. Diese werden jeweils aufgabenorientiert ausgebildet, ausgerüstet und eingesetzt. Diese Kräftekategorien bilden die konzeptionelle Basis für die Gestaltung der Grundstrukturen in den militärischen Organisationsbereichen der Streitkräfte.

Für die Eingreifkräfte werden 35.000, für die Stabilisierungskräfte 70.000 und für die Unterstützungskräfte 147.500 Soldatinnen und Soldaten vorgesehen. Der künftige Grundumfang der Bundeswehr liegt nach derzeitiger Planung somit bei 252.500 aktiven Soldatinnen und Soldaten. Darin enthalten werden insgesamt 2.500 Stellen für Reservistinnen und Reservisten bereitgestellt. Sie ergänzen das Personal in den aktiven Einheiten und Verbänden. Ab 2010 sind für die zivilen Mitarbeiterinnen und Mitarbeiter 75.000 Stellen vorgesehen (Weißbuch 2006, 93).

In den Jahren der Reformdiskussion haben sich die Planungen für den Umfang der Bundeswehr von der „Zwei-plus-Vier"-Obergrenze von 370.000 Soldaten permanent weiter nach unten bewegt. Das war vernünftig, denn man konnte und musste Kapazitäten dort abbauen, wo sie nach der übergeordneten Bedrohungs-analyse nicht mehr gebraucht wurden. Insgesamt gesehen war auch das Tempo dieses Abbaus sinnvoll. Denn man darf nicht aus den Augen verlieren, dass eine Organisation nicht aus einander zugeordneten Kästchen mit Funktionsbeschreibungen, sondern aus Menschen besteht, die über ihre professionelle Identifizierung mit den Zielen und Werten der Organisation hinaus auch einen persönlichen und familiären Lebenshorizont aufgebaut haben. Den darf man nicht oder nur bei Strafe wachsender inner-organisatorischer Unzufriedenheit bei solchen Planungen vollständig ignorieren.

weiterer Personalabbau

Insbesondere in den letzten Jahren hat es, weil, wie wir sehen werden, das Reformtempo kräftig angezogen wurde, in der Tat auch mehr als Ansätze zu einer solchen inner-organisatorischen Unzufriedenheit gegeben (vgl. etwa die Ergebnisse der Strohmeier-Studie von 2006/2007).

7.4 Transformation

In diesem Unterkapitel unterbrechen wir die (sehr) geraffte chronologische Darstellung der Strukturreformen der Bundeswehr und beschäftigen uns mit einem Schlüsselkonzept der Militärreformen (nicht nur) in Deutschland, das während des letzten Jahrzehnts richtungsweisend war – Transformation. Das Wort klingt *cool*, und es ist auch von Vorteil, dass es zwischen den wichtigsten NATO-Partnern nicht übersetzt zu werden braucht.

7.4.1 US-Export

Die Karriere des Transformations-Konzept begann in den Vereinigten Staaten. Zwei sich gegenseitig verstärkende Entwicklungen waren es in der Hauptsache,

Revolution in military affairs

die dort die Sicherheitspolitiker und die Militär-Planer zu einem reformerischen Parforce-Ritt der Streitkräfte anstachelten. Erstens hat eine Reihe technologischer Entwicklungen umwerfende Neuerungen für die Kriegsführung in Aussicht gestellt und somit die Perspektive einer *Revolution in military affairs* eröffnet. Zweitens setzte sich allerspätestens mit den Terroranschlägen vom 11. September 2001 in den Vereinigten Staaten ein Bild der internationalen Sicherheitslage und der eigenen Rolle darin durch, das von den eigenen Streitkräften eine erhöhte und raschere Einsatzbereitschaft verlangte.

> Die Transformation der US-Streitkräfte ist laut einer Definition des amerikanischen Verteidigungsministeriums vom April 2003 ein Prozess, der durch eine Kombination neuer Technologien, militärischer Einsatzkonzepte und Organisationsstrukturen die eigenen Vorteile ausschöpft und die Sicherheit der USA vor asymmetrischen Risiken schützt (Schreer 2003, 7).

mehr Präzisionswaffen, weniger Soldaten — Das klingt viel weniger innovativ, als es gemeint ist. Vor dem Hintergrund ihrer Erfahrungen in Irak und Afghanistan stellten sich die Befürworter einer Transformation der US-Streitkräfte vor, dass diese künftig nur mit leichten, flexiblen, beweglichen und deshalb schnell einsetzbaren Truppen und mit Operationen erfolgreich sein können, bei denen laser- und satellitengesteuerte Präzisionswaffen wie etwa die ein paar Jahre später viel Aufmerksamkeit auf sich ziehende Drohnen eingesetzt und dadurch eigene Verluste an Soldaten verringert werden können. In amerikanischer Perspektive sollte mit der Transformation der US-Streitkräfte die führende Weltordnungs-Rolle des eigenen Landes gestützt und ausgebaut werden (Office of Force Transformation 2003, 8).

Nach amerikanischen Vorstellungen verändert die Transformation die Streitkräfte gründlich. Es folgen ein paar der wichtigsten Elemente (nach Gärtner 2008[2], 247):

- Boden- und Luftoperationen sind zu integrieren.
- Die Bedeutung von *Special Forces* mit besonderer Ausbildung, Bewaffnung und Ausrüstung nimmt erheblich zu.
- Geschwindigkeit ersetzt Masse.
- Präzision ersetzt Quantität.
- Das traditionelle Schlachtfeld wird aufgelöst. Luft-, Land- und Wasseroperationen finden überall, ständig, gleichzeitig und eben integriert statt.
- Um das zu erreichen, liegt ein Schwerpunkt auf der Beherrschung von hochtechnisierten Informations-, Aufklärungs-, Kommunikations- und Führungssystemen.
- Für alle damit verbundenen Aufgaben braucht es entsprechend ausgebildete und trainierte Soldaten. Sie müssen gleichzeitig Spezialisten auf ihrem jeweiligen Gebiet sein, dazu (fast alle) auch Kämpfer.
- Dies impliziert auch eine abgeflachte militärische Hierarchie.

Man kann sich leicht vorstellen, dass es für die in großen Zahlen im Irak und in Afghanistan eingesetzten US-Streitkräfte überaus schwierig war, diesen Transformations-Anforderungen nachzukommen. Tatsächlich gelang das bis heute auch nur teilweise.

7.4.2 Transformation auf Deutsch

In Deutschland wurde die Transformation der Bundeswehr unter Verteidigungsminister Struck (SPD) zu einem sicherheits- und militärpolitischen Programmpunkt mit hoher Priorität.

> Transformation wird inzwischen im Einklang mit der internationalen Debatte von der Führung der Bundeswehr als radikale Anpassung von Konzeption, Struktur und Ausrüstung verstanden. Gebremst wird deren Umsetzung bisher jedoch von erheblichen Schwachstellen in der Transformationsdebatte, von unklaren Zielen sowie mangelnder politischer Steuerung (Schreer 2005, 18).

Der erste Punkt in dieser kurzen Passage weist auf ein generelles Strukturproblem der NATO hin. Die Streitkräfte der USA sind nämlich allen anderen im Bündnis quantitativ und vor allem qualitativ erheblich überlegen bzw. voraus. Dadurch wird eine multinationale Kooperation bei militärischen Operationen schon allein wegen des technologischen Niveauunterschieds schwierig. Der Fachausdruck für das anzustrebende Ziel einer unproblematischen Kooperation heißt *inter-operability*. [Problem Interoperabilität]

Die „Schwachstellen" der Transformationsdebatte in Deutschland konnten in den Folgejahren nicht wirklich überwunden werden. Radikale Anpassung gab es nur bei der Rhetorik, offenbar in der Hoffnung, dass dynamische Formulierungen das strukturkonservative Beharrungsvermögen der militärischen und die Unentschlossenheit der politischen Führung überspielen würden.

So widmet das „Weißbuch 2006" der Transformation der Bundeswehr ein eigenes Kapitel, eines von insgesamt acht. Wie wichtig der politischen und der militärischen Spitze des Verteidigungsministeriums die verschärfte Reformperspektive Transformation in den letzten Jahren war, kann man auch an der Organisationsgeschichte des *Zentrums für Transformation der Bundeswehr* ablesen. Ursprünglich, genauer: seit 1975 gab es ein *Amt für Studien und Übungen der Bundeswehr,* das in geringer geographischer Entfernung von Bonn die sicherheitspolitischen Entwicklungen und die sich daraus ergebenden Impulse für Anpassungs-Erfordernisse der Bundeswehr beobachten sollte. Anfang 2002 wurde das Amt zum *Zentrum für Analysen und Studien der Bundeswehr.* Inzwischen in Waldbröl untergebracht, immer noch nahe Bonn, was jedoch wegen des Umzugs eines wichtigen Teils des Verteidigungsministeriums nach Berlin nicht mehr von Bedeutung war. 2004 wurde es dort zum *Zentrum für Transformation der Bundeswehr* umgetauft. Zwei Jahre später erfolgte der Umzug nach Strausberg bei Berlin, dem demnächst ein weiterer Umzug folgen wird, dieses Mal direkt in die Bundeshauptstadt. [Zentrum für Transformation der Bundeswehr]

So richtig in kreativer Muße und mit innovativem Weitblick zu arbeiten, war dem Zentrum wohl nicht möglich. Denn parallel zur Umzugsgeschichte wuchsen die Erwartungen, die insbesondere die Bundeswehrspitze (von 2002 bis

2009 war Wolfgang Schneiderhan Generalinspekteur und ‚oberster Soldat' der Bundeswehr) mit der Transformation verband.

7.4.3 Cultural lag

Die Beschreibung dessen, was die Bundeswehr von der Transformation erwartet, wurde in schickes Design-Deutsch verpackt:

Design-Deutsch

> Transformation reagiert auf das sich wandelnde sicherheitspolitische Umfeld und gibt Antworten auf ständig neue Herausforderungen.
>
> Transformation berücksichtigt den dynamischen Entwicklungsprozess von Gesellschaft und Wirtschaft und macht ihn für die Bundeswehr nutzbar.
>
> Transformation fördert die Integration von technischen Entwicklungen in die Bundeswehr.
>
> Transformation gestaltet den Anpassungsprozess durch Anwendung neuer Verfahren und Techniken.
>
> Transformation erfordert die Bereitschaft und den Willen zur Umgestaltung. Ohne die nachhaltige Bereitschaft zur Veränderung kann die Transformation der Bundeswehr nicht gelingen (Weißbuch 2006, 102).

deutsche Definition von Transformation

Auf der nächsten Seite des „Weißbuchs 2006" kann man noch die Kurzformel dieser Beschreibung lesen:

> Transformation ist die vorausschauende Gestaltung des fortlaufenden Prozesses zur Anpassung an die sich permanent verändernden Rahmenbedingungen, mit dem Ziel, die Wirksamkeit der Bundeswehr im Einsatz zu erhöhen.

Wirklich Erhellendes ist damit noch nicht gesagt. Außer, dass alles fließt. Man könnte lakonisch darauf hinweisen, dass die Veränderungen der Rahmenbedingungen zur Kenntnis zu nehmen, möglichst auch Veränderungstrends früh zu erkennen, die eigene Organisation, ihre Strukturen, Ausbildungsrichtlinien, Bewaffnung und Ausrüstung sowie die Einsatzgrundsätze auf allen Ebenen durch Anpassung an diese Veränderungen des Umfeldes zu optimieren, dass all dies also eigentlich sowieso eine ständige Aufgabe von Streitkräften war und ist.

Armee im Einsatz

Im konkreten Fall bedeutet nun Transformation allerdings etwas ziemlich Dramatisches, speziell für die Bundeswehr, die ja anders als etwa die Streitkräfte der Vereinigten Staaten, Großbritanniens, Frankreichs, aber auch von kleineren Staaten wie Belgien oder den Niederlanden bis in die 1990er Jahre über keine Kampf-Erfahrung verfügte. Eine „Armee im Einsatz" war sie ebenfalls, wenn es sich dabei auch um einen Einsatz im Kontext von nuklearer Abschreckung handelte. Auf den Verteidigungs-Kampf für den Fall des Versagens der Abschreckung bereitete sich die Bundeswehr intensiv vor. Aber erstens blieb es bei der Vorbereitung. Und zweitens diente dies in erster Linie dazu, die Glaubwürdigkeit der Abschreckung zu erhöhen.

Die Notwendigkeit einer Transformation ergab sich bereits mit dem Ende des Ost-West-Konflikts. Das war ja nun in der Tat eine sich schubartig ergebende Veränderung der Rahmenbedingungen, übrigens eine, die von den Experten so gut wie gar nicht vorhergesehen wurde. Treten solche Ereignisse in der Politik auf, dann bewirken sie allerdings in der Regel nicht automatisch einen unverzüglichen Anpassungsprozess, vielmehr lassen sich kürzere oder längere Übergangszeiten nicht vermeiden. In den Sozialwissenschaften gibt es dafür das von William F. Ogburn vor knapp einhundert Jahren ausgearbeiteten Konzept des *cultural lag*. Die Umstellung auf die neue Lage, zumal wenn sie sich relativ unübersichtlich darstellt, fällt den Individuen schwer – und Organisationen auch.

Was die Sicherheitspolitik der Bundesrepublik Deutschland betrifft und die Anpassung der Bundeswehr, kann man von „Reform-Kaskaden" sprechen (siehe Kap. 7.2 und 7.3). Je nach der Erwartungshaltung, politischen Einstellung und dem jeweiligen Ausmaß an Geduld wird man die Geschwindigkeit des bisherigen Transformationsprozesses der Bundeswehr unterschiedlich bewerten. Die Urteile reichen von zäh und holprig bis zu wider Erwarten effizient. Auf jeden Fall ist klar zu erkennen, dass nach der Abwahl der Großen Koalition am 27. September 2009 und dem Amtsantritt einer schwarz-gelben Koalition unter Bundeskanzlerin Angela Merkel das Reformtempo für die Bundeswehr kräftig angezogen wurde.

Reform-Kaskaden

7.5 Neuausrichtung der Bundeswehr seit Ende 2009

Seit 1990 befindet sich die Bundeswehr in einem quasi-permanenten Umwandlungsprozess: was ihren Auftrag betrifft, ihren Umfang, die Ausbildung ihrer Soldaten. Dennoch aber, so erkennt man im Rückblick, ist bei diesem für alle Beteiligten sehr anstrengenden Vorgang weniger erreicht worden, als man sich vorgenommen und angekündigt hat. Weil sich die politische und die militärische Führung der Bundeswehr nur kleine Reform-Schritte zutrauten, ist man auf der zu bewältigenden Marathonstrecke trotz aller Bemühungen bis 2009 nicht sehr weit gekommen (vgl. von Bredow 2010a). Das liegt vor allem an drei Gründen.

kleine Reformschritte für lange Reformstrecke

- *Erstens* hat sich die Sicherheitspolitik Deutschlands zu langsam und gewissermaßen übervorsichtig auf die Erfordernisse der neuen Sicherheits-Landschaft in und jenseits von Europa eingelassen.
- *Zweitens* hat die militärische Führung kein erfolgreiches Rezept entwickelt, um innerorganisatorisches Beharrungsvermögen und Schwierigkeiten mit der eigenen Bürokratie zu überwinden.
- Der *dritte* Grund wiegt möglicherweise am schwersten: Es ist nicht recht gelungen, eine aufgeklärte und informierte öffentliche Debatte über die deutschen Prioritäten in der Sicherheits- und Militärpolitik, über die künftige Gestalt der Bundeswehr, aber auch über die damit verbundenen Erschwernisse des Soldatenberufs in Gesellschaft und Öffentlichkeit in Gang zu bekommen.

Lernprozess
Afghanistan-Einsatz

Dazu bedurfte es erst eines kräftigen Anstoßes von außen. Ohne die Erfahrungen, welche der Bundeswehr seit 2005/06 bei ihrem ISAF-Einsatz in Afghanistan aufgenötigt wurden, würde sich die Bundeswehr vermutlich nach wie vor mit relativ kleinen Schritten vortasten. Da dieser Einsatz in Kapitel 15 näher untersucht wird, genügt an dieser Stelle ein kurzer Hinweis. Nach 2005/06 schälte sich immer deutlicher heraus, dass die Bundeswehr auf das, was in Afghanistan auf sie zukam, ganz schlecht vorbereitet war. Immer mehr Schwachstellen wurden aufgedeckt. Die Verdrängung der Gewalteskalation durch Berlin gelang immer weniger, obwohl z. B. die Auseinandersetzungen darüber, ob man die Vorgänge in Afghanistan „Krieg" und die darin getöteten deutschen Soldaten „Gefallene" nennen durfte, das Ausmaß dieses Verdrängungspotentials verdeutlichen.

7.5.1 Die kurze Ära des Ministers zu Guttenberg

Aus den Koalitionsverhandlungen über die Besetzung der Kabinettsposten ergab es sich, dass Karl-Theodor zu Guttenberg (CSU) anstelle von Franz Josef Jung (CDU) Verteidigungsminister wurde. Ernannt wurde er Ende Oktober 2009. Seine Amtszeit war zuletzt überschattet von der Plagiatsaffäre um seine juristische Doktorarbeit. Sie war auch der Anlass für seine Entlassung Anfang März 2011.

Guttenbergs
Strukturkommission

Unter Guttenbergs Leitung bekamen die Bundeswehr-Reformen im Frühjahr 2010 neuen Schwung. Der Minister setzte eine „Strukturkommission" ein, mit nur sechs Mitgliedern weniger diskurs- als ergebnisorientiert zusammengesetzt. Bis Ende des Jahres sollte die Kommission weitgehende, aber auch umsetzbare Vorschläge für eine Straffung der Führungs- und Verwaltungsstrukturen der Bundeswehr vorlegen. Guttenberg kam in der Öffentlichkeit gut an, und das nutzte er, um Dinge an- und auszusprechen, die von den Berliner Politikern sonst eher gemieden wurden. So benutzte er die Bezeichnung *Krieg* als umgangssprachliche Bezeichnung für den „nicht-internationalen bewaffneten Konflikt", kümmerte sich medienwirksam um die von der Bundeswehr-Bürokratie ungebührlich behandelten Bundeswehr-Veteranen mit post-traumatischer Belastungsstörung (*post-traumatic stress disorder* PTSD) und nahm in Kauf, dass er in seinem eigenen Haus manchmal auch Kopfschütteln hervorrief.

Prüfauftrag des
Ministeriums

Geschickt nutzte Guttenberg die seit 2008 politik-beherrschende Finanzkrise zur Forcierung des Reformtempos. Das Bundeskabinett beschloss auf seine Initiative hin Anfang Juni einen „Prüfauftrag" für das Verteidigungsministerium. Geprüft werden sollte die Optimierung der Struktur der Bundeswehr in Hinsicht auf das von ihr erwartete Einsatz-Fähigkeits-Profil. Wenige Monate später lag der „Bericht des Generalinspekteurs der Bundeswehr zum Prüfauftrag aus der Kabinettsklausur vom 7. Juni 2010" bereits vor und wurde zur Grundlage für alle Überlegungen und Maßnahmen in Ministerium und Parlament zur Reform der Bundeswehr. Der Begriff der Transformation spielt hier übrigens keine Rolle mehr; er ist mit der (methodisch unfairen) Entlassung von Wolfgang Schneiderhan und der Ernennung von Volker Wieker zu seinem Nachfolger als Generalinspekteur der Bundeswehr Ende Januar 2010 quasi in Ruhestand geschickt worden.

Im Bericht des Generalinspekteurs werden fünf alternative Modelle zur Entwicklung der Bundeswehr vorgestellt. Alle sollen mit den Anforderungen der vom Parlament ins Grundgesetz eingebauten „Schuldenbremse" kompatibel sein, ohne die Bundeswehr nur „nach Kassenlage" zu modellieren. Im Jahr 2010 verfügte die Bundeswehr über ca. 250.000 Soldatinnen und Soldaten. 195.000 davon waren Berufssoldaten und länger dienende Soldaten auf Zeit mit unterschiedlich langen Verpflichtungszeiten. 30.000 ihren Grundwehrdienst ableistende sowie 25.000 freiwillig zusätzlichen Wehrdienst leistende Soldaten komplettieren das Bild. Die Dauer des Grundwehrdienstes schwankte übrigens in den vergangenen Jahrzehnten nicht unerheblich. Ab dem 1. Juli 2010 betrug sie nur noch sechs Monate.

fünf Modellrech-
nungen

Nach Streitkräfte-Kategorien untergliedert, umfasste die Bundeswehr zu dieser Zeit 35.000 Eingreifkräfte, 70.000 Stabilisierungskräfte und 145.000 Unterstützungskräfte. Diese Struktur nannte der Generalinspekteur in seinem Bericht ungeschminkt „ineffektiv". Eine geschrumpfte Bundeswehr, die aber quantitativ und qualitativ einsatzfähiger ist, das war die Reform-Aufgabe. *Less but more*! Entsprechend war planerisch vorgegeben, die Zahl der Berufssoldaten und Soldaten auf Zeit um 40.000 zu kürzen, zugleich jedoch die Einsatzfähigkeit der Bundeswehr zu erhöhen.

Reformziel: less but
more

Rasch stellte sich heraus, dass der Fortfall der Wehrpflicht bei solchen Vorgaben nicht zu umgehen war. Das war eine politisch und militärisch schwierige Entscheidung, um welche die politische und militärische Führung nach 1990, ab welchem Zeitpunkt sie eigentlich schon fällig geworden war, bislang immer einen weiten Bogen gemacht haben. Warum das so war und die Gründe pro und contra Wehrpflicht werden im Kapitel 11 analysiert.

Der Bericht des Generalinspekteurs machte jedenfalls den Weg frei für die rasche Entscheidung von Bundesregierung und Bundestags-Mehrheit zur Aussetzung der Wehrpflicht. Aussetzung heißt nicht komplette Abschaffung, hat aber unter den gegebenen Verhältnissen genau dieselben Auswirkungen. Jetzt ging es mit einem Male zügig voran: Schon in der zweiten Jahreshälfte 2011 wurden keine jungen Männer zur Ableistung des Grundwehrdienstes eingezogen.

Aussetzung der
Wehrpflicht

7.5.2 Kontinuität mit leichten Korrekturen

Den Posten des Verteidigungsministers übernahm am 3. März 2011 Thomas de Maizière (CDU). Sein Vorgänger Karl Theodor zu Guttenberg war, wie es ein eilfertig von ihm selbst und einem Journalisten veröffentlichtes Buch in seinem Titel verkündete, „vorerst gescheitert", und zwar an sich selbst und seinem Charakter. Dies festzustellen sei an dieser Stelle erlaubt. Seine persönliche Schwäche und besonders die sich noch im Scheitern spreizende Eitelkeit dürfen aber nicht das Urteil über seine Rolle als Überwinder sicherheits- und militärpolitischer Reform-Behäbigkeit schwärzen. Denn in seinem Amt hat er sich, auch wenn das in seinem öffentlichen Image vor und nach dem Rücktritt kaum jemals anerkannt worden ist, beträchtliche Verdienste erworben.

Guttenberg als Re-
form-Beschleuniger

Dem neuen Minister gelang es nach der Amtsübernahme zunächst ganz gut, den Reformschwung der kurzen Guttenberg-Ära zu nutzen und sich zugleich ein

Anhalten der Reform-
Dynamik

wenig, aber nicht zu viel, von seinem Vorgänger zu distanzieren. Während zu Guttenberg in der Öffentlichkeit nun als politischer Filou galt, erntete sein Nachfolger, dessen Vater Ulrich de Maizière übrigens zwischen 1966 und 1972 Generalinspekteur der Bundeswehr war, Vorschusslorbeeren auf Grund seiner gesammelten politischen und administrativen Erfahrungen. Auch für de Maizière war die „rein kontinuierliche Anpassung im Rahmen der Fortführung einer Transformation" keine Option mehr, wie er in einer Grundsatzrede vor der Deutschen Gesellschaft für Auswärtige Politik am 14. Juni 2012 in Berlin ausführte.

Neuausrichtung der
Bundeswehr
Diese Rede war auch gedacht als Erläuterung des im März 2012 vorgestellten Konzepts zur Neuausrichtung der Bundeswehr. Der Begriff Neuausrichtung ist also an die Stelle der Transformation getreten (eines von vielen Beispielen für einen regierungsamtlichen Nominalismus). Die Eckpunkte dieses Konzepts werden in dem vom Verteidigungsministerium herausgegebenen Dokument „Die Neuausrichtung der Bundeswehr" so aufgeführt:

- Bundeswehrumfang zukünftig bis zu 185.000 Soldatinnen und Soldaten und Stellen für 55.000 zivile Mitarbeiterinnen und Mitarbeiter
- Umfang der Streitkräfte zukünftig bis zu 185.000 Soldatinnen und Soldaten – einschließlich Reservistinnen und Reservisten-, davon bis zu 170.000 Zeit- und Berufssoldatinnen und –soldaten und bis zu 15.000 Freiwillig Wehrdienst Leistende
- Zukunftsweisende Gestaltung der Bildungs- und Qualifizierungslandschaft
- Einleitung notwendiger gesetzlicher und sonstiger Rahmenbedingungen im personellen Bereich (Reformbegleitgesetz)
- Möglichkeit zum Freiwilligen Wehrdienst für junge Menschen
- Stationierungskonzept der Bundeswehr nach den Grundprinzipien Funktionalität, Kosten, Attraktivität und Präsenz in der Fläche
- Neue Reservistenkonzeption
- Vereinbarkeit der Aufwendungen für Verteidigung mit dem Auftrag der Bundeswehr und eine nachhaltige Finanzierungsgrundlage
- Zusammenführung von fachlicher und organisatorischer Kompetenz auf allen Ebenen
- Neuorganisation des Bundesministeriums der Verteidigung (BMVg) in neun Abteilungen mit rund 2.000 Mitarbeiterinnen und Mitarbeitern sowie Auslagerung der Führung der militärischen Organisationsbereiche einschließlich der Inspekteure
- Erweiterte Stellung des Generalinspekteurs der Bundeswehr als zukünftiger Teil der Leitung des BMVg und mit truppendienstlicher Verantwortung
- Erhalt der fünf militärischen Organisationsbereiche Heer, Luftwaffe, Marine, Streitkräftebasis und Zentraler Sanitätsdienst in den Streitkräften
- Bündelung der Beschaffung von Ausrüstungsgegenständen für die Streitkräfte, der Informationstechnik von Waffensystemen und Führungsunterstützung
- Überprüfung aller gegenwärtigen Beschaffungs- und Ausrüstungsvorhaben auf ihre Vereinbarkeit mit der Neuausrichtung

- Effizienzsteigerung des Infrastruktur- und Dienstleistungsprozesses (Neuausrichtung 2012, 16).

Das ist ein ziemliches Sammelsurium von unterschiedlich eckigen Eckpunkten.

Aber die Zusammenstellung verdeutlicht auch die Absicht des Ministers, die Strukturreform der Bundeswehr mit großen Schritten weiterzuführen. Dass dabei ganze Brigaden gut vernetzter Teufel im Detail stecken, ist keine Überraschung – man denke nur an die Durchsetzung des Stationierungskonzepts oder an die notwendigen Schnitte und Nähte im Personalaufbau für die in ihrem Umfang schrumpfende Bundeswehr. Dennoch wurden die Ansätze zur Umsetzung des Neuausrichtungs-Konzepts zügig vorangetrieben. Das Anfang 2012 noch einmal nachgebesserte Stationierungskonzept wurde im Herbst 2011 vom Ministerium vorgelegt. Und der Bundestag hat Ende Juli 2012 das „Gesetz zur Begleitung der Reform der Bundeswehr (Bundeswehrreform-Begleitgesetz – BwRefBeglG) beschlossen.

Bundeswehrreform-Begleitgesetz 2012

7.5.3 Probleme und Schwierigkeiten

Obwohl die Bundeswehr es seit Ende 2009 mit mehr (und vor allem auch: gleichzeitig vorangetriebenen) Reformen zu tun bekommen hat als in mehr als einem Jahrzehnt davor, bleibt dennoch die Möglichkeit bestehen, dass der Reformschwung verebbt. Institutionelle und strukturelle Hindernisse erschweren nicht nur den Personalabbau mit all seinen Folgeerscheinungen. Für diesen zählt Wenke Apt (2010, 3f.) eine Reihe von Problemen und Schwierigkeiten bei der Umsetzung auf:

Personalabbau

- die Geschlossenheit des militärischen Personalsystems und die vertraglichen Verpflichtungen bei bestehenden Dienstverhältnissen;
- das Fehlen klarer strategischer Prämissen für die Modellierung von funktions- und laufbahnspezifischen Anforderungsprofile für Soldaten;
- die schwer abschätzbare Attraktivität der Angebote zum freiwilligen Ausscheiden von Berufs- und Zeitsoldaten;
- das Problem der Alterspyramide;
- die enge Begrenzung der finanziellen Ressourcen.

So bedarf es, um diese Punkte etwas weiterzuführen, einer behutsamen Abwägung und Abmessung der „Ausstiegsangebote" an Berufs- und Zeitsoldaten. Macht man sie zu unattraktiv, finden sie keine Resonanz. Macht man sie zu attraktiv, stoßen sie womöglich gerade auch bei denjenigen auf Resonanz, die man eigentlich in der Bundeswehr halten möchte. Undifferenziert angebotene *golden handshakes* können also unter Umständen die Personalabbau-Probleme eher verschärfen als mildern. Überhaupt sind inzwischen die Personal-Probleme bei der Bundeswehrreform stärker ins Blickfeld gerückt. Die große und leicht nachvollziehbare Unzufriedenheit der Soldaten mit den beruflichen Rahmenbedingungen und die beträchtlichen familiären Belastungen ihres Dienstes drücken auf die Stimmung, damit auf das Verhalten im Dienst und schließlich auch auf die *performance* im Beruf.

Dazu kommt als gravierendes Problem der Strukturreform die Konturenschwäche des anvisierten Fähigkeitsprofils der Bundeswehr. Sie ergibt sich letztendlich aus der noch unterentwickelten Fähigkeit der Europäischen Union, ihre Gemeinsame Sicherheits- und Verteidigungspolitik (GSVP) so auszubauen, dass die partizipierenden EU-Mitgliedsstaaten ihre eigenen Streitkräfte ohne Netz und doppelten Boden als Bauelement gemeinsamer Streitkräfte formieren können. Das hätte eine Arbeitsteilung zur Folge, die helfen könnte, die jeweils eigenen Stärken weiter zu pflegen, ohne ein breites Fähigkeitsprofil aufrechterhalten zu müssen. Solange dieses europäische Defizit bestehen bleibt, ist es aber sinnvoll, wenn die nationalen Streitkräfteplanungen innerhalb der GSVP so gut wie möglich aufeinander abgestimmt werden und die verschiedenen nationalen Streitkräfte wenigstens ansatzweise ihre gegenseitige Abhängigkeit in multinationalen Einsätzen ausprobieren.

Die finanziellen Rahmenbedingungen für die Fortführung des Reformprozesses lassen sich nicht präzise benennen. Die Folgen der Finanzkrise und der damit einhergehenden Schuldenkrise in der Euro-Zone, die ins Grundgesetz eingebaute bindende Vorgabe zum Abbau der Nettokreditaufnahmen des Bundes und die allgemeine Konjunkturentwicklung lassen sich als Einflussgröße für den Etat des Verteidigungsministeriums nicht neutralisieren. Zwar stimmt der Slogan „Reformen kosten Geld" nur zur Hälfte, denn gerade unter dem Diktat knapper Mittel lassen sich Reformen oft rascher und umstandsloser durchsetzen als sonst. Aber dass die Neuausrichtung der Bundeswehr erst einmal neue Investitionen benötigt, steht außer Frage. Für Christian Mölling (2012, 2) von der Stiftung Wissenschaft und Politik läuft die Bundeswehr Gefahr, „in einen Spagat zwischen sicherheitspolitischer Rhetorik und militärischer Leistungsfähigkeit zu geraten".

Thomas de Maizière, der nach der Bildung einer erneuten Großen Koalition aus CDU/CSU und SPD im Dezember 2013 durch Ursula von der Leyen auf dem Posten des Verteidigungsministers abgelöst wurde, hat jedenfalls nicht die inner-organisatorischen Unmutswellen der Bundeswehr glätten können. Ob seine als durchsetzungskräftig beschriebene Nachfolgerin darin erfolgreicher sein wird, muss sich erweisen.

Fähigkeitsprofil

Finanzprobleme

8 Innere Führung

Demokratie-Kompatibilität

Inhaltlich nicht ganz einfach zu fassen und politisch seit den Vorbereitungen zur Gründung der Bundeswehr unter Soldaten und Zivilisten heiß umstritten, sind die Begriffe *Innere Führung* und *Staatsbürger in Uniform* zu den im öffentlichen Diskurs besonders herausgestellten Merkmalen, ja in gewisser Weise zum Inbegriff des Neuen an den deutschen Streitkräften geworden. Sie symbolisieren die gegenüber früher entscheidend gewandelte deutsche militärische Kultur. Die ihnen zugrunde liegende Vorstellungen von der Demokratie-Kompatibilität des Militärs und der Demokratie-Akzeptanz seitens der Soldaten knüpfen an früh-bürgerliche Konzepte an, wie sie sich in den USA in der Leitfigur des *citizen soldier* manifestierten, wie sie aber auch in Preußen zu Beginn des 19. Jahrhunderts durch Militärreformer wie Scharnhorst und Gneisenau entwickelt worden waren.

In Preußen und Deutschland gingen diese damaligen Ansätze für mehrere Generationen weitgehend verloren. Man konnte deshalb in den 1950er Jahren mit gutem Recht von einer organisatorischen und führungstechnischen Innovation reden und von einer ganz neuartigen Konzeption zur Integration der Streitkräfte in die demokratische Gesellschaft.

8.1 Doppelte Bewährungsprobe

Nach meinem Urteil handelt es sich bei der Inneren Führung in der Tat um eine der wichtigsten politischen Neuerungen aus dem Gründungsjahrzehnt der Bundesrepublik Deutschland, in ihrer Orientierungsfunktion durchaus auf einer Stufe mit der wirtschafts- und gesellschaftspolitischen Konzeption der Sozialen Marktwirtschaft oder der außen- und gesellschaftspolitischen Konzeption der Westintegration. Das ist eine starke These, die einer starken Begründung bedarf.

Im Blick auf 1945 und die dadurch markierte Zäsur in der Geschichte Deutschlands fallen drei damals vorgenommene und aus heutiger Sicht eben sehr erfolgreiche sozio-politische Transformationen auf (um diesen Begriff einmal in anderem Kontext zu benutzen):

Elitenwandel

- Erstens der *Elitenwandel*, der bewirkte, dass autoritäre und sich an Programmen und Perzeptionen des Nationalsozialismus ausrichtende Führungsfiguren aus dem öffentlichen Leben verbannt waren. Es ist in den letzten Jahrzehnten immer mal wieder beklagt worden, dass dennoch eine Menge ‚alter Nazis' in der Bundesrepublik wichtige Positionen einnehmen konnten, eigentlich in allen gesellschaftlichen Bereichen. Das war im Übrigen auch eine Botschaft, welche die Propaganda-Spezialisten der DDR unermüdlich auf die Bundesrepublik niederregnen ließen. Der Sachverhalt ist nicht zu bestreiten; in vielen Fällen ist er auch von schreiender Ungerechtigkeit. Indes

steht in soziologischer Sichtweise etwas anderes im Vordergrund. Elitenwandel bedeutet ja nicht nur, dass die alten Eliten abserviert werden und
neue nachrücken. Das gab es nach 1945 auch, aber eher nur für spektakuläre
Fälle (wie sie etwa in den Nürnberger Prozessen verhandelt wurden). Elitenwandel umfasst auch einen Wandlungs- und Anpassungsprozess, einen
Mentalitätswechsel des Personals auf wichtigen Positionen, gleichviel ob aus
innerer Überzeugung oder aus Opportunismus, und einen Wechsel in den
Werteprioritäten. Am Anfang war die Demokratie gewiss ein *octroi*. Aber
bald war sie sozusagen gesamtgesellschaftlich internalisiert.

„Westernization" ▪ Zweitens die *Einbeziehung in multinationale und internationale Kontexte*,
wirtschaftlich (soziale Marktwirtschaft, Freihandel), politisch (Europäisierung, transatlantische Gemeinschaft), militärisch (NATO, WEU) und nicht
zuletzt auch kulturell. Letzteres wird zuweilen in kulturkritischer Absicht
„Amerikanisierung" genannt; Historiker sprechen von „Verwestlichung"
(*westernization*).

Primat der (zivilen) ▪ Drittens die *Neufassung des zivil-militärischen Verhältnisses* mit der Absa-
Politik ge an die bis 1945 über viele Generationen in Deutschland hin vorherrschenden Muster für eine Sonderstellung des Militärs in der Gesellschaft
sowie mit dem Ziel der weitgehenden Integration der Streitkräfte in die zivile, demokratische Gesellschaft. Damit wurde auch eine andere als die überlieferte politisch-militärische Kultur in der Bundesrepublik etabliert.

Keiner dieser Transformations-Erfolge gelang einfach so. Ohne den Druck der
westlichen Alliierten mit ihrer besonderen Verantwortung für die Bundesrepublik und sicherlich auch ohne den ganz anderen Druck, der vom sowjetsozialistischen Gegenentwurf für Deutschlands Zukunft ausging, gäbe es sie nicht. Außerdem mussten immer wieder innere Widerstände überwunden werden. Aber
letztlich setzte sich das Neue durch. Dabei ist auch wichtig festzuhalten, dass ein
Misserfolg auf einer dieser drei Ebenen das ganze Unternehmen hätte gefährden
können.

8.1.1   Ausgangsbedingungen in den 1950er Jahren

Als die Bundeswehr entstand, sollte sie zwei Anforderungen erfüllen, die in
einem gewissen Widerspruch zueinander standen. Sie sollte nämlich erstens alle
als negativ beurteilten Attribute früherer deutscher Streitkräfte abgelegt haben, in
einem Wort: nicht militaristisch sein. Zweitens jedoch sollten ihre Professionalität und Effizienz mindestens genau so hoch sein wie bei früheren deutschen
Streitkräften. Manche militärischen Fachleute hielten das für die Quadratur des
Kreises.

Äußere Führung und   Die Bundeswehr-Planer unterschieden grob zwischen zwei Planungsberei-
inneres Gefüge chen. Bewaffnung, Ausrüstung, militärstrategische und operative Grundsätze
wurden unter der Rubrik *äußere Führung* ganz auf effiziente Professionalität
ausgerichtet, was, wie man sich vorstellen kann, unter den Arbeitsbedingungen
der frühen 1950er Jahre ein schwieriges Unterfangen war. Der nicht unbeträchtliche Rest, eben das *innere Gefüge* der Streitkräfte und, wie man heute im Inter-

net-Deutsch sagen würde, ihre *links* zur zivilen Gesellschaft und zum politischen System wurden unter dem Begriff der *Inneren Führung* zusammengefasst. Schon relativ früh war das ein fest geprägter Begriff (deshalb das großgeschriebene I), was jedoch nicht bedeutete, dass sich jedermann darunter etwas vorstellen konnte oder dass alle, die damit zu tun hatten, sich darunter dasselbe vorstellten. Dazu waren die hier in einem einzigen Oberbegriff zusammengeführten Elemente zu heterogen: Grundsätze der Menschenführung, Normen für den internen Alltagsbetrieb, Regulierungen für den Bereich der sozialen Fürsorge und schließlich sämtliche die parlamentarisch-demokratische Kontrolle sichernden Gesetze und Vorschriften – all das gehört zur Inneren Führung. Dabei wurde nach innen (an die Adresse der Soldaten) und nach außen (an die Adresse der Öffentlichkeit und der Verbündeten) signalisiert, die neuen deutschen Streitkräfte würden sich von ihren Vorläufern Reichswehr und Wehrmacht nachdrücklich unterscheiden.

Den meisten Beteiligten war damals mehr oder weniger deutlich, dass es überhaupt nur unter den Bedingungen von glaubwürdiger Demokratie-Kompatibilität und strikter Bündnis-Ausrichtung zur Aufstellung deutscher Streitkräfte kommen würde. Ohne die proklamierte und in Gang gebrachte Distanzierung von großen Teilen der jüngeren deutschen Militärgeschichte und ihren Traditionen hätte die Opposition gegen die Wiederbewaffnung im eigenen Lande und bei manchen Nachbarn noch weit mehr Zustimmung erhalten, als sie ohnehin schon hatte. Denn populär war die Wiederbewaffnung nirgends, weder in der Bundesrepublik noch im übrigen Europa.

Distanz zur jüngeren deutschen Militärgeschichte

Als nach einigen ‚entmilitarisierten' Jahren die Entscheidung zur Wiederbewaffnung der Bundesrepublik gefallen war, sollte sie entsprechend der sicherheits- und militärpolitischen Vorgaben der USA überaus rasch vollzogen werden. Das brachte die Bundeswehr schon in ihrer Gründungsphase in ein Dilemma.

Personal-Dilemma

> Es mussten vor allem Vorgesetzte eingestellt werden, die den mentalen Sprung aus einer Armee in der Diktatur zu Streitkräften in der Demokratie vollziehen konnten und für die es attraktiv schien, aus dem bisherigen Zivilleben in die neue Bundeswehr überzuwechseln. Auch mussten sie fähig sein, die öffentliche Gleichsetzung zwischen dem negativ besetzten Begriff Militarismus und Soldat auszuhalten, sich mit ehemaligen Kriegsgegnern zu verbünden, nicht selten die zehnjährige Kriegsgefangenschaft psychisch zu verarbeiten und schließlich ehemalige Kameraden immer noch in alliierten Gefängnissen als Kriegsverbrecher inhaftiert zu sehen (Schlaffer 2006b, 625).

Und, fügt der Autor an dieser Stelle lakonisch hinzu, zu dieser mentalen Bürde sei dann eben noch ein völlig neues Konzept für das Binnengefüge der Streitkräfte, genannt Innere Führung, hinzugekommen.

Das also waren die Ausgangsbedingungen für die Reformkonzeption der Inneren Führung: einerseits von zwingender Kraft aus äußeren Gründen, andererseits nicht unbedingt als positiv empfunden von den neu zu rekrutierenden ‚alten Soldaten', die sich abwartend bis skeptisch, zuweilen auch vehement ablehnend verhielten, ohne es zeigen zu können. Nur von einer Minderheit wurde das neue Konzept von Anfang an mit großer Zustimmung akzeptiert. Es bedurfte also erheblicher Anstrengungen, um der Inneren Führung bei Stäben und der Truppe volle Akzeptanz zu gewinnen.

8.1.2 Gebrauchs-Definition

Himmeroder Denkschrift

Ein frühes Grunddokument für die Planung und Aufstellung der Bundeswehr ist die *Denkschrift des militärischen Expertenausschusses über die Aufstellung eines Deutschen Kontingents im Rahmen einer übernationalen Streitmacht zur Verteidigung Westeuropas vom 9. Oktober 1950*, nach dem Ort ihrer Entstehung auch kurz *Himmeroder Denkschrift* genannt (Text bei Rautenberg, Wiggershaus 1977). Der wortreiche und etwas umständliche Titel der Denkschrift bringt einmal mehr ganz deutlich den damals geltenden Ausgangspunkt für alle Überlegungen zur Aufstellung westdeutscher Streitkräfte zum Ausdruck: Sie sollten ein Element (Kontingent) multinationaler Streitkräfte werden, keine unabhängigen und allein aus eigener Kraft operieren könnenden nationalen Streitkräfte.

Im Abschnitt „Das innere Gefüge" der Himmeroder Denkschrift finden sich bereits wesentliche Elemente dessen, was später zur Inneren Führung gezählt wird. So wird die geistige Entfernung zur Wehrmacht betont, ebenso die demokratische Wertbezogenheit des soldatischen Selbstverständnisses. Im Vordergrund stehen die Werte Freiheit und soziale Gerechtigkeit (hier stößt man also auf eine Brücke zur gesellschaftspolitischen Konzeption der Sozialen Marktwirtschaft). Die neuen Streitkräfte sollen fest in der Demokratie verankert werden. Als das geschrieben wurde, steckte die Demokratie in der Bundesrepublik noch sozusagen in den Kinderschuhen.

antitotalitär

Es gab immer zwei negative Bezugspunkte für die Innere Führung, *erstens* die ‚militaristischen' und demokratie-feindlichen Züge der deutschen Militärtradition, insbesondere bei Reichswehr und Wehrmacht, *zweitens* aber auch den Bolschewismus und seine militärische Verkörperung in der Roten Armee und den Streitkräften des späteren Warschauer Paktes, einschließlich der Nationalen Volksarmee. Der Hinweis auf den sowjetischen Totalitarismus wirkte im Übrigen häufig im Sinne einer Kontinuität Wehrmacht-Bundeswehr, denn beide hatten es ja mit demselben (potentiellen) Gegner zu tun. Das war eine problematische Wirkung, der man als Signal für die nötige Abkehr vom nationalsozialistischen Totalitarismus die Formel entgegensetzte „rot = braun".

Wolf Graf von Baudissin

Das in der Himmeroder Denkschrift skizzierte Programm für die Praxis handhabbar zu machen, war nicht einfach. Viele haben an diesem Prozess mitgewirkt, aber die überragende Figur dabei war zweifellos Wolf Graf von Baudissin (1907-1993). Ohne ihn und seine scharfsinnige und enttäuschungsfeste Unermüdlichkeit wäre die Innere Führung nicht das geworden, was sie wurde und was sie heute ist.

Die Schwierigkeiten, mit denen sich Baudissin, der auch schon an der Himmeroder Denkschrift mitgewirkt hatte, und seine Mitstreiter von Anfang an herumschlagen mussten, rührten in der Hauptsache von der Verwirrung über Motiv, Gestalt und Grundsätze dieser neuartigen Konzeption her. Sie lässt sich auch leicht nachvollziehen, weil mit der Inneren Führung zu viele Aufgaben zugleich erfüllt werden sollten. Es ging nämlich:

- um die Sicherung und Festigung der Integration der Streitkräfte in die zivile Gesellschaft und in das politische System;
- um die Schaffung eines die Menschenwürde respektierenden, das reine Befehl/Gehorsam-Schema durch kooperatives Führungsverhalten auflockernden Betriebsklima;
- um die Loyalität der Organisation und ihrer Angehörigen gegenüber der westdeutschen Demokratie.

Im 1957 vom Bundesministerium der Verteidigung (damals hieß es noch Bundesministerium für Verteidigung) herausgegebenen „Handbuch Innere Führung" werden als deren Hauptaufgaben geistige Rüstung und zeitgemäße Menschenführung aufgeführt. Das klingt schon etwas weniger reformfreudig Tatsächlich gab es schon während der Aufstellung der Bundeswehr und in den Folgejahren etliche interne Auseinandersetzungen um die Innere Führung und ihren Hauptvertreter Baudissin. Zeitweise wurden Innere Führung und ihre Leitfigur und Rollenmodell, der Staatsbürger in Uniform, ziemlich defensiv definiert, nämlich unter Betonung dessen, was *nicht* damit gemeint war. Insbesondere musste immer wieder unterstrichen werden, dass Innere Führung nicht die soldatische Disziplin in Frage stellte, nicht der Verweichlichung soldatischer Ausbildung Vorschub leistete und nur am Rande mit der Versorgung der Soldaten zu tun hatte.

[Randnotiz: geistige Rüstung]

In dem Entwurf „Grundsätzliche Weisung über die Aufgaben und die Bedeutung der Inneren Führung in den Streitkräften" vom 15. November 1955 hatte Baudissin das Innere Gefüge der Bundeswehr als ihre „geistige, sittliche und rechtliche Gesamtverfassung" definiert und dann weiter formuliert:

> Die *Innere Führung* ist die Verwirklichung der Grundsätze und Vorschriften des Inneren Gefüges in und außer Dienst. Sie ist *Menschenführung im weitesten Sinne* und wird überall dort wirksam, wo sich im Gesamtorganismus der Truppe erzieherische, bildungsmäßige und betreuerische Aufgaben stellen. Somit ist Innere Führung wirksam in Führung und Ausbildung, in der Handhabung der Disziplinargewalt, in der politischen Bildung und Information für die Truppe, in der Betreuung und Sorge um den Menschen, im außerdienstlichen Gemeinschaftsleben...*Die Prinzipien der Inneren Führung müssen zur Grundlage aller menschlichen Beziehungen in den Streitkräften werden, anderenfalls ist keine sittliche Verbindlichkeit gemeinsamer Haltung zu gewinnen* (Baudissin 1982, 64f.).

[Randnotiz: Innere Führung als Gesamtkonzept]

Diese Passage ist nicht untypisch für den Sprachduktus Baudissins, der selten eine Gelegenheit zu einem Schlenker ins Pathetische ausließ. Jedenfalls kann man unterstellen, dass sich wenige seiner Kameraden unter „sittlicher Verbindlichkeit gemeinsamer Haltung" etwas Konkretes vorstellen mochten.

Eine etwas zu glatt geratene und vorsichtig formulierte, indes als Gebrauchs-Definition nützliche und auch längere Zeit favorisierte Begriffsbestimmung von Innerer Führung geht auf Ulrich de Maizière (1912-2006) zurück, der zwischen 1960 und 1962 Kommandeur der Schule der Bundeswehr für Innere Führung in Koblenz war (und noch eine steile Karriere vor sich hatte):

behutsam-abwägende
Arbeitsdefinition

Die Innere Führung ist die Aufgabe aller militärischen Vorgesetzten, Staatsbürger zu Soldaten zu erziehen, die bereit und willens sind, Freiheit und Recht des deutschen Volkes und seiner Verbündeten im Kampf mit der Waffe oder in der geistigen Auseinandersetzung zu verteidigen. Hierbei geht sie von den politischen und gesellschaftlichen Gegebenheiten aus, bekennt sich zu den Grundwerten unserer demokratischen Ordnung, übernimmt bewährte soldatische Tugenden und Erfahrungen in unsere heutigen Lebensformen und berücksichtigt die Folgen der Anwendung und Wirkung moderner technischer Mittel (de Maizière 1989, 228).

Zu dieser Formulierung sei es gekommen, schreibt de Maizière, weil es bis dahin nicht nur in der Truppe als Mangel empfunden worden sei, auf die Frage „Was ist denn nun eigentlich die Innere Führung" eine griffige und allgemeinverständliche Antwort zu bekommen. Also schrieb er als Kommandeur einen Wettbewerb aus. Der erbrachte immerhin einen Grundstock von Formulierungen, aus denen dann die obige Definition zusammengestellt wurde.

8.1.3 Innere Führung nach 1990

neue Zusammen-
hänge

Den verschiedenen Schritten zur Reform, Transformation oder Neuausrichtung der Bundeswehr nach 1990 und speziell nach der Entscheidung des Bundesverfassungsgerichts vom Juli 1994 sind begründet in der Notwendigkeit, die deutschen Streitkräfte fit zu machen für andere und – aus damaliger Sicht – neuartige Aufträge wie die Beteiligung an multinationalen Friedensmissionen oder humanitären Interventionen. Im amerikanischen Militärjargon hießen diese neuartigen Aufträge eine Zeitlang *military operations other than war* (MOOTW), was sie in der Tat auch sind, wenngleich sie zuweilen in Kriegshandlungen übergehen können. Während für die US-Streitkräfte diese neuartigen Missionen kriegsferner waren als viele Einsätze während des Ost-West-Konflikts (man denke etwa an Kriege wie den Korea-Krieg oder den Vietnam-Krieg), was im großen und ganzen auch für die Streitkräfte europäischer Staaten mit ihren Kriegserfahrungen aus der Entkolonialisierungs-Ära zutrifft, bedeuten sie für die Bundeswehr eine „Rückkehr des Krieges", selbst wenn sie in ihren ersten Auslandsmissionen noch Zuschauer von Kriegshandlungen bleiben konnte.

Dennoch unterliegt allen Bundeswehr-Reformen nach 1990 der Grundgedanke, die deutschen Streitkräfte so zu verändern, dass ihre Soldaten auch tauglich sind für Kriege (in der Hauptsache von solcher Art, wie sie als „neue Kriege" bezeichnet werden) oder kriegsähnliche gewaltsame Konflikte.

Die für das Thema dieses Kapitels relevante Frage lautet dann: Können die Normen und Regeln, Verhaltensmuster und –vorschriften der Inneren Führung Veränderungen in Ausbildung, Bewaffnung, Art des militärischen Auftrags unbeschadet überstehen? Oder müssen sie den neuen Bedingungen angepasst werden? Und wenn ja, wie soll das geschehen? Besteht die Gefahr, dass größere oder gar entscheidende Teile der Inneren Führung zur Disposition gestellt werden (müssen)? Eine skeptische Beobachterin der Umformulierungen des soldatischen Selbstverständnisses von Bundeswehr-Angehörigen wie Sabine Mannitz meint dazu:

Although the dominant *Bundeswehr* discourse on the new image of the soldier stresses the hybridity, and thus the even stronger multifacetedness of contemporary soldiering between military and civil tasks, a certain polarization of the involved concepts can hardly be denied. The tension finds an expression in role models that aim at a conceptual merging of military effectiveness and the integration of the soldiers in democratic society, like for instance, the suggestion of the 'democratic warrior' as a new ideal. In fact, the emphasis on functionalist concepts of efficiency which mark many arguments in favour of a more radical transformation and professionalization of the *Bundeswehr* is hard to reconcile with the demanding norms of *Innere Führung* (Mannitz 2011, 690).

Effizienz versus Innere Führung?

Skepsis ist immer angebracht, weil sie allzu raschen Schlussfolgerungen entgegensteht. Und in der Tat ist der Diskurs in und außerhalb der Bundeswehr über die Angemessenheit der Inneren Führung nach 1990 in zu starkem Masse von zwei gleichermaßen kritikwürdigen Argumentations-Ausrichtungen bestimmt, erstens dem Versuch, die Innere Führung, dieses „Markenzeichen erster Güte" (Gertz 1998, 13), unverändert zu lassen, und zweitens dem Versuch, die Innere Führung als durch die neuen Umstände obsolet geworden zu kennzeichnen. Kurioserweise lassen sich diese beiden Positionen auch überblenden. Dabei kommt dann heraus, dass es aus innenpolitischen Gründen weiter nützlich sei, die Innere Führung rhetorisch zu loben, was aber mit einem faktischen Desinteresse an ihr gut zu vereinbaren ist.

Unverändert lassen oder abschaffen? Beides falsch

Die zweite Bewährungsprobe der Inneren Führung, soviel als Zwischenergebnis an dieser Stelle, ist noch im Gange, und zwar sowohl auf konzeptioneller als auch auf praktischer Ebene.

8.2 Rückblick auf die ‚alte' Bundeswehr

In diesem Unterkapitel wird zunächst die institutionelle Umsetzung der Inneren Führung betrachtet. Bekanntlich nützen die besten Grundsätze ohne institutionelle Verankerung wenig. Dabei werden auch die inhaltlichen Schwerpunkte der Inneren Führung deutlich, die in den frühen Jahren der Bundeswehr von ihren Verfechtern gesetzt wurden. Institutionelle und inhaltliche Perspektiven ergänzen einander. Auf diese Weise ergibt sich insgesamt ein klareres Bild von den Dimensionen der Inneren Führung, eines, das über die in Kapitel 8.1.2 angesprochene Gebrauchs-Definition hinausreicht. Es folgen dann knappe Ausführungen zur Entwicklung der Inneren Führung bis zum Ende des Ost-West-Konflikts.

Grundsätze ohne Umsetzung nutzlos

8.2.1 Inhaltliche und institutionelle Umsetzungsperspektiven

Innere Führung ist weit mehr als eine Führungsphilosophie (Prüfert 1998; Opitz 2001; Hartmann 2007), Führungskultur (Jermer 2001), Führungskonzeption (Hoffmann/ Prüfert 2001) oder ein Leitbild (Wiesendahl 2006). Das sind keine falschen Bezeichnungen, aber sie sind unvollständig. In Weiterführung der übersichtlichen Darstellung von Tjarck Rössler (1977, 123ff.) kann man drei Ebenen der Inneren Führung unterscheiden, die Integrations-, die Organisations- und die individuelle Ebene. Das muss ein wenig näher erläutert werden.

Integrationsebene ■ Das Ziel der *Integration* der Streitkräfte in die Gesellschaft umfasst ihrerseits mehrere Aspekte: zunächst die verfassungsmäßige Einbindung der Bundeswehr in das politische System und die Etablierung parlamentarischer Kontrollmechanismen. Was im Englischen *civilian control* heißt und bei uns demokratische Kontrolle der Streitkräfte war sozusagen *conditio sine qua non* (eine von zweien) für die Aufstellung deutscher Streitkräfte. Dazu gehört auch die weitgehende Integration der Streitkräfte in die zivile Gesellschaft, so dass sie und ihre Angehörigen nicht in eine „Parallelgesellschaft" abdriften, sondern die demokratische Leitkultur auch für sich akzeptieren können und ihrerseits als Teil der Gesellschaft akzeptiert werden. Ferner soll, das war in den frühen Jahren der Bundeswehr ein wichtigeres Thema als heute, der Zugang zum Soldaten- und speziell zum Offizierberuf allen sozialen Schichten offen sein. Auch sollte der Soldatenberuf in der Berufswelt nicht durch besondere Privilegien herausgehoben werden (ohne dass er unbedingt als „ein Job wie jeder andere" bezeichnet werden müsste).

Organisationsebene ■ Auf der Ebene der *Organisation* der Streitkräfte wird durch die technologischen Entwicklungen ein modifiziertes Führungsverhalten notwendig. Das überlieferte und auch nicht zur Disposition stehende Befehl/Gehorsam Schema wird ergänzt durch einen mehr kooperativen Führungsstil. Dadurch werden die scharfen Kanten der militärischen Hierarchie ein Stück weit abgeschliffen. Mitbestimmung und Mitverantwortung ebnen den Weg für einen „mitdenkenden Gehorsam". Die internen Informations- und Kommunikationsstrukturen beziehen die politische Bildung der Soldaten ein – jenseits dogmatischer Indoktrinierung und unter Beachtung der pluralistischen Herkunfts- und Orientierungsmuster der Soldaten.

Bild des Soldaten ■ Wenn es schließlich um das *Bild des Soldaten* geht, dann sind bewusste und reflektierte Loyalität der Soldaten zur demokratischen Grundordnung und zu den Normen des Völkerrechts gefragt. Das Leitbild des Staatsbürgers in Uniform postuliert einen mitdenkenden Soldaten, der nicht nur sein militärisches Metier beherrscht, sondern auch aufmerksam am politischen Geschehen teilnimmt und seine politischen Rechte kennt und wahrt.

■ Diese drei Ebenen lassen sich nur analytisch voneinander trennen; im militärischen Alltagsleben geht das nicht. Hält man sich vor Augen, wie nachdrücklich und vor allem auch umfassend die Innere Führung auf dieses Alltagsleben in Truppe und Stäben einwirkt oder jedenfalls einwirken soll, dann gewinnt man schon ein gewisses Verständnis für die Schwierigkeiten bei ihrer Umsetzung. Und dafür, dass viele Vorgesetzte, ganz besonders in der Aufbauphase, aber auch später, damit überfordert waren. Überforderung unter Stress-Bedingungen führt aber oft geradewegs in emotionale Ablehnung.

parlamentarische Vergleichsweise einfach ist die Identifizierung der Umsetzungs-Mechanismen
Kontrolle   für die Innere Führung auf der ersten der oben angesprochenen Ebenen. Eine

ganze Phalanx von Bestimmungen dazu, alle mit hoher Verbindlichkeit, finden sich bereits im Grundgesetz. Die parlamentarische Kontrolle erfolgt über die jährlichen Beschlüsse des Bundestages zum Haushaltsplan (Art. 87a, Abs.1), über die Festlegung der Schritte zur Entscheidung über den Eintritt des Spannungs- und des Verteidigungsfalles (Art. 80a, Abs. 1 und Art. 115a, Abs. 1), über die Organisation der Befehls- und Kommandogewalt in Friedenszeiten (Art. 65a) und im Verteidigungsfall (Art 115b), über die besonderen Kontrollrechte des Bundestages qua Untersuchungsausschüssen (Art. 45a, Abs. 2) und nicht zuletzt durch die institutionelle Neuerung, zum Schutz der Grundrechte der Soldaten und als Hilfsorgan des Deutschen Bundestages bei der Ausübung der parlamentarischen Kontrolle über die Bundeswehr das Amt eines *Ombudsmans*, Wehrbeauftragter genannt, einzuführen (siehe Kap. 9.1.2).

Innerhalb der Bundeswehr wurden ferner Institutionen geschaffen, die zur Aufgabe haben, die Innere Führung, ihre Umsetzung und Weiterentwicklung zu beobachten und eigene Beiträge dazu zu präsentieren:

- Das *Zentrum Innere Führung* in Koblenz, 1956 als Schule der Bundeswehr für Innere Führung gegründet und 1981 umbenannt, bietet hauptsächlich Lehrgänge an für Angehörige der Bundeswehr, aber auch im Rahmen der Öffentlichkeitsarbeit der Bundeswehr für ‚Multiplikatoren' aus der zivilen Gesellschaft.

- Der *Beirat für Innere Führung* (seit 1958) setzt sich aus Persönlichkeiten des öffentlichen Lebens zusammen und soll den Verteidigungsminister in allen Fragen der Inneren Führung mittels Stellungnahmen beraten.

- Weil seine jährlichen Berichte in Parlament und Öffentlichkeit vielleicht nicht immer mit gleich hoher, aber doch mit beträchtlicher Resonanz rechnen können, ist auf den oben bereits erwähnten *Wehrbeauftragten* auch hier noch einmal hinzuweisen, obwohl sein Amt nicht zur Organisation der Streitkräfte zählt. Im Verlauf der von Einbrüchen nicht ganz freien Geschichte des Amtes (vgl. Schlaffer 2006a) ist ihm auf jeden Fall eine besondere Autorität als „Frühwarnsystem" für Fehlentwicklungen zugewachsen.

Institutionen zur Pflege der Inneren Führung

8.2.2 Gründungsphase

Der Aufstieg der Inneren Führung zum „Markenzeichen erster Güte" vollzog sich ziemlich holprig. Die in ihren Konturen unscharf bleibende Konzeption stieß innerhalb der Bundeswehr von Anfang an auf Kritik, aber nicht etwa wegen dieser Unschärfe, sondern in der Hauptsache, weil sie das überlieferte soldatische Selbstverständnis und Traditionsbewusstsein und damit viele tief eingeschliffene Verhaltensweisen im militärischen Alltag in Frage stellte. Auf diese Verunsicherung reagierten viele Offiziere abweisend, manche auch aggressiv, was insbesondere Graf von Baudissin als der Haupt-Konstrukteur der Inneren Führung zu spüren bekam. Allerdings unterstützten die entscheidenden politischen Strömungen in der Bundesrepublik die Innere Führung mit Nachdruck. Eine Ausnahme bildete die in den 1950er Jahren vehement nationalistisch argumentierende FDP. Sie hatte damit für das politische System der Bundesrepublik jener Jahre eine

im Offizierkorps anfangs wenig Begeisterung für die Innere Führung

wichtige Funktion; aber man kann die damaligen FDP-Stellungnahmen heute oft nur noch mit gerunzelter Stirn lesen.

Reformer versus Traditionalisten

In der Bundeswehr kristallisierten sich rasch zwei lose verbundene Gruppierungen heraus, die kleine Fraktion der überzeugten ‚Reformer’ und die größere Fraktion der ‚Traditionalisten’, von denen die Mehrheit es bei Skepsis und einer abwartenden Haltung gegenüber den Ideen der Neuerer bewenden ließ, wohingegen eine militante Minderheit, unterstützt auch von einigen wenigen zivilen Publizisten, sich auf sie einschoss. Der Streit zwischen diesen und den Anhängern der Inneren Führung konnte überaus scharf werden. Zuweilen verletzte er auch die Würde der daran Beteiligten.

Freilich darf man nicht annehmen, dass in der Aufbauphase der Bundeswehr immer und überall Fragen der Inneren Führung im Vordergrund standen. Häufig genug gab es auch gemeinsame und ihre diesbezüglichen Differenzen überbrückende Interessen von Anhängern und Gegnern der Inneren Führung. Auch versuchten viele Soldaten, sich dem Streit dadurch zu entziehen, dass sie sich eher auf die technischen und professionellen Aspekte ihrer Arbeit konzentrierten.

Freiherr-vom-Stein-Preis 1965

In der ersten Dekade des Bestehens der Bundeswehr und darüber hinaus galt die Konzeption der Inneren Führung vornehmlich der kriegsgedienten Generation und den Bemühungen, dieser Generation deutlich zu machen, dass Innere Führung zunächst und vor allem die Verwirklichung der Wertsetzungen des Grundgesetzes in den Streitkräften und nicht kritikloses Anknüpfen an frühere Zeiten bedeutete. Dass sich diese Auffassung nach vielen Anfeindungen dann doch durchsetzte und öffentliche Anerkennung fand, zeigt die Verleihung des Freiherr-vom-Stein-Preises an Graf Kielmansegg, Graf Baudissin und Ulrich de Maizière (Schubert, in: Thoß 1995, 315f.)

Das war 1965. Der Festakt anlässlich der Preisübergabe fand übrigens im Auditorium Maximum der Hamburger Universität statt – ein paar Jahre später wäre das wohl nicht mehr möglich gewesen. Im Namen aller Preisträger bedankte sich Baudissin in einer programmatischen Rede für diese Ehrung, die hohe symbolische Bedeutung besaß.

8.2.3 Entwicklungsschübe und Stagnation

Dennoch hatten sich die ideologischen Frontlinien keinesfalls aufgelöst. In Gewissem Sinne verhärteten sie sich sogar in der zweiten Hälfte der 1960er Jahre. Dafür waren zwei Gründe maßgeblich.

gesellschaftlicher Wertewandel

Erstens nahm in diesen Jahren ein gesamt-gesellschaftlicher Wertewandel Fahrt auf, ein rapider sozialer Wandel (Stichworte: außerparlamentarische Opposition, Studentenbewegung, anti-autoritäre und libertäre Lebensentwürfe, Politisierung, Emanzipation), der die Integration der Streitkräfte in die demokratische Gesellschaft schwieriger machte, weil diese sich rascher veränderte als die Streitkräfte.

bundeswehr-interne Malaise

Zweitens hatte sich in der Bundeswehr nach den enormen Anstrengungen der Aufbaujahre eine Art Stimmungs-Malaise, ein generelles Unbehagen über die bürokratischen und sonstigen Alltagsschwierigkeiten ausgebreitet. Zu einem nicht geringen Teil beruhte das auf Personalproblemen im Offizier- und Unteroffizierkorps, insbesondere im Heer. Ein leicht skurriler Ausdruck dieses Unbehagens war oft eine ganz unmilitärische Mimosenhaftigkeit bei Kritik und kritischen Nachfragen – „Armee auf der Erbse" war der aussagekräftige Titel einer kleinen, seinerzeit bundeswehr-intern kursierenden Satire. Für das sich aus verschiedenen Quellen speisende verbreitete Unbehagen gab die Innere Führung einen geradezu perfekten Sündenbock ab.

> Oft waren Resignation und Gereiztheit in den Einheiten und Verbänden festzustellen, in denen die Fähigkeiten, die Erfahrungen sowie das Format der Offiziere und Unteroffiziere nicht ausreichten. Dem allgemeinen Schwund an Autorität und steigenden Alkoholmissbrauch konnte nur wirksam durch ein erfahrenes sowie selbst- und verantwortungsbewusstes Offizier- und Unteroffizierkorps entgegengetreten werden. Entscheidend dabei war das Vertrauen in die Führung, aber dieses war erheblichen Belastungsproben ausgesetzt (Schlaffer 2006b, 639).

So kam es Ende der 1960er Jahre zu einer „Krise der Inneren Führung" (Opitz 2001, 18), die sich u. a. auch dadurch bemerkbar machte, dass eine Reihe von Generälen (Trettner, Panitzki, Pape, Schnez, Karst, Grashey) aus ähnlichen, wenn auch nicht völlig übereinstimmenden Gründen und zu verschiedenen Anlässen ihrem Unmut über den Primat der zivilen Bürokratie im Ministerium, über das nicht hinnehmbare Unverständnis gegenüber militärischen Imperativen in der zivilen Gesellschaft und eben auch über die Innere Führung auf spektakuläre Weise Luft machten. Solcher Unmut stieß auch bei einer Reihe jüngerer Offiziere auf Resonanz. So veröffentlichten die „Hauptleute von Unna" 1971 eine Stellungnahme, in der sie zu verstehen gaben, sie könnten wegen fehlender materieller, politischer und rechtlicher Unterstützung ihren Auftrag nicht mehr erfüllen. Die Schuld dafür schoben sie der politischen Führung zu. Mit ihren Forderungen schienen sie, um die vorsichtige Formulierung von Abenheim (1989, 183) aufzunehmen, „das Prinzip der zivilen Kontrolle in Frage zu stellen".

Krise der Inneren Führung

Zu ihrer harschen Kritik waren die Hauptleute übrigens von ihrem Divisionskommandeur ermuntert worden (ach, die Gruppendynamik!). Sie sollte auch als Antwort auf eine andere Gruppen-Stellungnahme verstanden werden, in der sich eine Reihe von Leutnants, alle Teilnehmer an einem Lehrgang der Heeresoffiziersschule II (derselbe Seufzer), mit durchaus provozierend gemeinten Thesen vom konservativ-konventionellen Bild des Offiziers verabschiedeten und sich stattdessen explizit an den Gedankengängen Baudissins orientierten. Solche Stellungnahmen und Gegenstellungnahmen, an sich durchaus begrüßenswert und Ausdruck von Meinungsvielfalt, brachten die Beteiligten allerdings nicht in einen Dialog, weil die meisten von ihnen in erster Linie an der Vertiefung der Trennlinie zwischen ‚Reformern' und ‚Traditionalisten' interessiert waren.

Leutnant 70 versus Hauptleute von Unna

Als Groß-Organisation mit einem als Folge der Wehrpflicht ständig wechselnden Personal in ihren Mannschaftsdienstgraden war die Bundeswehr zwar nie, was manche Politiker gerne behaupteten, ein „Spiegelbild der Gesellschaft". Aber sie war doch immer auch recht schnell und durchaus massiv betroffen von Werte- und Verhaltensänderungen in der zivilen Gesellschaft. Wenn also die

German Hair Force

jungen Männer plötzlich lange Haare tragen wollten, musste sich die Bundeswehr dazu verhalten, was sie übrigens am 8. Februar 1971 mit einem das Tragen langer Haare tolerierenden „Haarnetzerlass" tat. Dies ist aber nur ein kleines (und in seinen ästhetischen Auswirkungen leicht bizarres) Beispiel für die engen Wechselbeziehungen zwischen Bundeswehr und Gesellschaft.

Zugleich musste die Bundeswehr aber auch auf Veränderungen des soldatischen Berufsbildes reagieren, was am Ende der 1960er Jahre auf die Notwendigkeit einer Reihe miteinander verknüpfter Organisationsreformen hinauslief. In Angriff genommen wurden sie vom ersten sozialdemokratischen Verteidigungsminister der Bundesrepublik Deutschland, Helmut Schmidt (Jahrgang 1918). In dieser Zeit wanderten viele traditionalistische Vorstellungen samt ihrer Verfechter ins Abseits. Das hieß aber keineswegs, dass die Innere Führung, wie Baudissin sie verstand, nun ungehindert zum Zuge kommen sollte. Für den Minister war die Innere Führung eine Ideologie (so kann man sie in der Tat bezeichnen, allerdings nur, wenn man mit einem relativ nüchternen Ideologie-Konzept arbeitet). Deshalb war sie ihm, der sich gerne als super-pragmatisch stilisieren ließ, wenn schon nicht ein bisschen verdächtig, so doch eher zweitrangig.

Helmut Schmidt als Bundeswehr-Reformer

Schmidt war als Bundeswehr-Reformer ungewöhnlich erfolgreich. Er stellte das Betriebsklima der Bundeswehr weltanschaulich um einige Grade kühler ein. Das bekam ihr gar nicht schlecht. Pragmatisch-technokratische, effizienz- und leistungsbezogene Kriterien schoben sich in den Vordergrund. Organisationssoziologen wissen, dass derartige kühle Reformen für die Leistungsfähigkeit großer Organisationen ungemein wichtig sind.

Aber sie haben auch herausgefunden, dass sich die Dynamik solcher Reformen rasch verliert. Schmidts Nachfolger im Amt des Verteidigungsministers, der Sozialdemokrat Georg Leber (1920-2012), vermochte sie jedenfalls nicht aufrecht zu erhalten. In der Literatur zur Inneren Führung über die letzten 15 Jahre der ‚alten Bundeswehr' stößt man immer wieder auf Begriffe wie Stagnation oder Niedergang (u. a. Opitz 2001, 21; Bald 2005, 96). Besonders eloquent wird diese Beobachtung von Martin Kutz vorgebracht (der dabei aber doch ziemlich überzieht):

Degeneration der Inneren Führung?

> Baudissins Konzept war…in den offiziellen Äußerungen völlig degeneriert. Man redete zwar noch von Innerer Führung, wohl auch, weil Gewohnheit einerseits und Angst vor den politischen Folgen einer offiziellen Suspendierung andererseits zu groß waren. Was man unter diesem Namen propagierte, war inzwischen auf eine Technik zur Integration der Wehrpflichtigen in die militärische Welt reduziert und sollte zu deren Alltagsmotivation durch ‚moderne Menschenführung' beitragen (Kutz 2006, 226).

Folgen der Akademisierung des Offizierkorps

Die Kritiker stimmen allerdings in ihren Begründungen für Stagnation, sinkendes Interesse oder Niedergang nicht überein. Für die einen lag das sinkende Interesse an der Inneren Führung schlicht und einfach daran, dass sich andere Aspekte in den Vordergrund schoben, wenn die Bundeswehr und die Sicherheitspolitik thematisiert wurden – Friedensbewegung, alternative Sicherheitspolitik, Verblassen des Ost-West-Konflikts. Andere nahmen eher an, die zweite und dritte Generation von Offizieren akzeptiere die Innere Führung als Selbstverständlichkeit und habe ihre Grundsätze in die eigene Berufspraxis integriert, freilich ohne sich dabei bewusst zu sein, wie notwendig eigentlich eine Weiterentwicklung der Inneren Führung wäre. Opitz (2001, 23), einige Jahre enger Mitarbeiter von Georg Leber, bemerkt etwas sardonisch, die Akademisierung der Offiziersausbildung an den beiden Universitäten der Bundeswehr (Hamburg und München) habe dazu beigetragen, zuvor politisch geführte Debatten über die Innere Führung ebenfalls zu akademisieren, was ihnen nicht gut bekommen sei.

Eine dritte Meinung, sie wurde auch von einigen Sozialwissenschaftlern vertreten, die in der Bundeswehr ihren Arbeitsplatz hatten, interpretiert die Jahre der CDU/CSU/FDP-Koalitionsregierung mit den Verteidigungsministern Manfred Wörner, Rupert Scholz und Gerhard Stoltenberg als eine Zeit, in der die Innere Führung gezielt zurückgedrängt und durch ein anachronistisches militärisches Denken seitens der Führungsspitze der Bundeswehr ersetzt werden sollte. Diese These findet sich etwa in den Schriften von Martin Kutz und Detlef Bald.

8.3 Innere Führung ‚im Einsatz'

In Mitteleuropa war die Vereinigung Deutschlands 1990 der sinnfälligste Ausdruck für das Ende des Ost-West-Konflikts. Für die früher im machtpolitischen und ideologischen Einflussbereich der Sowjetunion gelegenen Staaten Europas brachte dieser Vorgang auch dramatische Veränderungen ihrer sozialen und politischen Strukturen mit sich. Zugleich aber hatte sich die sicherheitspolitische Landschaft in Europa und auf anderen Kontinenten grundlegend verändert. Dem musste sich die Sicherheitspolitik Deutschlands anpassen. Zentrale Aufgabe innerhalb dieses Prozesses war die Reform/Transformation/Neuausrichtung der Bundeswehr als eines sicherheitspolitischen Instrumentes, das nun primär für andere Zwecke verfügbar sein sollte als vor 1990. Wie wir gesehen haben, war die Einführung der Inneren Führung in den 1950er Jahren der Versuch, die Bundeswehr zu einer „zeitgemäßen" Streitkraft zu machen.

Wenn nun nach 1990 das, was sicherheits- und militärpolitisch „zeitgemäß" war, sich drastisch zu verändern begonnen hatte, dann liegt die Forderung nahe, auch die Innere Führung auf die Höhe der Zeit zu bringen. Dass dies nicht nötig sei, ließ sich aus zwei einander entgegengesetzten Positionen argumentieren, nämlich *entweder*, wenn man der Auffassung war, die Innere Führung sei eine zeitlose Lehre und benötige daher keine Anpassung an veränderte Umstände, *oder* wenn man glaubte, die Innere Führung sei einzig und allein für die Zeit des Ost-West-Konflikts und der deutschen Teilung entworfen und nach 1990 obsolet geworden.

Forderung nach Zeitgemäßheit

Beiden Positionen fehlt es an Überzeugungskraft. So bleibt festzuhalten, dass die Innere Führung nach 1990 weiterzuentwickeln und den neuen Umständen anzupassen war.

8.3.1 Problem Auslandseinsätze

Wir sollten darauf bestehen, dass auch die ‚alte' Bundeswehr eine Streitkraft im Einsatz war. Nach 1990 hat sich das Einsatzspektrum freilich erheblich erweitert. Die heute gängige Kennzeichnung der Bundeswehr als Armee im Einsatz kann, richtig verstanden, nur akzentuieren, dass sich die gegenwärtigen Einsatzarten vom Abschreckungs-Einsatz in vielfacher Hinsicht unterscheiden.

Verschiebung des Einsatzspektrums

Damit ergibt sich eine Kontinuität des „Ernstfalls"; und mit ihr auch eine Kontinuität der Inneren Führung, sowohl legitimatorisch als auch funktionalistisch betrachtet. Die Verschiebungen im Einsatzspektrum verlangen eine Neukalibrierung des Verhältnisses Bundeswehr/Zivilgesellschaft, damit verhindert wird, dass hier ein wechselseitiger Entfremdungsprozess weitergeht, der offenbar in letzter Zeit schon begonnen hat. Außerdem braucht die Bundeswehr einen raschen, aber fundierten Ausbau ihrer *Kooperations-Professionalität* (vgl. von Bredow 2007).

Zur Bewältigung dieser beiden Aufgaben bedarf es einer funktionierenden, das heißt aber auch: weiterentwickelten Inneren Führung.

> Innere Führung muss nach innen und außen zeitgemäße Antworten zur Legitimation des soldatischen Dienstes, zur Identität des Soldaten und zur Integration der Bundeswehr in die Gesellschaft geben (Hoffmann 2005, 54).

Zentrale Dienstvorschrift 10/1

Blickt man von außen auf die Bundeswehr, fällt einem bald auf, dass der Diskurs um die Innere Führung nach 1990 große Ähnlichkeit mit dem Diskurs in den Jahrzehnten davor aufweist: Es gibt Vorschriften und Bestimmungen zur Inneren Führung, etwa die Zentrale Dienstvorschrift 10/1 in ihren verschiedenen Überarbeitungen, ferner gibt es offizielle Bilanzen von Bundeswehr-Seite, etwa in den Weißbüchern bis hin zu dem Weißbuch 2006, worin festgestellt wird, dass mit der Inneren Führung alles prima laufe und ihre Grundsätze sich bewährt hätten. Zugleich jedoch stößt man regelmäßig auf skeptische bis höchst kritische Stimmen aus der Truppe, gar nicht so selten auch aus der Feder von Generälen im Ruhestand, wonach die Innere Führung unpraktisch bis unpraktikabel sei. Und drittens liest man in Publikationen von Sozialwissenschaftlern, häufig solchen, die in Dienststellen der Bundeswehr arbeiten, über das traditionalistische *roll-back* in der Bundeswehr, das seit den 1980er Jahren die Innere Führung gezielt zurückstutzt und ihren Sinn verfälscht (Bald u.a. 2008, vom Hagen 2012, 143). Innere Führung und Tradition

Klaus Naumann (2007, 101) hat kürzlich im Blick auf die Innere Führung bemerkt, dass auch Institutionen altern, „das heißt nicht nur eigene Traditionen ausbilden, sondern diese selbst einer neuerlichen Prüfung" unterziehen müssen. Er macht dies an drei Beispielen fest:

- der Tilgung von Traditions-Elementen, die aus der Wehrmacht in die Bundeswehr hineinreichen;
- dem Umgang mit der kollektiven Erinnerung an die in militärischen Einsätzen der Bundeswehr gefallenen Soldaten;

- der gerichtsfest gewordenen Inanspruchnahme der Gewissensfreiheit zwecks Gehorsamsverweigerung durch Bundeswehr-Angehörige.

Das wichtigste dieser drei Beispiele ist zweifellos der Umgang mit der Erinnerung an die bei Einsätzen der Bundeswehr gefallenen Soldaten.

Aber diese Liste ist keineswegs vollständig. Ganz allgemein gesprochen, geht es bei der Weiterentwicklung der Inneren Führung um Anpassung und Innovationen auf vier verschiedenen Ebenen.

- Die staatlichen Vorgaben (Gesetze und Institutionen) zum Schutz der Grundrechte der Soldaten und der Inneren Führung müssen auf ihre Wirksamkeit überprüft und ausgebaut werden. *Anpassungs-Erfordernisse*
- Die politischen Ziele und Zwecke der neuen Aufgaben und Einsätze müssen von der Öffentlichkeit verstanden und akzeptiert werden.
- Die mit solchen Einsätzen verbundenen besonderen Belastungen müssen von der Bundeswehr und der Öffentlichkeit anerkannt werden.
- Die Soldatinnen und Soldaten der Bundeswehr müssen ihr individuelles und kollektives berufliches Selbstverständnis so erweitern, dass nicht nur die handwerklichen, sondern auch die politischen und rechtlichen Aspekte dieser neuen Aufgaben darin Platz finden.
- Die bei den multinationalen Missionen erforderliche Kooperations-Professionalität setzt eine mehr als nur ansatzweise angelernte inter-kulturelle Sensibilität und eine ausgeprägte Fähigkeit zur erfolgreichen zivil-militärischen Zusammenarbeit voraus (mit zivilen Akteuren aus dem eigenen Land, internationalen Nichtregierungsorganisationen und den Medien vor Ort).

Die Praxis der letzten Jahre hat oft genug gezeigt, dass solchen Forderungen gar nicht einfach nachzukommen ist. Ob es sich um Mini-Skandale wie das geschmacklose Posieren von Bundeswehr-Soldaten mit Totenschädeln an einem Einsatzort in Afghanistan handelt, um die Schwierigkeiten der Bundeswehr-Bürokratie, Soldaten mit post-traumatischen Belastungs-Störungen (PTBS) nach Auslandseinsätzen pfleglich zu behandeln oder die andauernde und eine ganz falsche Alternative aufbauende Auseinandersetzung darüber, ob die Bundeswehr bei solchen Einsätzen „kämpfen oder Brunnen bohren" soll – immer gewinnt man den Eindruck, dass die Auslandseinsätze eben auch ein Problem für die Innere Führung und das ihr inhärente Bild des Soldaten darstellen. *Mini-Skandale und Führungsdefizite*

8.3.2 Der ‚hybride' Soldat

Treten wir an dieser Stelle einmal einen großen Schritt zurück und versuchen, die neuen Rahmenbedingungen, die für moderne Streitkräfte seit dem Ende des Ost-West-Konflikts gelten, die sich daraus ergebenden Anforderungen an den Soldatenberuf und die Grundüberlegungen zur Inneren Führung in eine gemeinsame Perspektive zu bringen. Über die Rahmenbedingungen braucht es jetzt keine weiteren Ausführungen, die sind in den Kapiteln 2.3 und 6 näher beschrieben und analysiert worden.

Kämpfen *und*
Brunnen bohren

Die gewandelten, genauer: erheblich erweiterten Anforderungen an moderne Streitkräfte und ihre Soldaten werden in der Militärsoziologie manchmal unter dem Etikett „Neue Streitkräfte" (von Bredow 2006) oder „Hybridisierung der Streitkräfte" (Kümmel 2012) zusammengefasst. Darunter ist unter anderem zu verstehen, dass beides, „kämpfen *und* Brunnen bohren", inzwischen zum Fähigkeitsprofil von Streitkräften gehört, wobei „Brunnen bohren" ja nur beispielhaft als eine von vielen zivilen Kompetenzen genannt wird, die bei Soldaten in Einsätzen des *peacekeeping* oder bei Krisenreaktions-Operationen je nach den Umständen nachgefragt werden können – insbesondere dann, wenn in diese Einsätze Aspekte des Wiederaufbaus einer zerstörten Gesellschaft oder des Schutzes für die Ausbildung neuer sozialer und politischer Strukturen integriert sind (wie das bei den langjährigen und personal-aufwendigen Bundeswehr-Einsätzen in Bosnien-Herzegowina, im Kosovo und in Afghanistan der Fall ist).

Kriegs- und Kampf-
tauglichkeit

Während in dem Typ Verteidigungsarmee, wie ihn die Bundeswehr bis 1990 verkörperte, die Soldaten in ihrer Ausbildung zwar je nach Teilstreitkraft, Waffen- und Truppengattung unterschiedliche Fertigkeiten erlernten, waren diese doch alle in einen stabilen sicherheitspolitischen Rahmen eingepasst. Die Basis des soldatischen Selbstverständnisses bildete die Kriegs- oder Kampftauglichkeit. Unter dem Vorzeichen der nuklearen Bipolarität im Ost-West-Konflikt nach 1945 war diese Kriegs- oder Kampftauglichkeit politisch und militärstrategisch sozusagen an die Kandare genommen. Abschreckung als Kriegsverhinderung kann man ja auch so übersetzen: Kämpfen können, um nicht kämpfen zu müssen.

Der Militärschriftsteller und ehemalige General der eidgenössischen Streitkräfte Gustav Däniker war einer der ersten, der nach 1990 die Konturen der Neuen Streitkräfte und des hybriden (d. h. mehrere sehr unterschiedliche Funktionen in seiner Person zusammenbindende) Soldaten für das 21. Jahrhundert skizziert hat. Die folgende Liste betont vor allem die Unterschiede zu früher (vgl. Däniker 1992, von Bredow 2006):

Prävention und
Intervention

- Die Streitkräfte werden vorwiegend Aufgaben der Prävention, Intervention und Wiederherstellung der Ordnung wahrzunehmen haben. Abschreckung und herkömmliches Gefecht werden zweitrangig werden. Allerdings bedeutet zweitrangig nicht unwichtig. Auch im Zusammenhang mit Prävention, Intervention und Wiederherstellung der Ordnung kann es zu Gefechten kommen.
- Das oberste Ziel auf dem Einsatzgebiet ist nicht mehr der militärische Sieg, vielmehr die Schaffung geeigneter Voraussetzungen für eine stabile Ordnung nach dem Ende des gewaltsamen Konfliktes. Aus dem Konfliktgebiet sollen keine Gefährdungs-Impulse für die internationale Sicherheit mehr ausgehen, was am ehesten durch die Versöhnung der ehemaligen Gegner bewirkt wird.
- Der Einsatz von Streitkräfte-Kontingenten von Drittstaaten steht auch im Dienst der Verfolgung von Kriegsverbrechern und ihrer Auslieferung an die zuständigen Gerichte. Streitkräfte übernehmen in diesem Fall auch polizeiliche Funktionen (*constabularization* ist der englische Fachausdruck dafür).

- Den Soldaten ist es nicht länger gestattet, nach rein militärischen Normen und Regeln zu denken und zu handeln. Zumindest im Offizierkorps wird die Fähigkeit, politisch zu denken und diplomatisch aufzutreten, Teil der Erziehung und Ausbildung.
- Flexibilität und Multifunktionalität im Einsatz unterhalb der Kriegsschwelle werden genauso wichtig wie Feuer und Bewegung auf dem Gefechtsfeld.
- Soldaten in solchen Einsätzen haben es nicht nur mit ihresgleichen zu tun (auf der eigenen Seite und beim Gegner), sondern vor allem auch mit zivilen Partnern.

In erster Linie gelten all diese Punkte für den Teil der Streitkräfte und für die Soldaten, die für Auslandseinsätze vorgesehen sind. Außerdem variieren die Einsätze, um die es geht, erheblich. Nichts wäre falscher, als etwa anzunehmen, auch in Zukunft müsste die Bundeswehr sich einzig für Militäroperationen wie im Kosovo oder in Afghanistan rüsten (dazu scharfzüngig: Speckmann 2010). Aber das vergrößert ja nur die Anforderungen an die Flexibilität der Organisation und der Soldaten. Vor allen Dingen wird von ihnen die Bereitschaft verlangt, sich auf unterschiedliche kulturelle Umfelder einzulassen. Außerdem darf das eigene Legitimitäts-Niveau auch im Umgang mit den Akteuren vor Ort, gleichviel ob in Uniform oder in Zivil, nicht unterschritten werden, weil sonst ein rapider Verlust an Glaubwürdigkeit droht.

(Randnotiz: Variationsbreite von Auslandseinsätzen)

Selbstverständlich müssen die Soldaten, sonst wären sie ja keine, kämpfen können. Das zu unterstreichen, ist keineswegs Ausdruck rückwärtsgewandter Militär-Ideologie. Streitkräfte *ohne* diese Fähigkeit ihrer Soldaten (wenn auch nicht aller in gleichem Maße) sind keine. Jedoch sind Soldaten bei Einsätzen, um die es hier hauptsächlich geht, auch immer so etwas wie „Sozialarbeiter mit Waffen". Und genau deshalb besitzt die Weiterentwicklung der Inneren Führung für die Bundeswehr hohe Priorität. Denn unabhängig von ihrer historischen Genese in der 2. Hälfte des 20. Jahrhunderts ist sie allein schon wegen ihrer mehrdimensionalen, gleichermaßen auf binnen-organisatorische und extra-organisatorische Aspekte einwirkenden Anlage her sehr gut in der Lage, die Anforderungen an den „hybriden" Soldaten angemessen zu bündeln. Eine Schwierigkeit, die es dabei zu erkennen und zu überwinden gilt, ergibt sich aus dem Sachverhalt, dass die Auslandseinsätze in aller Regel in multinationalem Rahmen stattfinden. Innere Führung ist aber eine deutsche Besonderheit, die nicht automatisch mit den Führungsgrundsätzen und der Binnenkultur anderer Streitkräfte kompatibel ist (vgl. Fröhling 2006, 170ff.). Auch dies ist ein Ansporn, die Innere Führung weiterzuentwickeln.

(Randnotiz: Warrior…)

(Randnotiz: …und Sozialarbeiter mit Waffen)

8.3.3 Zentrale Dienstvorschrift 10/1

Die erste „Zentrale Dienstvorschrift (ZDv) 10/1 Hilfen für die Innere Führung" wurde im August 1972 erlassen. Damals befand sich die Bundeswehr gerade in einer vom damaligen Verteidigungsminister Schmidt (SPD) mit Verve angekurbelten Umbruchphase. Großer Erfolg war der ZDv damals nicht beschieden. Eine gründlich überarbeitete Neufassung dieser für den Truppenalltag formal verbind-

(Randnotiz: Neufassung ZDv 10/1 vom Januar 2008)

lichen Dienstvorschrift datiert vom Februar 1993. Opitz (2001, 24) beurteilt sie milder als den Text von 1972, hält sie aber dennoch für überholt. Nach einer längeren Vorlaufzeit ist dann Ende Januar 2008 eine Neufassung der ZDv 10/1 erlassen worden. Im Januar 2010 hat das Verteidigungsministerium zusätzlich eine Informationsbroschüre zur Inneren Führung herausgegeben. Sie trägt den Titel „Selbstverständnis und Führungskultur der Bundeswehr".

Der Text der Zentralen Dienstvorschrift besteht aus sechs unterschiedlich langen Kapiteln: Selbstverständnis und Anspruch (1), Historische Herleitung (2), Grundlagen und Grundsätze (3), Ziele und Anforderungen (4), Verhaltensnorm und Führungskultur (5) sowie Gestaltungsfelder der Inneren Führung (6). Im Anhang finden sich Leitsätze für Vorgesetzte, eine Zusammenstellung der rechte und Pflichten von Soldatinnen und Soldaten, die aus dem Jahr 1982 stammenden Richtlinien zum Traditionsverständnis und zur Traditionspflege in der Bundeswehr und eine Übersicht über die wichtigsten Gesetze, Zentralen Dienstvorschriften und Weisungen mit Bezug zur Inneren Führung.

Weiterentwicklung 2010

Im Vergleich mit früheren Fassungen fällt auf, dass der seit Januar 2010 gültige Text einen besonderen Akzent auf die Internationalisierung und Multinationalisierung der Aufträge der Bundeswehr legt. Hier liegt ja auch ein früher nicht so deutlich sichtbares Problem der Inneren Führung als einer durch die eigene nationale Geschichte bestimmten politisch-militärischen Wahrnehmungs- und Verhaltenslehre. Sie ist aus den Nachkriegsumständen erwachsen: Deutschland in einem Brennpunkt des Ost-West-Konflikts, geteilt, unter sorgfältiger Kontrolle der Alliierten, die Bundesrepublik mit festem Griff in die westlichen Bündnisse integriert und somit Teil der „westlichen Wertegemeinschaft" (siehe Kapitel 5.2). Die daraus sich ergebende und über Jahrzehnte hinweg erfolgreich praktizierte Bündnis-Multinationalität der NATO in Europa Mitte unterscheidet sich in wichtigen Punkten von der Multinationalität gemeinsamer Missionen bei Auslandseinsätzen nach dem Ende des Ost-West-Konflikts.

Ausschnitte aus der Dienstvorschrift

Im Folgenden sollen ausschnittsweise ein paar Passagen aus der Dienstvorschrift aufgeführt werden, um einen Eindruck von den Gedanken und der Sprache zu vermitteln, die sie kennzeichnen.

Kapitel 1: Selbstverständnis und Anspruch
107. Innere Führung umfasst die geistige und sittliche Grundlage der Streitkräfte. Sie durchdringt das gesamte militärische Leben und bleibt in jeder Lage, vom Innendienst bis zum Gefecht unter Lebensgefahr, gültig…

Kapitel 2: Historische Herleitung
203. Die Bundeswehr ist die erste deutsche Armee, die in einen bestehenden freiheitlichen demokratischen Rechtsstaat hinein geschaffen wurde. Der **demokratische Neuanfang nach 1945**, der zur Gründung der Bundesrepublik Deutschland 1949 führte, musste zwingend auch zu einem Neuanfang in den Streitkräften führen.
204. In dieser **besonderen historischen und politischen Situation** wurzelt die Konzeption der Inneren Führung. Aus diesem neuen Verhältnis von Staat, Gesellschaft und Streitkräften, das sich grundsätzlich von der historischen Situation der Reichswehr und der Wehrmacht unterscheidet, ist die Konzeption der Inneren Führung zu verstehen. Gleichzeitig war es Ziel, damit die junge Bundeswehr von einem fragwürdigen und belastenden militärischen Selbstverständnis freizuhalten.

Kapitel 3: Grundlagen und Grundsätze

316. (Aufzählung der Grundsätze der Inneren Führung)

- Integration in Staat und Gesellschaft,
- Leitbild vom ‚Staatbürger in Uniform',
- Ethische, rechtliche und politische Legitimation des Auftrages,
- Verwirklichung wesentlicher staatlicher und gesellschaftlicher Werte in den Streitkräften,
- Grenzen für ‚Befehl und Gehorsam',
- Anwendung des Prinzips ‚Führen mit Auftrag',
- Wahrnehmung der gesetzlich festgelegten Beteiligungsrechte der Soldatinnen und Soldaten sowie
- Wahrnehmung des im Grundgesetz garantierten Koalitionsrechts (Art. 9, Abs. 3 GG).

Zu den Zielen der Inneren Führung, die im vierten Kapitel aufgezählt werden, gehört auch, den Soldaten den Sinn des jeweiligen militärischen Auftrages einsichtig und verständlich zu machen. Das ist allerdings leichter hingeschrieben als umgesetzt.

In der für die Öffentlichkeitsarbeit er Bundeswehr konzipierten Broschüre zur Inneren Führung vom Januar 2010 wird ausdrücklich auf die Notwendigkeit hingewiesen, die Konzeption der Inneren Führung „angesichts der weltweiten politischen, wirtschaftlichen und gesellschaftlichen Veränderungen" andauernd weiterzuentwickeln. Als bundeswehreigene Institutionen, die hier insbesondere tätig sein sollen, werden aufgezählt: der Beirat für Fragen der Inneren Führung, der Aufgabenverbund Innere Führung und das Zentrum Innere Führung.

Innere Führung hat Zukunft

9 Parlamentarische Verantwortung

Die Integration der Bundeswehr soll nach einer häufig ohne viel Nachdenken wiederholten Formel „in Staat und Gesellschaft" erfolgen. Die keineswegs spannungsfreien Beziehungen zwischen Staat und Gesellschaft gehören zu den klassischen Themen der Politikwissenschaft, die ja, wenn man so will, als eine Kombination von Staats- und Gesellschaftswissenschaften angesehen werden kann.

Integration in Staat und Gesellschaft

Die Innere Führung der Bundeswehr hat (wie wir gesehen haben: nicht nur, aber auch) die Aufgabe, die Integration in Staat und Gesellschaft zu fördern und zu pflegen und wird daraufhin auch immer mal wieder kritisch befragt. „Wie integriert ist die Bundeswehr?" hieß etwa ein seinerzeit viel beachteter Sammelband, den Ralf Zoll (1979) herausgegeben hat. Eine Generation später hat Jürgen Franke (2012) eine anspruchsvolle theoretisch-empirische Studie unter dem gleichen Titel veröffentlicht – ein kleines Indiz für die anhaltende und in Wellen immer wieder auch drängende Relevanz dieser Fragestellung.

Kontrolle durch das Parlament

Während im vorigen Kapitel, wenn von Integration die Rede war, zumeist auf die Integration der Bundeswehr in die Gesellschaft Bezug genommen wurde, behandelt dieses Kapitel die Ordnung des Verhältnisses zwischen dem politischen System der Bundesrepublik Deutschland und der Bundeswehr. Dabei steht vor allem ein Gesichtspunkt im Vordergrund, nämlich die vom Parlament ausgeübte demokratische Kontrolle über die Organisationsgestalt und, seit 1990 oder jedenfalls nach 1994 besonders wichtig, über den Einsatz der Bundeswehr innerhalb des Spektrums der neuen Einsatzarten. Der Hauptakzent liegt dabei auf dem Parlamentsbeteiligungsgesetz von 2005 und seiner Vorgeschichte. Aber zunächst soll noch, gewissermaßen als überbrückende Fortsetzung des vorigen Kapitels, die institutionalisierte Verantwortung des Parlaments für die Innere Führung untersucht werden.

9.1 Verantwortung für die Innere Führung

Die Innere Führung bündelt mehrere Funktionen. Sie ist für die Ausgestaltung der Binnenstruktur der Bundeswehr und ebenso für ihr Außenverhältnis zu anderen staatlichen Organen sowie zur zivilen Gesellschaft von Bedeutung. In ihrem Gelingen dient sie als Ausdruck der demokratischen Kontrolle der Streitkräfte. Hakt es mit der Inneren Führung, kann das auch auf Defizite bei der demokratischen Kontrolle der Bundeswehr verweisen.

9.1.1 Demokratische Kontrolle

Streitkräfte sind keine demokratischen Organisationen. Das liegt an ihrer inneren Struktur, beispielsweise dem Befehl-Gehorsam-Mechanismus, und an ihrem Organisationsziel. Es wäre verrückt, aus ihnen demokratische Organisationen

machen zu wollen. Alle Versuche in dieser Richtung sind mit Nachdruck gescheitert. Erreichbar ist hingegen, den Streitkräften demokratischer Gesellschaften ein hohes Maß an Demokratie-Kompatibilität einzuimpfen.

In der Militärsoziologie wird das Konzept der *civilian control* benutzt, um   Civilian control
das Insgesamt von Normen, Regeln und Verhaltensweisen zu beschreiben, die
den Primat der (zivilen) Politik über die Streitkräfte garantieren sollen. Tatsächlich sind die Streitkräfte ja eine *gefährliche* Organisation, weil sie reichlich mit
Instrumenten zur Gewaltanwendung ausgestattet und die Soldaten, jedenfalls die
meisten, in sehr guter körperlicher Verfassung sind. Sie lassen sich rasch mobilisieren und sollen in der Lage sein, potentielle und aktuelle Feinde zu bedrohen
oder sich deren Drohungen zu erwehren. Jede Gesellschaft und jedes politische
System benötigt deshalb Mechanismen zur Kontrolle ihrer Streitkräfte.

Versagen diese Instrumente, kommt es zu bedenklichen Entwicklungen in
Politik und Gesellschaft, zur Machtübernahme der Militärs und zur Militarisierung der zivilen Gesellschaft. Eine Gesellschaft mittels militärischer Normen
und Werte zusammenzuhalten, wozu sich oft ein versteckter oder offen demons-
trierter Terror von oben gesellt, ist nichts anderes als Militarismus.

Das Konzept der *civilian control* ist nützlich, bleibt aber sehr allgemein. Es
unterscheidet nämlich nicht zwischen demokratischen und anderen Gesellschaften. Auch die totalitären Diktaturen des 20. Jahrhunderts waren sehr erfolgreich
in der politischen Kontrolle ihrer Streitkräfte. In den 1930er Jahren gelang es
Hitler und Stalin gleichermaßen, die Streitkräfte ihrer Länder schärfsten Kontrollmechanismen zu unterwerfen. Sie verwendeten dazu Mittel wie Infiltration,
Propaganda, positive Sanktionen (Karriere-Anreize), aber auch Terror, Folter
und Säuberungen. *Civilian control* bezieht sich nur auf die formalen Beziehungen zwischen einer Gesellschaft, ihrem politischen System und den Streitkräften.

Für Demokratien brauchen wir hingegen ein *normatives* Konzept, weil die   demokratische
unabdingbare Einbeziehung einer in ihren eigenen Strukturen nicht-demokrati-   Kontrolle...
schen Organisation ein potentielles Bestandsrisiko mit sich bringt. Es klingt nicht
gerade überraschend, wenn dieses normative Konzept dann eben auch *demokratische Kontrolle* heißt. Man kann sie so definieren: Demokratische Kontrolle
umfasst alle Normen und Regeln, Gesetze und Vorschriften, welche die Integration der Streitkräfte in das demokratische politische System und der Soldaten,
insbesondere des Offizierkorps, in die demokratische politische Kultur bewirken
sollen.

Wie das in den einzelnen Gesellschaften aussieht, variiert je nach den Traditionen und der politischen Kultur in ihnen. Gar nicht so selten begegnet demokratische Kontrolle besonderen Schwierigkeiten, weil die Streitkräfte in den
Prozessen der Ausbildung der Nation und der Formation des Staates eine heraus-
gehobene Rolle gespielt und sich dadurch eine privilegierte Stellung in Staat und
Gesellschaft sichern konnten. Dies kann man zum Beispiel in vielen Ländern
beobachten, die ihren früheren Kolonialstatus in Befreiungskriegen überwunden
haben.

Die Demokratisierung eines politischen Regimes und einer Gesellschaft
insgesamt bleibt fragil und unvollständig, wenn es nicht gelingt, die Streitkräfte
demokratischer Kontrolle zu unterwerfen.

...muss auf mehreren
Ebenen greifen

Im Fall der Bundesrepublik Deutschland wurden die Streitkräfte erst einige Jahre nach der Staatsgründung aufgestellt. Das erlaubte, den institutionellen Rahmen für deren demokratische Kontrolle sorgfältig zu planen. Eine schwierige Aufgabe war das trotzdem, nicht zuletzt, weil demokratische Kontrolle gleichzeitig auf mehreren Ebenen greifen muss:

- Das *politische System* muss Gesetze und Vorschriften für eine effektive demokratische Kontrolle der Streitkräfte in Kraft setzen; dabei kommt es besonders auf das Parlament an.
- Die *Medien* und die *Öffentlichkeit* müssen mehr als nur ein oberflächliches Interesse an den Streitkräften und ihrer internen Entwicklung zeigen; sie müssen willens und fähig sein, problematische Entwicklungen zu erkennen und zu einem öffentlichen Thema zu machen.
- Die *Streitkräfte* als Organisation müssen die demokratische Kontrolle akzeptieren und dürfen ihr nicht auszuweichen versuchen.
- Die *Soldaten*, insbesondere das Offizierkorps, muss die Normen und Werte der Demokratie als für sich verbindlich anerkennen.

Diesen hier in präskriptiver Sprache formulierten Aspekten einer funktionierenden demokratischen Kontrolle entspricht auch das Ergebnis einer aufwendigen vergleichenden Untersuchung von Zoltan Barany (2012). Er hat versucht herauszufinden, wie man erreicht hat, demokratie-kompatible Streitkräfte aufzubauen. Eine Passage aus seinem Fazit lautet:

Militärführung und
Demokratieloyalität

The fundamental contention of this book is that consolidated democracies cannot exist without military elites committed to democratic governance, that their support is a necessary if insufficient condition to democratization...The generals do not have to *like* one government or another but they must support the principle of democratic governance and be obedient to the freely elected leaders of the state (Barany 2012, 339).

Das mag man als Fazit einer methodisch anspruchsvollen vergleichenden Untersuchung nicht gerade als ein sensationelles Ergebnis ansehen. Und, nebenbei, es reicht nicht aus, nur auf die Demokratie-Loyalität der Generäle zu blicken. Aber für die sozialwissenschaftliche Forschungspraxis ist es immer eine Genugtuung, wenn normative Ansprüche und empirische Befunde im Einklang miteinander sind. So häufig ist das ja gar nicht der Fall.

Bundeswehr-
Offizierkorps

Aus einer ganz anderen theoretischen Perspektive und mit anderen methodischen Mitteln hat Klaus Naumann (2007a) in einer „generationsgeschichtlichen Studie" die Biographien einer Reihe von Bundeswehr-Generälen untersucht, um das Spannungsverhältnis zwischen „Herkunftsprägung" und der Anpassung an oder besser der Übernahme von demokratischen Werten für ihre Karrieren in der Bundeswehr zu erkunden. Beide, Barany und Naumann, stützen die These, dass Demokratie-Kompatibilität von Streitkräften nicht unmöglich ist.

9.1.2   Der Wehrbeauftragte des Deutschen Bundestages

Ein besonderes Instrument demokratischer Kontrolle der Bundeswehr ist das Amt des Wehrbeauftragten, eine verfassungsrechtliche Novität in Deutschland, übrigens nach schwedischem Vorbild. Das Amt des Wehrbeauftragten des Deutschen Bundestages wurde 1956 als Hilfsorgan des Bundestages eingerichtet, mit der Aufgabe, zum Schutz der Grundrechte der Soldaten beizutragen und die Umsetzung der Grundsätze der Inneren Führung in der Bundeswehr kritisch zu überwachen. Die Aufgaben des Wehrbeauftragten sind im „Gesetz über den Wehrbeauftragten des Deutschen Bundestages – WbeauftrG" festgelegt. Es wurde im Lauf der Jahre nur marginal geändert.

Der Wehrbeauftragte wird vom Bundestag in geheimer Wahl für die Dauer von fünf Jahren gewählt (§ 13). Werden ihm Umstände bekannt (gemacht), die auf eine Verletzung der Grundrechte der Soldaten oder der Grundsätze der Inneren Führung schließen lassen, wird er nach pflichtgemäßem Ermessen aufgrund eigener Entscheidung tätig (§ 1). So kann er vom Bundesminister der Verteidigung und allen diesem unterstellten Dienststellen und Personen Auskunft und Akteneinsicht verlangen. Jederzeit kann er alle Truppenteile, Stäbe, Dienststellen und Behörden der Bundeswehr und ihre Einrichtungen besuchen (§ 3). Jeder Soldat hat das Recht, sich einzeln ohne Einhaltung des Dienstweges unmittelbar an den Wehrbeauftragten zu wenden. Niemand darf wegen einer solchen Anrufung des Wehrbeauftragten dienstlich gemaßregelt oder benachteiligt werden (§ 7).

Aufgaben des Wehr-
beauftragten

Insbesondere in den frühen Jahren der Bundeswehr war die Einrichtung des Amtes eines Wehrbeauftragten in den Streitkräften umstritten. Bei einer Reihe von Unglücksfällen aufgrund des Versagens von Vorgesetzten und vor dem Hintergrund der organisations-internen Aufwuchsprobleme waren die ersten Wehrbeauftragten als eine Art „soziales Frühwarn-System" (Vogt 1972, 331) für unerwünschte politische Entwicklungen im Heer gefordert.

> Das ‚Iller-Unglück' und der Skandal um ‚Nagold' machten in der Früh- und Aufbauphase der Bundeswehr deutlich, dass der einzelne Soldat weiterhin Gefahren eines Missbrauchs der Befehlsgewalt durch die Vorgesetzten ausgesetzt war. Der Wehrbeauftragte Heye beschwor genau dies mit seiner skandalträchtigen Publikation in der ‚Quick' gegenüber dem neuen deutschen Militär herauf. Die Bundeswehr entwickele sich zum ‚Staat im Staate' hieß nichts anderes, als dass die Soldaten sich von der Gesellschaft und der Politik abzuschotten und eine einseitige militärische Funktions- und Einsatzfähigkeit vorzuziehen drohten. Nicht die Beherrschung des militärischen Handwerks war aber das entscheidende Moment für eine demokratische Integration, sondern die politische Geisteshaltung war für die fugenlose Einordnung der Streitkräfte in den Staat verantwortlich (Schlaffer 2006a, 319f.).

Wehrbeauftragter
Heye

Einige der Amtsinhaber haben aufgrund ihrer Persönlichkeit dem Amt ein spezifisches Profil aufprägen können, zum Beispiel die Wehrbeauftragten Hellmuth Heye (1961-1964) oder Karl-Wilhelm Berkhan (1975-1985). Von 1995 bis 2000 amtierte zum ersten Mal eine Wehrbeauftragte, Claire Marienfeld. Der derzeitige (insgesamt elfte) Amtsinhaber seit Mai 2010 ist Hellmut Königshaus.

Jahresberichte   Einmal im Jahr legt der Wehrbeauftragte des Deutschen Bundestages einen Jahresbericht vor. Sämtliche Berichte sind als Bundestags-Drucksachen veröffentlicht worden; die neuesten kann man sich aus dem Internet herunterladen. Die gesammelten Jahresberichte von 1959 bis heute stellen eine wahre Fundgrube für jeden dar, der sich mit dem ‚Innenleben' der Bundeswehr und dem dabei entstehenden ‚Knirschen' befassen möchte, aber auch mit dem sozialen Wandel in Gesellschaft und Bundeswehr. Freilich muss man in Rechnung stellen, dass sich alle vom Wehrbeauftragten aufgegriffenen Sachverhalte eher auf der ‚dunklen Seite' des Bundeswehr-Alltags befinden und mithin nur *einen* seiner Aspekte repräsentieren. Aber, um ein aktuelles Beispiel aufzugreifen, wer eingedenk der diesbezüglichen Erfahrungen in den US-Streitkräften seit ihrer Öffnung für Soldatinnen der Vermutung nachgehen möchte, ob es auch in der Bundeswehr *sexual harassment* (sexuelle Belästigungen) gibt, wird die Berichte der Wehrbeauftragten zu Rate ziehen. Das Amt des Wehrbeauftragten hat sich im Lauf der Zeit auch zu einem, etwas verquer ausgedrückt, institutionellen Kummerkasten entwickelt, denn in den Eingaben der Soldaten lassen sich die Auswirkungen struktureller Druckstellen erkennen. Die Eingangspassage des Jahresberichtes 2011 drückt dies so aus:

Blick in die Bundeswehr von unten   Die bevorstehende Neuausrichtung der Bundeswehr stellt für unsere Soldatinnen und Soldaten und ihre Familien eine große Herausforderung dar. Die Verkleinerung der Streitkräfte und die Aufgabe vieler Standorte lösen Unsicherheit und Sorge aus. Dem müssen die Verantwortlichen in der Politik wie in der Truppe ihr besonderes Augenmerk widmen (Deutscher Bundestag 2012, 3).

Das Augenmerk des Wehrbeauftragten lag 2011 vor allem auf Problemen des Führungsverhaltens, der Auslandseinsätze, der Vereinbarkeit von Familie und Dienst, des Personalwesens und des Sanitätsdienstes. Beim Führungsverhalten standen 2011 folgende Punkte im Vordergrund: Verstöße gegen den menschenwürdigen Umgangston, Überforderung und Beleidigung von Rekruten, Alkoholkonsum, mangelnde Fürsorge, mangelnde Rechtskenntnisse, Umgang mit erkrankten Soldaten, Äußerungen rechtsextremen und antisemitischen Inhalts. Keines dieser Probleme ist flächendeckend aufgetreten; Einzelfälle dürfen nicht verallgemeinert werden. Aber schon an diesen wenigen Beispielen wird deutlich, dass demokratische Kontrolle viel mehr umfasst als nur allgemeine Gesetze und Vorschriften. Sie muss, auch wenn das zuweilen schmerzt, sichtbar tief in die Binnenstrukturen der Militärorganisation eingreifen. Sie darf das selbst dann, wenn es in manchen Fällen militärische Funktionsabläufe zu verzögern scheint.

9.2   Streitkräfte zur Verteidigung

Notstandsverfassung   Das *7. Gesetz zur Ergänzung des Grundgesetzes vom 19. März 1956* brachte all jene verfassungsrechtlichen Bestimmungen in das Grundgesetz, die für die Aufstellung der Bundeswehr den Rahmen bildete. Auch die (Haupt-)Aufgabe der neuen deutschen Streitkräfte, ihr militärischer Auftrag, ist im Grundgesetz vorgeschrieben. Er wurde dort (leicht ironisch gesprochen: ausgerechnet) im Jahr 1968 aufgenommen, im Kontext des *17. Gesetzes zur Ergänzung des Grundge-*

setzes vom 24. Juni 1968, das die sogenannte *Notstandsverfassung* in das Grundgesetz einfügte und in der unter anderem auch genauere Regelungen für den Verteidigungsfall festgelegt wurden.

9.2.1 Bundeswehr-Auftrag und Grundgesetz

Artikel 87a GG zur Aufstellung und zum Einsatz der Streitkräfte lautet: Artikel 87a GG

(1) Der Bund stellt Streitkräfte zur Verteidigung auf. Ihre zahlenmäßige Stärke und die Grundzüge ihrer Organisation müssen sich aus dem Haushaltsplan ergeben.
(2) Außer zur Verteidigung dürfen die Streitkräfte nur eingesetzt werden, soweit dieses Grundgesetz es ausdrücklich zulässt.
(3) Die Streitkräfte haben im Verteidigungsfalle und im Spannungsfalle die Befugnis, zivile Objekte zu schützen und Aufgaben der Verkehrsregelung wahrzunehmen, soweit dies zur Erfüllung ihres Verteidigungsauftrages erforderlich ist...

Der militärische Auftrag der Bundeswehr hat nach dieser grundgesetzlichen Bestimmung vier Dimensionen, von denen allerdings nur die ersten beiden den Daseinszweck der Streitkräfte begründen. Denn für die beiden anderen kommen in erster Linie andere Organisationen in Frage, etwa die Polizei und das Technische Hilfswerk. Allerdings war und ist es sinnvoll, die Möglichkeit eines zusätzlichen Einsatzes von Streitkräften nicht grundsätzlich auszuschalten, wenn diese anderen Organisationen alleine nicht zurechtkommen. Die vier Dimensionen sind:

- Abwehr bewaffneter Kräfte von außen;
- Vorbereitungsmaßnahmen zur Verteidigung im Spannungs- und im Verteidigungsfall;
- rechtlich eng begrenzte Möglichkeiten für einen Einsatz im Rahmen der Herstellung und Erhaltung der Inneren Sicherheit;
- Einsatz bei Naturkatastrophen oder Unglücksfällen.

Nach 1990 hat es keine Veränderungen dieser im Grunde (zumindest terminologisch) überholten Bestimmungen zum militärischen Auftrag der Bundeswehr im Grundgesetz gegeben.

Das hat zu Interpretationsproblemen geführt, weil zwischen dem oben zitierten lakonischen ersten Satz des Artikel 87a GG „Der Bund stellt Streitkräfte zur Verteidigung auf" und dem, was die Bundeswehr heute in Auslandseinsätzen macht, eine Lücke klafft. Denn in dieser Formulierung (und gemäß den während des Ost-West-Konflikts geltenden internationalen Rahmenbedingungen für die Sicherheitspolitik der Bundesrepublik) muss der Verteidigungs-Auftrag der Bundeswehr territorial aufgefasst werden – zu verteidigen waren im Falle eines Angriffs des Territorium der Bundesrepublik Deutschland und, falls so beschlossen, der Verbündeten in WEU und NATO. Nebenbei sei angemerkt, dass die Bündnis-Hilfs-Verpflichtung im WEU-Vertrag schärfer formuliert war als im NATO-Vertrag. Aber das war's dann auch (vgl. auch Franke 2012, 188f.).

Bündnisverpflichtung

Nach dem Ende des Ost-West-Konflikts haben die verantwortlichen Sicherheitspolitiker, insbesondere die Verteidigungsminister Volker Rühe (CDU),
Rudolf Scharping (SPD), Peter Struck (SPD) und Franz Josef Jung (CDU) in
immer neuen Anläufen versucht, die Formulierung des militärischen Auftrags
der Bundeswehr den sich verändernden Bedingungen in der internationalen
Sicherheitslandschaft schrittweise anzupassen. So heißt es etwa im „Weißbuch
zur Sicherheit der Bundesrepublik Deutschland und zur Lage und Zukunft der
Bundeswehr" aus dem Jahr 1994 dazu:

Weißbuch 1994   Die Bundeswehr schützt Deutschland und seine Staatsbürger gegen politische Er-
pressung und äußere Gefahr; fördert die militärische Stabilität und die Integration
Europas; verteidigt Deutschland und seine Verbündeten; dient dem Weltfrieden und
der internationalen Sicherheit im Einklang mit der Charta der Vereinten Nationen
und hilft bei Katastrophen, rettet aus Notlagen und unterstützt humanitäre Aktionen
(Weißbuch 1994, 89).

Zum Vergleich sei hier die entsprechende Formulierung aus dem Weißbuch
2006 herangezogen:

Weißbuch 2006   Die Bundeswehr als Instrument einer umfassend angelegten und vorausschauenden
Sicherheits- und Verteidigungspolitik sichert die außenpolitische Handlungsfähigkeit, leistet einen Beitrag zur Stabilität im europäischen und globalen Rahmen, sorgt
für die nationale Sicherheit und Verteidigung, trägt zur Verteidigung der Verbündeten bei, fördert multinationale Zusammenarbeit und Integration (Weißbuch 2006,
70).

An diesen Formulierungen hat sich in den „Verteidigungspolitischen Richtlinien" des Verteidigungsministers de Maizière (CDU) vom März 2011 nichts
Wesentliches mehr geändert.

9.2.2   Keine Stunde der Exekutive

Einsatz im Innern   Als gegen Ende der 1960er Jahre, in einer ohnehin etwas turbulenteren Phase der
politischen Entwicklung der Bundesrepublik, über die Notstandsgesetze gestrit-
ten wurde, stand vor allem auch der Artikel 87a, Abs. 4 GG im Kreuzfeuer der
Kritik. Hier ist sein Wortlaut:

Zur Abwehr einer drohenden Gefahr für den Bestand oder die freiheitliche demokratische Grundordnung des Bundes oder eines Landes kann die Bundesregierung,
wenn die Voraussetzungen des Artikels 91 Abs. 2 vorliegen, und die Polizeikräfte
sowie der Bundesgrenzschutz nicht ausreichen, Streitkräfte zur Unterstützung der
Polizei und des Bundesgrenzschutzes beim Schutz von zivilen Objekten und bei der
Bekämpfung organisierter und militärisch bewaffneter Aufständischer einsetzen.
Der Einsatz von Streitkräften ist einzustellen, wenn der Bundestag oder der Bundes-
rat es verlangen.

Zwei Anmerkungen zur Erläuterung dieser Passage aus dem Grundgesetz: Der
Artikel 91 GG hat den sogenannten Inneren Notstand zum Thema, und in seinem

Absatz 2 wird der Fall angesprochen, dass ein Bundesland die Gefahr für den Bestand und die freiheitliche demokratische Grundordnung nicht alleine zu bewältigen in der Lage ist. Die Organisation des Bundesgrenzschutzes ist im Jahr 2005 umbenannt worden in Bundespolizei.

Die Gegner der Notstandsgesetzgebung befürchteten damals, mit diesem Grundgesetz-Artikel würde die Bahn freigemacht für Bundeswehr-Einsätze bei inner-gesellschaftlichen Auseinandersetzungen, etwa bei Streiks. Die Bundeswehr, wurde argumentiert, könnte leichter von der Regierung missbraucht werden, um demokratisch legitimierten sozialen und politischen Wandel zu verhindern. Auch ein bisschen destruktive Klassenkampf-Romantik steckte hinter diesen Befürchtungen, die überhaupt nur als ein Reflex auf Erfahrungen in der Weimarer Republik verständlich waren. *historische Befürchtungen*

Als die Notstandsgesetze schließlich von der damals die Regierung bildenden Großen Koalition aus CDU/CSU und SPD verabschiedet waren, lösten sich solche Befürchtungen ganz rasch auf, weitgehend rückstandsfrei. Der Artikel 87a, Abs. 4 GG ist längst zu einem völlig normalen Bestandteil des Grundgesetzes geworden. Das lag nicht zuletzt daran, dass Bundeswehr-Einsätze, gleichviel, welcher Art, auch in dem Notstandsverfassung genannten Teil des Grundgesetzes eben nicht in der „Stunde der Exekutive" beschlossen werden konnten und können, sondern unter parlamentarischer Kontrolle verbleiben.

Bleibt noch zu erklären, was mit den Begriffen *Spannungsfall* und *Verteidigungsfall* gemeint ist. *Spannungsfall und Verteidigungsfall*

- Der Eintritt in den *Spannungsfall* wird durch den Bundestag oder das zuständige NATO-Gremium beschlossen, wenn zu einer Zeit intensivierter internationaler Spannungen Maßnahmen zur Erhöhung der Verteidigungsbereitschaft als notwendig angesehen werden. Falls die NATO diesen Beschluss fasst, muss ihm auch die Bundesregierung zustimmen.

- Der Bundestag stellt mit Zustimmung des Bundesrates auf Antrag der Bundesregierung den Eintritt des *Verteidigungsfalles* fest. Dem muss ein Angriff auf das Bundesgebiet mit Waffengewalt vorausgegangen sein, oder er muss unmittelbar bevorstehen. Im Artikel 115a, Abs. 2 GG ist ausgeführt, unter welchen Umständen und wie dieses Verfahren auch vereinfacht werden kann. Dort heißt es: „Erfordert die Lage unabweisbar ein sofortiges Handeln und stehen einem rechtzeitigen Zusammentritt des Bundestages unüberwindliche Hindernisse entgegen oder ist er nicht beschlussfähig, so trifft der Gemeinsame Ausschuss diese Feststellung mit der Mehrheit von zwei Dritteln der abgegebenen Stimmen, mindestens der Mehrheit der Mitglieder."

- Der *Gemeinsame Ausschuss* ist ein kleines Notparlament, dessen Zusammensetzung, Geschäftsordnung und Informationsrecht ebenfalls im Grundgesetz umrissen sind, nämlich im Artikel 53a, Absatz 1 und 2 GG. Mit der Ausrufung des Verteidigungsfalles geht die Befehls- und Kommandogewalt über die Streitkräfte vom Bundesminister der Verteidigung auf den Bundeskanzler oder die Bundeskanzlerin über (Art. 115b GG).

Autorität des Grund-
gesetzes

Auffällig ist, dass alle diese Regeln im Grundgesetz verankert wurden. Bekanntlich hat sich das Grundgesetz in der Geschichte der Bundesrepublik Deutschland als herausragendes Kristallisationsmedium kollektiver Identität herausgestellt (Wohlfahrtsgewinne sind ein anderes). Jede politisch umstrittene Frage von übergeordneter Bedeutung, aber auch eine Menge anderer, wurden und werden in der Öffentlichkeit immer mit Bezug auf das Grundgesetz debattiert. Eben auch die militärische Sicherheit und die Bundeswehr. Man kann die Veränderung der politischen Kultur in Deutschland unter anderem auch an diesem Sachverhalt illustrieren. Denn in der Entwicklung des Verhältnisses Militär/zivile Gesellschaft während der letzten 150 Jahre galt es lange als ausgemacht, dass die Streitkräfte einen beträchtlichen institutionellen Freiraum brauchen. Entweder wurde er ihnen von den politischen Autoritäten zugestanden, oder sie bewilligten ihn sich selbst aus eigener Machtvollkommenheit. Die Grundgesetz-Bestimmungen, welche die Aufgaben der Bundeswehr auf Verteidigung beschränken (und fände sie auch „am Hindukusch" statt) sowie ihren Aktionsradius im Spannungs- und Verteidigungsfall und auch im Falle eines inneren Notstandes eng umreißen, setzen sich weit ab von der deutschen Tradition und signalisieren das deutsche Einschwenken in die Hauptströmung westlich-liberaler Ordnungsvorstellungen für bürgerliche Gesellschaften.

Die demokratische Kontrolle der Streitkräfte durch das Parlament hat sich nicht ohne Widerstände durchgesetzt, und eines der sich andauernd neu stellenden Probleme ist in diesem Zusammenhang die Garantie der Wirksamkeit solcher ordnungspolitischen Grundvorstellungen in der militärischen Praxis (siehe Kapitel 8).

9.3   Das Parlamentsbeteiligungsgesetz

Legitimations-
Zertifikat durch den
Bundestag

Für die Soldaten der Bundeswehr ist der konstitutive Parlamentsvorbehalt aus dem Urteil des Bundesverfassungsgerichtes vom 12. Juli 1994 (siehe Kapitel 7.2) insofern von großer Bedeutung, als der eigentliche Mandats-Erteiler für ihre bewaffneten Auslandseinsätze nicht die Exekutive ist, sondern der Deutsche Bundestag. Dessen Zustimmung zu einem Auslandseinsatz bietet ihnen ein klar erkennbares und auf demokratischem Verfahren beruhendes Legitimations-Zertifikat. Das ist gerade für die Einsätze neuer Art wichtig, bei denen die rechtlichen Grundlagen nicht selten undurchsichtig bleiben, weil sie von verschiedenen Akteuren ganz unterschiedlich beurteilt werden.

9.3.1   Legitimation durch Verfahren

Noch einmal: Seit dem „Streitkräfteurteil" des Bundesverfassungsgerichts vom 12. Juli 1994 ist klar, dass das Mandat für einen bewaffneten Auslandseinsatz der Bundeswehr vom Bundestag festgestellt wird. Wie das im Einzelnen zu geschehen hat, darüber hat sich das Gericht allerdings nicht weiter ausgelassen. Und der Gesetzgeber selbst hat sich auch viel Zeit gelassen. Zu einer gesetzlichen Regelung über das Verfahren und die Reichweite der Mandatserteilung ist es erst gut zehn Jahre später gekommen.

In den Sozialwissenschaften ist spätestens seit der Veröffentlichung von „Legitimation durch Verfahren" von Niklas Luhmann (1969) der in diesem Buch-titel ausgedrückte Gedanke über den Zusammenhang von Komplexität, Sinn und Verbindlichkeit von Entscheidungen weit verbreitet. Er kann auch für die Be-schreibung und Analyse des Parlamentsbeteiligungsgesetzes dienlich sein. Man darf sich ja nicht vorstellen, dass die Zustimmung des Bundestages zu einem bewaffneten Auslandseinsatz der Bundeswehr, jedenfalls ab einer bestimmten Größenordnung und einem erkennbaren Gefährdungsgrad der eingesetzten Solda-ten, eine leichte Angelegenheit ist. Das gilt freilich auch für die Bundesregierung. Denn das Ja oder Nein zur Beteiligung an einem multinationalen Einsatz, gleich-viel welcher Art, hat immer zahlreiche politisch-diplomatische, sicherheitspoliti-sche und häufig auch nicht unbeträchtliche wirtschaftliche Konsequenzen. Und immer Konsequenzen für die an dem Einsatz beteiligten Soldaten.

keine leichte Angelegenheit…

Die Forderung nach einem Parlamentsbeteiligungsgesetz, während der viel Zeit in Anspruch nehmenden Vorbereitung auch als *Entsendegesetz* bezeichnet, entstand bald nach der BVG-Entscheidung 1994. Ihre Dringlichkeit wurde indes durch die Kraft des Faktischen etwas abgemildert. Denn zwischen 1994 und 2004/05 versagte der Bundestag keinem der von der Bundesregierung beantrag-ten Auslandseinsätze der Bundeswehr seine Zustimmung. Dennoch gab es in der sich entwickelnden Praxis von Antrag und Mandat ein paar Unstimmigkeiten. So mahnte der mit der Materie sehr gut vertraute Journalist Rolf Clement in einem Kommentar des Deutschland-Radio vom März 2004:

…und braucht Zeit

> Es wird höchste Zeit, dass das Parlament die Entsendung von Soldaten in Auslands-einsätze anders regelt als bisher. Dass jetzt jeder Einsatz jedes Soldaten in Krisenge-bieten vom Bundestag beschlossen werden musste, hat zu manchmal eigenartigen Konsequenzen geführt. Soldaten, die im Rahmen von Austauschprogrammen bei anderen Nationen eingesetzt waren, mussten zurückgeholt werden, wenn deren Ver-band schnell in einen Kriseneinsatz gerufen wurde. Als die britische Marine bei ei-ner normalen Seefahrt plötzlich in die damals kriselnde Elfenbeinküste geschickt wurde, um britische Bürger zu evakuieren, musste der an Bord befindliche deutsche Marine-Soldat gerade da ausgeschifft werden. Sonst hätte der Bundestag einberufen werden müssen (Clement 2004).

Wie die Zustimmungs-Praxis des Bundestages nach 1994 zeigt, ist ein präzisie-rendes Parlamentsbeteiligungsgesetz nicht zuletzt deshalb nötig geworden, weil es unter Umständen zu einem Zielkonflikt zwischen dem Parlamentsvorbehalt und der Handlungsfähigkeit der Streitkräfte sowie internationalen Verpflichtun-gen etwa in der NATO kommen kann.

9.3.2   Der Gesetzestext vom 18. März 2005

Zustande gekommen ist ein relativ kurzer Gesetzestext, der aus insgesamt neun Paragraphen besteht. Die Kürze ist schon mal lobenswert. Im § 1 Abs. 1 wird grundsätzlich festgehalten: „Dieses Gesetz regelt Form und Ausmaß der Beteili-

kurzer Gesetzestext

gung des Bundestages beim Einsatz bewaffneter deutscher Streitkräfte im Ausland. Artikel 115a des Grundgesetzes bleibt davon unberührt." Im Art. 115a GG sind die Verfahren geregelt, die greifen, wenn das Territorium der Bundesrepublik mit Waffengewalt angegriffen wird. § 1 Abs. 2 wiederholt die Festlegung des Streitkräfteurteils von 1994: „Der Einsatz bewaffneter deutscher Streitkräfte außerhalb des Geltungsbereichs des Grundgesetzes bedarf der Zustimmung des Bundestages."

es geht um bewaffnete Einsätze

§ 2 umfasst ebenfalls zwei Absätze und nimmt die entscheidenden Begriffsbestimmungen vor. So heißt es in Absatz 1: „Ein Einsatz bewaffneter Streitkräfte liegt vor, wenn Soldatinnen oder Soldaten der Bundeswehr in bewaffnete Unternehmungen einbezogen sind oder eine Einbeziehung in eine bewaffnete Unternehmung zu erwarten ist." Im Absatz 2 wird entsprechend aufgeführt, was kein Einsatz im Sinne dieses Gesetzes ist: vorbereitende Maßnahmen und Planungen, humanitäre Hilfsdienste und Hilfsleistungen der Streitkräfte, bei denen Waffen lediglich zur Selbstverteidigung mitgeführt werden, und Einsätze, bei denen nicht zu erwarten ist, dass Bundeswehr-Angehörige in bewaffnete Unternehmungen einbezogen werden.

§ 3 gibt vor, welche Angaben in dem rechtzeitig vor Beginn eines Einsatzes deutscher Streitkräfte dem Bundestag vorzulegenden Antrag auf Zustimmung enthalten sein müssen. Dazu zählen insbesondere der Einsatzauftrag, das Einsatzgebiet, die rechtlichen Grundlagen des Einsatzes, die Höchstzahl der einzusetzenden Soldatinnen und Soldaten, die Fähigkeiten der einzusetzenden Streitkräfte, die geplante Dauer des Einsatzes sowie die voraussichtlichen Kosten des Einsatzes und ihre Finanzierung. Der Bundestag, das besagt anschließend § 3 Abs. 3, „kann dem Antrag zustimmen oder ihn ablehnen. Änderungen des Antrags sind nicht zulässig."

Bis hierhin sieht das Verfahren recht übersichtlich aus. Da es sich aber auch auf nicht ganz so einfache Entscheidungssituationen vorzubereiten gilt, wird in den Paragraphen 4 und 5 auf solche Besonderheiten eingegangen.

vereinfachtes Zustimmungsverfahren

§ 4 regelt ein „vereinfachtes Zustimmungsverfahren". Ein solches Verfahren kann dann angewandt werden, wenn es sich um „Einsätze von geringer Intensität und Tragweite" handelt. Zunächst einmal hat die Bundesregierung darzulegen, aus welchen Gründen ein bevorstehender Einsatz diese Merkmale hat. Der Bundestags-Präsident übermittelt den Regierungsantrag an die Vorsitzenden der Fraktionen, die Vorsitzenden des Auswärtigen und des Verteidigungs-Ausschusses sowie auch noch an jeweils einen der in diesen beiden Ausschüssen von den dort vertretenen Fraktionen benannten Vertreter. Das sind die sogenannten Obleute. Außerdem wird der Antrag als Bundestagsdrucksache an alle Mitglieder des Bundestages verteilt. „Die Zustimmung gilt als erteilt, wenn nicht innerhalb von sieben Tagen nach der Verteilung der Drucksache von einer Fraktion oder von 5 % der Mitglieder des Bundestages eine Befassung des Bundestages verlangt wird. Wird die Befassung verlangt, entscheidet dieser." Die Absätze 2 und 3 zählen auf, was der Gesetzgeber unter „Einsätzen von geringer Intensität und Tragweite" versteht. Das sind solche, bei denen die Zahl der eingesetzten Soldatinnen und Soldaten gering, der Einsatz selbst von geringer Bedeutung ist, und wenn es sich nicht um die Beteiligung an einem Krieg handelt. Genannt werden ausdrücklich: Erkundungskommandos, bei denen Waffen nur zwecks Selbstverteidigung mitgeführt werden, der Dienst einzelner Soldatinnen und Soldaten bei verbündeten Streitkräften auf Grund von Austauschvereinbarungen oder im Rahmen von Einsätzen der Vereinten Nationen, der NATO, der Europäischen Union oder einer Organisation, die einen Auftrag der Vereinten Nationen erfüllt.

§ 5 regelt die nachträgliche Zustimmung zu Einsätzen. Diese ist ausnahmsweise erlaubt, wenn es sich um Einsätze bei Gefahr im Verzug handelt, die keinen Aufschub dulden. Keine vorherige Zustimmung benötigen auch Einsätze zur Rettung von Menschen aus besonderen Gefahrenlagen, „solange durch die öffentliche Befassung des Bundestages das Leben der zu rettenden Menschen gefährdet würde". Absatz 2 stellt fest, dass in diesen Fällen der Bundestag vor Beginn und während des Einsatzes in geeigneter Weise zu unterrichten ist. Und in Absatz 3 wird festgelegt, dass der Antrag auf Zustimmung zum Einsatz unverzüglich nachzuholen ist. Sollte der Bundestag den Antrag ablehnen, ist der Einsatz zu beenden. *(nachträgliche Zustimmung)*

§ 6 behandelt die Unterrichtungspflicht der Bundesregierung. Sie hat den Bundestag regelmäßig über den Verlauf der Einsätze und über die Entwicklung im Einsatzgebiet zu unterrichten. In Fällen des vereinfachten Zustimmungsverfahrens unterrichtet die Bundesregierung die zuständigen Ausschüsse und die Obleute der Fraktionen in diesen Ausschüssen unverzüglich.

§ 7 geht auf das Verfahren bei der Verlängerung von Einsätzen ein. Im § 8 wird dem Bundestag ein Rückholrecht eingeräumt: „Der Bundestag kann die Zustimmung zu einem Einsatz bewaffneter Streitkräfte widerrufen." Mehr steht da nicht. Aber man kann sich leicht vorstellen, welche politischen Turbulenzen ausgebrochen sein müssen, um den Bundestag zu einem solchen Widerruf zu bewegen. *(Verlängerung von Einsätzen)*

Der neunte und letzte Paragraph des Gesetzes legt fest, ab wann es in Kraft tritt, nämlich mit dem Tag der Verkündigung. Das war der 18. März 2005.

In der Regel decken Antrag und parlamentarisches Mandat längstens einen Zeitraum von einem Jahr ab. Dauert der Einsatz länger, was insbesondere bei den qualitativ und quantitativ gewichtigsten Auslandseinsätzen (Bosnien-Herzegowina, Kosovo, Afghanistan) der Fall ist, wiederholt sich das Mandatierungs-Verfahren.

Das Parlamentsbeteiligungsgesetz heißt so, weil es Art und Ausmaß der Beteiligung der Legislative an der Entsendung deutscher Streitkräfte in Auslandseinsätze regelt. Geplant und in seinen Einzelheiten festgelegt werden solche Einsätze von der Exekutive, insbesondere dem Bundesministerium der Verteidigung. Ohne die Zustimmung des Bundestages kommen solche Einsätze jedoch nicht zustande. Dabei ist zu beachten, dass der Bundestag nur reaktiv tätig wird und einem ihm vorgelegten Antrag der Regierung seine Zustimmung gibt oder sie verweigert. Einfluss auf das Wo und Wie der Auslandseinsätze hat der Bundestag nicht. *(Initiative liegt bei der Regierung)*

9.3.3   Beispiel: AWACS in Afghanistan

deutscher Sonderweg   Leider regelt das Parlamentsbeteiligungsgesetz von 2005 durchaus nicht mit letzter Klarheit alle Aspekte einer Mandatierung von Auslandseinsätzen der Bundeswehr. Aber bei der überwiegenden Mehrzahl der Fälle tut es das doch. Weshalb auch die meisten Parlamentarier mit ihm zufrieden sind, auch wenn oder gerade weil es sich hier um ein Verfahren handelt, das in der Europäischen Union und der NATO sonst nicht üblich ist. Als weitere Ausnahmen gelten Italien und, in abgeschwächter Form, Dänemark. In beiden Ländern braucht es wie in Deutschland die Zustimmung des Parlaments zu Auslandseinsätzen (vgl. Nolte/Krieger 2003, 4). Wiefelspütz (2008, 405) nennt das konstitutive Beteiligungsrecht des Bundestages beim Einsatz der Bundeswehr im Ausland einen „deutschen Sonderweg" im Umgang mit den Streitkräften, was er hauptsächlich positiv meint.

AWACS-Einsatz-   Wie sich die Parlamentsbeteiligung konkretisiert, studiert man am besten
Antrag der Regierung   anhand von Beispielen. Eines sei hier zur Illustration des Verfahrens näher herangezogen – der Antrag der Bundesregierung vom 17. Juni 2009 mit der ungewöhnlich umfangreichen Überschrift „Beteiligung deutscher Streitkräfte am Einsatz von NATO-AWACS im Rahmen der internationalen Sicherheitsunterstützungstruppe in Afghanistan (International Security Assistance Force, ISAF) unter Führung der NATO auf Grundlage der Resolution 1386 (2001) und folgender Resolutionen, zuletzt Resolution 1833 (2008) des Sicherheitsrates der Vereinten Nationen". Als Drucksache 16/13377 des Deutschen Bundestages umfasst der Antrag drei Seiten und beginnt mit der Formulierung des Antrages im engeren Sinne, nämlich des Textes, dem der Bundestag seine Zustimmung geben soll. Punkt 2 zählt noch ausführlicher, als es in der Überschrift geschehen ist, die legitimatorische Grundlage des Einsatzes, also die Resolutionen der internationalen Organisationen gegenseitiger kollektiver Sicherheit im Sinne des Artikels 24 Abs. 2 des Grundgesetzes, auf. Im Punkt 3 verweist die Bundesregierung auf bereits erfolgte Regelungen und gemachte Zusagen, auf denen dieser neue Antrag beruht. In Unterpunkten geht es um den besonderen Auftrag (Mitwirkung an der luftgestützten Koordinierung im afghanischen Luftraum), um die Dauer des Mandats (Befristung bis zum 13. Dezember 2009), um die einzusetzenden Kräfte und Fähigkeiten, das Einsatzgebiet, den Personaleinsatz (bis zu 300 Bundeswehrsoldaten) und schließlich um die Kosten (bis zu 4,21 Millionen Euro aus dem Einzelplan 14).

Dieser Übersicht schließt sich eine Begründung an. An ihr fällt auf, dass ausdrücklich darauf hingewiesen wird, dieser Einsatz diene in erster Linie ISAF und dem zivilen Luftverkehr über Afghanistan:

> „Die NATO-AWACS verfügen weder über die Fähigkeit zur Bodenaufklärung, noch haben sie eine Feuerleitfähigkeit für Luft-Boden-Einsätze. Die NATO-AWACS haben nicht die Aufgabe, geplante OEF-Luftoperationen zu koordinieren und zu führen."

Operation Enduring Freedom (OEF) ist eine zweite westliche Militärmission in Afghanistan, allerdings nicht auf Afghanistan beschränkt. Anders als ISAF verfolgt sie das Ziel der Bekämpfung internationaler Terrornetzwerke und ihrer Unterstützer. Die Bundesregierungen haben seit 2001 immer großen Wert darauf gelegt, dass diese beiden Einsätze strikt getrennt bleiben. Bundeswehrsoldaten waren an OEF auch beteiligt, aber nur eine geringe Zahl darunter in Afghanistan. Inzwischen ist das OEF-Mandat ausgelaufen.

Für manche Beobachter haben das Parlamentsbeteiligungsgesetz und die vor und nach dem Inkrafttreten dieses Gesetzes geübte Staatspraxis des Mandats-Ersuchens durch die Bundesregierung und der Mandats-Erteilung durch den Bundestag teilweise problematische Züge. So moniert etwa Scherrer (2010, 328) die Festschreibung des Unterrichtungsrechtes des Bundestages als „wenig gelungen". Weil in dem Gesetz keine Einzelheiten über Form, Umfang und Häufigkeit der exekutiven Unterrichtungspflicht aufgeführt sind, könne die Regierung darüber nach eigenem Gutdünken befinden. Zwar gilt die Informationspflicht der Regierung gegenüber dem Parlament als eine Art „Bringschuld" (vgl. Brüning 2004). Aber wegen des unbestreitbaren Wissensvorsprungs der Exekutive kann diese oft genug auch definieren, was sie an Informationen weitergibt und was sie zurückhält. *Kritik am Gesetz*

Damit hängt auch zusammen, wie Regierung und Parlament sich in der Frage der Unterrichtung bei Geheimeinsätzen verhalten sollen. Im Gesetz selbst findet sich dafür keine Lösung. *Problem Geheimeinsätze*

> So läuft in der staatlichen Übung die parlamentarische Mitwirkung zum einen praktisch leer, wenn die Unterrichtung des Bundestages über brisante Antiterror- und Geheimeinsätze weitgehend im Belieben der Exekutive steht. Zum anderen dringt der Parlamentsvorbehalt aber, wenn der Bundestag detailliert über einzelne Modalitäten eines Einsatzes mitbestimmt, in das Arkanum der Bundesregierung vor (Scherrer 2010, 331).

Besonders akut wird dieser Zielkonflikt bei den Einsätzen von Spezialkräften der Bundeswehr im Ausland (Noetzel/Schreer 2007, 18f.). Nun wird es allerdings schwierig sein, für dieses Dilemma – Informationspflicht einerseits, Geheimhaltungsnotwendigkeit andererseits – einen breiten und kurvenfreien verfahrensrechtlichen Ausweg zu finden. Es kommt auf den jeweiligen Einzelfall an.

Eine weitere Anschlussfrage bezieht sich auf das mögliche Spannungsverhältnis zwischen völkerrechtlichen und verfassungsrechtlichen Normen. Zugespitzt und in den Worten eines Rechtswissenschaftlers der Hamburger Universität der Bundeswehr ausgedrückt: „Unterliegen deutsch Soldaten im Auslandseinsatz weiterreichenden Beschränkungen als Soldaten aus anderen Staaten?" (Deutsche Vereinigung für Parlamentsfragen 2010, 18). Diese Frage kann man wohl bejahen. Damit wird ein wichtiger Aspekt der Mandatierung angesprochen, der sich für das effiziente Zusammenwirken multinational zusammengesetzter und gemeinsam operierender Einsatzverbände hinderlich auswirken kann. Die „weiterreichenden Beschränkungen" rühren im Übrigen ja nicht nur daher, dass manche Mitgliedsländer der NATO bestimmte völkerrechtliche Verbindlichkeiten nicht eingegangen sind und ihre Truppen keinen so engen verfassungsrechtlichen Regelungen unterliegen wie die Soldaten der Bundeswehr. Auch die „Einsatzphilosophien" der NATO-Mitgliedsländer differieren, was auf unterschiedli- *unterschiedliche Einsatzbeschränkungen in multinationalen Missionen…*

che „militärische Kulturen" zurückzuführen ist und nicht einfach durch veränder-
te Dienstvorschriften in dem einen oder anderen Land überwunden werden kann.
Deutschlands „Kultur der militärischen Zurückhaltung" ist zwar wegen seiner
Vergangenheit in der ersten Hälfte des 20. Jahrhunderts gewiss angemessener als
jede Überbetonung des Militärischen. Jedoch harmoniert sie nicht immer mit den
Einsatzregeln verbündeter Nationen bei gemeinsamen Stabilisierungsmissionen.
Die mehr als zehnjährigen Erfahrungen der westlichen Truppen im Rahmen von
OEF und ISAF in Afghanistan haben diesen Sachverhalt immer wieder aufs neue
und zuweilen auf recht unerfreuliche Weise bestätigt.

...auf europäischer
Ebene
Ein eigentlich sehr dringendes, jedoch häufig verdrängtes Problem des deutschen Verfahrens zur Legitimierung von Auslandseinsätzen besteht in der Unterschiedlichkeit der Verfahren auf europäischer Ebene, wo doch eine Gemeinsame
Sicherheits- und Verteidigungspolitik (GSVP) angestrebt wird. Die wechselseitige Annäherung der europäischen Staaten oder gar die verstärkte Einbeziehung
des Europäischen Parlaments in den Mandatierungs-Prozess benötigen gewiss
noch viel Zeit (vgl. von Ondarza 2012).

9.3.4   Perspektiven

Im Weißbuch zur Sicherheitspolitik Deutschlands und zur Zukunft der Bundeswehr von 2006 werden die Aufgaben der Bundeswehr in zwei Blöcken zusammengefasst. Im ersten Block geht es um Landesverteidigung (in erweiterter Fassung):

> Die Verteidigung Deutschlands gegen eine militärische Bedrohung von außen ist
> und bleibt die verfassungsrechtliche Kernfunktion der Bundeswehr. Hinzu kommt
> die Verteidigung von Bündnispartnern bei Angriffen sowie der Beistand bei Krisen
> und Konflikten, die zu einer konkreten Bedrohung eskalieren können. Die klassische
> Landes- und Bündnisverteidigung stellen damit unverändert zentrale Aufgaben der
> Bundeswehr dar, auch wenn bedrohliche Entwicklungen in dieser Hinsicht auf ab-
> sehbare Zeit unwahrscheinlich sind (Weißbuch 2006, 75).

Den zweiten Block bilden Einsätze im Rahmen „internationaler Konfliktverhütung und Krisenbewältigung einschließlich des Kampfes gegen den internationalen Terrorismus", an denen sich die Bundeswehr im Rahmen und nach den Regeln von Systemen gegenseitiger kollektiver Sicherheit beteiligt. Da die Ausdif-
ferenzierung von Bedrohungen eine strikte Trennung von verfassungsrechtlich
unterschiedlich definierten Räumen mehr und mehr obsolet macht, regt das
Weißbuch 2006 hier eine Erweiterung der verfassungsrechtlichen Möglichkeiten
für den Einsatz der Streitkräfte auch im Innern an (vgl. auch Verteidigungspolitische Richtlinien 2011, 6). Damit sind die Bundesregierungen, die diese Absicht
auf ihre Fahnen geschrieben haben, bis jetzt allerdings nicht weit gekommen.

verquere
Einsatzrealität
Diese Einsatzperspektive sowie ferner die teils schon erfolgte, teils über
langwierige Transformationsprozesse noch zu erreichende Erweiterung des professionellen Profils des Soldatenberufs verweisen darauf, dass das Wehrverfas-
sungsrecht – seit 1968 so gut wie unverändert – trotz der beherzten Auslegung
durch das Bundesverfassungsgericht hinter den Einsatzrealitäten herhinkt. Nicht

zuletzt Entwicklungen in Richtung auf (wie immer im Einzelnen ausgestaltete) europäische Streitkräfte werden sicherheitspolitische und die Mandatierung betreffende Anpassungen (nicht nur) Deutschlands notwendig machen. Es sind vor allem drei weiterführende Fragenkomplexe, auf die man hier stößt. Sie haben alle etwas mit der Vermischung (Hybridisierung) früher getrennt gehaltener Kategorien und Bereiche zu tun.

- Die auch in Zukunft nicht ab-, vielmehr eher zunehmende Multinationalisierung von Krisenstabilisierungsmissionen, humanitären Interventionen und anderen Einsätzen außerhalb des eigenen und des Bündnis-Territoriums macht nationale Sonderwege schwieriger und ab einem gewissen Grad dysfunktional. Bestimmte und jeweils als wichtig eingestufte Elemente nationaler militärischer Kulturen sollen deshalb nicht eingeebnet, müssen aber mit den entsprechenden Regeln und Normen der Verbündeten abgestimmt werden. So wird Deutschland schwerlich von dem Konzept seiner Streitkräfte als „Parlamentsarmee" abzubringen sein. Das ist auch an und für sich nicht kritikwürdig. Es muss dieses Konzept aber so flexibel gestaltet werden, dass Funktionsstörungen in der multinationalen Kooperation am Ort des Einsatzes vermeidbar werden. *(Harmonisierungsprobleme)*
- Mandatserteilung durch das Parlament erhöht, ja schafft hierzulande eigentlich erst das nötige Legitimitätspolster für bewaffnete Auslandseinsätze. Trotzdem erscheinen solche Einsätze in verfassungsrechtlicher Perspektive und in den sicherheitspolitischen Grunddokumenten der Bundesregierungen nur als nachgeordnet, denn als „Kernfunktion" der Streitkräfte wird immer noch die Verteidigung gegen einen Angriff von außen auf das eigene Territorium angesehen. Fiktion vor Realität! Hier muss eine stimmigere Balance gefunden werden, nicht zuletzt deshalb, weil enttäuschend verlaufende Auslandseinsätze (bisher eindeutig die Mehrheit) kurzfristige innenpolitische Kalküle in Gang bringen können, die langfristige sicherheitspolitische Entscheidungen durchkreuzen. *(geringere Legitimation von Auslandseinsätzen?)*
- Es ist zu überlegen, ob andere Arten von Inlandseinsätzen der Bundeswehr als in Art. 87a und 115a bis 115f des Grundgesetzes angesprochen durch ein angemessenes Mandatierungs-Verfahren verfassungsrechtlich ermöglicht werden können.

10 Fallstudie: Abschied von der Wehrpflicht

Seit dem Juli 2011 gibt es keine Wehrpflicht mehr in Deutschland. Genauer: Es gibt sie nur noch als (leere) rechtliche Hülse. Eingeführt wurde sie mit Gründung der Bundeswehr 1956. Genaugenommen ist die Wehrpflicht nur „ausgesetzt", was soviel heißt wie: In Friedenszeiten werden keine Wehrpflichtigen eingezogen, aber unter bedrohlichen Umständen (Spannungsfall, Verteidigungsfall) kann sie auch wieder „eingesetzt" werden. Das Gesetz, in dem diese gravierende Änderung festgehalten ist, heißt Gesetz zur Änderung wehrrechtlicher Vorschriften 2011 oder Wehrrechtsänderungsgesetz 2011 und ist so übersichtlich wie eine verfilzte Haarbürste.

gravierende Änderung nach 55 Jahren

Aber sei's drum. Um eine einschneidende Reformmaßnahme nach 55jähriger Bundeswehr-Praxis mit der Wehrpflicht (deren Dauer immer mal wieder verändert und zuletzt drastisch auf nur sechs Monate verkürzt wurde) handelt es sich tatsächlich. Was das Thema Wehrpflicht so spannend macht und geeignet für eine Fallstudie politisch-militärischen und gesellschaftlichen Wandels, liegt an ihrer zentralen Bedeutung sowohl für das Kriegsbild als auch für das zivil-militärische Verhältnis einer Gesellschaft.

immer wieder in der Diskussion

Deswegen ist es auch kein Wunder, dass es eigentlich immer in den vergangenen mehr als fünf Jahrzehnten eine mal leise, mal lauter geführten und zuletzt sogar grimmige Auseinandersetzung über die Wehrpflicht in der Bundesrepublik Deutschland gegeben hat. Auch stößt man auf eine große Zahl von Aufsätzen, Sammelwerken und Monographien über dieses Thema, in denen es, bei unterschiedlicher Argumentationshöhe und unterschiedlichem Adressatenkreis, eigentlich immer auf eine Abwägung von Gründen pro und contra Wehrpflicht hinauslief, mit je nach Standort unterschiedlichem Ergebnis.

In diesem Kapitel soll nun nicht diese gesamte Diskussion rekapituliert werden. Stattdessen soll nach einer knapp gehaltenen allgemeinen Einführung vor allem die spezifische zivil-militärische Konstruktion der Wehrpflicht in der Bundesrepublik nachgezeichnet werden, die sich ja auch auf Institutionen wie das Recht auf Kriegsdienstverweigerung und den Zivildienst (früher: Ersatzdienst) stützte. Ein zweiter Schwerpunkt dieses Kapitels liegt auf der Auseinandersetzung 2009/10, die zu einem überraschend eiligen Abschied von der Wehrpflicht führte.

10.1 Allgemeines zur Wehrpflicht

Rekrutierungssystem für die moderne Massenarmee

In der Moderne, insbesondere im Zeitalter der identitätspolitisch formatierten Nationalstaaten, also grob gesagt seit der Französischen Revolution 1789, ist die allgemeine Wehrpflicht ein beliebtes und verbreitetes *Rekrutierungssystem* für die Streitkräfte. Sie erfasst im Modell alle jungen Männer in einem solchen Staat. Wer der Wehrpflicht unterliegt, ‚muss' (ob er das gut findet oder ganz und gar nicht gut) für eine gewisse Zeit Soldat werden. Tatsächlich gab es immer auch einen Haufen Ausnahmen. Der Gegenbegriff zur Wehrpflicht ist der frei-willige Dienst in den Streitkräften. Wer freiwillig Soldat wird, der hat es sich selbst ausgesucht.

Es sei denn, mit der Freiwilligkeit ist es bei der Rekrutierung nicht weit her. So war es ja allenthalben in vielen Jahrtausenden vor dem Anbruch der Moderne. In früheren historischen Epochen war es die Regel, dass Einzelne, oft auch ganze Gruppen (z. B. die Männer aus den Reihen des besiegten Feindes), zum Militär-dienst gezwungen wurden. Viele der Landsknechte und Söldner in den frühneu-zeitlichen Heeren Europas waren alles andere als freiwillige Soldaten. Aus der Ära des Absolutismus ist die Geschichte vom ‚Soldatenhandel‘ des Landgrafen Friedrich II von Hessen-Kassel überliefert und von der Nachwelt (zum Beispiel bereits von Friedrich Schiller in seinem Drama „Kabale und Liebe“) kritisiert worden. Gegen 108.000 Pfund jährlich lieferte Hessen zwischen 1776 und 1784 insgesamt 17.000 einheimische Soldaten, die in den englischen Kolonien in Nordamerika für die britische Krone zu kämpfen hatten. Für manche mag das ein besonders übler Zwang gewesen sein. Immerhin weisen einige Historiker heute auch darauf hin, „dass für die Offiziere und einen kleinen Teil der Soldaten der Einsatz in dem fernen Lande und die zu bestehenden Abenteuer einen eigentüm-lichen Reiz gegenüber der Monotonie…des heimatlichen Dorflebens ausübten“ (Philipp/Wolff 1979, 21). Aber das sind subjektive Motive.

Rekrutierung von ‚Freiwilligen‘ im Absolutismus

10.1.1 Wehrpflicht und Nation

Bei der Wehrpflicht seit dem Ende des 18. Jahrhunderts, als sie programmatisch in einen nationalen Rahmen gestellt wurde, handelt es sich um ein ideologisches Kollektiv-Phänomen auf zwei Ebenen – der sozio-politischen und der militäri-schen. Die Wehrpflicht der jungen Männer verwandelt sich von einem Zwang zu einem „Dienst an der Nation“. Idealtypisch ist der so rekrutierte Soldat von Nati-onalgefühl und Patriotismus durchdrungen. Die Wehrpflicht wird so auch ganz bewusst als Mittel zur Bildung und Vertiefung nationaler Identität eingesetzt. Die Streitkräfte als „Schule der Nation“, das bedeutet ja in erster Linie das Ein-pflanzen nationaler Wertvorstellungen und von Nationalstolz in die Köpfe der Wehrpflichtigen. Diesen Mechanismus verwendeten auch multi-nationale Imper-ien wie das Habsburger Reich, das die allgemeine Wehrpflicht 1866 einführte und festlegte, dass über alle Nationalitäten hinweg Deutsch die militärische Kommandosprache sein sollte. Hier ging es also nicht unbedingt um National-stolz, sondern um Loyalität über die zwischen-nationalen Gräben hinweg. So richtig funktioniert hat das in diesem Fall aber nicht. Die Individuen, die der Wehrpflicht Folge zu leisten hatten, empfanden häufig beides, die militärische Ausbildung und die nationalpolitische Erziehung, auch als Repression.

vom Zwang zum Dienst an der Nation

Insofern sich der moderne Nationalstaat im Verlauf des 19. und 20. Jahr-hunderts immer weiter demokratisierte, kann man mit Recht, wie es der erste Bundespräsident der Bundesrepublik Deutschland Theodor Heuß getan hat, von der Wehrpflicht als einem „legitimen Kind der Demokratie“ sprechen. Er tat das gewiss auch eingedenk der Ansätze zu einer Vorform demokratischer Beteili-gung, die in den Militärreformen in Preußen nach der Niederlage gegen Napo-

legitimes Kind der Demokratie?

leon aufschien. Theodor Fontanes Roman „Vor dem Sturm" kann als Beispiel für solche Ansätze gelesen werden.

Wir dürfen uns jedoch nicht täuschen lassen – auch nicht-demokratische, ja besonders die totalitären Regime des 20. Jahrhunderts haben ihren Bürgern die Wehrpflicht auferlegt. Und zwar aus ganz anderen Gründen als solchen der Beförderung von Demokratie.

10.1.2   Wehrpflicht und der Aufstieg der Massenarmeen

Wehrpflicht und Industrialisierung des Krieges

Die Wehrpflicht wurde aber aus einem militär-strategischen Grund im 19. Jahrhundert so rasch zum bevorzugten Rekrutierungssystem von Streitkräften, und der hat mit der Entwicklung des Kriegsbildes zu tun. Die Kabinettskriege der zahlenmäßig vergleichsweise nicht sehr umfangreichen Stehenden Heere (aus längerdienenden Berufssoldaten) im Absolutismus waren so angelegt, dass sie das zivile Erwerbsleben und den Handel möglichst wenig stören sollten. Im 19. Jahrhundert wuchs die Zahl der Soldaten schlagartig an. Ebenso erweiterten sich das Spektrum und die Vernichtungskapazität der eingesetzten Waffen. Es kam zu einer „Industrialisierung des Krieges". Die zivile Gesellschaft wurde immer mehr in die Vorgänge der Kriegsvorbereitung einbezogen. Im 20.Jahrhundert wurde dieses Kriegsbild des nun drei-dimensionalen Massenkrieges weiter perfektioniert. Krieg wurde mehr und mehr zu einem gewaltsamen Ringen ganzer Gesellschaften (siehe Kapitel 2.2.1 und 5.1.3).

Nation in Waffen

Für solche Kriege benötigte man quasi unendlich viele Soldaten. Um das Ziel der „Nation in Waffen" zu verwirklichen, war die Wehrpflicht (mit langen Ausbildungszeiten) besser geeignet als alle anderen Rekrutierungssysteme. Denn sie versorgte die Streitkräfte der bevölkerungsreichen Staaten mit genügend aktiven Soldaten und stellte ihnen dazu noch, in einer Art sozialer Anspar- und Bevorratungsaktion, ein großes Arsenal an Reservisten für den Ernstfall zur Verfügung. Diese konnten bei Bedarf auch kurzfristig einberufen werden. Die Erweiterungsmöglichkeit durch Reservisten heißt im militärischen Sprachgebrauch *Aufwuchsfähigkeit*.

Materialschlachten im 1. Weltkrieg

Um nur ein Beispiel für den Einsatz von Massenarmeen anzuführen: Die Schlacht von Verdun im Ersten Weltkrieg dauerte von Ende Februar bis Ende Dezember 1916. Das Ziel der aufeinanderprallenden deutschen und französischen Streitkräfte war die Eroberung bzw. Verteidigung eines Rings von Festungen um Verdun. Im Dezember 1916 hatte keine der beiden Seiten die Schlacht „gewonnen", aber beide waren zu erschöpft, um sie fortzusetzen. Solche Mega-Schlachten werden in der Literatur häufig als „Materialschlachten" bezeichnet, weil alle Beteiligten ungeheure Mengen von Waffen und Munition zum Einsatz brachten. Es waren aber vor allem „Menschenschlachten". In Verdun betrugen die Verluste auf französischer Seite 377.000 Soldaten, darunter 167.000 Gefallene, und auf deutscher Seite 337.000 Soldaten, darunter 150.000 Gefallene. Zum Vergleich: Die gesamte Bundeswehr soll nach den Vorgaben der gerade laufenden Reform bis zu 185.000 Angehörige umfassen.

Wandel des Kriegs-bildes nach 1945

Das letzte Drittel des 20. Jahrhunderts sah den Niedergang der Massenarmeen. Andere Kriegsbilder stehen heute im Vordergrund von Ausbildung und militärstrategischen Debatten. Es spricht also einiges dafür, dass, schon allein aus der Perspektive militärischer Funktionsnotwendigkeiten betrachtet, die Wehrpflicht heute eher als anachronistisch anzusehen ist, jedenfalls in Nordamerika und Europa.

10.2 Wehrpflicht in der Bundeswehr

Wir werden sehen, dass dies in der Bundesrepublik Deutschland bis 2011 folgenreich bestritten wurde. Warum? Man muss man sich vor Augen halten, dass die Debatte über die Wehrpflicht in der Bundeswehr in *erster* Linie eine gesellschaftliche und erst in *zweiter* Linie eine militärische ist. Das geht auch völlig in Ordnung, wenn man die Vorgaben eines der Demokratie angemessenen zivilmilitärischen Verhältnisses akzeptiert. Freilich kann das nicht heißen, den funktional-militärischen Argumenten kein Gewicht zuzumessen. Werden sie über Gebühr vernachlässigt, dann geschieht das zum Schaden der Effektivität der Streitkräfte, oder es entsteht eine argumentative Klischee- und Scheuklappen-Debatte, die mit den realen Abläufen kaum noch Kontakt hat. Genau das kennzeichnet die Auseinandersetzung über die Wehrpflicht in Deutschland seit mindestens zwanzig Jahren.

deutsche Wehrpflichtdebatte primär eine gesellschaftliche Auseinandersetzung

In Deutschland fällt der Streit um die Wehrpflicht aber auch ganz verzwickt aus, weil verschiedene funktionale und sehr prinzipielle Argumente neben- und gegeneinander ins Feld geschickt werden. Da ist dann die Chance groß, aneinander vorbeizureden. Vielleicht ist dieser Nachteil auch teilweise wieder vorteilhaft, jedenfalls für all diejenigen, die möglichst alles so lassen wollen, wie es ist. Insofern spiegelt sich in der Wehrpflicht-Debatte der allgemein gepflegte Unwille zu institutionellen Reformen.

10.2.1 Echte und unechte Wehrpflichtarmeen

Eigentlich war die Bundeswehr schon lange vor der offiziellen Abschaffung (Aussetzung) der Wehrpflicht keine richtige Wehrpflicht-Armee. Der schweizerische Militärsoziologe Karl W. Haltiner (2003b) unterscheidet drei Typen von Wehrpflicht-Modellen, die sich nach dem Anteil von Wehrpflichtigen in den Streitkräften unterscheiden. Für den Zeitraum von den 1970er Jahren bis zur Gegenwart erfüllen in Europa nur die Streitkräfte Finnlands, Griechenland, der Türkei und der Schweiz die Kriterien einer echten Wehrpflicht-Armee („*hard core conscript forces*"). Mehr als zwei Drittel ihrer Soldaten sind Wehrpflichtige. Jene Streitkräfte, in denen zwischen 50 und 60% aller Soldaten Wehrpflichtige sind, nennt Haltiner „*soft core conscript forces*", was man vielleicht mit ‚Gerade noch'-Wehrpflicht-Armee übersetzen könnte. Zu dieser Gruppe zählten in der Vergangenheit Schweden, Norwegen, Österreich, Italien, Portugal und Spanien. Die drei zuletzt aufgezählten Länder haben inzwischen die Wehrpflicht abgeschafft. In Schweden ist sie ausgesetzt worden.

Haltiners Typologie von Wehrpflicht-Modellen

Streitkräfte, die mehrheitlich aus Freiwilligen bestehen, obwohl sie für die Rekrutierung ihres Personals auf die gesetzlich vorgeschriebene Wehrpflicht

Bundeswehr schon lange Pseudo-Wehrpflichtarmee

zurückgreifen können, nennt Haltiner Pseudowehrpflicht-Armeen. In diese Kategorie fiel, neben Dänemark, auch Deutschland, bis hier ähnlich wie in Belgien, den Niederlanden oder Frankreich die Wehrpflicht abgeschafft wurde.

Übersicht 10.1: NATOs langer Abschied von der Wehrpflicht

Kanada	Freiwilligenarmee
Luxemburg	Freiwilligenarmee
Großbritannien	Freiwilligenarmee seit 1964
Vereinigte Staaten von Amerika	Freiwilligenarmee seit 1973
Belgien	Freiwilligenarmee seit 1994
Niederlande	Freiwilligenarmee seit 1996
Frankreich	Freiwilligenarmee seit 2002
Spanien	Freiwilligenarmee seit 2002
Slowenien	Freiwilligenarmee seit 2004
Portugal	Freiwilligenarmee seit 2004
Ungarn	Freiwilligenarmee seit 2004
Italien	Freiwilligenarmee seit 2005
Dänemark	Freiwilligenarmee seit 2005 bei geltender Wehrpflicht
Tschechien	Freiwilligenarmee seit 2005
Slowakei	Freiwilligenarmee seit 2006
Lettland	Freiwilligenarmee seit 2007
Rumänien	Freiwilligenarmee seit 2007
Bulgarien	Freiwilligenarmee seit 2008
Kroatien	Freiwilligenarmee seit 2008
Litauen	Freiwilligenarmee seit 2009
Albanien	Freiwilligenarmee seit 2010
Deutschland	Freiwilligenarmee seit 2011
Polen	Freiwilligenarmee seit 2012
Estland	Wehrpflicht (8-11 Monate)
Norwegen	Wehrpflicht (12 Monate), ab 2015 auch für Frauen
Griechenland	Wehrpflicht (9 bis 12 Monate)
Türkei	Wehrpflicht (6 bis 15 Monate)
Island	keine eigenen Streitkräfte

Quelle: eigene Internet-Recherche, Dezember 2013.

Ein Vergleich innerhalb der NATO kommt zu dem deutlichen Ergebnis, dass die Wehrpflicht zu einem Auslaufmodell geworden ist. Sie passt nicht mehr recht zu dem neuen Anforderungsprofil der Soldaten. Und wo an ihr festgehalten wird, liegen meist sehr spezifische Gründe vor, über deren Gewicht man, etwa im Falle Griechenlands und der Türkei, politisch streiten kann.

10.2.2 Wehrpflicht, Kriegsdienstverweigerung, Zivildienst

Seit der Gründung der Bundesrepublik Deutschland ist in ihrem Grundgesetz an prominenter Stelle das Recht auf Kriegsdienstverweigerung verankert. „Niemand darf gegen sein Gewissen zum Kriegsdienst mit der Waffe gezwungen werden", heißt es in Artikel 4, Abs. 3 GG. Auf den ersten Blick mag es verwundern, dass dieses Grundrecht lange vor der Aufstellung westdeutscher Streitkräfte kodifiziert wurde. Das war damals auch keineswegs unumstritten. Theodor Heuß, wenig später der erste Bundespräsident der Bundesrepublik, befürchtete etwa einen „Massenverschleiß des Gewissens", womit er die (sich erst zwei Jahrzehnte später offenbarende) Problematik dieser Grundgesetz-Formulierung in der Tat ziemlich genau getroffen hat. Denn die Wahrhaftigkeit einer Gewissensentscheidung lässt sich von außen nicht wirklich nachprüfen.

Wehrpflicht nicht gegen das Gewissen

In der Hauptsache zwei Gründe sprachen damals für die Aufnahme dieses Rechts in das Grundgesetz. Erstens ging es um ein deutliches humanitäres und demokratie-symbolisches Zeichen. Im neuen Staat sollte das individuelle Gewissen, man dachte vor allem an das religiös gebundene Gewissen, nicht vom Staat bedrängt werden. Zweitens sollte dieses Recht deutsche Staatsbürger davor schützen, von den Siegermächten umstandslos zu militärischen Zwangsdiensten herangezogen zu werden, keine sehr wahrscheinliche, jedoch eine mögliche Aussicht.

Als die Bundeswehr 1955/56 gegründet wurde, wurde die Allgemeine Wehrpflicht eingeführt. Mit der Grundgesetzänderung vom 19. März 1956 fügte der Gesetzgeber den Artikel 12 (später: 12a) ins Grundgesetz ein:

Wehrpflicht betrifft nur Männer

Artikel 12a (Wehr- und Dienstpflicht)
(1) Männer können vom vollendeten achtzehnten Lebensjahr an zum Dienst in den Streitkräften, im Bundesgrenzschutz oder in einem Zivilschutzverband verpflichtet werden.
(2) Wer aus Gewissensgründen den Kriegsdienst mit der Waffe verweigert, kann zu einem Ersatzdienst verpflichtet werden. Die Dauer des Ersatzdienstes darf die Dauer des Wehrdienstes nicht übersteigen. Das Nähere regelt ein Gesetz, das die Freiheit der Gewissensentscheidung nicht beeinträchtigen darf und auch eine Möglichkeit des Ersatzdienstes vorsehen muss, die in keinem Zusammenhang mit den Verbänden der Streitkräfte und des Bundesgrenzschutzes steht…

Dieser Artikel ist noch viel länger und detailreicher, was vor allem daran liegt, dass die militärisch-zivile Rekrutierungs-Konstellation Wehrdienst/Kriegsdienstverweigerung/ Ersatzdienst nicht unkompliziert war. Das 1949 im Artikel 4, Abs. 3 GG und 1956 im Artikel 12 (12a) angekündigte Bundesgesetz trat am 13. Januar 1960 in Kraft und hieß zunächst *Gesetz über den zivilen Ersatzdienst*. 1973 wurde der Begriff *Ersatzdienst* fallen gelassen und durch *Zivildienst* ersetzt. Seit den 1980er Jahren ist das bis dahin auf die Erforschung des Gewissens der

vom Ersatz- zum Zivildienst

Wehrpflichtigen, die den Kriegsdienst verweigern möchten, angelegte Prüf- und Anerkennungsverfahren umgestaltet worden. Man hat eingesehen, dass dieses Prüf- und Anerkennungsverfahren unangemessen war und deshalb auf die Gewissensprüfung verzichtet. Das war in jeder Hinsicht vernünftig.

Tabelle 10.1:   Zahl der Anträge auf Kriegsdienstverweigerung nach Kalenderjahren

Jahr der Antragstellung	Gesamtzahl der Anträge
1958	2.447
1964	2.777
1968	11.952
1977	69.969
1989	77.398
1991	150.722
2001	182.420
2005	139.536
2007	161.448
2009	151.962

Quelle: Bundesamt für den Zivildienst; Bundestagsdrucksache 17/1281 v. 30.3. 2010.

steigende KDV-
Zahlen seit 1967/68

Im ersten Jahrzehnt der Bundeswehr blieb die Kriegsdienstverweigerung eine Ausnahme-Erscheinung. Aber 1967/68 begann ein steiler Aufstieg der KDV-Zahlen. Manche Beobachter deuteten das zunächst als Drückebergerei. Sie irrten. Das gab es zwar auch. Die meisten jedoch, die einen Antrag auf Kriegsdienstverweigerung stellten, taten dies in dem Bewusstsein, einen Ersatz-, in bald geltender Terminologie einen Zivildienst ableisten zu müssen. Und der war oft mindestens ebenso fordernd wie der Wehrdienst. Immer wieder seit 1967/68 haben Bundesregierung und Bundeswehr-Führung sowie die staatstragenden Parteien (wenn auch nicht deren Jugendorganisationen) versucht, durch Änderungen der Gesetzeslage den Anstieg der KDV-Zahlen zu bremsen – mit durchschlagendem Misserfolg.

Der Anstieg der Antragszahlen 1991 erklärt sich daher, dass nun auch aus den neuen Bundesländern solche Anträge eingereicht werden konnten. Bis 2002 entwickelte sich die Zahl der KDV-Anträge pro Jahr so, dass bald die Hälfte eines Jahrgangs diesen Weg wählte.

Zivildienstleistende
werden respektiert

In den späten 1960er und 1970er Jahren galt der Zivildienst in den Augen vieler eher konservativ gestimmter Beobachter als ein Hort politischer Opposition und staatskritischer Grundeinstellungen. Dieses Image mag für einen Teil der Zivildienstleistenden jener Jahre seine Berechtigung gehabt haben. Wichtiger als politische Opposition aber war einer steigenden Zahl von Zivildienstleistenden

(im Alltagsdeutsch ganz liebevoll abgekürzt als „Zivis") die Pflege eines unmili-
tärischen Lebensstils. Dafür leisteten sie häufig harte und härteste Arbeit, etwa in
Krankenhäusern oder bei der Betreuung von Schwerstbehinderten. Sie eroberten
sich damit bald ein eigenes soziales Profil. Interessant ist, dass sich der Anstieg
des sozialen Prestiges und des Ansehens der Zivildienstleistenden, den man in
den 1980er Jahren konstatieren konnte, nicht auf Kosten der Wehrpflichtigen
vollzog.

Die mit dem Material bestens vertraute Ines-Jacqueline Werkner hat das so
formuliert:

> Aber nicht nur die Wehrpflicht, auch der Zivildienst ist inzwischen zu einem Teil der politischen Kultur Deutschlands geworden. Auf politisch-militärischen Traditionen und der Norm des Antimilitarismus beruhend, ist er ein fester Bestandteil des politischen Systems und besitzt eine sehr starke verfassungsrechtliche Stellung. Auch wenn der Zivildienst nicht losgelöst vom Wehrdienst betrachtet werden kann, gilt er dennoch nicht mehr nur als Ausnahme von der Regel, sondern hat sich in der Bundesrepublik – anders als in den anderen europäischen Staaten – als anerkannter und wichtiger Gesellschaftsdienst etabliert (Werkner 2004, 171f.).

(Marginalie: Wehrdienst und Zivildienst: beides Element der politischen Kultur)

Tabelle 10.2: Bestandszahlen der Zivildienstleistenden im Jahresdurchschnitt

Jahr	Durchschnittzahl
1975	15.105
1985	47.351
1995	130.072
1999	138.364
2003	97.165
2005	66.063
2008	63.332
2010	62.230

Quelle: Bundesamt für den Zivildienst, Stand 1. November 2010).

Hier ist also in den 1980er und 1990er Jahren hinter dem Rücken der Akteure ein
beträchtliches soziales Problem entstanden, das primär mit der Wehrpflicht, aber
paradoxerweise mit der Bundeswehr nur sekundär etwas zu tun hat. Denn in der
öffentlichen Wahrnehmung wurden Wehr- und Zivildienst seit langem ähnlich
positiv beurteilt. Unter dem Gesichtspunkt der Funktionalität, und zwar in militärischer *und* in ziviler Perspektive, hat sich eine Umkehrung der Prioritäten vollzogen. Der Zivildienst war in seinen vielfältigen Facetten für das alltägliche
Funktionieren der Gesellschaft offenbar sehr wichtig, an manchen Ecken sogar
„gefühlt unverzichtbar" geworden, wohingegen der Wehrpflicht für das Funktionieren der Bundeswehr immer deutlicher nur sekundäre Bedeutung zukommt.

(Marginalie: Wehrpflicht wird funktional unwichtiger; Zivildienst wird funktional wichtiger)

Diese Behauptung wird freilich von den Verfechtern der Wehrpflicht heftig bestritten. Das liegt ja auch auf der Hand. Aber sie kann auch von denjenigen, die für eine Fortexistenz des Zivildienstes plädiert haben, nicht akzeptiert werden. Denn müsste eingeräumt werden, dass sie korrekt ist, dann wäre damit der verfassungsrechtliche Begründungszusammenhang für die Wehrpflicht und sein nachrangiges Substitut, den Zivildienst (der verfassungsmäßig immer ein Ersatzdienst geblieben und auch anders nicht begründbar ist), in sich zusammengebrochen.

Tabelle 10.3:   Zahl der Grundwehrdienst und freiwillig länger Wehrdienst Leistenden

Jahr	Zahl
1990	188.687
1995	167.450
1999	154.842
2003	102.600
2005	68.428
2007	67.823
2008	68.270
2009	68.304

Quelle: www.bundeswehr.de

gesichtswahrende Klimmzüge

Die hier auftauchende Kategorie der freiwillig länger Wehrdienst Leistenden ist ein bisschen geschummelt. Auf diese Weise ließ sich (siehe Tabelle 10.3) die Gesamtheit der eingezogenen Wehrpflichtigen etwas höher darstellen. Gemeint sind mit dieser Bezeichnung Soldaten, die sich für eine Dauer zwischen sieben und 23 Monaten verpflichten, in der Bundeswehr zu dienen. Entweder handelt es sich dabei um Grundwehrdienstleistende nach dem sechsmonatigen Grundwehrdienst. Oder zum Beispiel um junge Frauen, die gar nicht wehrpflichtig sind und sich entschieden haben, für einige Zeit freiwillig zur Bundeswehr gehen. Nach Aussetzung (Abschaffung) der Wehrpflicht machen die unter diesem Etikett ihren Dienst aufnehmenden Soldatinnen und Soldaten (am 1. Oktober 2012 rückten insgesamt 3.445 neu ein) einen Hauptbestandteil des Bundeswehr-Nachwuchses aus.

10.3 Der letzte Streit um die Wehrpflicht

Den im vorigen Absatz noch im Konjunktiv formulierten Sachverhalt haben nicht nur sozialwissenschaftliche Beobachter von Bundeswehr und Gesellschaft, sondern auch die Protagonisten des Großen Kompromisses zwischen Wehrpflicht und Zivildienst schon lange im Indikativ gesehen, also die Bundeswehr-

Führung, die Repräsentanten der Sozialverbände sowie die Verteidigungsexperten und die Sozialpolitik-Experten der Legislative. Dennoch wurden aus dieser Beobachtung lange keine Konsequenzen gezogen. Denn die versprachen für alle, die vom Andauern der Wehrpflicht und des Zivildienstes profitierten, unbequem zu werden. Stattdessen wurde immer wieder neu versucht, die Vorteile der Wehrpflicht herauszustreichen, beispielsweise in jedem diesbezüglichen offiziellen Dokument der Bundeswehr – bis zum Amtsantritt des Ministers zu Guttenberg (CSU) Ende Oktober 2009.

10.3.1 Rückblick: Begründungen der Wehrpflicht aus den 1970er Jahren

Als die Überlegungen zur Aufstellung westdeutscher Streitkräfte als Beitrag zur westlichen Verteidigung konkretere Formen anzunehmen begannen, war zunächst noch nicht eindeutig klar, ob es besser wäre, diese Streitkräfte als Freiwilligen- oder als Wehrpflicht-Armee aufzustellen. Die politische Auseinandersetzung darüber dauerte bis in den Sommer 1956. Die ersten Wehrpflichtigen rückten am 1. April 1957 in die Kasernen der Bundeswehr ein.

Aus einer Veröffentlichung der frühen 1970er Jahre lassen sich folgende Gründe für eine Wehrpflichtarmee zusammenstellen:

vor 1990: gesellschaftlich und strategisch vorteilhaft

- Die allgemeine Wehrpflicht verteilt die Verteidigungslasten auf viele Schultern.
- Sie verbindet Volk und Streitkräfte und verhindert die Entwicklung eines Staates im Staate.
- Der Wehrdienst als persönliches Opfer des einzelnen ist ein Zeichen für sein Engagement in der Gemeinschaft.
- Eine Wehrpflichtarmee verfügt über einen großen Widerstandswillen und ist besonders geeignet für defensive Kriegsführung.
- Sie lässt sich unabhängig vom Arbeitsmarkt rekrutieren.
- Sie widersetzt sich Staatsstreichplänen militärischer Führer.
- Die NATO-Forderung nach 500.000 deutschen Soldaten lässt sich nur durch eine Wehrpflichtarmee erfüllen.
- Die allgemeine Wehrpflicht schafft Reservisten, die in länger dauernden Kriegen mobilisiert werden können.
- Aus den Reservisten kann sich die Heimat- und Katastrophenschutzorganisation rekrutieren.
- In der Wehrpflichtarmee gibt es eine ausreichende Zahl von Mannschaftsdienstgraden, die den Dienst ohne Beförderungsabsichten leisten.
- Eine Wehrpflichtarmee spart Personalkosten.
- Der Wehrdienst kann für die Jugendlichen zur einer persönlichen Bereicherung führen (nach Seidler/Reindl 1971, 52-54).

Diese bunt gemischte Palette mit Begründungen der Wehrpflicht kombiniert demokratie-theoretische, zivile (sozialpolitische) und finanzielle Argumente mit militärstrategischen Überlegungen. Manche dieser Begründungen waren schon damals grundfalsch, etwa die These, dass eine Wehrpflichtarmee weniger gut für

unhaltbare Pro-Gründe

eine offensive Kriegsführung geeignet sei (Gegenargument u. a.: Wehrmacht)
oder dass sie sich eventuellen Staatsstreichplänen der militärischen Führung sozusagen strukturell widersetzt (Gegenargument u. a.: die Militärputsche in den
NATO-Mitgliedsstaaten Türkei 1960 und 1980 sowie in Griechenland 1967).
Die militärstrategischen Begründungen kann man für die Zeit der Ost-West-
Konfrontation demgegenüber akzeptieren. In der geltenden NATO-Doktrin sollte
die Bundeswehr als Massenarmee mit einem großen Pool an Reservisten, gemeinsam mit den auf dem Boden der Bundesrepublik stationierten Streitkräften
der Verbündeten, einem Angriff der Roten Armee in Europa-Mitte so lange wie
möglich standhalten können. Es ist keine Frage (unabhängig von der Wirklich-
keitsnähe der Kriegsausbruch-Szenarien, die man sich auf westlicher Seite damals vorstellte), dass die gewünschte sofortige Einsatz- sowie die sich aus ihr
ergebende Aufwuchsfähigkeit der Bundeswehr nur über die Wehrpflicht erreichbar waren.

10.3.2   Gründe für die Beibehaltung der Wehrpflicht nach 1990

Nach 1990 erfolgte die Veränderung der globalen und europäischen Sicherheitslandschaft schubartig, wurde jedoch von den sicherheitspolitischen Entscheidungsträgern in Deutschland nur trippelschrittweise erfasst und auf nötige Anpassungen der Bundeswehr durchdacht. Und das, obgleich sich unter den professionellen Beobachtern der Sicherheitspolitik immer weniger Befürworter der
Wehrpflicht befanden. Die meisten gingen davon aus, dass sich die Wehrpflicht
nach dem Ende des Ost-West-Konflikts überlebt habe (vgl. von Bredow 2004).

Sekundäreffekte   Ob der dann 2010 mit einem beherzten Sprung nach zwei Jahrzehnten des
überwiegen   Hinauszögerns (siehe Kap. 7.5) vorgenommene tiefe Reformschnitt früher hätte
durchgesetzt werden müssen und dann womöglich weniger geschmerzt hätte, ist
eine müßige Debatte. Viel interessanter ist es, sich vor Augen zu führen, dass die
entscheidenden Gründe für die Beibehaltung der ihre militärstrategische Funktionalität immer mehr einbüßenden Wehrpflicht deren „Sekundäreffekte" waren,
auf die zu verzichten weder Bundesregierung und Bundestag noch die Bundeswehr-Führung sich in der Lage sahen. Das soll an dieser Stelle nur aus einer
Beobachter-Perspektive konstatiert und gar nicht kritisiert werden. Unter „Sekundäreffekte" werden hier Auswirkungen der Wehrpflicht auf die Wehrpflichtigen, die Militärorganisation und die Gesellschaft insgesamt verstanden, die ganz
unabhängig von ihrer Wichtigkeit oder Wertschätzung nichts mit der verfas-
sungsmäßigen Legitimation der Wehrpflicht zu tun haben. Und diese, ihren
„Primäreffekt" ausmachende Legitimation ist nun einmal ganz eindeutig die
Landesverteidigung.

Unter den Sekundäreffekten der Wehrpflicht, die im übrigen schon lange
keine allgemeine, sondern eine höchst selektive Wehrpflicht war, wurden nach
1990 zwei besonders wichtig, ihre Bedeutung für die Rekrutierung von Freiwilligen für die Bundeswehr und ihre rechtliche Notwendigkeit für die Aufrechterhaltung des Zivildienstes.

Tabelle 10.4:   Schrumpfender Anteil der Grundwehrdienstleistenden pro
                   Geburtsjahrgang

Geburtsjahrgang	Jahrgangsstärke	Zahl der Wehrdienst-leistenden	Anteil in Prozent %
1973	367.747	144.990	39,42
1975	380.445	140.900	37,04
1977	411.362	145.466	35,36
1979	416.034	133.546	32,10
1981	401.092	114.866	28,63
1983	393.676	81.821	20,78
1985	389.600	63.396	16,27

Quelle: U. Kirsch (2010, 112).

Der *Nachwuchsbedarf der Streitkräfte* ist quantitativ und qualitativ nie ganz einfach zu erfüllen. Dieses Problem hat eine lange Tradition. Stehende Heere, ganz gleich ob überwiegend aus Berufssoldaten oder Freiwilligen auf eine längere Zeit bestehend, haben in der Regel größere Nachwuchsprobleme als Wehrpflichtarmeen. Die Wehrpflicht ist ein probates, allerdings auch ein (für die Gesellschaft, nicht für die Streitkräfte) aufwendiges Mittel, um Nachwuchswerbung zu betreiben. In den letzten Jahren vor ihrer Aussetzung betrug der Grundwehrdienst sechs Monate. Angesichts der immer komplizierter gewordenen Aufgaben der Soldaten in internationalen Einsätzen macht diese Wehrdienstzeit unter rein militärischen Gesichtspunkten kaum Sinn. Aber das wurde auch gar nicht erwartet. Denn der militärische Grund für die Beibehaltung der so verkürzten Wehrpflicht bestand darin, denjenigen, die ein gewisses Maß an Affinität zu Militär und Soldatenberuf haben, die Möglichkeit eines verlängerten Praktikums bei der Bundeswehr zu geben. Am Ende dieses Praktikums konnten sowohl die Wehrpflichtigen selbst als auch ihre Vorgesetzten, jeweils aus ihrer Perspektive, entscheiden, ob eine Weiterverpflichtung in Frage kommt. Über 40% der Berufsund Zeitsoldaten der Bundeswehr „sind mit den Streitkräften zuerst als Wehrpflichtige in Berührung gekommen" (Wittmann 2010, 234). Das ist eine eindrucksvolle Zahl, und man kann sich leicht vorstellen, dass die Aussicht auf das viel mühseligere Rekrutieren von Nachwuchs ohne das Medium Wehrpflicht der Bundeswehr-Führung nicht sehr behagt hat.

Wehrpflicht als systematische Nachwuchswerbung

Deswegen bestand auch eine ansonsten nicht ganz einfach zu verstehende Koalition zwischen Bundeswehr-Führung und Sozialverbänden. Diese nämlich vertreten die überwiegende Anzahl derjenigen Einrichtungen, in denen *Zivildienstleistende* ihren Dienst verrichten. Zuletzt waren 50 % von ihnen in Pflegeund Betreuungsdiensten tätig. Etwa 13 % arbeiteten bei mobilen Hilfsdiensten, etwa 8 % bei Rettungsdiensten und etwa 6 % in der individuellen Betreuung.

Wehrpflicht vor allem *wegen* des Zivildienstes?

Das alles sind Bereiche, in denen der Bedarf an Arbeitsplätzen kräftig ansteigt. Denn es gibt immer mehr alte und pflegebedürftige Menschen und immer weniger familien-interne Ressourcen zur Abdeckung dieses Bedarfs. Zivildienstleistende verkleinerten über Jahre hin, was man in vielleicht etwas zu dramatischer Terminologie als Pflegenotstand bezeichnen kann. Und eines war klar: Zivildienst konnte es nur so lange geben, wie es die Wehrpflicht samt dem Recht auf Kriegsdienstverweigerung gab.

10.3.3   Hinhaltender Widerstand ohne Erfolg

Bekenntnisse zur
Wehrpflicht bis
zuletzt

Das (vorerst?) letzte Gefecht um die Wehrpflicht war relativ kurz. In der Großen Koalition zwischen 2005 und 2009 wurden keine Schritte unternommen, die Wehrpflicht durch ein anderes Rekrutierungssystem (*Wehrform* im Bundeswehr-Jargon) zu ersetzen. Obwohl deren Funktionalität angesichts der Einsatzrealitäten in diesen Jahren immer mehr durchlöchert wurde, gab es an „Bekenntnissen" zur Wehrpflicht keinen Mangel. „Bekenntnisse" zu etwas bedeuten in der Politik allerdings häufig auch, dass es einen rhetorischen Überschwang braucht, um die eigene Unsicherheit zu übertönen. Je dröhnender solch ein Bekenntnis, desto bröckeliger sein inhaltliches Fundament.

Generalinspekteur
feiert noch 2007 die
Wehrpflicht

Ein Paradetext aus diesen Jahren ist, gezeichnet vom damaligen Generalinspekteur der Bundeswehr Wolfgang Schneiderhan (2007), der Beitrag zum Jubiläum „50 Jahre Wehrpflicht in der Bundeswehr" in „Bundeswehr aktuell", der offiziellen, vom Verteidigungsministerium herausgegebenen Wochenzeitung der Bundeswehr. Der Autor bescheinigt darin der Wehrpflicht nicht nur, dass sie sich in den ersten Jahrzehnten der Bundeswehr hervorragend bewährt habe. Auch im Blick auf Gegenwart und Zukunft erscheint dem Autor die Wehrpflicht geeignet und notwendig, damit die Bundeswehr ihre neuen Aufgaben in der internationalen Konfliktverhütung und Krisenbewältigung erfüllen kann. Ja, es wird noch viel nachdrücklicher formuliert: „Gäbe es die Wehrpflicht nicht bereits, wir müssten sie jetzt einführen…Den Zugriff auf die ganze Breite schulischer und beruflicher Qualifikationen unserer jungen Bürger ermöglicht…allein eine Wehrpflichtarmee." Heute findet man diesen Text von Schneiderhan nicht mehr auf der Website des Verteidigungsministeriums. Er stünde da ja auch nur noch als eine Reminiszenz an ein vom Gang der Entwicklung pulverisiertes Bekenntnis.

Wehrdienstverkür-
zung auf sechs
Monate

Das war 2007. Zwei Jahre später wurde die Regierung aus CDU/CSU und FDP gebildet. Die größere Bundestagsfraktion war für, die kleinere gegen die Beibehaltung der Wehrpflicht. Als Kompromiss kam zunächst einmal eine Verkürzung der Wehrdienst-Dauer auf sechs Monate zustande. Herfried Münkler schrieb damals in einem Artikel in der Online-Ausgabe der WELT (18. November 2009), die neuerliche Verkürzung der Wehrdienstzeit werde die Politik früher oder später zu einer grundsätzlichen Entscheidung zwingen, und die werde wohl im Abschied von der Wehrpflicht bestehen.

Das war weitsichtig. Aber der Autor war dann wohl auch selbst überrascht, wie schnell es zu dieser grundsätzlichen Entscheidung gekommen ist, nämlich binnen eines Jahres. Vor dem Hintergrund einer, wie soll man sagen: auf leise Weise schrillen Debatte über die Wehrpflicht machte Verteidigungsminister zu

Guttenberg (CSU) deren Aussetzung (=de facto: Abschaffung) zu einem Teil seines Reformpakets. Erstaunlich schnell brachte er die CSU (deren Vorsitzender Seehofer sowieso nicht unbedingt als Muster politischer Stetigkeit gilt) und die hier etwas mehr zögernde CDU auf seinen Kurs.

Aber selbstverständlich gab es im Jahr 2010 noch eine Menge hinhaltenden Widerstand gegen die Abschaffung der Wehrpflicht. Der Deutsche Bundeswehrverband machte sich publizistisch für die Wehrpflicht stark (Kirsch 2010). Eine umfangreiche Publikation des Bundesverbandes Sicherheitspolitik an Hochschulen stellte das Pro und Contra der Wehrpflicht noch einmal zusammen (Ahammer, Nachtigall 2010). Ahammer und Nachtigall haben unter anderem auch einen Beitrag von Klaus Wittmann, Brigadegeneral a. D., publiziert, der hier stellvertretend für manche anderen Plädoyers für die Beibehaltung der Wehrpflicht vorgestellt wird, einfach deswegen, weil er gewissermaßen die bestmögliche Präsentation dieser zum Zeitpunkt der Veröffentlichung allerdings bereits obsolet gewordenen Option darstellt. *letzte Gefechte für die Wehrpflicht 2010*

Obwohl er ihre Bedeutung nicht herunterspielen möchte, sind es für Wittmann nicht die Sekundäreffekte der Wehrpflicht, die vor allem für ihre Beibehaltung sprechen. „Ausschlaggebend müssen sicherheits- und verteidigungspolitische Argumente sein, die allein die Wehrpflicht als drastischen Einschnitt in Freiheit und Lebensplanung junger Männer rechtfertigt" (Wittmann 2010, 230). Das ist in der Tat die angemessene, weil verfassungskonforme Betrachtungsweise. Was an sicherheits- und verteidigungspolitischen Argumenten von Wittmann vorgebracht wird, lässt sich so zusammenfassen: *Wehrpflicht für den unwahrscheinlichsten Eventualfall?*

- Obwohl eine massive kriegerische Konfrontation in Mitteleuropa „gänzlich unwahrscheinlich" geworden ist, müsse man sich doch auch auf die Möglichkeit überraschender Veränderungen der sicherheitspolitischen Lage einstellen. Als Beispiele für solche überraschenden Veränderungen werden neben dem Ende des Ost-West-Konflikts der 11. September 2001 und der Georgien-Krieg vom Sommer 2009 angeführt.
- Ein noch zu erstellendes integrales Konzept zum Bevölkerungsschutz in Deutschland sollte auch klare Aufgabenzuweisungen für Wehrpflichtige enthalten (Objektschutz, Verkehrslenkung, ABC-Schutz oder technische Unterstützung).
- Die notwendige Rückversicherung gegen sicherheitspolitische Wechselfälle setzt die Aufwuchsfähigkeit von Streitkräften voraus. „Aufwuchsfähigkeit bedarf eines Potentials ausgebildeter Reservisten, das ohne Wehrpflicht drastisch schrumpfen würde" (Wittmann 2010, 232).
- Deutschland hat eine Verantwortung für das, was Wittmann die „Grundstabilität des europäischen Kontinents" nennt. Dazu gehört u. a. ein verstärktes Interesse für das Sicherheitsgefühl der östlichen Nachbarn, womit jetzt nicht deren Befürchtungen hinsichtlich eines zu starken Deutschland gemeint ist, sondern die potentielle Bedrohung durch Russland.
- Grundwehrdienstleistende sind wichtig für die in Deutschland zu leistende Unterstützung der Kontingente im Auslandseinsatz, etwa bei der Logistik, der Fernmeldetechnik und der Administration. Sie sind als „Freiwillig zu-

sätzlichen Wehrdienstleistende" mit einer Verpflichtungszeit zwischen zehn und 23 Monaten auch an den Auslandseinsätzen selbst beteiligt (bis zu 20 % auf dem Balkan).

- Die Zahl von 250.000 Soldaten dürfte die untere Grenze für die Verringerung der Bundeswehr sein. Diese Zahl ohne wehrpflichtige Soldaten zu erreichen, würde die Personalkosten in astronomische Höhen treiben.

Wehrpflicht als zivil-militärischer Integrationsmechanismus

Die folgenden Argumente pro Wehrpflicht gehen über die sicherheits- und verteidigungspolitischen Aspekte im engeren Sinne hinaus:

- Die Wehrpflicht ist ein Element gesellschaftlicher Teilhabe an einem wesentlichen Teil der Exekutive. Sie hilft, das Sicherheitsbewusstsein in der Gesellschaft wach zu halten, den gesellschaftlichen Wandel in die Streitkräfte zu kanalisieren und junge Staatsbürger ausländischer Herkunft in die deutsche Gesellschaft zu integrieren.
- „Eine große Breite von Talenten und Fähigkeiten kommt durch die Wehrpflicht in die Bundeswehr" (Wittmann 2010, 234).
- Ähnlich wie andere Staaten, die mit der Wehrpflicht Schluss gemacht haben, würde auch Deutschland sich mit einem solchen Schritt gravierende Schwierigkeiten bei der Nachwuchsgewinnung einhandeln.

Was ist von diesem, ich wiederhole: gut durchdachten und das gesamte Repertoire an sicherheits- und verteidigungspolitischen Pro-Argumenten auffahrenden Plädoyer zu halten?

Diese Frage *ex post festum*, also nach der Aussetzung der Wehrpflicht aufzugreifen, ist ein bisschen unfair. Denn für die praktische Politik hat sie sich ja erledigt. Aus sozialwissenschaftlicher Perspektive jedoch lohnt sich eine Analyse der Wittmann'schen Argumente dennoch, werden damit doch auch Einblicke in strukturelle Denkmuster der politisch-militärischen „Wehrpflicht-Koalition" der letzten zwei Jahrzehnte eröffnet. Nur in Klammern sei erwähnt, dass die Generäle Schneiderhan und Wittmann zum aufgeschlossenen Teil der Bundeswehr-Führung mit weiten politischen Horizonten gehörten.

Umfang der Streitkräfte

Ein entscheidendes Faktum, das der Argumentation Wittmanns teilweise den Teppich unter den Füßen wegzog, ist die Revision des Ziels für den Umfang der Bundeswehr. Nach den Planungsvorgaben von 2011 wird er bis zu 185.000 Soldatinnen und Soldaten umfassen. Damit ist die Rekrutierungsproblematik zwar keineswegs völlig vom Tisch; aber die Aufgabe der Nachwuchswerbung ist zumindest in quantitativer Hinsicht leichter, als Wittmann es angenommen hat, als er von einer Untergrenze des Umfangs der Bundeswehr von 250.000 Soldatinnen und Soldaten ausgegangen war.

Reservistenkonzept notwendig

Eine „Rückversicherung" gegen sicherheitspolitische Wechselfälle gibt es nicht. Sie könnte nur funktionieren, wenn man entweder Streitkräfte für noch viel mehr Einsatzszenarien unterhielte, als man es ohnehin schon tun muss, oder wenn man genauer weiß, welche Wechselfälle denn überraschenderweise eintreten werden – eine logische Unmöglichkeit. Freilich gibt es nach wie vor eine kleine Beunruhigung über die politische Entwicklung Russlands. Aber auch das macht es nicht nötig, sich gegen das strukturelle Verschwinden von Massenarmeen zu stemmen. Eine gewisse Aufwuchsfähigkeit der Streitkräfte ist eine sinnvolle Forderung. Aber die muss eben, auf niedrigerem Niveau, demnächst mit denjenigen Reservisten erreicht werden, welche die Bundeswehr als Freiwilligenarmee auch zu produzieren in der Lage sein wird. Bevölkerungsschutz wird auch in Zukunft benötigt, aber mehr im Sinne von Katastrophenschutz (dabei muss man auch an größere und folgenschwere Katastrophen denken). Aber dazu braucht es in erster Linie zivile Organisationen, die weiter abzubauen nicht als vorausschauende Politik gelten kann.

Den Gedanken von der besonderen deutschen Verantwortung für die „Grundstabilität" des europäischen Kontinents sollte man nur äußerst behutsam aufgreifen, denn er kann auch leicht missverstanden werden. Wie auch immer – unter den gegebenen strukturellen Ordnungsbedingungen in Europa ist es näherliegend, dieser Verantwortung auf nicht-militärische Weise nachzukommen. Zu der von Deutschland in dieser Sichtweise geforderten politischen Führungskraft in Angelegenheiten des Kontinents gehört dann sicherlich auch der Ausbau einer gemeinsamen Sicherheits- und Verteidigungspolitik der Europäischen Union. Die Wehrpflicht ist dafür jedenfalls keine Voraussetzung. *Europas Grundstabilität ohne Wehrpflicht*

Besonderes Gewicht, das muss man einräumen, hat die Argumentation Wittmanns für das zivil-militärische Verhältnis. Das Sicherheitsbewusstsein in der Gesellschaft wach zu halten (was ja nicht nur, aber eben auch eine militärische Dimension hat), eine gewisse Größenordnung an persönlichen Erfahrungen mit der Militärwelt in der Gesellschaft nicht zu verlieren, die erreichte Integration der Bundeswehr in die zivile Gesellschaft nicht aufs Spiel zu setzen, das sind Mahnpunkte, die man nicht vom Tisch wischen sollte. Nur muss man auch feststellen, dass dies alles in den letzten Jahren über die Wehrpflicht auch nicht mehr zu sichern war. Dazu waren die Zahlen der Eingezogenen viel zu gering (siehe Tabelle 10.4). Anders ausgedrückt – die angesprochene Problematik existiert, aber sie existiert weitgehend unabhängig vom Rekrutierungssystem. *wachsende Distanz zwischen Militär und Zivilgesellschaft*

Dass die Rekrutierung des militärischen Nachwuchses erheblich mehr Anstrengungen seitens der Bundeswehr erfordert, ist allerdings nicht zu leugnen. Jedoch stimmt das Argument nicht, eine Wehrpflichtarmee sei automatisch die qualitativ bessere („intelligentere") Streitmacht, weil sie sich aus allen Schichten der Bevölkerung rekrutiere. Denn, so schreibt der Militärsoziologe Paul Klein, die Wehrpflicht ist in Deutschland schon lange nicht mehr allgemein, sondern höchst selektiv. *intelligentes Rekrutierungssystem nötig*

Seit vielen Jahren verweigert eine große Anzahl junger Männer, unter ihnen mehr als die Hälfte Abiturienten, den Wehrdienst und zieht die Ableistung des Zivildienstes vor. Dies allein verbietet es bereits, von der Bundeswehr als einem Spiegelbild aller gesellschaftlichen Schichten zu sprechen. Zum zweiten gibt es keinerlei Hinweise darauf, dass eine große Zahl hochqualifizierter junger Männer durch den Wehrdienst dazu gebracht würde, sich freiwillig zu verpflichten. Wer bereits über einen hochqualifizierten und entsprechend gut bezahlten Beruf verfügt, wird dann freiwillig zur Bundeswehr gehen, wenn bei ihm ein besonderes Interesse am Militär vorliegt. Den obligatorischen Wehrdienst braucht er dazu meistens nicht" (Klein 2010, 110).

Dies kann man noch ein wenig zuspitzen: *Erstens* stehen Wehrpflichtige, wenn sie eingezogen werden, in der Regel ganz am Anfang ihres Berufsweges. Sie bringen also Potentiale für Qualifikationen mit, aber nicht diese selbst. Und *zweitens* muss und will die Bundeswehr schließlich auch qualifizierte Soldatinnen rekrutieren. Für diesen Teil der Bevölkerung hat es die Rekrutierungsform Wehrpflicht niemals gegeben.

10.4 Konsequenzen für das zivil-militärische Verhältnis

Bundeswehr-Führung ohne Plan B

In den „Verteidigungspolitischen Richtlinien" vom 21. Mai 2003 hieß es noch forsch: "Die Wehrpflicht bleibt in angepasster Form für die Einsatzbereitschaft, Leistungsfähigkeit und Wirtschaftlichkeit der Bundeswehr unabdingbar." Wüsste man nicht, dass die marmorne Glätte solcher Sätze nichts mit ihrer argumentativen Kraft zu tun hat (wenn auch gerne mit ihr verwechselt werden möchte), hätte man damals denken können: Ende der Debatte. Aber so war es ja nicht. Stattdessen verstärkte sich der Druck auf die Entscheidungsträger in Politik und Bundeswehr-Führung, ohne die Unabdingbarkeit der Wehrpflicht auszukommen. Als ähnlich unabdingbar wie die Wehrpflicht für die Bundeswehr wurde seinerzeit der Zivildienst für das große Feld der Sozialdienste angesehen. Auch hier wurde es damals höchste Zeit, sich auf die Zeit nach dem Ende des Zivildienstes vorzubereiten.

Besonders intensiv und weitsichtig war die Vorausplanung für die Veränderung des Wehrsystems (der Wehrform) für die Bundeswehr nicht. Wie auch, wenn noch 2007 vom Generalinspekteur der Bundeswehr *bona fide* verkündet wurde, gäbe es die Wehrpflicht nicht, dann müsste sie für die anstehenden Aufgaben der Streitkräfte jetzt eingeführt werden. Das wird man auf absehbare Zeit nicht zu tun brauchen.

erwünschte und nicht erwünschte Folgen der Wehrpflicht-Aussetzung

Der Vorgänger von Wolfgang Schneiderhan auf dem Posten des Generalinspekteurs war Harald Kujat, der dieses Amt von 2000 bis 2002 innehatte. Selbst kein Freund von neuen Rekrutierungsmodellen, fasste General a. D. Kujat sein Urteil über Folgen der Aussetzung der Wehrpflicht 2011 für das zivil-militärische Verhältnis folgendermaßen zusammen:

> Nun bedeutet das Ende der Wehrpflicht nicht, dass die Bundeswehr ein Staat im Staate wird, an den Rand der Gesellschaft rückt und sich von ihr abschottet und isoliert. Die Innere Führung und das Leitbild des Staatsbürgers in Uniform sind nicht gefährdet. Aber die Bundeswehr wird eine andere werden…Die Zahl derjenigen, die ihre in der Bundeswehr gesammelten Lebenserfahrungen in die zivile Gesellschaft mit zurücknehmen, wird sehr gering sein. Damit wird auch das Verständnis dessen schwinden, was den Beruf des Soldaten ausmacht…(Kujat 2011, 7).

Das ist eine angemessene Gewichtung der eher erwünschten und der eher nicht so erwünschten Folgen der Reform des Wehrsystems. Zwar wurden den Streitkräften durch den Abschied von der Wehrpflicht ein paar Reformtüren geöffnet. Das heißt nun aber keineswegs, dass damit nicht auch einige neue Herausforderungen drängender werden. Sie beziehen sich vor allem, damit hatten die Befürworter der Wehrpflicht in den zurückliegenden Jahren ganz recht, auf das zivil-militärische Verhältnis (vgl. auch Meyer 2010). *Herausforderungen für die Freiwilligen-Streitkräfte*

Erstens: Freiwilligen-Streitkräfte haben größere Rekrutierungsschwierigkeiten. Damit die Bundeswehr jene jungen Männer und Frauen für sich gewinnen kann, die dem differenzierten Anforderungsprofil des Soldatenberufs am Beginn des 21. Jahrhunderts gerecht werden können, muss sie in der Tat neue und finanziell auch aufwendige Rekrutierungsformen entwickeln.

Zweitens: Gerade weil der Soldatenberuf heute neben einer traditionell-militärischen auch eine zivil-polizeiliche, eine zivil-technologische und eine zivil-soziale Dimension umfasst, kommt der Personalauswahl eine gestiegene Bedeutung zu, denn es geht um die richtige Mischung der verlangten Qualifikationen. Gebraucht werden Kämpfer (*warriors*), High-Tech-Ingenieure, Soldaten als Retter, Helfer und Beschützer. Außerdem wird nicht zuletzt eine Gendarmerie gebraucht, die Fähigkeiten von Streitkräften und Polizei kombiniert (vgl. dazu Kempin/Kreuder-Sonnen 2010).

Drittens: Die Demokratie-Kompatibilität der Streitkräfte ist von zwei Seiten gefährdet. Wenn die soziale Distanz zwischen der zivilen Gesellschaft und den Streitkräften aus Mangel an Information, gegenseitigem Desinteresse oder einem reaktiven – und reaktionären – Sendungsbewusstsein in den Streitkräften größer wird, wird all das, was mit dem etwas unpräzisen Begriff „Integration der Bundeswehr in die Gesellschaft" ausgedrückt wird, geschwächt. Darauf wird etwa in den Untersuchungen von Franke (2012) vielfach hingewiesen. In seinem Fazit stellt er fest: *Rückwirkungen auf die Innere Führung*

> Das zivil-militärische Verhältnis hat sich in Bezug auf Integration verändert und ist unter Berücksichtigung des heutigen Einsatzspektrums der Streitkräfte neu zu definieren. Letztendlich wird damit der Kausalnexus der Inneren Führung in Bezug auf seine drei Zielprozesse Integration, Legitimation und Motivation massiv berührt und ist somit auf den Prüfstand zu stellen (Franke 2012, 493).

Das ist noch zu leisten.

Dritter Teil: Deutschlands globalisierte Sicherheitshorizonte

11 Deutschland und die NATO

Als die *North Atlantic Treaty Organization* (NATO) gegründet wurde, am 4. April 1949, war keine Rede davon, dass ein deutscher Staat ihr Mitglied werden würde. Schließlich gab es an diesem Tag noch keinen deutschen Staat, denn die bis dahin von den drei westlichen Besatzungsmächten in drei (oder, nimmt man die amerikanisch-britische Bizone als Einheit, in zwei) Zonen regierte Bundesrepublik Deutschland trat erst am 23. Mai 1949 (Verkündung des Grundgesetzes) ins politische Leben.

Zu den Gründungsmitgliedern der NATO gehörten zwei nordamerikanische Staaten (USA, Kanada) und zehn europäische (Belgien, Dänemark, Frankreich, Großbritannien, Island, Italien, Luxemburg, die Niederlande, Norwegen und Portugal). Weniger die beiden nordamerikanischen, wohl aber die Regierungen der NATO-Mitgliedsstaaten in Westeuropa betrachteten das Militärbündnis auch als ein Instrument der Rückversicherung gegenüber einem möglicherweise aufs Neue bedrohlich werdenden Deutschland. Indes galt es als Hauptaufgabe der NATO, als Schutz- und Trutzbündnis gegen die politisch und militärisch als Bedrohung wahrgenommene Sowjetunion zu wirken. Diese (im Übrigen wechselseitige) Bedrohungswahrnehmung zwischen den im Zweiten Weltkrieg noch gemeinsam gegen die Achsenmächte Deutschland, Italien und Japan kämpfenden Alliierten eskalierte mit hoher Dynamik nach dem Kriegsende. Im Jahr 1947 war die Konfrontations-Konstellation des Kalten Krieges bereits bestimmend für die Außen- und Sicherheitspolitik der Protagonisten geworden. Und eine innenpolitische (gesellschaftspolitische, ideologische) Dimension besaß sie auch noch.

NATO 1949: gegen UdSSR und Rückversicherung gegen Deutschland

11.1 Bedrohung und Schutz

Aus naheliegenden geostrategischen Gründen war die Bedrohtheits-Vorstellung in Westeuropa besonders ausgeprägt. Insofern kann man der Akzentsetzung in der ausführlichen Darstellung der NATO-Gründung aus der Feder von Gersdorffs weitgehend zustimmen:

Bedrohtheits-Vorstellung in Westeuropa

> Europa lag in Trümmern und wurde innenpolitisch von kommunistischen Organisationen bedrängt, die zu einem erheblichen Teil von Moskau gelenkt als Destabilisierung im Dienste hegemonialer Inbesitznahme fungierten. Es sah sich außenpolitisch angesichts des Prager Coups Anfang 1948 sowie der sich kurz darauf andeutenden Berlinkrise vom totalitären Machtanspruch der Sowjetunion hinter dem Eisernen Vorhang zunehmend bedroht. Da die Vereinten Nationen ihre Funktion als Friedensbewahrer nur unzulänglich erfüllten, suchte es Schutz und Hilfe bei den Vereinigten Staaten und Kanada. Die Regierungen in Washington und Ottawa anerkannten die Hilfsbedürftigkeit der Europäer und erklärten sich prinzipiell zum Engagement bereit (von Gersdorff 2009, 469).

Übergewicht der USA

Allerdings handelten auch die nordamerikanischen Regierungen mit ihrer Zustimmung zum Nordatlantikpakt, wie die NATO auch genannt wird, nicht aus interesselosem Wohlgefallen. Das tut niemand in der Politik, um es noch einmal deutlich zu sagen. Nun ist unser Thema hier nicht die NATO, über die im Laufe der Jahrzehnte ihrer Existenz übrigens auch zahlreiche aufschlussreiche Studien erschienen sind (zuletzt etwa Varwick 2008 und Giegerich 2012). Es ist jedoch wichtig festzuhalten, dass die NATO seit ihrer Gründung und über alle Erweiterungen und Veränderungen hinweg von einem organisatorischen (d. h. hier: politischen und militärischen) Übergewicht der Vereinigten Staaten geprägt war und ist.

11.1.1   Die Bundesrepublik Deutschland – *Kind der NATO?*

Interessenkonvergenz Westmächte – Bundesrepublik Deutschland

Von einem für seine originellen Urteile bekannten Beobachter der Bundesrepublik Deutschland wurde die junge Bundesrepublik Deutschland als „Kind der NATO" bezeichnet. Das war denn doch arg übertrieben, selbst wenn man in Rechnung stellt, dass die Westmächte unter den internationalen politischen und speziell den sicherheitspolitischen Bedingungen im Jahr 1949 die Gründung eines deutschen Staates ohne verlässliche Garantien gegen ein Abdriften dieses Staates in Richtung Neutralität im Ost-West-Konflikt oder gar ins östliche Lager niemals befördert hätten. Dieses Interesse fiel nun allerdings ganz und gar mit dem Interesse der westdeutschen Politiker aus allen politischen Lagern (mit Ausnahme der KPD) zusammen, von den westlichen Schutzmächten verlässliche Garantien gegen politisch-militärische Bedrohungen seitens der Sowjetunion und ihrer Verbündeten („Moskaus Satelliten" in der Sprache des Westens) zu erhalten. Zweifellos stimmt deshalb das Urteil von Gareis, wonach die NATO zum wichtigsten Bezugssystem der deutschen Sicherheits- und Verteidigungspolitik wurde, und zwar von Anbeginn an.

> Mit dem NATO-Beitritt 1955 wurde die Westintegration Deutschlands abgeschlossen und die transatlantische Bindung neben der europäischen Integration zur zweiten tragenden Säule der außen- und sicherheitspolitischen Staatsräson der Bundesrepublik Deutschland (Gareis 2005, 123).

Glaubwürdigkeit der NATO

Anders als das rein westeuropäische Militärbündnis von 1948, der sogenannte Brüsseler Pakt (1954 erweitert und in Westeuropäische Union [WEU] umbenannt), und das ohnehin rasch scheiternde Projekt einer Europäischen Verteidigungsgemeinschaft (EVG) besaß der Nordatlantik-Pakt von Anfang an eine zwar nicht unumstrittene, aber hohe Glaubwürdigkeit als Schutz-Instrument gegenüber der antizipierten Bedrohung durch die Sowjetunion. Und zwar wegen der Mitgliedschaft der USA, die damit signalisierte, dass das Territorium der Länder Westeuropas bis zum Eisernen Vorhang zu ihren strategischen Interessen mit hoher Priorität gehörte. Mit beträchtlichen materiellen und personellen Beiträgen zur militärischen Substanz der NATO machte Washington deutlich, dass es sich hier keineswegs nur um ein symbolisches Engagement handelte. Die amerikanische Militärpräsenz in Westeuropa lag also gleichermaßen im Interesse der Regierungen in Westeuropa und ganz besonders auch der Bundesregierung in

Bonn, weil sie sich davon Schutz gegen politischen und militärischen Druck seitens der Sowjetunion versprachen, und im amerikanischen Interesse, weil auf diese Weise Westeuropa in der eigenen Einflusszone verblieb.

All dies, was in den obigen Absätzen bereits ziemlich verkürzt als Interessen-Geometrie der NATO-Mitgliedsstaaten vorgebracht wurde, wird, aufs Äußerste verknappt und damit die komplexe Konstellation auf ihren entscheidenden Punkt bringend, in der vielzitierten Formulierung des ersten Generalsekretärs der NATO, Lord Ismay, so ausgedrückt: Es sei die Aufgabe der NATO „to keep the Russians out, the Americans in and the Germans down" (zit. nach Varwick 2008, 34). Insofern stimmt die Metapher von der Bundesrepublik als Kind der NATO also wirklich nicht.

Lord Ismays bon mot

11.1.2 Die assignierte Bundeswehr

Für die Organisation der westdeutschen Streitkräfte nach 1955 trifft sie schon eher zu. Denn die Streitkräfte keines anderen NATO-Mitgliedsstaates waren in den Jahrzehnten des Ost-West-Konflikts so vollständig in die Bündnisorganisation integriert wie die Bundeswehr. Als einziges NATO-Mitglied hat die Bundesrepublik Deutschland in dieser Zeit sämtliche Kampfverbände des Heeres, der Luftwaffe und der Marine der NATO assigniert. Mit diesem Begriff ist ausgedrückt, dass die Bundesregierung mit der operativen Führung dieser Verbände einen entscheidenden Teil ihrer Souveränitätsrechte über die Streitkräfte auf die NATO übertragen hat. Die anderen NATO-Mitglieder haben jeweils nur einen Teil ihrer Streitkräfte der NATO assigniert, was in der Praxis bedeutete, dass sie unabhängig von der Allianz über deren Einsatz entscheiden konnten. Mit den Entkolonialisierungskriegen Frankreichs und Großbritanniens in den 1950er und 1960er Jahren oder dem Vietnam-Krieg der USA, um nur diese Beispiele anzuführen, hatte die NATO nichts zu tun. Die Bundesrepublik Deutschland hätte über einen unilateralen Kampfeinsatz der Bundeswehr nicht entscheiden können. Sie war fest in das multilaterale transatlantische Bündnis eingebunden.

Bundeswehr fest in die NATO eingebunden

> Die integrierten NATO-Kommandobehörden haben im Frieden gegenüber den assignierten deutschen Streitkräften folgende Befugnisse:
>
> - die operative Planung,
> - die Einflussnahme auf die Dislozierung der Verbände,
> - das Recht, den nationalen Regierungen Empfehlungen hinsichtlich Aufstellung, Organisation, Ausbildung und Versorgung der Streitkräfte zu erteilen,
> - das Recht, Berichte anzufordern,
> - das Inspektionsrecht.
>
> Im Verteidigungsfall, bzw. schon im Spannungsfall, übernehmen die NATO-Kommandobehörden die Verantwortung für die Operationsführung (Obermann 1970, 708).

Im sicherheitspolitischen Rückblick auf die Jahrzehnte des Ost-West-Konflikts mag erstaunen, dass diese feste Einbindung auf wenig Widerspruch stieß, weder in der Öffentlichkeit noch in der Bundeswehr. Ja, letztere entwickelte relativ

schnell eine Art post-nationale NATO-Orientierung, die auch nicht durch ein mit
der Zeit und besonders zu Beginn der 1980er Jahre (NATO-Doppelbeschluss
und Nachrüstungs-Debatte) verstärkt einsetzendes Unbehagen über manche Aspekte der NATO-Abschreckungs-Strategie unterminiert wurde.

Eine unkonventionelle Überlegung zur Binnen-Bedeutung der NATO am
Ende des Ost-West-Konflikts stammt von Robert Cooper, seinerzeit einem wichtigen Berater der britischen Außenpolitik:

> NATO provided a framework within which Germany – the epicentre of the Cold
> War – could be reunited. The balance-of-power system broke down in Europe be-
> cause of Germany and, for a while, it seemed that the solution to the problem was to
> divide Germany (just as it had been after the Thirty Years War). And, by the same
> logic, the Cold War was needed to maintain the division. Balance in Europe required
> a divided Germany and a divided Germany required a divided Europe. For Germany
> to be reunited, a different security system was required: in effect a post-balance,
> postmodern system, of which NATO is one key element (Cooper 2004, 35).

Nicht ganz ohne ein leises nachträgliches Unbehagen liest man diese Sätze, in
denen die „deutsche Frage" zum Mittelpunkt der Ost-West-Auseinandersetzung
nach 1945 und zum Langzeit-Problem der europäischen Geschichte gemacht
wird. Ein bisschen sehr deutschland-zentrisch gedacht. Vielleicht aber hat die
NATO tatsächlich mitgeholfen, aus dem „to keep the Germans down" eine Art
Supervision des deutschen Einigungsprozesses zu entwickeln.

11.2 Nach 1990 – Mission erfüllt, Bündnis überflüssig?

Am Ende des Ost-West-Konflikts löste sich die als sowjetische Bedrohung
wahrgenommene politisch-militärische Konstellation weitestgehend auf. Dies,
schreibt Andrew Cottey (2013², 73), und er befindet sich damit im Einklang mit
den allermeisten Beobachtern dieses strukturellen Wandels der internationalen
politischen und Sicherheitslandschaft, zog der bis dahin geltenden *raison d'être*
der NATO den Teppich unter den Füßen weg. Schließlich hatte es in dem mit 14
Artikeln knapp und übersichtlich gehaltenen Vertrag anlässlich der Gründung
der NATO geheißen, den sich verbündenden Staaten gehe es um die Unversehrtheit ihres Territoriums, die politische Unabhängigkeit und ihre Sicherheit (Art.
4), und sie würden sich verpflichten, alle Maßnahmen, auch militärische, zu
ergreifen, die Sicherheit des nordatlantischen Gebiets zu erhalten sowie im Falle,
dass dies nötig würde, wiederherzustellen. Bemerkenswert ist an diesem Text im
Übrigen die deutliche Bezugnahme auf die Vereinten Nationen und ferner, aber
das ist bei solchen diplomatischen Texten üblich, die Nichterwähnung des, wie
man später oft sagte, „potentiellen Gegners". Das war in der sehr kalten Auftakt-
phase des Kalten Krieges auch nicht notwendig. Jeder wusste, worum es ging.

Die NATO hat sich, anders als der Warschauer Pakt, nach dem Ende der
Ost-West-Konfrontation nicht aufgelöst. Stattdessen hat sie sich sogar erweitert
und einige der früher im Warschauer Pakt organisierten sowie sogar einige der
früher zur Sowjetunion gehörenden Staaten neu aufgenommen. Um das besser zu

verstehen, ist es nützlich, sich einmal kurz unter politiktheoretischen und sicher-
heitsorganisations-soziologischen Aspekten mit Militärbündnissen ganz allgemein zu befassen.

11.2.1 Bündnis-Zweck

Militärbündnisse (auch Militärallianzen genannt) dienen in der modernen Staatenwelt entweder zur Optimierung des Schutzes gegen eine gemeinsam wahrgenommene Bedrohung von außen (kollektive Verteidigung) oder zur Festschreibung unterschiedlicher, aber wechselseitig tolerierter Interessen gegenüber anderen (in der Regel staatlichen) Akteuren. Zumeist ist ihre Dauer begrenzt. Wenn
die gemeinsam wahrgenommene Bedrohung wegfällt, kann es leicht passieren,
dass die Unterschiedlichkeit der Interessen weniger und weniger tolerierbar wird
oder, wie im Fall der Anti-Hitler-Koalition der Vier Alliierten, sogar in Feindschaft umschlägt, weil das alte Konfliktmuster wieder hervortritt. Aus realisti-
scher und neo-realistischer Perspektive sind solche Bündnisse immer instrumen-
tal (so ähnlich wie die Koalitionen von Parteien in der Innenpolitik). Haben sich
die manifesten Gemeinsamkeiten aus irgendeinem Grunde erschöpft, lösen sie
sich zwangsläufig auf.

Militärbündnisse meist zeitlich begrenzt

Aus der Perspektive des liberalen Internationalismus treten demgegenüber
die eher latenten Konsequenzen aus den gemeinsamen und in der Regel ja auch
als positiv eingeordneten Erfahrungen der Bündnis-Akteure miteinander in den
Vordergrund. Mag auch, so lässt sich das näher umreißen, ein klar definierter
sicherheitspolitischer Zweck am Anfang eines Bündnisses gestanden haben, so
verändert er sich doch im Laufe der Zeit mit den Veränderungen der Sicherheitslandschaft. Aus einem Bündnis wird eine feste Sicherheitsgemeinschaft.

Sicherheitsgemein-schaft

Oder, das beobachtet man ja bei vielen Organisationen, es entwickelt sich
eine Art binnen-organisatorische *raison d'être*, etwa nach dem Motto: Nun haben wir hier eine gut funktionierende Organisation (mit, nun ja, auch das spielt
eine Rolle: vielen Arbeitsplätzen), und es ist bestimmt leichter, sie den neuen
sicherheitspolitischen Umweltbedingungen anzupassen als sie einfach aufzulösen. Das klingt vielleicht etwas simpel, sollte aber als Motivationsbündel nicht
unterschätzt werden.

wo eine Organisation ist, findet sich schon ein Zweck dafür

Zumal dann nicht, wenn sich die politisch Verantwortlichen der Organisation als die historischen Gewinner einer überstandenen Bedrohungskonstellation
verstehen. Mit einer kleinen Beimischung von Zynismus (größere sollten in der
politikwissenschaftlichen Analyse aber besser vermieden werden) kann man
sagen: Das (Weiter-)Bestehen der Organisation bleibt ein ins Gewicht fallender
Organisations-Zweck, selbst wenn der eigentliche Zweck, etwa niedergelegt im
Gründungsdokument der Organisation, so gut wie entfallen ist.

11.2.2 Sonderfall

Für die NATO gab es immer auch einen über die Sicherheitspolitik weit hinaus-
greifenden Zweck, der von ihren Mitgliedern zwar unterschiedlich hoch, aber
doch immer als politisch sehr bedeutungsvoll eingestuft wurde: Sie bildete eine

transatlantische Klammer

Klammer zwischen (West-)Europa und Nordamerika. In dieser Funktion bildete sie einen wichtigen organisatorischen Teil dessen, was man im Ost-West-Konflikt die „atlantische Wertegemeinschaft" genannt hat und was bis heute in vielerlei Hinsicht als eine zivilisatorische Einheit angesehen wird, als „der Westen". Selbstverständlich gab und gibt es noch andere institutionelle und organisatorische Brücken über den Nordatlantik hinweg, aber die NATO hat sich im Laufe der Jahrzehnte als besonders stabil erwiesen – trotz der auch nicht gerade wenigen internen Krisen.

> Although its longevity and political influence encourage a perception of NATO as a 'typical' alliance, in reality NATO is historically unique. In terms of the length of time it has existed, the fact that it has done so in peacetime, rather than wartime, the degree of military integration among its members, and a number of other factors, NATO is an institution without precedent or parallel in recorded human history (Sheehan 2010[2], 176).

Sozialwissenschaftler fällt es meistens nicht gerade leicht, Akteure und soziale Strukturen als ‚einzigartig' in der menschlichen Geschichte akzeptieren zu sollen. Schließlich ist unser professioneller Blick ja gerade auf die qua Vergleich empirisch hervorzuhebenden Ähnlichkeiten und Gemeinsamkeiten gerichtet. Aber das eine muss das andere nicht notwendig ausschließen. Die NATO weist also viele Charakteristika auf, die sie mit ‚typischen' Militärallianzen teilt. Aber sie ist auch ein Sonderfall, geboren aus der spezifischen Konstellation des Ost-West-Konflikts und der Bedrohlichkeit modernen Massenvernichtungswaffen.

Wertegemeinschaft, mit Abstrichen

Darüber hinaus ist sie immer auch ein politisches Bündnis gewesen, das auf der gemeinsamen Anerkennung bestimmter ordnungspolitischer Grundentscheidungen beruhte, wobei hier die faktische Priorität bei der Wirtschaftsordnung lag (Marktwirtschaft; Kapitalismus). Politische und gesellschaftliche Ordnungsvorstellungen (Demokratie, Menschenrechte) waren ebenfalls mit hoher Priorität versehen, konnten aber schon einmal aus geostrategischen Überlegungen heraus für eine Weile hintangestellt werden. Erst in den letzten beiden Jahrzehnten sind auch die beträchtlichen sozio-kulturellen Unterschiede zwischen den Vereinigten Staaten von Amerika und den europäischen Staaten stärker ins Auge gefallen.

11.3 Neue Aufgaben

Phasen der NATO-Entwicklung

Johannes Varwick, dem wir eine Reihe informativer Studien zur NATO verdanken, unterteilt in seiner jüngsten Veröffentlichung die Geschichte der NATO in drei Phasen. Die erste umfasst die Jahre der Ost-West-Konfrontation von 1949 bis 1989. In der zweiten Phase, die sich von 1989 bis 1999 erstreckt, geht es zunächst um die Frage, ob überhaupt und wenn ja mit welchen neuen Aufgaben das Bündnis weiterexistieren soll. Hier gibt es eine allerdings nur oberflächliche Parallele zur deutschen Sicherheitspolitik und der Bundeswehr. Denn die militärischen Ziele – Schutz gegen die Bedrohung seitens der Sowjetunion und des Warschauer Paktes waren ja erreicht worden. Der Warschauer Pakt wurde am

31. März 1991 aufgelöst, und die Sowjetunion überlebte ihn nur ein knappes Dreivierteljahr.

Die ordnungspolitischen Aspekte des Bündnisses hatten mit dem Ende des Ost-West-Konflikts ihre Bedeutung allerdings ganz und gar nicht eingebüßt, im Gegenteil. Stellt man dies in Rechnung, wird rasch klar, warum die Befürworter einer NATO-Auflösung sich nicht durchsetzen konnten. Solche Befürworter gab es einmal in den USA – dort standen sie in der Tradition einer eher isolationistisch ausgerichteten Außenpolitik. In Europa kamen solche Plädoyers eher von der politischen Linken. Als Alternative zur NATO wurde etwa, auch von bekannten Politikwissenschaftlern wie Ernst-Otto Czempiel oder Dieter S. Lutz, der Ausbau der KSZE zu einem Europäischen Sicherheitssystem vorgeschlagen. Das ging aber unter.

> Die NATO hat in dieser Phase insbesondere in vier Bereichen neue Akzente gesetzt: der Ausweitung und Erweiterung nach Mittel- und Osteuropa, der ‚Europäisierung‘ der Atlantischen Allianz, der Bereitschaft, als Mandatnehmer der Vereinten Nationen bzw. der OSZE aufzutreten und schließlich der Bereitschaft, notfalls auch ohne VN-Mandat zu intervenieren (Varwick 2008, 42).

Aus deutscher Perspektive sind all diese Akzente noch einmal von besonderer Bedeutung.

11.3.1 Öffnung nach Osten

Die NATO-Osterweiterung, in diplomatischerer Sprache: die Öffnung der NATO nach Osten war anfangs politisch sehr umstritten. Die post-kommunistischen Staaten und früheren Verbündeten („Satelliten") Moskaus traten 1990 in einen Transformationsprozess ein, zu dessen Programm die Umwandlung von autoritären „Volksdemokratien" zu Demokratien nach westlichem Vorbild gehörte, die Ablösung der staatssozialistischen Zentralverwaltungswirtschaft durch Marktwirtschaft und eben auch eine Reform der Sicherheitspolitik und der Streitkräfte. Diese *security sector reform*, wie der Fachausdruck dafür lautet, sollte die Streitkräfte (und andere Organisationen wie die Polizei, die Geheimdienste usw.) zugleich verkleinern, kompetenter machen und ihre Demokratie-Kompatibilität institutionell verankern. Die NATO konnte hier Hilfe anbieten. Die Nachfrage danach und damit einhergehend eben auch der Beitrittswunsch waren insbesondere dort stark ausgeprägt, wo die neuen Regierungen Befürchtungen eines *backlash* hegten, weil sie dem neuen Regime in Russland aus historischen Gründen nicht trauten. Auch Russland befand sich in den 1990er Jahren in einem Transformationsprozess der oben geschilderten Art, aber eine lupenreine Demokratie, eine offene Marktwirtschaft und eine Sicherheitspolitik ohne gelegentliche bedrohliche Untertöne kamen hier nicht zustande, bis heute jedenfalls nicht. Nur ihre Mitgliedschaft in der NATO, so meinten insbesondere die Regierungen der unabhängig gewordenen baltischen Staaten, Polens, der Tschechoslowakei (die sich Ende 1992 friedlich in zwei Staaten auflöste: Tschechien und Slowakei) und Ungarns im Blick auf ihre leidvollen Erfahrungen mit der

militärische Transformationshilfe in Ostmittel- und Südosteuropa

Sowjetunion, könne als verlässliche Rückversicherung gegen erneut aufkommende russische Hegemonie-Gelüste wirken.

11.3.2 Atlantik-Brücke

Bedrohtheit des Westens durch den Rest der Welt? In kulturphilosophisch etwas ausfransenden, dennoch aber in den vergangenen zwei Jahrzehnten recht populären Gesamtprognosen über die Entwicklung der globalen Politik nehmen Vorstellungen über die Unterschiedlichkeit, ja Unvereinbarkeit von großregionalen „Kulturkreisen" oder „Zivilisationen" breiten Raum ein. Man denke nur etwa an die Auseinandersetzungen über das aus einem Aufsatz in der Zeitschrift *Foreign Affairs* herausgewachsene Buch von Samuel P. Huntington über den unvermeidlichen *„clash of civilizations"*. Ob diese Sichtweise etwas taugt oder nicht, ist hier nicht das Thema. Stattdessen will ich auf etwas anderes hinaus, nämlich auf die in diesen Auseinandersetzungen kaum in Frage gestellte Einheitlichkeit der westlichen Zivilisation, im Kern bestehend aus Europa und Nordamerika. „Der Westen", jetzt nicht mehr in Gegenstellung zum „Osten" (womit im Ost-West-Konflikt die UdSSR und das von ihr dominierte sowjetsozialistische Bündnis gemeint waren), sondern jetzt verstrickt in mehr oder weniger konfliktbeladene kulturell-politische Beziehungen mit einer Handvoll anderer Großzivilisationen, erscheint als sozusagen im wesentlichen Teil seines kulturellen Selbstverständnisses, seiner politischen Grundwerte und seiner Interessen, als Einheit: *the West against the rest (of the world)*.

Auch wenn man der Auffassung ist, dass es aus europäischer Sicht mehr Werte- und Interessenübereinstimmungen mit den USA gibt als mit allen übrigen Staaten und Gesellschaften, und dafür spricht eine ganze Menge, lassen sich eine große Zahl unterschiedlicher Wert- und Interessenprioritäten diesseits und jenseits des Nordatlantik dennoch schwerlich leugnen. Die Einstellung zum Wohlfahrtsstaat, die Akzentuierung der kapitalistischen Wirtschaftsordnung als sozial oder als weitgehend frei von solchen Domestizierungsversuchen, die Waffenkultur im Alltag, die sozio-politische Rolle von Religiosität und die strategische Kultur der Streitkräfte, das sind nur ein paar Aspekte, die andeuten, dass es zumindest eine Reihe von Bruchlinien zwischen Nordamerika (speziell den Vereinigten Staaten) und Europa gibt.

Der Ost-West-Konflikt war eine starke Klammer über den Nordatlantik hinweg. Sie hat sich nach 1990 verflüchtigt. Und dennoch lag und liegt es im wohlverstandenen Eigeninteresse der europäischen und nordamerikanischen Staaten, ihre Gemeinsamkeiten nicht erodieren zu lassen. Das könnte zum Beispiel passieren, wenn Europa sich deutlich Russland annähert und wenn die Vereinigten Staaten ihre politische und wirtschaftliche Aufmerksamkeit von Europa weglenken und auf Asien konzentrieren. Ansätze zu dem einen oder anderen Prozess konnte man in den vergangenen zwei Jahrzehnten immer einmal wieder beobachten.

NATO im Kampf gegen transnationale Terrornetzwerke Um diesen Ansätzen des wechselseitig wachsenden Desinteresses etwas entgegenzusetzen, ist aus der NATO inzwischen eine Art organisatorische Atlantik-Brücke geworden. Die sicherheitspolitischen Vorstellungen einander anzupassen und so kompatibel zu halten, bei sicherheitspolitischen Differenzen den

Schaden begrenzt zu halten, den gemeinsamen politischen Perzeptions-Pool nicht zu erschöpfen, dafür hat sich die NATO trotz aller Krisen zwischen den USA und Europa gut verwenden lassen. Auf diese Weise ist es nach den Terrorangriffen auf New York und Washington am 11. September 2001 zu einer voll ausgespielten Manifestation der Bündnisfestigkeit der NATO gekommen, als ihre Mitglieder zum ersten und bislang einzigen Mal den Bündnisfall nach Artikel 5 des NATO-Vertrages proklamierten: Der Angriff auf die Vereinigten Staaten wurde von ihnen als Angriff auf sie alle angesehen, und daraufhin wurden entsprechende Maßnahmen eingeleitet.

11.3.3 Das Problem der Augenhöhe

Eines der organisatorischen Probleme der NATO, das sie von Anfang an begleitet hat und nach 1990 eine etwas andere Gestalt angenommen hat, ist das enorme militärische Übergewicht der Vereinigten Staaten gegenüber den europäischen NATO-Mitgliedern. Gewissermaßen „schon immer" haben amerikanische Sicherheitspolitiker bei ihren europäischen Kollegen darauf gedrängt, dass deren Länder mehr Ressourcen für die gemeinsame Sicherheit zur Verfügung stellen. Diese Debatte lief jahrzehntelang unter der Rubrik „Lastenverteilung" (*burden sharing*). Während des Ost-West-Konflikts überlagerten sich die militärstrategischen Sichtweisen und Interessen beiderseits des Atlantik allerdings zu großen Teilen, obwohl es auch da prominente Ausnahmen gab, etwa die französische Sicherheitspolitik seit de Gaulle. Obwohl die Bezeichnung „sicherheitspolitische Trittbrettfahrer" für die europäischen NATO-Mitglieder sachlich überzogen und politisch unfair ist, konnten diese sich doch darauf verlassen, dass das amerikanische Interesse an der Abschreckung und „Verteidigung des Westens" in und für Europa stark ausgeprägt war. Deshalb waren amerikanische Versuche, mit der Ankündigung von Truppenabzügen aus Westeuropa die europäischen NATO-Mitglieder zu verstärkten sicherheitspolitischen Eigenleistungen zu animieren, nicht sehr wirksam. Nur in der Bundesrepublik lösten sie zuweilen mehr als nur eine leichte Beunruhigung aus.

schiefe Lastenverteilung

Nach 1990 lag es nun allerdings im Interesse Amerikas und Europas, das militärische und sicherheitspolitische Gefälle zwischen ihnen ein großes Stück weit einzuebnen. Die Europäische Union brauchte einige Zeit, bis sie ihrer Gemeinsamen Außen- und Sicherheitspolitik (GASP) eine Europäische Sicherheits- und Verteidigungspolitik (ESVP) hinzufügte – mehr darüber im Kapitel 12. Da wurden eine Menge Selbstverpflichtungen eingegangen. Sie sind, um eine lange Geschichte in knapper Form zusammenzufassen, bislang nicht eingehalten worden. Von einer wirklichen „Europäisierung der NATO", von einer „gleichen Augenhöhe" der USA und ihrer europäischen NATO-Partner in Sachen Sicherheitspolitik kann keine Rede sein. Das lag nicht zuletzt auch daran, dass die amerikanischen Administrationen einer Europäisierung der NATO und überhaupt einem eigenständigeren sicherheitspolitischen Selbstbewusstsein der Europäer zwar das Wort redeten, jedoch immer nur unter bestimmten Bedingungen zu akzeptieren bereit waren. Ganz deutlich wurde das in dem berühmt gewordenen Artikel der

Forderung nach Europäisierung der NATO

3D-Warntafeln 1998

damaligen US-Außenministerin Madeleine Albright in der Financial Times vom 7. Dezember 1998, in dem sie die „3 D-Warntafeln" aufstellte:

> As Europeans look at the best way to organize their foreign and security policy co-operation, the key is to make sure that any institutional change is consistent with basic principles that have served the Atlantic partnership well for 50 years. This means avoiding what I would call the Three Ds: decoupling, duplication, and discrimination.
>
> First, we want to avoid decoupling: NATO is the expression of the indispensable transatlantic link. It should remain an Organisation of sovereign allies, where European decision-making is not unhooked from broader alliance decision-making.
>
> Second, we want to avoid duplication: defence resources are to scarce for allies to conduct force planning, operate command structures, and make procurement decisions twice – once at NATO and once more at the EU. And third, we want to avoid any discrimination against NATO members who are not EU members (Albright, zit. nach Rutten 2001, 11).

Es gibt gewiss gute Gründe für jedes einzelne D. Zusammengenommen besagen sie jedoch ziemlich eindeutig: Die Europäer können gerne eigenständiger werden mit ihrer Sicherheitspolitik, aber nur in dem Rahmen, den wir vorgeben.

Im Laufe der folgenden Jahre ist diese Haltung erst bekräftigt (Bush-Administration), dann aber auch wieder diplomatischer verklausuliert worden (Obama-Administration). Das kann man gut an einer Passage aus der Rede des amerikanischen Vizepräsidenten Joe Biden erkennen, die er 2009 auf der Münchner Sicherheitskonferenz gehalten hat.

> We support the future strengthening of European defence, an increased role for the European Union in preserving peace and security, a fundamentally stronger NATO-EU partnership, and a deeper cooperation with countries outside the Alliance who share our common goals and principles (zit. nach Howorth/Menon 2009, 738).

NATO bleibt amerikanisch dominiert   In dieser panoramischen Formulierung erscheint die NATO als amerikanisches Bündnis, das sich gerne bestimmte Aufgaben mit den europäischen Staaten teilen würde, wenn diese dazu stark genug wären. Dass sie es nicht sind, wird indirekt unterstellt. Zwar gibt es eine interessante sicherheitspolitische Arbeitsteilung zwischen der NATO und der EU. Jedoch ist es bis jetzt nicht zu einer Entwicklung innerhalb der NATO gekommen, die auf eine Annäherung der Augenhöhe von USA und westeuropäischen NATO-Ländern hinausläuft. Erfolgreiche NATO-Einsätze in den 1990er Jahren wie das Eingreifen im Bosnienkrieg, die Durchsetzung des Abkommens von Dayton oder das Eingreifen im Kosovo waren immer, anders wäre es gar nicht gegangen, auf die Militärkraft der Vereinigten Staaten abgestützt.

11.4 Strategische Neuausrichtung

Aus dem vorherigen Unterkapitel hat sich der Eindruck verstärkt, die NATO habe in erster Linie eine nach innen wirkende Sammlungs- oder Integrationsfunktion politischer Art. Tatsächlich war sie immer, bis 1990 und danach eher noch deutlicher, mehr als ein reines Militärbündnis. Auch heute stößt man in der Literatur immer einmal wieder auf eigenartig vehemente Plädoyers für eine Runderneuerung der NATO als fast schon supranationales politisches und sicherheitspolitisches Instrument einer gemeinsamen nordatlantischen Weltpolitik, zuletzt zum Beispiel von General a.D. Klaus Naumann (2013). Solche Plädoyers schießen sicherlich übers Ziel hinaus, ebenso wie die entgegengesetzten Vorschläge zur Auflösung oder zu einem fundamentalen Um- oder Rückbau der NATO (Sommer 2012).

Trotz dieser herausgehobenen Bedeutung von bündnis-internen politischen Funktionen, wäre es freilich auch ganz verkehrt, wenn man die militärischen Aufgaben der NATO darüber vernachlässigen würde. Auf der Website des Auswärtigen Amtes werden folgende derzeit (Zugriff 25.06.2014) laufende NATO-Einsätze aufgezählt: *gegenwärtig laufende NATO-Militäreinsätze*

- *International Security Assistance Force* (ISAF) in Afghanistan – läuft seit 2003 unter NATO-Führung; derzeit insgesamt etwa noch 53.000 Soldaten im Einsatz, auch aus Staaten, die nicht der NATO angehören;
- *Kosovo Force* (KFOR) – läuft seit 1999, ca. 4.900 Soldaten im Einsatz;
- *Operation Active Endeavor* – dabei geht es um Terrorismus-Bekämpfung im Mittelmeerraum;
- *Operation Ocean Shield* – dabei geht es um die Abwehr von Piratenüberfällen auf Handelsschiffe, z. B. vor der Küste Somalias;
- *Active Fence* – NATO-Luftverteidigung an der türkisch-syrischen Grenze (http://www.auswaertiges-amt.de/DE/Aussenpolitik/Friedenspolitik/ NATO/Nato_node.html).

Insbesondere der umfangreichste und mit den meisten Ambitionen begonnene Einsatz der NATO, nämlich der in Afghanistan, ist nicht unbedingt besonders erfolgreich verlaufen (siehe Kapitel 14). Er wird im Jahr 2014 beendet werden (hier ist die Versuchung groß, „irgendwie beendet werden" zu schreiben; was dann folgt, ist heute nämlich ganz unklar).

Zwei Anmerkungen verdienen es, in diesem Zusammenhang festgehalten zu werden. *Erstens* sind viele Einsätze nicht nur NATO-intern multinational organisiert, sondern darüber hinaus organisatorisch mit Einsätzen anderer Akteure vernetzt, also beispielsweise im Fall von KFOR oder *Operation Ocean Shield* mit EU-Missionen, deren Aufgaben komplementär zu denen der NATO definiert sind. *NATO-Sonderprogramme*

Zweitens unterhält die NATO eine ganze Reihe organisatorischer Sonder-Arbeitsabteilungen, wie ich sie mal provisorisch nennen will, die sich mit politisch-militärischen Langzeitproblemen und Kooperationsmöglichkeiten mit

NATO-Anrainerstaaten beschäftigen. Auf der schon erwähnten Website des Auswärtigen Amtes werden folgende aufgezählt:

- der Euro-Atlantische Partnerschaftsrat (seit 1997);
- NATO-Ukraine-Kommission (seit 1997);
- NATO-Russland-Rat (seit 1997);
- NATO-Georgien-Kommission (seit 2008);
- Mittelmeerdialog (seit 1994);
- Istanbuler Kooperationsinitiative (ICI) (seit 2004);
- ferner spezielle Kooperations-Programme mit u.a. der Mongolei, Afghanistan, Pakistan (!) und dem Irak.

11.4.1 Strategie-Anpassungen

So wie etwa die Vereinigten Staaten von Zeit zu Zeit eine Nationale Sicherheitsstrategie verkünden und zur Grundlage ihrer sicherheitspolitischen und militärischen Lagebeurteilung sowie der organisatorischen Ausgestaltung ihrer Streitkräfte nehmen, so gibt es auch von internationalen sicherheitspolitischen Akteuren wie etwa Militärbündnissen eigene strategische Konzepte. Im letzteren Fall allerdings nur, wenn diese Akteure über einen längeren Zeitraum Bestand haben. Die jüngste Nationale Sicherheitsstrategie der USA stammt aus dem Jahre 2010, davor gab es entsprechende Dokumente in den Jahren 2006 und 2002. Auch die Europäische Union hat eine eigene Europäische Sicherheitsstrategie vorgelegt; das war 2003.

Strategisches
Konzept 2010
Die NATO hat in den mehr als sechs Jahrzehnten ihres Bestehens insgesamt sechsmal eine gemeinsam von den Mitgliedern getragene Sicherheitsstrategie vorgelegt. Das bislang letzte Strategische Konzept der NATO wurde auf der NATO-Konferenz am 19. und 20. November 2010 in Lissabon von den Staats- und Regierungschefs des Bündnisses verabschiedet. Es trat an die Stelle eines Dokuments, das aus dem Jahr 1999 stammt, also noch vor den folgenreichen Ereignissen des September 2001 formuliert worden war. Es ist in einem mehrstufigen Diskussionsverfahren entstanden.

> Durch die Einberufung einer Expertengruppe unter der Leitung der ehemaligen amerikanischen Außenministerin Madeleine Albright, die Organisation zahlreicher Seminare und die Einrichtung von Internet-Diskussionsforen war das öffentliche Interesse am neuen Strategischen Konzept systematisch geweckt worden. Schließlich sollte das Dokument Antwort auf die Frage geben, über die bereits seit Jahren kontrovers diskutiert worden war: Kann die NATO zu einer echten Allianz für das 21. Jahrhundert werden? (Rühle 2011, 16)

Ein solcher aufwendiger Kompositions-Prozess erschien nicht zuletzt deshalb als notwendig, weil die strategischen Interessen der Bündnis-Mitglieder nicht ganz einfach auf einen Nenner zu bringen waren. Dazu brauchte es diplomatisches Geschick und viel Kompromissfähigkeit.

Das knapp über zehn Seiten lange Dokument benennt als die Kernaufgaben der NATO die kollektive Verteidigung nach Artikel 5 des NATO-Vertrages, das Krisenmanagement und die Schaffung kooperativer Sicherheit im internationalen System. Das klingt noch relativ vage. Etwas klarer wird das Bild im Kapitel über das internationale Sicherheitsumfeld (Bedrohungs-Katalog). Dass konventionell vorgetragene Angriffe auf das Territorium der NATO-Mitglieder an erster Stelle genannt werden, mag einem deutschen Betrachter der internationalen Sicherheitslage nicht unmittelbar einleuchten. Aber da hilft es schon, sich in die Lage mancher anderer NATO-Mitgliedsstaaten zu versetzen, die unmittelbar an Länder angrenzen, auf deren Friedfertigkeit man sich nicht in jedem Fall verlassen kann. Die Türkei und ihr Verhältnis zu Syrien 2012/13 ist etwa so ein Fall. Im Übrigen verweist das Dokument an dieser Stelle auf die Verbreitung ballistischer Raketen, was als potentielle Bedrohung für die euro-atlantische Großregion eingestuft wird. Entsprechendes gilt für die Verbreitung von Massenvernichtungswaffen. Als nächstes wird der Terrorismus extremistischer Gruppen angesprochen. Die Instabilität NATO-externer Staaten kann destruktive Rückwirkungen auf die Sicherheit des Bündnisses haben. Hervorgehoben wird auch die Gefahr, die von Cyber-Angriffen ausgehen kann. Die Sicherheit der Transportwege, auf denen vitale Güter transportiert werden, ist ebenfalls vielfach bedroht. Und schließlich zählt das Dokument eine Reihe von Technologie-Entwicklungen (etwa die Entwicklung von Laserwaffen und *electronic warfare*) sowie Belastungen durch ökologische Entwicklungen und Ressourcen-Verknappung auf, die auf signifikante Weise die NATO-Planungen und NATO-Operationen beeinflussen könnten.

Um all dem, was an Bedrohlichkeiten in diesem Katalog aufgeführt ist, wirksam begegnen zu können, verpflichtet sich die NATO unter anderem, das volle Spektrum von nuklearen und konventionellen Waffensystemen bereitzuhalten, die militärische Zusammenarbeit zu intensivieren, die Beteiligungsmöglichkeiten der Bündnispartner an gemeinsamen Planungen auszuweiten, eine Raketenabwehr aufzubauen und die Ausgaben für die Verteidigung ausreichend hoch zu halten. Im Abschnitt „Sicherheit durch Krisenmanagement" unterstreicht das Dokument die Absicht der NATO, sich auch außerhalb ihres Territoriums zu engagieren. Dabei geht es um Krisenprävention, Krisenmanagement, die Stabilisierung von Post-Konflikt-Situationen und Wiederaufbauhilfe. Dafür wird auf einen umfassenden Ansatz zurückgegriffen, in dem politische, zivile und militärische Ansätze zusammengefasst werden.

Außerdem will sich die NATO für den Ausbau einer kooperativen Sicherheit einsetzen, etwa durch Rüstungskontrolle, Abrüstung und Non-Proliferation. Dies soll begleitet werden von einer Politik der offenen Tür für beitrittswillige Staaten, wenn sie die grundlegenden Werte des Bündnisses unterstützen, sowie vom Ausbau der Partnerschaften mit anderen internationalen Akteuren (UNO, EU) und Staaten wie zum Beispiel Russland.

kollektive Verteidigung als primäre Aufgabe

Bedrohungs-Katalog

Engagement auch außerhalb des NATO-Territoriums

11.4.2   Künftig kleinere Brötchen?

Lücke zwischen
Absichtserklärung
und Implementierung

Die politische Resonanz, auf welche das neue Strategische Konzept der NATO vom November 2010 in regierungsnahen Kreisen sowie den *security communities* der Mitgliedsländer gestoßen ist, war im allgemeinen auf kühle Weise positiv. Als erfreulich wurde zunächst gewertet, dass und wie dieses Konzept zustande gekommen ist. Der Zusammenhalt der NATO konnte damit vor weiteren Lockerungen bewahrt werden. Der Preis dafür besteht in einer gewissen Unklarheit und einer leicht antizipierbaren Lücke zwischen programmatischen Absichtserklärungen und deren Implementierung. Aber solch ein Preis wird bekanntlich so gut wie jedes Mal fällig, wenn es gilt, verschiedene Akteurs-Interessen unter einen Hut zu bringen.

> Vor dem Hintergrund der Veränderungen im internationalen Sicherheitsumfeld wie auch im sicherheitspolitischen Erwartungshorizont der westlichen Gesellschaften kann das neue Strategische Konzept der NATO kaum mehr sein als eine intelligente Beschreibung der alten und neuen Herausforderungen. Zwar ist ein Dokument gelungen, das trotz seiner Kürze über allgemeine politische und militärische Grundsätze hinausgeht und durchaus konkrete Handlungsanleitungen gibt. Die konkrete Implementierung des Strategischen Konzeptes wird man jedoch vertraulichen Folgedokumenten überlassen (Rühle 2011, 23).

Aus der Perspektive der NATO als einer Organisation mit festgefügten Strukturen und vielen in diesen Organisations-Strukturen beschäftigten Mitarbeitern ist das Aufhalten eines von vielen erwarteten oder gefürchteten Erosionsprozesses bestimmt als ein Erfolg zu bewerten.

In rein sachlicher Perspektive ergeben sich aus der oben angesprochenen Absichts/Durchsetzungs-Lücke freilich einige Fragen. So argumentiert Cottey (2013², 81f.), die NATO-internen Divergenzen in der Beurteilung bestimmter Konflikte (besonders des Eingreifens in Nah-Ost-Konflikte), die dramatischen Differenzen in der Höhe der Verteidigungsausgaben sowie nicht zuletzt die Entwicklung der Europäischen Sicherheits- und Verteidigungspolitik (ESVP) hätten die Handlungsfähigkeit der NATO im letzten Jahrzehnt stark beeinträchtigt und würden sie in das nächste Jahrzehnt begleiten. Hier brauchte es vielleicht so etwas wie eine „abstrakte Implementierung", um Rühles Wortwahl (auch bei ihm mit einem ironischen Unterton?) aufzugreifen.

drängende Konflikt-
stoffe

Auf besonders dringlich auf ihre einvernehmliche Entscheidungen drängende Konfliktstoffe in NATO-interner Willensbildung geht Katsioulis (2010, 5) ein. Er zählt auf:

- die Rolle der Nuklearwaffen des Bündnisses;
- die Zusammenarbeit mit anderen Akteuren beim Krisenmanagement;
- das besondere Verhältnis zu Russland, insbesondere in der Frage einer irgendwie gemeinsamen Raketenabwehr;
- Finanzierungsprobleme im Zeichen der Finanz- und Wirtschaftskrise.

Nachdem er die Schwierigkeiten für die geforderten einvernehmlichen Entscheidungen kurz durchdekliniert hat, ist sein Fazit ziemlich nüchtern:

> Zusammenfassend muss gesagt werden, dass die allgemeine Euphorie über den Gip-
> fel in Lissabon nicht angebracht erscheint. 'Historisch' ist an diesem Gipfel höchs-
> tens, dass die NATO trotz der vorangegangenen Differenzen ein gemeinsames stra-
> tegisches Konzept verabschiedet hat. Das Papier selbst bleibt unklar…Das Konzept
> verschafft der NATO eine Atempause, entbindet sie aber nicht von der Verantwor-
> tung, in den kommenden Jahren Entscheidungen treffen zu müssen, die für einige
> der Mitgliedsländer schmerzhaft sein werden (Katsioulis 2010,7).

Die in dieser Passage angesprochene „allgemeine Euphorie über den Gipfel in   gedämpfte
Lissabon" hat sich sowieso relativ rasch verflüchtigt. Sie kam wohl in erster   Erwartungen
Linie als überschießende Reaktion darauf zustande, dass die NATO mit ihren 28
Mitgliedern überhaupt ein strategisches Konzept zu formulieren in der Lage ist.
In seiner um etliche Schattierungen positiveren Würdigung dieses Ergebnisses
unterstreicht Keller, dass dieses Papier durch eine gedämpfte Rhetorik gekenn-
zeichnet sei.

> Nicht nur wird die Erweiterung des Bündnisses hintangestellt, sondern auch die Idee
> einer weltweit agierenden NATO als Allianz der Demokratien zum Schutz der libe-
> ralisierenden und wachstumsfördernden Globalisierung wird nicht offensiv vertreten
> (Keller 2010,6).

Einer der Hauptgründe für solche Zurückhaltung ist der lange Schatten, den das   Schatten des Afgha-
nur mühevoll als ein Nicht-Scheitern zu deutende Langzeit-Engagement der   nistan-Einsatzes
NATO in Afghanistan über die Fähigkeiten des Bündnisses zu erfolgreichem
Krisen- und Konfliktmanagement und zur Wiederaufbau-Hilfe in diesem Land
geworfen hat. Der allein könnte bewirken, dass die NATO ihren künftigen Hand-
lungsradius einschränken, ausgedrückt in Alltagsdeutsch: kleinere Brötchen
backen wird. Aber auch „nach Afghanistan bleibt die Welt ein gefährlicher Ort".
Michael Rühle verneint deshalb die Frage, ob die NATO nur noch eine Zukunft
als Wach- und Schließdienst für ein ohnehin weitgehend befriedetes Europa habe
(FAZ vom 9. März 2013). Aber die Versuchung, genau diese Zukunft anzu-
steuern, ist in manchen europäischen Hauptstädten spürbar.

Zudem bleibt die geostrategische und geopolitische Trennung zwischen der   geopolitische Lücke
politischen Weltsicht in Washington und den meisten europäischen Hauptstädten
eine strukturelle Behinderung der NATO. Hier stoßen wir auf ein „europäisches
Paradox". Einerseits wird eine Art Europäisierung der NATO gefordert, andererseits bleiben die militärischen Anstrengungen (gemessen zum Beispiel an der
Höhe der entsprechenden Etats) für Sicherheit und Verteidigung weit hinter
denen der Vereinigten Staaten zurück. Einerseits drängt die EU auf eine eigenständige, das heißt von Nordamerika unabhängige Sicherheits- und Verteidigungspolitik und kreiert entsprechende Strukturen, andererseits lässt sich diese
Eigenständigkeit nur in engster Kooperation mit, um nicht zu sagen: Abhängigkeit von der NATO demonstrieren.

Diesen Widersprüchen werden wir im folgenden Kapitel nachgehen.

12 Europäische Sicherheits- und Verteidigungspolitik

immer noch ein
Desiderat

Im Grunde bezeichnet der Ausdruck Europäische Sicherheits- und Verteidigungspolitik immer noch ein sicherheitspolitisches Desiderat, für das es allerdings vertragliche Bestimmungen und organisatorische Strukturen gibt. Ein Desiderat mit Strukturen, sozusagen! Die Organisation der Sicherheits- und Verteidigungspolitik der EU-Mitgliedsstaaten ist, anders als die NATO, keine Militärallianz, auch wenn sie aus einer solchen Allianz hervorgegangen ist, nämlich aus der Westeuropäischen Union (WEU). Diese ist ihrerseits aus dem Brüsseler Pakt entstanden und 1954 gegründet worden. Von Anfang an stand die WEU im Schatten der NATO. Nach dem Ende des Ost-West-Konflikts wurden ihre Funktionen und Organe Schritt für Schritt in die Europäische Union überführt. Es hat ein paar Jahre gedauert, weil die Abwicklung von Organisationen eigenen, in der Regel trägen Gesetzen folgt. Aber im Jahr 2011 war die WEU dann schließlich restlos abgewickelt.

Die Europäische Sicherheits- und Verteidigungspolitik (ESVP) wurde 2009 in Gemeinsame Sicherheits- und Verteidigungspolitik (GSVP) umbenannt (Algieri 2010). Wenn die GSVP (mit dieser Abkürzung geht es nun weiter) aber keine klassische Militärallianz ist, was genau ist sie dann? An dieser Frage haben sich schon einige Experten die Zähne ausgebissen.

12.1 Militärische Integration im Nachkriegseuropa

Doch zunächst muss etwas weiter ausgeholt werden, und zwar politiktheoretisch und historisch. Denn Sicherheitspolitik und Streitkräfte spielten bereits in einem sehr frühen Stadium der Integration Europas eine wichtige Rolle. Freilich sind die auf diesem Feld gehegten Pläne seinerzeit erst einmal gescheitert.

12.1.1 Staat und Streitkräfte

organisierte Gewalt
als ein Mittel der
Macht

In der modernen Staatenwelt sind die Streitkräfte ein besonders gut sichtbares Instrument staatlicher Souveränität – sie gehören zu seiner *hard power*, zu deren Mitteln nach Nye, Jr. (2004, 8) neben Sanktionen, Bestechungen und Finanztransfers eben auch, und zwar an erster Stelle, die organisierte Gewalt zählt. Diese hat in der gegenwärtigen internationalen Politik einen anderen Stellenwert als früher. Aber Nye. Jr. hat in einer Studie über die Zukunft von Macht in der Politik dennoch geurteilt:

> Even though there are more situations and contexts where it is difficult to use, military force remains a vital source of power in this century because its presence in all four modalities structures expectations and shapes the political calculations of actors (Nye, Jr. 2011, 49).

Die vier Modalitäten, die der Autor meint, kann man auch als allgemeine Missionen von Streitkräften bezeichnen: Kampf und Zerstörung, diplomatische Drohungen und Druck, multinationales Peacekeeping und Hilfe und Ausbildung.

Auch in dieser Perspektive eines gemäßigten Neorealisten (obgleich diese Einordnung nicht hundertprozentig passt – das ist ja das Problem mit solchen Einordnungen) wird aber die grundsätzliche Zuordnung von Streitkräften als legale Gewaltorganisation zum Staat als seinem legitimierten Träger nicht in Frage gestellt.

Seitdem sich die moderne Staatenwelt herausgebildet hat, sind Streitkräfte vornehmlich dazu da, die Außen- und Sicherheitspolitik des souveränen Staates zu optimieren. Der Staat wird in diesem ‚Westfälischen System internationaler Beziehungen' als oberste Handlungseinheit der Politik begriffen. Sein gesellschaftliches Gefüge wird zusammengehalten durch eine aus formalen und inhaltlichen Elementen bestehende, langfristig wirksame (das heißt Generationen überspannende) kollektive nationale Identität. Zu diesen Elementen, ohne die es einen modernen Staat nicht geben kann, zählt die Trias von Territorium mit eindeutig markierten Außengrenzen, Volk (oder Gesellschaft) und dem Anspruch nach legitimer Herrschaftsordnung. Die Gestalt, innere Ordnung und Selbstwahrnehmung eines Staates sind seit dem Aufkommen des Konzepts der Nation und entsprechend dem Nationalismus in die kollektive Identität der Staatsbürger eingeprägt und äußern sich in dem Anspruch auf Selbstbestimmung und Solidarität, letzteres etwa über Steuern oder eben auch über die Wehrpflicht und den Kriegsdienst (siehe auch die Kapitel 1.1.2 sowie 2.3 und 2.4).

moderne Staatenwelt

Zu Beginn des 21. Jahrhunderts, so lautet eine in der Politikwissenschaft häufig vorgebrachte These, löst sich dieser Zusammenhang Staat/Streitkräfte auf. Nicht von heute auf morgen, aber doch langsam und unaufhaltsam.

Nun ist die Frage nach der Zukunft des Staates (Nationalstaates) und des Staatensystems ein viel zu weites Feld, als dass wir uns an dieser Stelle auf sie einlassen können. Jedoch haben wir ja in anderen Teilen dieses Textes festgestellt, wie sich der nationale Rahmen für eine der vordringlichen staatlichen Aufgaben, nämlich die Sicherheitspolitik, zu lockern begonnen hat und wie eine der in den letzten Jahrhunderten auf besonders nachdrückliche Weise mit dem Staat verknüpfte Organisation, nämlich die Streitkräfte, diesen Rahmen partiell überschreitet. Sicherheitsperspektiven globalisieren sich, Sicherheitspolitik wird multinationaler, Sicherheit als Produkt wird immer mehr von privaten Akteuren angeboten.

multinationalisierte, aber auch privatisierte Sicherheitspolitik

Vor diesem Hintergrund ist das europäische Projekt einer gemeinsamen Sicherheits- und Verteidigungspolitik von exemplarischer Bedeutung. Es hat eine längere Vorgeschichte, nicht frei von Rückschlägen

12.1.2 Die gescheiterte Europäische Verteidigungsgemeinschaft

Die Geschichte der Integration Europas, also die Geschichte der Bildung und Fortentwicklung der Europäischen Union, ist noch nicht an ihrem Endpunkt angelangt. Und niemand vermag anzugeben, wo genau dieser Endpunkt liegen könnte. Blickt man auf die Jahrzehnte seit dem Ende des Zweiten Weltkrieges

Sicherheitspolitik am Anfang der europäischen Integration

zurück, so fällt ins Auge, dass die entscheidenden Impulse für die Integration ebenso wie die retardierenden Momente in diesem Prozess ihre Wirkung von ganz unterschiedlichen Ebenen her entfacht haben. *Eine* Kontinuität gab es jedoch:

> The history of the European integration since 1945 is indissociable from the history of attempts to create a relatively autonomous European security and defence identity (ESDI) (Howorth/Menon 1997, 10).

Pleven-Plan

Das klingt zunächst überraschend, denkt man doch eher an Bereiche wie Wirtschaft und Technologie. Tatsächlich stand die frühe Planung der westeuropäischen Komponente für die Verteidigung des Westens gegen die als Bedrohung empfundene Rote Armee der Sowjetunion zunächst im Zeichen eines seinerzeit geradezu abenteuerlich avantgardistischen Multilateralismus. Wie es dazu kam, ist eine spannende Geschichte, die etwa in einer Analyse der deutsch-französischen Beziehungen jener Jahre viel Platz einnimmt. Auf jeden Fall lancierte der damalige französische Ministerpräsident René Pleven am 24. Oktober 1950 den später nach ihm benannten Plan, eine supranationale westeuropäische Streitmacht ins Leben zu rufen. Unter einer einheitlichen politischen und militärischen Autorität sollte eine europäische Armee gebildet werden, bei der nicht nur die Stäbe, sondern auch die Truppenteile bis hinunter zur Divisionsebene multinational zusammengesetzt wären.

Diesem französischen Vorpreschen lag, wie man unschwer ahnen kann, als Hauptmotiv die Angst vor einem militärischen Wiedererstarken Deutschlands zugrunde. Mit eigenen nationalen Streitkräften könnte sich die Bundesrepublik, obwohl nur ein Teil des früheren Deutschland, der Kontrolle der Westmächte entziehen. Dagegen sollten aus französischer Sicht organisatorische Vorkehrungen getroffen werden. Die Regierung in Bonn nahm sich fest vor, dieses Misstrauen zu ignorieren. Sie begrüßte den Pleven-Plan als einen wesentlichen Beitrag zur Integration des westlichen Europas. Und so begannen konkrete und bald sehr ins Detail gehende Verhandlungen über die Gestalt der Europäischen Verteidigungsgemeinschaft (vgl. dazu: Militärgeschichtliches Forschungsamt 1990).

furchtsamer Avantgardismus klappt nicht

Furchtsamer Avantgardismus konnte jedoch keine solide Grundlage für ein einigermaßen effizientes Konzept einer Europa-Armee abgeben. Am Ende von langen und ziemlich hakeligen Verhandlungen der Militärexperten Frankreichs und Deutschlands, Italiens und der Benelux-Staaten stand zwar ein Vertragstext. Dieser wurde sogar am 27. Mai 1952 von den Regierungsvertretern der sechs Länder unterzeichnet. Aber in Kraft getreten ist er nie. Gut zwei Jahre später versagte ihm die französische Nationalversammlung ihre Zustimmung. Damit war das Projekt mausetot.

Über die Motive der Beteiligten, ihre Gedanken und Hintergedanken, über die taktischen Winkelzüge der Befürworter und der Gegner einer Europäischen Verteidigungsgemeinschaft (EVG) gibt es inzwischen eine Menge Literatur aus erster und zweiter Hand. Die EVG gehörte in den frühen 1950er Jahren zu den großen politischen Streitpunkten in Europa. Sie wurde selbstverständlich auch in die ideologischen Auseinandersetzungen des Kalten Krieges hineingezogen. Die militärische Dimension einer mit zu vielen gleichzeitigen Aufgaben überfrachteten Sicherheitspolitik blieb trotz aller Detailplanungen unscharf. Die Konstruktion einer multinationalen und bis hinunter auf Divisionsebene (im Vertragstext *Grundeinheiten* genannt) integrierten Europa-Armee war damals nicht visionär, sondern eine Utopie. Zum damaligen Zeitpunkt war es, trotz einer durchaus verbreiteten pro-europäischen Stimmung in den Öffentlichkeiten der beteiligten Länder, letztlich unvorstellbar, dass die beschlossenen Planungen auch wirklich umgesetzt würden.

12.2 Europäisierung der deutschen Sicherheitspolitik

Die Bundeswehr, 1955/56 als Bündnisarmee gegründet, hat diesen Charakter nach 1990 beibehalten. Allerdings haben sich die sicherheitspolitischen und die militärischen Motivationen und Begründungen für die Multinationalität verändert, und die Organisationsprinzipien ebenfalls.

12.2.1 Von der deutsch-französischen Brigade zum Eurokorps

Was in der Politik gestern ein Hirngespinst war, kann heute unter veränderten Konstellationen durchaus sinnvoll sein. Eine Generation nach dem Scheitern der EVG starteten der französische Präsident François Mitterand und Bundeskanzler Helmut Kohl auf ihrem Treffen am 13. November 1987 ein ebenso spektakuläres wie zunächst einmal in der Hauptsache symbolisches Projekt – die Aufstellung einer deutsch-französischen Brigade. Anders als bei multinational zusammengesetzten Stäben von nationalen Truppenkontingenten geht es bei der D/F Brigade genau um das, was mit der EVG seinerzeit angestrebt worden war, die „Verschmelzung von Mannschaften und der Ausrüstung", um es in den Worten René Plevens auszudrücken. Einen Tick zu hoch gegriffen ist dieser Integrationsanspruch immer noch. Aber bis heute ist die D/F Brigade der am weitesten binational integrierte Großverband. Er wird es wohl auch noch länger bleiben. Denn der Aufwand, der benötigt wird, um Soldaten aus zwei unterschiedlichen Armeen mit unterschiedlichen Strukturen, gesetzlichen Regelungen, Verwaltungsbestimmungen, Uniformen, Ausrüstung und Traditionen zu einem kampfkräftigen Verband zusammenzuführen, ist beachtlich (vgl. Neubauer 1996, 334).

Am 12. Januar 1989 wurde die Brigade offiziell gegründet. Das war ein glücklicher Zeitpunkt, denn die sicherheitspolitischen Irritationen und Erschütterungen infolge der sowjetischen Aufrüstung mit weitreichenden Mittelstreckenraketen, des NATO-Doppelbeschlusses und der Aktionen westeuropäischer Friedensbewegungen hatten sich gelegt bzw. waren ausgestanden. Das Ende der Ost-West-Konfrontation lag bereits in der Luft. So konnte dem Projekt zum Ausreifen Zeit gelassen werden bis zu einem ersten Härtetest. Im Oktober 1990 in Dienst gestellt, haben die Brigade oder Teile von ihr inzwischen mehrfach an multinationalen Auslandseinsätzen teilgenommen. So war sie beispielsweise im Jahr 2000 für sechs Monate im Rahmen von SFOR und KFOR im ehemaligen Jugoslawien im Einsatz (vgl. www.df-brigade.de/).

Mitterand und Kohl 1987

In den 1990er Jahren wurde eine ganze Reihe von multinationalen Ver-
klammerungen europäischer Streitkräfte vorgenommen, zuweilen auch unter
amerikanischer Beteiligung. Das geschah allerdings nicht auf der Ebene von
Brigaden, sondern, um beim Beispiel des Heeres zu bleiben, auf der viel höheren
Korps-Ebene. Ähnliches gilt für Luftwaffe und Marine.

multinationale Korps

Inzwischen sind mit einer einzigen Ausnahme alle deutschen Großverbände
des Heeres international verklammert. So gibt es seit 1995 das Deutsch-Niederländische Korps mit ca. 27.000 deutschen und ca. 13.000 niederländischen Soldaten. Über die Schwierigkeiten bei der wechselseitigen Anpassung der Soldaten
aus Deutschland und den Niederlanden gibt es mehrere Befragungs-Studien, die
am Ende zu einer positiven Beurteilung dieses Prozesses kommen (Moelker,
Soeters 2006², 401-415). Im September 1999 wurde das Multinationale Korps
Nordost in Dienst gestellt, in das zunächst Truppenteile aus Deutschland, Dänemark und Polen eingegliedert wurden. Später kamen noch Truppen aus den drei
baltischen Staaten hinzu und aus anderen neuen NATO-Mitgliedsstaaten sowie
den USA (Gareis 2006², 390-400). Bei den beiden deutsch-amerikanischen
Korps nehmen einmal die Vereinigten Staaten und einmal Deutschland die Funktion der *Lead Nation* wahr. Dieser Ausdruck besagt, dass eine Nation in dem
multinationalen Verband klar die Führung übernimmt. Die Truppenteile anderer
Nationen werden dann komplementär gestellt.

Eurokorps

Ein besonderes Interesse erweckt in der sich mit europäischer und transatlantischer Sicherheitspolitik beschäftigenden Öffentlichkeit seit seiner Indienst-
stellung im November 1993 das Eurokorps. Das liegt an dem im Namen des
Korps schon ausgedrückten sicherheitspolitischen Programm – es soll europäische Eigenständigkeit (wenn auch) innerhalb der NATO demonstrieren. Deshalb
untersteht es auch nicht der integrierten Kommandostruktur der NATO, kann
jedoch für NATO-Einsätze herangezogen werden. Am Eurokorps, das manche
Beobachter für einen allerersten Schritt in Richtung auf eine EU-Armee ansehen,
sind in der Hauptsache Streitkräfte aus Frankreich, Deutschland, Belgien und
Spanien beteiligt. Auch die D/F Brigade ist ihm unterstellt (Klein 2006², 416-
423).

12.2.2   Zu viele Köche?

In Sprichwörtern sind in der Regel keine statistisch überprüfbaren Erkenntnisse
aufgehoben, wohl aber oft wiederholte Erfahrungen, denen andere ebenso oft
wiederholte Erfahrungen entgegenstehen können. Deshalb widersprechen sich
Sprichwörter auch so oft. „Doppelt hält besser", klar, das stimmt (manchmal).
„Zu viele Köche verderben den Brei", manchmal stimmt das auch. Welches von
beiden trifft eher auf die europäische Sicherheitspolitik und das Organisationsge-
flecht zu, das für sie und um sie herum entstanden ist?

NATO, KSZE, WEU

Wie wir anhand des Rückblicks auf das EVG-Projekt der frühen 1950er
Jahre sehen konnten, gibt es eine lange Geschichte der Versuche, die Sicherheitspolitik der europäischen Staaten zu europäisieren. Die verläuft, wenn auch
meist unbetont und unsicher, parallel zur Geschichte der europäischen Integration. Richtig erkennbar wurde sie erst (wieder) gegen Ende des Ost-West-Kon-

flikts. Nach 1990 konkurrierten drei unterschiedlich zugeschnittene Sicherheitsbündnisse darum, zum entscheidenden Faktor der europäischen Sicherheitspolitik zu werden, die NATO, die KSZE/OSZE und die WEU. Daraus entstand ein fragiles System von miteinander verbundenen und sich im Idealfall ergänzenden Sicherheitseinrichtungen (*interlocking institutions*). Idealfälle sind aber eher selten. Und so ist es kein Wunder, dass mit Blick auf die drei Bündnisse, von denen jedes ja nicht nur sicherheitspolitische Funktionen hatte, sondern auch eine darüber hinausgehende politische Agenda, häufig von *inter(b)locking institutions* gesprochen wurde, also von sich gegenseitig blockierenden Sicherheitseinrichtungen.

Auf der politischen Agenda der NATO standen und stehen die transatlantischen Beziehungen. Die WEU betonte den Aspekt der Integration der Europäischen Gemeinschaft/Europäischen Union. Und die KSZE/OSZE verfolgt das Konzept einer Sicherheits- und Demokratiegemeinschaft „von Vancouver bis Wladiwostok". Diese Perspektive verlor aber an Attraktivität und politischer Dynamik, nicht zuletzt weil es mit der Demokratie in manchen Mitgliedsstaaten, vor allem in vielen Nachfolgestaaten der UdSSR, nicht weit her ist, milde ausgedrückt. Die WEU sicherte sich mit den *Petersberg-Aufgaben* vom Juni 1992 etwas vollmundig eine ausbaufähige sicherheitspolitische Nische. Aber es war die NATO, die in diesem konzeptionellen Wettstreit zunächst als „Sieger" hervorging.

Die deutsche Sicherheitspolitik folgt, das liegt ganz auf der Linie deutscher Außenpolitik seit den 1950er Jahren, dem Grundsatz des „Sowohl-als auch". Eine eindeutige Prioritätensetzung für die transatlantische oder die kontinentale europäische Perspektive wird bewusst vermieden.

Deutschland vermeidet Prioritätensetzung

12.3 Sicherheitspolitische Baustelle Europa

Die Geschichte des sicherheitspolitischen Teils der „Baustelle Europa" (Martin List) ist unübersichtlich und voller Wendungen, so wie das heute ja überall bei Großbaustellen üblich ist. Das Geflecht von militärischen und zivilen Organisationen und Institutionen ist nicht ganz einfach zu durchschauen. Einige wichtige zivile Komponenten der europäischen Sicherheitspolitik (Polizei, Grenzüberwachung, Rechtsstaatlichkeit, Katastrophenschutz) haben sowohl auf die Binnenpolitik als auch auf die nach außen gerichtete Politik der Europäischen Union ausgerichtete Aufgaben. Im Übrigen muss festgehalten werden, dass die europäische Sicherheitspolitik zwar etwas wackelig, aber demonstrativ auf einem Konzept von Sicherheit beruht, das den zivilen Komponenten gegenüber den militärischen größeres Gewicht zumisst. Dabei gibt es, wie wir sehen werden, allerdings auch deutliche Unterschiede zwischen den Sicherheits-Kulturen der einzelnen EU-Mitgliedsstaaten.

europäische Sicherheitspolitik betont zivile Komponenten

12.3.1 Die Gemeinsame Sicherheits- und Verteidigungspolitik (GSVP)

Vertrag von Lissabon, in Kraft seit 2009

Die Europäische Sicherheits- und Verteidigungspolitik (ESVP) wurde unter dem Eindruck der NATO-Intervention im Kosovo vom Europäischen Rat Anfang Juni 1999 in Köln beschlossen. Wenige Jahre später wurde sie in Gemeinsame Sicherheits- und Verteidigungspolitik (GSVP) umbenannt. Warum? Die Zäsur wird durch den Vertrag von Lissabon (beschlossen 2007, in Kraft seit 2009) gebildet. Vielleicht spielte dabei eine Rolle, dass ESVP als Akronym gewissermaßen schon besetzt war. Denn wer ahnungslos www.esvp.eu in seine Suchmaschine eingab, wurde (und wird) auf die Website der *European Society and College of Veterinary Pathologists* verwiesen. Nichts gegen Tier-Pathologie, aber mit Sicherheitspolitik hat sie nur ganz am Rande zu tun.

Petersberg-Aufgaben

In Köln bekräftigte der Europäische Rat seine Absicht, die EU zur Bewältigung der sogenannten *Petersberg-Aufgaben* mit glaubwürdigen militärischen Mitteln auszustatten, um auch unabhängig von der NATO auf internationale Krisensituationen reagieren zu können. Zu den Petersberg-Aufgaben (benannt nach dem Ort, wo sie 1992 beschlossen wurden) zählen humanitäre Aktionen und Rettungseinsätze, Aufgaben der Konfliktverhütung und Friedenserhaltung sowie Kampfeinsätze im Rahmen der Krisenbewältigung. Im Vertrag von Lissabon wurde dieser Katalog noch um gemeinsame Abrüstungsmaßnahmen, Aufgaben der Militärberatung und –unterstützung sowie Operationen zur Stabilisierung der Lage nach Konflikten erweitert.

Der Europäische Rat beschloss im Dezember 1999 in Helsinki konkretere Maßnahmen zum europäischen Krisenmanagement: Bis 2003 sollte die EU in die Lage versetzt werden, innerhalb von 60 Tagen bis zu 60.000 Soldaten für einen Einsatz von mindestens einem Jahr aufzubringen und an den Ort des Geschehens zu verlegen. Auf der EU-Konferenz in Nizza im Dezember 2000 wurde dazu die Einrichtung eines Politischen und Sicherheitspolitischen Ausschusses, eines Militärausschusses und eines Militärstabes beschlossen. Damit gab es zumindest schon einmal feste organisatorische Leitungsstrukturen.

ESVI

Nur, um es noch ein bisschen komplizierter zu machen: Neben der GSVP gibt es auch eine ESVI (= Europäische Sicherheits- und Verteidigungsinitiative). Sie umfasst alle Versuche der europäischen NATO-Staaten, gemeinsam das militärische Gewicht des „europäischen Pfeilers" der NATO zu verstärken. Damit ist man aber bislang nicht sehr weit gekommen (vgl. auch Kapitel 11.3.3).

Die GSVP hat seit etwa einem Jahrzehnt unterhalb der Schwelle allgemeiner öffentlicher Aufmerksamkeit eine Reihe unterschiedlichen Missionen angenommen. Auf der Website des Auswärtigen Amtes werden sieben Typen von Missionen und Operationen aufgezählt. Sie werden teils von zivilen Kräften, teils von Polizeikräften und teils von Soldaten ausgeführt, je nach Aufgabe auch in einem Mix. Es geht um folgende Typen von Missionen:

Missions-Typologie

- Beobachtermissionen (Monitoring Missions, etwa Aceh Monitoring Mission, EUMM Georgia),
- Grenzüberwachungsmissionen (EU Border Assistance Mission Rafah, EUBAM Moldawien/Ukraine),

- Rechtsstaatsmissionen (EULEX Kosovo, EUJUST LEX),
- Polizeimissionen (z.B. Proxima, EUPAT, EUPOL Kinshasa, EUPM, EUPOL COPPS, EUPOL Afghanistan, EUPOL RD Congo),
- Missionen zur Sicherheitsbereichsreform / SSR-Missionen (EUSEC RD Congo, EU SSR Guinea-Bissau),
- militärische Operationen (Atalanta, EUFOR Althea, Concordia, Artemis, EUFOR RD Congo, EUFOR Tchad/RCA),
- militärische Ausbildungsmissionen (EUTM) (http://www.auswaertiges-amt.de/DE/Europa/Aussenpolitik/GSVP/GSVP-Start_node.html – Zugriff 30.01.2013).
- Die Zahl der Missionen ist beeindruckender als deren sicherheitspolitische Bedeutung. Im Übrigen werden manche dieser Missionen auch von einer nicht sehr großen Zahl an zivilen und/oder militärischen Kräften durchgeführt.

Außerhalb des Kreises der Beteiligten fallen Erfolgsbilanzen und Evaluationen der GSVP eher skeptisch aus. Ein Beispiel dafür ist das Urteil des Arbeitskreises Internationale Sicherheitspolitik der Friedrich-Ebert-Stiftung, der im April 2012 nüchtern feststellte:

Bilanz der GSVP

> Die Bilanz der GSVP ist…bislang eher mager, sie fungiert als Zusatzoption zu nationalen Politiken und auf der Basis des kleinsten gemeinsamen Nenners zwischen den Mitgliedstaaten. Eine tatsächliche Verzahnung der nationalen Sicherheitspolitik hat nicht stattgefunden. Gleichzeitig befinden sich die europäischen Mitgliedstaaten in einer schweren wirtschaftlichen Krise, die es ihnen auf Dauer schwer machen wird, das aktuelle Niveau an Ausgaben für die Außen- und Sicherheitspolitik zu halten (Arbeitskreis Internationale Sicherheitspolitik 2012, 1).

12.3.2 Ein anderer sicherheitspolitischer Denkstil?

An dieser Stelle ist ein Exkurs ganz nützlich, in dem der in diesem und im vorigen Kapitel sich immer wieder aufdrängenden Frage nach der Gleichheit/Ähnlichkeit/Unterschiedlichkeit/Widersprüchlichkeit der sicherheitspolitischen Grundvorstellungen, Sicherheitskulturen, politisch-militärischen Kulturen und weltpolitischen Zielvorstellungen zwischen den Vereinigten Staaten von Amerika und Europa nachgegangen wird. Der Atlantik ist ja nicht nur ein geographischer Trennungsfaktor, sondern markiert auch eine Sollbruchlinie (oder besser: Sollbruchfläche) in kultureller Hinsicht. Offensichtlich unterscheidet sich die amerikanische Art der Verwendung von organisierter Gewalt als Mittel der Politik von der in Europa vorherrschenden Weise, und ebenso ist die amerikanische Art der Kriegsführung von der europäischen Art der Kriegsführung unterschieden.

Sollbruchlinie Atlantik…

Wem an dieser Stelle auffällt, dass solche Behauptungen aber wirklich vereinfachen, hat recht. Schon allein die Unterschiede zwischen den Sicherheitskulturen der drei großen europäischen Staaten Frankreich, Großbritannien und Deutschland sind beträchtlich. Das darf nicht vergessen werden. Und doch stimmt die vereinfachende Bemerkung aus dem obigen Absatz. Dass sie stimmt, kann man nicht zuletzt an den ernsthaften und nachdrücklichen, aber letztlich wenig erfolgreichen Anstrengungen erkennen, die transatlantische Sicherheitsakteure seit langem unternehmen, um diesen kulturellen Trennungsfaktor zu neutralisieren.

...und ihre Stabilisierungsbemühungen

Ein Beispiel für derartige Anstrengungen findet sich etwa in einer Vorschlagsliste für Aktionen zur Vertiefung des transatlantischen Verhältnisses aus dem sicherheitspolitischen *Think Tank* der EU, dem *Institute for Security Studies* in Paris. Einer der Vorschläge lautet so:

> One of the major problems in advancing transatlantic cooperation – even where there is political will – is that putting ideas into practice is too often hindered by details stemming from differences in vocabulary. Differences in the EU and US understanding and implementation of basic concepts such as privacy, oversight or rule of law make it far too often difficult to agree on common action. What would improve this cooperation is a joint EU-US initiative to design a lexicon of commonly used terms in various areas of collaboration that could become an authoritative reference for future actions (de Vasconcelos 2011, 75f.).

transatlantische Verständigungsschwierigkeiten: grundlegend

Wie bitte? Nach über 60 Jahren transatlantischer Bündnispolitik und geradezu ununterbrochener Beschwörung der transatlantischen Wertegemeinschaft des Westens gibt es grundlegende Verständigungsschwierigkeiten? Ja, die gibt es, und sie lassen sich nicht mit semantischen Mitteln überwinden, weil sie eben Ausdruck unterschiedlicher kultureller Konstellationen sind, die trotz der insgesamt ja harmonischen transatlantischen Beziehungen nicht kleiner, sondern zu manchen Zeiten (etwa während der Jahre, als Bush, Jr. Präsident der USA war) sogar schärfer geworden sind.

Auch und gerade beim Themenfeld Sicherheit gibt es solche unterschiedlichen kulturellen Konstellationen oder kollektiven Mentalitätsunterschiede. Man denke etwa nur an die Rolle, welche das Recht auf Waffenbesitz in den USA spielt. In Europa kann man den politischen Nachdruck, mit dem gegen alle, und seien es die partiellsten Einschränkungen dieses Rechts von einer Mehrheit der US-Bürger Stellung bezogen wird, kaum nachvollziehen. Freilich gibt es auch in den USA, vor allem nach den Amokläufen an Schulen und Universitäten in den letzten Jahren, erbitterte Gegner dieses Waffenrechts. Aber ob die Regierung sich hier mit Veränderungen durchsetzen kann, ist fraglich.

Unterschiede im Denken rühren auch von Machtunterschieden her

Ole Wæver und Barry Buzan haben in ihrem bilanzierenden Schlussaufsatz zu der Einführung in die Sicherheitsstudien von Collins darauf hingewiesen, dass es im Denkstil amerikanischer und europäischer Sicherheitsforscher deutlich erkennbare Unterschiede gibt. Dabei betonen sie, dass diese Aussage sozusagen nur statistisch gilt und nichts über einzelne Forscher aussagt, die sich ganz unabhängig von ihrer Herkunft in der amerikanischen und/oder der europäischen Sicherheitsforschung auskennen und beide Theorie-Perspektiven miteinander zu kombinieren versuchen. Kommunikation zwischen den Verfechtern von unterschiedlichen theoretischen Perspektiven und deren Kombination sind also möglich. Dennoch lassen sich diese Unterschiede nicht übersehen. Falsch wäre es, sie allein mit der unterschiedlichen Position der USA und Europas (das heißt der

EU-Mitgliedsstaaten) in der Weltpolitik erklären zu wollen. Jedoch hat dieser Gesichtspunkt einen gewissen Einfluss:

> US decision-makers and academics see the USA as the actor that shapes the world and accordingly they need knowledge about cause-effect relationships in order to understand how to work the material they act upon (the world).

> From a European perspective, in contrast, it is more common to see the main voice of security as an external factor to deal with (the USA) and therefore to be in a tension-ridden relationship to security as such. Calls for action in the name of security can be seen as part of the US attempts to organize the world – recently especially under the slogan of a global war on terror, and therefore 'Europe' takes a position vis-à-vis security where it is possible to problematize pronouncements about what is a security issue (that is, de-securitize) and insist on a wider concept of security (Wæver/Buzan 2010, 474f.).

Diese Differenz schlägt sich, sagen die Autoren, in einer meta-theoretischen Kluft nieder – der amerikanische Denkstil über Sicherheit ist eher realistisch-rationalistisch geprägt, der europäische eher kritisch-reflektierend. Ähnliche Überlegungen finden sich in einem instruktiven Text von Croft und Floyd (2011) von der University of Warwick.

Das sind, um es zu wiederholen, Verallgemeinerungen, die in konkreten Einzelfällen nicht unbedingt greifen. Vor allem sollte man sich davor hüten, solche Unterschiede im Denkstil in ein simples ‚richtig/falsch'- oder ‚besser/schlechter'-Schema einzubauen.

12.4 Transformation europäischer Streitkräfte

Müsste eine wirklich Gemeinsame Sicherheits- und Verteidigungspolitik der EU nicht eine Entwicklung einleiten und befördern, an deren Ende gemeinsame europäische Streitkräfte stehen, die EU-Armee? Das klingt wie eine rhetorische Frage, ist es aber nicht. Nicht alle beteiligten Akteure wollen dieses Ziel ansteuern. Denn um es zu erreichen, müsste die europäische Integration erheblich vertieft werden. Die Staaten müssten ein besonders sichtbares und effizientes Instrument, die klassische Insignie ihrer Souveränität vergemeinschaften (Kap. 12.1.1).

Chancen einer EU-Armee eher gering

Da der Anspruch auf das Monopol legitimer organisierter Gewalt aber eine entscheidende Komponente des modernen Staatsverständnisses ausmacht, käme mit einem solchen weitreichenden Integrationsschritt die ohnehin schwierige Balance zwischen Supranationalität und Intergouvernementalität der EU ins Wanken. Das wäre selbst dann der Fall, wenn die geplante EU-Armee nicht einfach an die Stelle von nationalen Streitkräften treten, sondern sie ergänzen würde.

Unter dem Begriff Transformation, der ja in den vergangenen zwei Jahrzehnten in der politischen und der militärischen Sprache vielfach und jeweils mit eigener Bedeutung verwendet wurde, soll an dieser Stelle nichts anderes verstanden werden als eine tiefgreifende strukturelle Umstellung mit dem Ziel, die nationalen Streitkräfte oder Teile davon samt ihrer nationalpolitischen Rahmung auf eine dauerhafte Integration in gemeinsame europäische Streitkräfte auszurichten.

12.4.1 Das ferne Ziel: Europa-Armee

Freilich gibt es eine Menge Gründe, die für einen solchen Integrationsschritt sprechen. Nicht zuletzt wirtschaftliche Gründe werden dafür ins Feld geführt, aber auch Gesichtspunkte der Effizienzsteigerung mittels Synergieeffekten.

> The efficiency problem of Europe's armed forces is well known: of an impressive overall number of over two million men and women in uniform in the EU-27, only a meagre 10 to 15 per cent are estimated to be deployable (Biscop 2008, 431).

Es gibt zahlreiche Vorschläge, wie dies zu ändern wäre. So läuft etwa der Sammelband von Kaldrack und Pöttering mit seinen vielen Einzelstudien auf ein Plädoyer für „eine einsatzkräftige Armee für Europa" hinaus, wobei dieser Titel von den Herausgebern bewusst so gewählt wurde, um keine bestimmte Struktur zu präjudizieren (Kaldrack/Pöttering 2011, 8). Je ferner das Ziel in die Zukunft verlegt wird, desto unbestimmter kann man die Überlegungen und Vorschläge zu den strukturellen politischen und militärischen Erfordernissen lassen.

polnischer Vorschlag

Dennoch gibt es durchaus bereits konkretere Vorstellungen und Vorschläge. Einer davon stammt etwa von dem Politikwissenschaftler Marcin Terlikowski (2008) vom *Polish Institute of International Affairs*. Er hält es für eine sinnvolle Lösung, wenn die EU eine Streitkraft mit etwa 30.000 Soldatinnen und Soldaten, alles Freiwillige natürlich, und modernster Kampfausrüstung aufstellt. Sie sollte als Schnelle Eingreiftruppe unter einem einheitlichen europäischen Kommando stehen, über ein besonderes Budget verfügen und speziell für Auslandseinsätze (besonders solchen mit Kampfaufträgen) ausgebildet und ausgerüstet sein. Nationale Streitkräfte der EU-Mitgliedsstaaten würden dadurch nicht überflüssig, ganz im Gegenteil. Aber nur so, argumentiert der Autor, kann die EU zu einem effektiven und global einsatzbereiten *provider of security* werden.

großbritannischer Granit

Ähnlich argumentiert Claudia Major in einem Beitrag zum Reader Sicherheitspolitik, der auf der Website des Bundesministeriums der Verteidigung zu finden ist. Schon bei der Wortwahl für ein europäisches Streitkräfte-Projekt müsse man Vorsicht walten lassen:

> Einige Länder, allen voran Großbritannien, werden in absehbarer Zeit kein Projekt unterstützen, das mit dem Etikett einer ‚europäischen Armee' versehen ist. Angesichts der militärischen Bedeutung Großbritanniens ist jegliche verteidigungspolitische Kooperation auf EU-Ebene ohne dieses Land nachhaltig geschwächt, sowohl hinsichtlich der Legitimation als auch ihrer Effektivität. Gleiche Anstrengungen unter anderen Namen haben mehr Erfolgaussichten.

> Zweitens sind revolutionäre Integrationsansätze in der Sicherheitspolitik nahezu aussichtslos, da dieser Bereich stark mit staatlicher Identität und Souveränität assoziiert wird…Wollen die EU-Staaten ihre militärische Zusammenarbeit vertiefen, müssen sie pragmatisch vorgehen (Major 2011, 10).

Anders gesagt: mehr sicherheitspolitische Gemeinsamkeit in Europa ist kein technisches, sondern ein politisches Problem.

12.4.2 Pragmatische Unentschlossenheit

Eine Art des pragmatischen Vorgehens ist, jedenfalls auf der rhetorischen Ebene, die Kombination von militärischer Integrationsbefürwortung und demonstrativer Leugnung eines strukturellen Integrationsziels. Als typisch für solche politische Rhetorik kann etwa die Äußerung des seinerzeitigen Verteidigungsministers de Maizière auf der Münchner Sicherheitskonferenz Anfang 2013 gelten. Die Internet-Ausgabe des Handelsblatts hat seine Worte so zusammengefasst:

> Zum Auftakt der Münchner Sicherheitskonferenz hat Bundesverteidigungsminister Thomas de Maizière (CDU) eine engere Zusammenarbeit in der europäischen Sicherheitspolitik gefordert, eine gemeinsame europäische Armee aber abgelehnt. Europa brauche hinsichtlich seiner militärischen Fähigkeiten keine neuen Visionen, sondern eine Strategie des entschlossenen Pragmatismus…(http://www.handelsblatt. com/politik/deutschland/muenchner-sicherheitskonferenz-de-maiziere-lehnt-europaeische-armee-ab/7724464.html, Zugriff 4.02.2013).

Vorbilder für solche sprachlichen Pirouetten hat in großer Zahl Helmut Schmidt geliefert, der ja auch einmal die Position des Verteidigungsministers innehatte.

Das entscheidende Wort in der Äußerung de Maizières ist das Adjektiv, das für den politischen Pragmatismus bei der Europäisierung von nationalen Sicherheitspolitiken und Streitkräften eingefordert wird: *entschlossen*. Das bezieht sich auf Effizienz und Stringenz der Planungen. Aber vor allem bezieht es sich auf das, was in der politischen Alltagssprache ‚der politische Wille‘ heißt. Der unterliegt jedoch in den EU-Mitgliedsstaaten erheblichen Schwankungen. Das ist zu einem großen Teil auch durchaus verständlich, erscheint eine Europa-Armee doch vielen Menschen als eine Art Taube auf dem Dach, deretwegen man den Spatz nationaler Sicherheitspolitik und nationaler Streitkräfte nicht aus der Hand geben und den Adler NATO nicht verscheuchen möchte – denn: sicher ist sicher.

In ihrem Vergleich deutscher, französischer und britischer Sicherheits- und Verteidigungspolitik kommen Jonas und von Ondarza (2010, 174ff.) zu dem Schluss, der Schlüssel zum Verständnis der weiterhin bestehenden nationalen Besonderheiten, die sich trotz übereinstimmender Bedrohungsanalyse, gemeinsamen Interessen und aller Erfahrungen in gemeinsame sicherheits- und verteidigungspolitischen Bündnis- und Kooperationsstrukturen keineswegs verflüchtigt haben, liege in den kulturellen und normativen Einflüssen auf die jeweilige nationale Politik. Solche Einflüsse wirken langfristig und lassen sich nur behutsam ändern. Bestimmte Annäherungen habe es gegeben. So habe die Sicherheits- und Verteidigungspolitik in allen drei Ländern inzwischen eine klar erkennbare europäische Dimension. Jedoch sei eine über die vorhandenen Ansätze (zum Beispiel die deutsch-französische Brigade) hinausführende Streitkräfteintegration ausgeblieben. Ja, man könne inzwischen in allen drei Ländern beobachten, dass die Regierungen auf einem möglichst großen eigenstaatlichen Handlungsspielraum in der Sicherheits- und Verteidigungspolitik bestehen.

Kooperation, aber mehr nicht

es fehlt der politische Wille

…oder ginge es auch ohne? Integration durch die Hintertür?

Weil das so ist, schlagen Jonas und von Ondarza, ganz im Sinne des oben angeführten Vorschlags von Terlikowski vor, die Planungen für eine europäische Streitkräfteintegration auf das militärische Krisenmanagement zu konzentrieren, also *out-of-area*-Missionen wie humanitäre Interventionen, robustes *peacekeeping*, Krisenstabilisierung, Militärhilfe usw.

> Ein substantielleres Hindernis im Spektrum Handlungsspielräume der Exekutive stellen die unterschiedlichen Entscheidungsverfahren auf nationaler Ebene dar, denn auch bei stärker integrierten Entscheidungsverfahren wie der Deutsch-Französischen Brigade erfordert jeder individuelle Einsatz die Zustimmung aller beteiligten Staaten (Jonas/von Ondarza 2010, 178).

Solange keine ausreichende demokratische (parlamentarische) Kontrolle solcher Einsatz-Entscheidungen seitens der Regierungen auf EU-Ebene eingeführt ist und funktioniert, seien aber nationale Kontroll-Regeln wie der Parlamentsvorbehalt in Deutschland rechtlich und politisch alternativlos.

Politische Entschlossenheit sieht anders aus.

12.4.3   Unterschiedliche Transformationswege

amerikanische versus europäische Streitkräfte-Entwicklung

Warum eine Transformation und Integration nationaler europäischer Streitkräfte geradezu ein Übermaß an gleichgerichteter politischer Entschlossenheit in den EU-Mitgliedsstaaten erfordert und dass hier wie so häufig der Transformations-Teufel im Detail steckt, erkennt man bei einem Vergleich der Ist-Zustände von Streitkräften in Europa. Dieses Unterkapitel stützt sich weitgehend auf die Analyse von Anthony Forster (2011), der seine Ausführungen mit der These einleitet, dass bei der Reform der Streitkräfte, der Bereitstellung von Ressourcen für das Militär und im Verhältnis Militär/zivile Gesellschaft die amerikanische und die europäische Entwicklung unterschiedlichen Impulsen folgt. Das amerikanische Modell der Streitkräfte ist demzufolge, anders als manche Militärsoziologen in den USA es für selbstverständlich halten, *nicht* das dominierende Rollenmodell für das beginnende 21. Jahrhundert.

Das ist nun nicht unbedingt eine überraschende These. Aber sie schärft zugleich auch den Blick für inner-europäische Unterschiede. Und nicht nur das – sie dient sozusagen als Sprungbrett für eine zweite These, nämlich dass die Entwicklung in Europa in Richtung auf größere Heterogenität verläuft.

vier Grundmodelle

Um das zu erhärten, unterscheidet Forster zunächst vier verschiedene Grundmodelle (*key models*) oder Idealtypen im Weber'schen Sinne nationaler europäischer Streitkräfte:

- Auslandsinterventions-Streitkräfte (*expeditionary warfare*) mit der Fähigkeit zu Kampfeinsätzen mit hoher und abgestufter Intensität;
- Verteidigungs-Streitkräfte mit der Fähigkeit zu Kampfeinsätzen mit mittlerer bis niedriger Intensität und dem Auftrag der Landesverteidigung, ergänzt um begrenzte internationale Einsätze, etwa beim *peacekeeping*;
- Spätmoderne Streitkräfte mit begrenztem Handlungsspielraum und der Perspektive, bei internationalen Friedenssicherungsmissionen mitzuwirken;

- Post-neutrale Streitkräfte mit der Fähigkeit zu *low-intensity operations* und dem Auftrag der Landesverteidigung, ergänzt um begrenzte internationale Einsätze, etwa beim *peacekeeping*.

Von diesen vier Typen bedürfen insbesondere die letzten beiden einiger Erläuterungen. Unter spätmodernen Streitkräften versteht Forster im Umfang kleine, aber auf hohe Ausbildungs- und Ausrüstungsstandards geeichte Streitkräfte mit einem begrenzten Fähigkeits-Spektrum. Post-neutrale Streitkräfte sind solche kleinerer Staaten und überwiegend auf die Landesverteidigung ausgerichtet, wobei *peacekeeping*-Einsätze oder die Beteiligung daran nicht ausgeschlossen sind.

Das klingt in so allgemeinen Worten noch nicht sehr überzeugend. Aber die Typologie erweist dann doch ihren Nutzen, wenn es um die Einordnung der nationalen Streitkräfte europäischer Staaten geht.

Unterschiede zwischen den europäischen Streitkräften

(1) Zum ersten Typus von Streitkräften zählen die französischen und die britischen.
(2) Dem zweiten Typ werden die meisten europäischen Streitkräfte zugeordnet, von Albanien und allen post-kommunistischen Staaten Europas zu den drei nordischen Staaten Norwegen, Schweden und Finnland. Aber auch Russland und die Türkei gehören in diese Kategorie. Beide Länder sind, obwohl nicht Teil von Europa, von Forster in seine Betrachtung miteinbezogen worden.
(3) Spätmodern sind nach Forster die Streitkräfte Belgiens, Dänemarks, Deutschlands, Italiens, der Niederlande, Spaniens und Portugals.
(4) Post-neutrale Streitkräfte werden unterhalten von Österreich, der Schweiz und Irland.

In sum, while some observers have anticipated the emergence of a single post-modern model of armed forces following the US lead, there is considerable evidence to challenge this contention. Twenty years after the fall of the Berlin Wall, analysis of European armed forces challenges the notion that any model is dominant. Indeed, the two states developing expeditionary warfare forces that echo US defence transformations remain stubbornly in the minority (Forster 2011, 201).

Der Autor nimmt noch eine zweite Differenzierung nationaler europäischer Streitkräfte vor. Er fragt nach den in den jeweiligen Gesellschaften und der politisch-strategischen Kultur vorherrschenden Legitimitätsmustern für die Anwendung organisierter Gewalt zu anderen als (den überall unbestrittenen) reinen Verteidigungszwecken. Im Ergebnis unterscheidet er zwischen drei Gruppen von Staaten:

Unterschiedliche nationale Einstellungen zu militärischen Interventionen

- Staaten, für die eine militärische Intervention außerhalb der eigenen Grenzen nur legitim ist, wenn entweder der UN-Sicherheitsrat oder alle beteiligten Konfliktparteien damit einverstanden sind. Forster nennt sie in Anlehnung an die Theorie-Debatte über den Aufstieg der modernen Staatenwelt nach 1648 die „westfälischen" Staaten, und er zählt dazu Österreich, Finnland, Irland, Schweden und die Schweiz, aber – und da knirscht seine Einteilung offensichtlich – auch Russland.

- Staaten, für die eine militärische Intervention auch unter Verletzung des Prinzips der Nichteinmischung in die Angelegenheiten anderer Staaten und bei Nichtvorliegen eines Sicherheitsrats-Beschlusses eine Option ist, wenn die Umstände es erfordern. „Die Umstände" können sehr verschiedene Anlässe sein, humanitäre Katastrophen ebenso wie die drohende Verletzung eigener vitaler Interessen. Forster nennt diese Staaten „post-westfälisch" und rechnet dazu neben Frankreich und Großbritannien auch Staaten wie Dänemark und Polen.

- Die größte Gruppe bilden europäische Staaten, die im Prinzip die „post-westfälische" Perspektive übernommen haben, jedoch auf einem umfangreicheren Legitimitätspolster bestehen und nicht einfach irgendwelche Interventions-„Umstände" selbständig definieren wollen. Forster nennt sie die „solidaristischen" Staaten, wozu er neben Deutschland explizit auch Italien, Belgien und Griechenland zählt, aber er könnte hier auch die Niederlande und all jene europäischen Staaten (außer Frankreich) anführen, die 2002/2003 eine Beteiligung am Irak-Krieg ablehnten.

Als Ergebnis dieser Überlegungen, die zuweilen ein bisschen freihändig ausgefallen sind, bietet sich allerdings ein skeptischer Ausblick auf die sicherheitspolitische Europäisierung und die Verwirklichungs-Chancen einer Europa-Armee im nächsten Jahrzehnt an.

> While some might argue there is a 'European way of war', if European states are unwilling or unable to wage war, in practice such claims will lack meaning. Twenty years after the end of the Cold War, an inescapable conclusion is that in Europe there is heterogeneity rather than homogeneity in contemporary European civil military relations and ambiguity rather than certainty about the use of force (Forster 2011, 208).

Skepsis gegenüber militärischen Integrationsschritten in Europa
Diese Skepsis relativiert all jene behutsam oder mit normativem Überschwang vorgebrachten Vorstellungen über die sicherheitspolitische Integration Europas und die Bildung gemeinsamer europäischer Streitkräfte. Die Ausbildung von Institutionen und Strukturen für eine gemeinsame europäische Sicherheits- und Verteidigungspolitik bedeutet jedenfalls nicht den spannungsfreien Übergang von national definierten Sicherheitsprioritäten zu einer einheitlichen postnationalen europäischen Sicherheitspolitik (vgl. auch Mayer 2009, 263ff.).

13 Auslandseinsätze der Bundeswehr

In der politisch geglätteten Sprache des „Weißbuch 2006" wurde anstelle des sprachliche Eiertänze Begriffs *Auslandseinsätze* lieber ein milderer Ausdruck verwendet: *Beteiligung an internationalen Friedensmissionen.* Von ferne erinnert das ein bisschen an die sprachliche Vermeidungstaktik Konrad Adenauers, der 1950 den Posten des mit dem Aufbau der Bundeswehr beauftragten Ministers Theodor Blank (CDU) offiziell so nannte: „Beauftragter des Bundeskanzlers für die mit der Vermehrung der alliierten Truppen zusammenhängenden Fragen". Damals mag es zwingende rechtliche Gründe gegeben haben, die Zielrichtung der Beauftragung Blanks nicht gleich offen zu legen. Die sprachlichen Eiertänze der deutschen Sicherheitspolitik in den Jahren 1990 bis 2009 sind hingegen nicht von derlei Rücksichten diktiert, vielmehr einfach ungescheit (vgl. auch Kap. 7.5).

In diesem Kapitel geht es nicht nur um die militärischen Aspekte der Auslandseinsätze der Bundeswehr, sondern auch um die politische Prioritätensetzung und um die Einstellung der deutschen Öffentlichkeit zu solchen Einsätzen der Bundeswehr. Die parlamentarischen Entscheidungsvorgänge, die in jedem Einzelfall grünes Licht für Auslandseinsätze der Bundeswehr geben, sind bereits in Kapitel 9 abgehandelt worden.

13.1 Was sind Auslandseinsätze?

In den letzten Jahren hat sich die Bezeichnung *Einsatzarmee* für die Bundeswehr neue Art des Ernstfalls nach 1990 oder vielleicht genauer: nach der Entscheidung des Bundesverfassungsgerichts vom Juni 1994 durchgesetzt. Dem liegt eine etwas eingeschränkte Vorstellung darüber zu Grunde, unter welchen Bedingungen Streitkräfte ihren Aufträgen nachkommen oder was man als Ernstfall betrachtet. Die ineinander verschränkten Abschreckungs- und Verteidigungs-Aufträge der Bundeswehr im Rahmen der NATO zwischen 1956 und 1990 begreifen wir im Lichte eines schon damals nötigen erweiterten Sicherheitsverständnisses als Kriegsverhinderungs-Aufträge. Das war die damalige Form des Einsatzes der Bundeswehr. Der gängig gewordene Sprachgebrauch, die Bundeswehr erst nach dem Ende des Ost-West-Konflikts als Einsatzarmee zu bezeichnen, fasst den Einsatz-Begriff zu eng.

Freilich unterscheiden sich die Einsätze der Bundeswehr in Friedens- und erweitertes Einsatzspektrum Stabilisierungsmissionen während der letzten zwei Jahrzehnte in vielerlei Hinsicht von dem Abschreckungs-Einsatz der Zeit davor. Die subkutane Assoziation, die Bundeswehr sei, weil sie *jetzt* als Einsatzarmee bezeichnet wird, *früher* nicht im Einsatz gewesen, ist historisch problematisch und im übrigen auch unfair gegenüber den Soldaten, die in der „alten Bundeswehr" ihren Dienst leisteten. Unbestreitbar ist jedoch, dass wir es seit ca. zwei Jahrzehnten mit einem erweiterten Einsatzspektrum der Bundeswehr zu tun haben (von Bredow 2007, 129f.).

Die andere Worthälfte des Titelbegriffs in diesem Kapitel gibt weniger Anlass zu kritischen Reflexionen. Allerdings ist nicht jedes Ausland gemeint, wenn
es um Auslandseinsätze der Bundeswehr geht. Denn während Inland nur das
Territorium der Bundesrepublik Deutschland meint, bedeutet Ausland in diesem
Kontext nicht alles andere, sondern nur Einsatzorte außerhalb des Bündnisgebie-
tes von NATO und GSVP. In den 1990er Jahren wurde der Begriff *out of area*
zu deren Kennzeichnung verwendet. Anders als viele andere englischsprachigen
Begriffe ist er aber bei uns nicht heimisch geworden.

Von Ausnahmen abgesehen, bedeutet ein Auslandseinsatz für die Soldaten
vier Monate Dienst im Rahmen einer multinationalen Friedens- oder Stabilisie-
rungsmission.

13.1.1   Auslandseinsätze vor und nach 1990

Hilfsaktionen im
Ausland vor 1990

Auslandseinsätze verschiedener Art hat es bereits vor 1990 gegeben. Dabei handelte es sich um humanitäre Hilfsaktionen bei Naturkatastrophen oder technischen Unfällen. Seit 1960 hat die Bundeswehr immerhin über 130 solcher Hilfsaktionen in mehr als 50 Ländern der Welt durchgeführt. Sie waren zum Glück
niemals politisch oder rechtlich umstritten. Den Soldaten, die sich ja auch bei
ähnlichen Anlässen innerhalb der Bundesrepublik als wirksame Helfer bewährt
haben (Sturmflut in Hamburg, Februar 1962; Hochwasser der Oder, Juli 1997;
Hochwasser von Elbe und Donau, August 2002, um nur diese drei spektakulären
Ereignisse aufzuführen), kommt hier unbestreitbar ein großes Verdienst zu. Das
soll man nicht gering schätzen. Aber es ist auch klar, dass es sich bei solchen
humanitären Aktionen lediglich um Ausnahme-Einsätze handelt.

Auslandseinsätze
neuer Art

Auslandseinsätze neuer Art umfassen eine Reihe verschiedenartiger militärischer Operationen. Gemeinsam ist ihnen folgendes:

- Es handelt sich um Einsätze, die von einer internationalen Organisation, am
  besten den Vereinten Nationen oder einer ihrer Regionalorganisationen,
  formell legitimiert sind.
- Zweck dieser Einsätze sind die unmittelbare humanitäre Hilfe (meist in
  Verbindung mit zivilen Hilfsorganisationen) und die Wiederherstellung/
  Stabilisierung des Friedens vor Ort. Es geht idealtypisch nicht um Sieg oder
  Niederlage, sondern um die Überwindung von Störungen lokaler, regionaler
  oder (indirekt über Konfliktexport erreichbarer) globaler Ordnungsstruktu-
  ren.
- Manchmal geht es allerdings doch um Sieg oder Niederlage, dann nämlich,
  wenn sich die Störungs-Akteure programmatisch einem inklusiven Konfliktmanagement widersetzen. Das kann der Fall sein, wenn solche Akteure
  mit internationalen Terror-Netzwerken kooperieren oder sogar in deren
  Namen handeln. Oder wenn ein Herrschaftsregime sich mittels Verbrechen
  gegen die Menschlichkeit an der Macht hält.
- Nicht zuletzt, um zu unterstreichen, dass nicht die nationalen Interessen der
  intervenierenden Staaten im Vordergrund stehen, werden solche Einsätze in
  aller Regel von multilateralen Truppen-Kontingenten vorgenommen.

Unterhalb dieser Gemeinsamkeiten gibt es viele Variationen von der Entsendung unbewaffneter Militärbeobachter über das traditionelle *Peacekeeping* zur Überwachung von Waffenstillstandsabkommen, bei dem Waffengebrauch der eingesetzten Soldaten nur dem Eigenschutz dient, und das sogenannte robuste *Peacekeeping*, bei dem der eigene Auftrag notfalls auch mit der Waffe durchgesetzt wird, bis zur Anwendung organisierter Gewalt zwecks Beendigung eines Konflikts von außen. Bei letzterem wird meist so vorgegangen, dass der Sicherheitsrat der Vereinten Nationen durch eine entsprechende Resolution die UNO-Mitgliedsstaaten oder regionale Sicherheitsorganisationen zur Bildung einer Friedenserzwingungs-Allianz ermächtigt (Beispiel: Bosnien-Herzegowina).

vom Peacekeeping zum robusten Peacekeeping

Der NATO-Einsatz in Serbien und im Kosovo von 1999 und der Krieg einer ad-hoc-Allianz von Staaten unter amerikanischer Führung gegen das Regime Saddam Husseins im Irak 2003 fallen nicht in diese Kategorie international legitimierter und völkerrechtlich nicht umstrittener Friedensmissionen. Sie waren möglicherweise, aber darüber herrscht keine Einigkeit, von der Sache her gerechtfertigt, nämlich wegen der Gefahr einer großräumigen ‚ethnischen Säuberung' im Kosovo und wegen der Politik des Irak, sich der Kontrolle seiner Waffenarsenale mit allen Tricks zu entziehen. Dieser Rechtfertigungs-Diskurs steht aber auf sehr schwachem argumentativem Fundament. Die Bundesregierung entschloss sich im ersten Fall, die Bundeswehr an kriegerischen Maßnahmen zu beteiligen, wohingegen sie im zweiten Fall eine Beteiligung nachdrücklich ablehnte.

Kosovo 1999; Irak 2003

Die folgende Übersicht kann einen Eindruck von der Vielfältigkeit der Aufgaben vermitteln, welche die Soldaten der Bundeswehr bei ihren Auslandseinsätzen zu bewältigen haben. Manche dieser Einsätze blieben in einem engen zeitlichen Rahmen, andere haben eine lange Dauer. Manche Einsätze bleiben im Bereich Unterstützung und Ausbildung oder logistische Hilfestellung und haben kaum oder nur indirekt etwas mit Kampfhandlungen zu tun. Die umfangmäßig bedeutenden und sich über viele Jahre erstreckenden Einsätze im ehemaligen Jugoslawien und Afghanistan schlossen hingegen Kampfhandlungen ein. Die in Klammern angegebene Zahl der beteiligten Soldaten ist in den meisten Fällen die jeweilige Höchstzahl der gleichzeitig eingesetzten Soldaten.

Übersicht 13.2:   Auslandseinsätze der Bundeswehr seit 1999

- Georgien von 1994 bis 2009: Beteiligung an UNOMIG (12 Soldaten).
- Mazedonien 1999: Beteiligung an der Schutztruppe für die OSZE-Beobachter im Kosovo; Luftüberwachung durch Drohnenbatterie.
- Albanien/Mazedonien 1999: Humanitäre Flüchtlingshilfe.
- Jugoslawien 1999: Beteiligung am Luftkrieg der NATO (Operation ‚Allied Force') zur Abwendung einer humanitären Katastrophe im Kosovo (Einsatz von 14 Tornados).
- Kosovo, seit Juni 1999: Beteiligung an der KFOR-Friedenstruppe (zeitweise 5.200, inzwischen ca. 3.000 Soldaten).
- Ost-Timor 1999/2000: Beteiligung an der internationalen Friedenstruppe INTEFET mit einem Sanitätskontingent.

- Äthiopien und Eritrea 2000-2008: Teilnahme an der Operation UNMEE (2 Soldaten).
- Mazedonien 2001/2002: Beteiligung an der NATO-Operation ‚Essential Harvest' zur Umsetzung des Friedensabkommens zwischen den Bevölkerungsgruppen (500 Soldaten); Beteiligung an der Nachfolgemission ‚Amber Fox' (520 Soldaten).
- Ostafrika seit 2002: Beteiligung an den Anti-Terror-Operationen ‚Enduring Freedom' und ‚Active Endeavour' (diese im Mittelmeer), einer Koalition von ca. 70 Staaten unter Führung der USA (zeitweise 3.000 Soldaten).
- Afghanistan seit 2001 (Dezember): Beteiligung an der internationalen Schutztruppe ISAF in Kabul, später in den Nordprovinzen (zeitweise bis zu 4.500 Soldaten).
- Afghanistan seit 2002: Beteiligung an der Operation UNAMA (1 Soldat).
- Mazedonien 2003: Teilnahme an der Operation Concordia (40 Soldaten).
- Bosnien und Herzegowina seit 2004: Beteiligung an EUFOR (Nachfolgemission von IFOR seit 1995 und SFOR seit 1996 (850 Soldaten).
- Kongo 2006 (Juni bis Dezember): Überwachung und Sicherung demokratischer Wahlen im Rahmen von EUFOR RD Congo (780 Soldaten).
- Libanon seit Ende 2006: Beteiligung an UNFIL mit bis zu 2.400 Soldaten der Marine.
- Sudan (Darfur) seit 2008: Teilnahme an der Operation UNAMID (8 Soldaten).
- Küste vor Somalia seit Ende 2008: Teilnahme an der Piratenbekämpfung Operation Atalanta (300 Soldaten der Marine).
- Tschad, 2009 (Januar bis März): Teilnahme an der Operation EUFOR Tschad.
- Uganda, seit 2010: Beteiligung an EUTM Somalia (Ausbildungshilfe; 40 Soldaten).
- Türkei seit Ende 2012: Teilnahme an der NATO-Operation Active Fence Turkey (400 Soldaten).
- Senegal und Mali 2013: Luftwaffen-Unterstützung (Transport-Flüge und Luftbetankung) der Operation MINUSHMA (bis zu 180 Soldaten).
- Mali, seit 2013: Teilnahme an der Operation Ausbildungsmission EUTM (unter 100 Soldaten).

(Quelle: Website des Bundesministeriums der Verteidigung; Chiari/Pahl (2010).

13.1.2   Aus der Perspektive der Soldaten

Vielfalt der Aufgaben   Es ist relativ schwierig, allgemeine Aussagen über die Auslandseinsätze aus der Perspektive der daran beteiligten Soldaten zu machen. In dem Sammelband, den Peter Goebel (2000) herausgegeben hat und der also nur die Erfahrungen der 1990er Jahre dokumentieren kann, liest man aus den Beiträgen der Soldaten (vom Dienstrang eines Oberstleutnants aufwärts) heraus, dass sie von der Vielfalt der Aufgaben, mit denen sie konfrontiert waren, überrascht wurden. Ergänzt man solche, auch ein wenig vom Karrierebewusstsein ihrer Autoren eingefärbten

Berichte durch solche aus der Feder niedriger Dienstränge, wird das Bild noch erheblich unübersichtlicher.

Interne Studien über die Beurteilung ihrer Auslandseinsätze durch die Soldaten werfen ein paar dunkle Schatten auf den organisatorischen Optimismus, mit dem die Bundeswehr-Führung und die politische Spitze des Verteidigungsministeriums das Bild der Auslandseinsätze in der Regel zeichnen. Aus der Perspektive der Soldaten verändern Einsätze im Ausland ihre berufliche und ihre private Lebenswelt. Um mit dem zweiten zu beginnen: In vielen Fällen haben solche Einsätze einen nachhaltigen negativen Einfluss auf die partnerschaftliche oder familiäre Situation der Soldaten (vgl. auch Biehl/Keller/Tomforde 2005). In einer vom Ministerium in Auftrag gegebenen Befragungs-Studie, ausschnittsweise publiziert in der Zeitschrift „Sicherheit & Frieden" (2002, 235f.), gaben bis zu 50 % der Befragten an, durch den Einsatz in Beziehungsprobleme geraten zu sein. Als Hauptursache dafür wird die lange Einsatzzeit angesehen. Dahinter verbergen sich freilich eine ganze Reihe anderer Faktoren – Folgen der Anpassung an den Einsatzalltag mit seiner eigentümlichen Mischung von Aufregung und Langeweile.

große Belastungen für die Soldaten

Die Berufs-Erfahrungen im Einsatzalltag bleiben ebenfalls nicht ohne längerfristige Auswirkungen. So kommen in dieser Umfrage nur 15 % der Soldaten zu dem Schluss, ihr Einsatz würde die Situation im Krisengebiet verbessern. Da diese Studie schon ein paar Jahre alt ist, sind die Erfahrungen deutscher Soldaten in Afghanistan noch kaum berücksichtigt. So bezogen sich die Äußerungen vor allem auf den Balkan. (Man kann vermuten, dass deutsche Afghanistan-Veteranen diesbezüglich noch größere Skepsis äußern würden.) „Wenn wir hier weggehen, schießen die gleich wieder aufeinander." Ungefähr die Hälfte der Befragten gab an, ihre Meinung über die für sie verantwortlichen Vorgesetzten habe sich während der Einsatzzeit verschlechtert. Vor allem die über höhere Vorgesetzte. Dass diese Befunde im Verteidigungsministerium nicht gerade Begeisterung hervorriefen, kann kaum verwundern.

innere Zustimmung zu den Einsätzen: mal ja, mal nicht

Über die Gründe und Motive, die hinter solchen Antworten stecken, muss man sich in der Bundeswehr-Führung in der Tat ausgiebig Gedanken machen. Eines jedenfalls ist unbestreitbar: In den allermeisten Fällen sind solche Einsätze für die Soldaten schwierig und strapaziös. Sie sind auch, nicht immer und überall, aber an bestimmten Orten, gefährlich. Der bisher gefährlichste Auslandseinsatz der Bundeswehr ist die Beteiligung an der *International Security Assistance Force* (ISAF) in Afghanistan. Deswegen wird ihm ein besonderes Kapitel gewidmet.

Sehr eindringlich haben Haas und Kernic (1998) die ganz alltäglichen Schwierigkeiten geschildert, denen sich Soldaten in UN-Friedensmissionen, also Peacekeeping-Missionen der traditionellen Art, häufig ausgesetzt sehen. Sie haben das österreichische Kontingent von UNDOF, der UN-Peacekeeping-Mission auf den Golanhöhen, untersucht. In methodischer Hinsicht beruhen ihre Untersuchungen auf den Ergebnissen mehrerer empirischer Erhebungen sowie auf einer systematischen eineinhalbjährigen (!) teilnehmenden Beobachtung. Diese Studie ist außerordentlich interessant und trotz ihres begrenzten Untersuchungs-Horizontes auch für Soldaten anderer Nationen bei Auslandseinsätzen relevant.

Herausforderung Langeweile

An dieser Stelle seien nur ein paar der Schwierigkeiten, die sie analysiert haben, aufgezählt: der Faktor Stress im Einsatz; Begegnung mit fremden Kulturen; Sexualität; Alkohol und Drogen; Freizeitgestaltung; Kriminalität; soziales Zusammenleben.

13.2 Zwei Tabuthemen

Manche dieser Schwierigkeiten sind öffentlich, aber leider auch organisationsintern mit einer Art Tabu belegt. Besonders genierlich erscheint dabei das Thema Sexualität zu sein.

13.2.1 Sexualität

Dafür gibt es mehrere Gründe. Die Organisation der Streitkräfte hat sich bereits mit der Gender-Frage und mit Sexualität seit längerem in zwei anderen Zusammenhängen aktiv auseinanderzusetzen: der Aufnahme von Frauen in alle (und nicht nur ausgewählte) Bereiche der Bundeswehr und der Einstellung zur Homosexualität von Soldaten.

Gender-Aspekte Bis in die späten 1990er Jahre gab es Bundeswehr-Soldatinnen lediglich im Sanitätsdienst (Anfang 2000 insgesamt 4.350) und im Militärmusikdienst (Anfang 2000 insgesamt 57). Nach einer bindenden Entscheidung des Europäischen Gerichtshofes (EuGH) vom 11. Januar 2000 sah sich die Bundeswehr gezwungen, die Öffnung der Bundeswehr für Frauen ohne weitere Einschränkungen in die Wege zu leiten. Nach Auskunft des Bundesministeriums der Verteidigung dienten Anfang 2014 knapp 19.000 Frauen in den Streitkräften, das entspricht einem Anteil von gut 10% aller Uniformierten der Bundeswehr. In Zukunft soll dieser Anteil auf etwa 15 % steigen. Diese Zielzahl entspricht in etwa den Anteilen von Frauen in den US-Streitkräften.

sexuelle Belästigungen Ein solches Aufbrechen aller überlieferten männerbündischen Aspekte soldatischer Vergesellschaftung hatte zahlreiche Umstellungs- und Anpassungs-Notwendigkeiten in der *Hardware* und der *Software* des soldatischen Alltags zur Folge. Innerhalb des letzten Jahrzehnts haben sich deshalb eine Menge Konflikte ergeben, für welche die Bundeswehr Regelungen finden und durchsetzen musste. Am spektakulärsten und in der Öffentlichkeit mit einer Mischung aus Abscheu und voyeuristischem Interesse aufgenommen sind die Fälle von sexueller Belästigung (*sexual harassment*). Innerhalb der Streitkräfte, da bleibt der Führung gar keine andere Wahl, werden die Täter, falls ermittelt, mit Nachdruck negativ sanktioniert. Aber, wie man sich vorstellen kann, gibt es hier eine Grauzone der Unübersichtlichkeit. Für die Bundeswehr gibt es über dieses Problem einiges an empirischem Material, zum Beispiel in den Jahresberichten des Wehrbeauftragten, aber auch Ergebnisse von Befragungen:

> So gaben in einer 2005 durchgeführten Befragung 19 Prozent der Soldatinnen an, Zielscheibe von unerwünschten körperlichen Berührungen und Annäherungsversuchen geworden zu sein, von versuchten oder vollzogenen sexuellen Übergriffen berichten 4,6 Prozent der befragten Soldatinnen (Kümmel 2010, 228).

Ein sehr heikles Thema in Militärorganisationen ist auch die Homosexualität von
Soldaten. Die Streitkräfte, nicht nur die deutschen, verfolgen hier eine Politik,
„die sich zwischen Ignorierung und Tabuisierung im besten Fall und Bekämpfung sowie Verfolgung im schlechtesten Fall bewegen" (Kümmel 2010, 224).
Freilich hat sich hier in letzter Zeit bei einigen westlichen Streitkräften, etwa in
den USA, einiges in Richtung auf mehr Offenheit und mehr Toleranz verändert.

Homosexualität

Schwierigkeiten mit der Sexualität im Zusammenleben der Menschen gibt
es auch, und wie, im Zivilleben. Durch die Art der soldatischen Sozialisation,
wegen der überlieferten „harten" Männerbilder als Rollenmodelle und wegen der
Intensität (Dichte + Dauer) des Zusammenlebens der Soldaten haben solche
Schwierigkeiten aber für die Organisation der Streitkräfte eine besondere Schärfe.

Wenn dies schon für den Kasernenalltag zutrifft, dann versteht sich von
selbst, dass sich solche Schwierigkeiten auch im Auslandseinsatz bemerkbar
machen, hier noch verschärft durch die Heimatferne und die Begegnung mit
anderen Kulturen. Als im Sommer 2003 in einer Radiosendung des Westdeutschen Rundfunks in Koproduktion mit dem Südwestrundfunk und dem Saarlän-
dischen Rundfunk das Thema Sexualität in der Bundeswehr ausnahmsweise
einmal öffentlich aufgegriffen wurde, schrieb die FAZ aus diesem Anlass:

verschärfte Problem-
lage bei Auslandsein-
sätzen

> Offiziell ist das Thema für die Bundeswehr keines. Der Körper des Soldaten hat sich
> der täglichen Disziplin zu fügen. Bedürfnisse, die er darüber hinaus haben mag, gel-
> ten als Privatsache. Der Betrieb sei ‚sexuell neutral abzuwickeln', heißt es in der
> zentralen Dienstvorschrift. Bei Einsätzen im Ausland, welche die Soldaten für sechs
> Monate aus einer etwaigen Partnerschaft herausreißen und von der Außenwelt ab-
> schneiden, bekommt der schlichte Satz ein anderes Gewicht. ‚Haben Sie auch schon
> auf sexuelle Kiemenatmung umgestellt?' schreibt ein deutscher Truppenpsychologe
> provozierend in der Zeitschrift für das deutsche Kosovo-Kontingent. Neben der lan-
> gen Trennung von Freundin oder Familie und der Lagersituation ohne jede Intim-
> sphäre nennen die meisten Soldaten die fehlende Möglichkeit, Sexualität auszule-
> ben, als größte Belastung bei Auslandseinsätzen…Eine Lösung für dieses Problem
> ist nicht in Sicht. Jedenfalls keine offizielle (FAZ vom 4. Juli 2003).

Inoffizielle gibt es schon, aber darüber wird von allen Beteiligten gewissermaßen
noch tiefer geschwiegen. Dieser kleine Exkurs soll nur darauf aufmerksam machen, dass man sich vor den Mythen des *„join the army and see the world"* und
einem friedensmissionarischen Idealismus zu hüten hat, wenn man über Frie-
dens- und Stabilisierungsmissionen, ihre Notwendigkeit und ihre Schwierigkeiten ernsthaft nachdenkt.

13.2.2   Verwundung und Tod

Das andere Tabu-Thema, der Tod während eines Einsatzes, ist bis 1993 nur ein
virtuelles Berufsrisiko gewesen. Erst mit Auslandseinsätzen, die mit Kampf und
Gewalt zu tun haben, wurde es real. Bis heute sind ungefähr 100 Soldaten bei
Auslandseinsätzen ums Leben gekommen, mehr als die Hälfte davon während
des Afghanistan-Einsatzes. Über die Zahl der bei solchen Einsätzen verwundeten
Soldaten habe ich keine Aufstellungen finden können. Es geht dabei nicht nur

für die Bundeswehr
nach 1990 ein neues
Phänomen

um physische Verwundungen. In den letzten Jahren ist auch vermehrt über seelische Verwundungen berichtet worden. Das Schlüsselwort dafür heiß Posttraumatische Belastungsstörung (PTBS). Die Bundeswehr hat sich nach einigem Zögern entschlossen, PTBS ganz ernst zu nehmen. Es wurden auch alarmierende Zahlen veröffentlicht – so gab es im Jahr 2012 fast 1150 Behandlungsfälle. Die meisten davon gehen auf den ISAF-Einsatz in Afghanistan zurück.

Nach 1945 haben deutsche Soldaten für viele Jahrzehnte keine Erfahrungen mit dem Tod auf dem Schlachtfeld machen und ihre Angehörigen nicht um das Leben eines Sohnes, Ehemannes oder geliebten Freundes bangen müssen. Das ist einerseits Folge der totalen Niederlage der Wehrmacht. Zweitens ist es aber auch ein Privileg gewesen. Und diese Erfahrung von der Nicht-Erfahrung des soldatischen Todes hat sich auch in die kollektive Vorstellung von den Aufgaben der Bundeswehr eingeprägt. Während des Ost-West-Konflikts dominierten relativ abstrakte Kriegsbilder, in denen der Tod von Soldaten (und gleichermaßen großer Teile der Zivilbevölkerung) als Folge des Einsatzes von Massenvernichtungswaffen nicht ganz ausgeklammert war, aber nur sozusagen als Schreckens-Folie, vor der sich die Notwendigkeit erfolgreicher Abschreckung nur umso plastischer abhob. Auch dies kommt ja in dem Slogan „Der Ernstfall ist der Frieden" zum Ausdruck. Selbstverständlich auch in dem pazifistischen Slogan „Nie wieder Krieg", womit vor allem gemeint war: Nie wieder Krieg mit deutscher Beteiligung, sei es als Täter oder als Opfer.

Kampfbereitschaft und Tod   Solche Vorstellungen spielten (und spielen) auch eine nicht zu unterschätzende Rolle bei der methodischen Konzipierung deutscher Außen- und Sicherheitspolitik. Der deutsche Diskurs zur Sicherheitspolitik und zur Bundeswehr war und ist, wie der Politologe Jan Ingo Grüner in einem anderen Zusammenhang festgestellt hat, durch „eine Haltung der bedingten Kampfbereitschaft" charakterisiert. Dahinter stünde das Denkmuster der

> Feindlosigkeit, die jeden größeren Einsatz militärischer Macht von vornherein ausschließt und sich in ihrer Strategie vor allem auf zivile Konfliktbewältigung konzentriert (Grüner 2012, 142).

Eigentlich steht auch das Denkmuster der Todlosigkeit dahinter. Die Gedichtzeile von Paul Celan kommt einem da in den Sinn: „Der Tod ist ein Meister aus Deutschland". Dass man den Tod nicht mehr als einen „Meister aus Deutschland" haben will, ist verständlich und sympathisch, wenngleich Feind- und Todlosigkeit im obigen Sinne auf utopischen Vorstellungen von Politik, Konflikt und Gewaltfreiheit beruhen. Abgesenkt auf die Ebene des soldatischen Alltags heißt das: Keine Debatte über einen Einsatz der Bundeswehr und über die Art ihrer Beteiligung an multinationalen Missionen darf sich um den Gesichtspunkt der Gefährdung des fremden und des eigenen Lebens herumdrücken. Die Außerachtlassung dieses Aspektes bedeutete eine Fahrlässigkeit. Ein wenig problematischer wird es allerdings, wenn bestimmte militärische Optionen deshalb von vornherein stigmatisiert werden.

Gleichviel, wie schwierig und langwierig der Abschied von der Feindlosig-
keit und dem Verdrängen von Verwundung und Tod als nicht nur rhetorische
und folkloristische (etwa im soldatischen Liedgut romantisierte), sondern lebens-
wirkliche Berufsrisiken bei der Organisation und den einzelnen Soldaten auch
gedauert hat, allerspätestens mit der um 2005 erkennbaren Veränderung des
Afghanistan-Einsatzes der Bundeswehr in einen Kampfeinsatz war offensichtlich
geworden, was Marc Hansen so beschreibt:

Tod und Verwundung in die soldatische Lebenswelt integrieren

> Die einstige Doktrin der Bundeswehr 'kämpfen zu können, um nicht kämpfen zu
> müssen' wandelte sich im Verlauf der Auslandseinsätze zu einer neuen Soldaten-
> wirklichkeit. Der Kampf und damit auch die Gewaltausübung wurden für den deut-
> schen Soldaten zu einer realistischen Handlungsoption und damit auch zum Teil sei-
> ner Lebenswelt (Hansen 2012, 267).

Verwundung und Tod anderer als Folgen des eigenen Kampfhandelns und beides
als mögliches Schicksal, das ihn selbst ereilen kann – da entwertet eine professionelle Normalität alle militärischen Sonderkonditionen, welche die deutsche Politik, die deutsche Öffentlichkeit und auch die Bundeswehr-Führung nach 1955
für sich geltend gemacht haben. Der kleine normative Einschub in folgender
empirischen Feststellung Marc Hansens illustriert die sozio-moralische Attraktivität dieser Sonderkonditionen. Diese Attraktivität scheint im Vorgang des Ver-
schwindens solcher Sonderkonditionen ein letztes Mal auf.

> Das situative Verhalten von Bundeswehrsoldaten in aktuellen Kriegseinsätzen unter-
> scheidet sich – obwohl wir uns das wünschen – von demjenigen anderer Soldaten in
> Kriegen anderer Epochen nicht substantiell (Hansen 2012, 273).

Es gehört nicht in den engeren Rahmen unseres Themas; aber die Anmerkung sei
gestattet, dass bei der langsamen, aber durch die Ereignisse unvermeidlich gewordenen Auflösung des Verdrängungstabus eine Reihe von teils überlieferten,
teils neu erfundenen Ritualen hilft, die das Gedenken an die Gefallenen organisiert und ihrem Tod einen Sinn zu geben versucht (vgl. de Libero 2012). Die
formale Ausgestaltung solchen Gedenkens ist ein schwieriger, auch ein schmerzlicher Vorgang, nicht nur für die Angehörigen und Freunde der gefallenen Soldaten, sondern auch für die Gesellschaft insgesamt (vgl. Dahl Martinsen 2013).

Bewältigungs-Rituale

13.3 Akzeptanz ohne Verbindlichkeit

Weil Auslandseinsätze der Bundeswehr seit Mitte der 1990er Jahre trotz der in
der Regel unspektakulären Vorläufer für die deutsche Öffentlichkeit eigentlich
etwas ganz Neues waren, hätte man annehmen können, dass diese zunächst einmal skeptisch bis ablehnend reagieren und sich erst im Laufe der Zeit an dieses
neue sicherheitspolitische Instrument gewöhnen würde. Diese Annahme trifft
aber so nicht zu. Die Sache verhält sich komplizierter. Denn je nach öffentlicher
Wahrnehmung der in Frage stehenden Konflikte kann die Einstellung der Bevölkerung zu einem Eingreifen der Bundeswehr schon einmal ins Positive, ja Drän-

gende aufflammen. Das spielt sich allerdings meist zu einem Zeitpunkt ab, an dem die Entscheidung darüber noch nicht gefallen ist. Was dann später im Einsatz passiert, interessiert weniger. Kommt es zu Problemen oder mehr oder weniger gewichtigen Skandalen, verliert sich die Zustimmung weiter.

Rolle der Medien

Auslandseinsätze ohne Kampf-Komponente wurden und werden generell freundlicher beurteilt. Hieraus ergeben sich zwei vorläufige Schlussfolgerungen: *Erstens* spielt die mediale Aufbereitung und Präsentation einer Krise oder eines Konflikts eine ganz wichtige Rolle bei der Entwicklung von Einstellungen zu Auslandseinsätzen. Dabei haben das Fernsehen und in den letzten Jahren das Internet besonders hohen Einfluss. *Zweitens* sind in Einstellungsuntersuchungen erhobene hohe Zustimmungsraten zu Auslandseinsätzen in keiner Weise belastungsfähig.

13.3.1 Umfragedaten

In der öffentlichen Diskussion über Auslandseinsätze werden häufig Umfragedaten zitiert, die insgesamt einen hohen bis sehr hohen Zustimmungsgrad der Bevölkerung zu solchen Einsätzen der Bundeswehr ausdrücken – wie überhaupt mehr oder weniger zu allem, was die Bundeswehr macht. Das entlastet die Parlamentarier bei ihrem Abwägen, ob die Bundeswehr für die Beteiligung an dem einen oder anderen Einsatz ein Mandat erhalten soll.

große öffentliche Zustimmung zur Bundeswehr

In einem „Meinungsbild zur Sicherheitspolitischen Lage in der Bundesrepublik Deutschland", erhoben Anfang des Jahres 2001, wurde ein repräsentativer Querschnitt der Bevölkerung nach der Zustimmung zu/Ablehnung von verschiedenen Aufgaben der Bundeswehr gefragt. Dabei bekommt die Landesverteidigung mit 93% die höchste Zustimmungsrate. Es folgen die Beteiligung an friedenssichernden Maßnahmen mit 78% Zustimmung (Demoskopisches Meinungsbild, 1/2002, 27f.). Man könnte an dieser Stelle noch andere, übrigens immer je nach Fragestellung leicht variierende Umfragedaten aus den späten 1990er und den ersten Jahren des neuen Jahrhunderts anführen. Das Gesamtbild würde dadurch nur immer bestätigt: Auslandseinsätze der Bundeswehr werden nicht so positiv bewertet wie die Landesverteidigung, aber auch sie stoßen in der Regel auf beträchtliche öffentliche Zustimmung. Allerdings, wie es den Anschein hat, mit langsam sinkender Tendenz.

Tabelle 13.1:   Geringe Akzeptanz von militärischer Macht und Gewalt
                  (Angaben in %)

Bitte Sagen Sie mir, ob Sie der folgenden Aussage zustimmen oder nicht:	Stimme zu	Stimme nicht zu
Unter bestimmten Bedingungen ist Krieg notwendig, um Gerechtigkeit zu erlangen.	34	62
Der beste Weg, Frieden zu sichern, ist durch militärische Stärke.	35	62
Konflikte innerhalb eines Staates oder zwischen Staaten lassen sich immer mit friedlichen Mitteln lösen.	68	27
Wirtschaftliche Macht ist für die Beeinflussung des Weltgeschehens wichtiger als militärische Macht.	81	13

Quelle: Bulmahn, SOWI-Bevölkerungsumfrage 2005

Jedenfalls ist Thomas Bulmahn in seiner Auswertung der repräsentativen Bevölkerungsumfrage 2005 des Sozialwissenschaftlichen Instituts der Bundeswehr (das seit Anfang 2013 in das Militärgeschichtliche Forschungsamt eingegliedert wurde, welches seitdem Zentrum für Militärgeschichte und Sozialwissenschaften der Bundeswehr heißt) auf eine abgestuft skeptische Einstellung der Bevölkerung gestoßen.

Die Frage nach dem außenpolitischen Engagement Deutschlands wird von den Einkommensschichten, Bildungsniveaus und Wählergruppen in Deutschland ganz unterschiedlich beantwortet. Vergleichsweise wenig Unterstützer findet man bei den gering Verdienenden (24%), den weniger Gebildeten (Personen mit Hauptschulabschluss: 26%) und den Anhängern der Linkspartei (25%). *(marginal: Zustimmungsrate und Bildungsniveau)*

Überdurchschnittlich oft befürwortet wird eine aktive Außenpolitik von den besser Verdienenden (44%), den besser Gebildeten (Personen mit Hochschulreife: 53%) und den Anhängern der Grünen (52%) (Bulmahn 2006, 3).

Im Fragen-Set dieser Umfrage wird klar hervorgehoben, dass Auslandseinsätze der Bundeswehr ein Element von aktiver Außenpolitik sind, so dass man die Antworten relativ umstandslos direkt auf solche Einsätze beziehen kann.

Auf den ersten Blick ist dieses Ergebnis ein wenig überraschend, vermutet man doch eher bei den besser Verdienenden, den besser Gebildeten und schließlich auch bei den ihrem Selbstverständnis ja doch immer noch eher pazifistischen Grünen eine erhöhte Abneigung gegen Auslandseinsätze. Wie man diesen Sachverhalt erklären kann, darauf wird im nächsten Unterkapitel eingegangen.

In späteren Umfragen findet sich diese Frage nicht mehr. Interessant sind aber auch die Antworten auf die Frage nach dem Ranking von Aufgaben, welche die Bundeswehr im Ausland übernehmen soll. Die folgende Tabelle 13.2 gibt

einen Ausschnitt aus einer Tabelle der SOWI-Bevölkerungsumfrage 2010 wider.
Die Verteilung der Antworten ist typisch für eine über viele Jahre stabil gebliebene kollektive Einstellung der deutschen Bevölkerung.

Tabelle 13.2:   Einstellung zu den Aufgabenfeldern der Bundeswehr im Ausland (Angaben in %)

Die deutschen Streitkräfte sollen im Ausland eingesetzt werden...	Stimme zu	Stimme eher zu	Lehne eher ab	Lehne ab	Weiß nicht
Um die Opfer einer Natur-katastrophe zu versorgen und medizinische Hilfe zu leisten	79	14	3	3	1
Um deutsche Staatsbürger aus Krisengebieten zu evakuieren	69	20	5	4	2
Um einen Terror-Anschlag auf Deutschland zu verhindern	61	20	8	8	3
Um einen Völkermord zu verhindern	42	30	11	11	6
Um die Sicherheitslage in einer Krisenregion im Nahen Osten zu stabilisieren	27	27	20	20	6

Quelle: Bulmahn/Fiebig/Hilpert (2011)

13.3.2   Erklärungen

Unbestreitbar ist, dass die Bundeswehr als Organisation und die Soldaten insgesamt von einer großen und im Prinzip konstanten Mehrheit der Bevölkerung
hohe Wertschätzung erfährt. Dieselbe oder sogar noch ein bisschen mehr Wertschätzung erfährt im Übrigen auch die Polizei. Dieser Vergleich ist insofern ganz
hilfreich, als auch die Polizei davon relativ wenig in ihrem Alltag mitbekommt.
Denn dieselben Menschen, die eben noch ihrem Respekt für die Polizei Ausdruck gegeben haben, wollen doch mit ihr möglichst wenig zu tun haben und
reagieren, wenn zum Beispiel bei einer Verkehrskontrolle wegen zu schnellen
Fahrens erwischt, nicht gerade freundlich.

Zustimmung bleibt
abstrakt
    Das ist zwar widersprüchlich, aber nicht unverständlich. Es gibt eben einen
Unterschied zwischen eher allgemeinen, abstrakten Einstellungen und dem spezifischen, konkreten Verhalten von Menschen. Übertragen auf die Bundeswehr
heißt das: Die allgemeine und immer wieder in Umfragen zum Ausdruck gebrachte Akzeptanz der Streitkräfte, droht wegzuschmelzen, sobald sie durch
bestimmte Ereignisse oder Forderungen belastet wird.

Biehl und Fiebig (2011, 12) haben recht, wenn sie behaupten, die „immer wieder vorgebrachte Diagnose einer Distanz der Bürgerinnen und Bürger zur Bundeswehr" spiegele den Stand des Verhältnisses zwischen Bundeswehr und Gesellschaft nicht richtig wider. Allerdings verengen sie dabei den Begriff *Distanz* auf politisch reflektierte Kritik. Es gibt aber auch einen Begriff von Distanz, der gar nicht so sehr von Kritik bestimmt ist, vielmehr von einer Mischung aus Wohlwollen, ungenauen Kenntnissen und geringem Interesse. Wenn die beiden Autoren behaupten, ein beachtlicher Teil der Bevölkerung, nämlich etwa 30 %, würde die Bundeswehr auch gerne unterstützen, etwa indem sie jungen Menschen zum Soldatenberuf zuraten oder an Veranstaltungen der Bundeswehr teilnehmen, dann erhöht das eher die Skepsis gegen die Nachfragemethode.

Wohlwollen und ungenaue Kenntnisse

Mit der Bundeswehr werden als positiv assoziiert: Katastrophenhilfe, besonders im Inland (Oderflut 1997), Unterstützung ziviler Aufbauprojekte bei Auslandseinsätzen und, mit besonders hoher Zustimmungsrate 2001, die Landesverteidigung. Letzteres ist zwar eine traditionelle Kernaufgabe von Streitkräften, aber sie ist, wenn man „von Freunden umzingelt ist", wie es der frühere Verteidigungsminister Volker Rühe einmal ausgedrückt hat, nichts unmittelbar Ernsthaftes. Alles, was als unmittelbar ernsthafte Aufgabe der Streitkräfte angesehen werden muss, also die Anwendung organisierter Gewalt und Kriegsführung, dem steht eine Mehrheit in Deutschland skeptisch gegenüber. Der Soziologe Elmar Wiesendahl hat das polemisch zugespitzt so ausgedrückt:

Katastrophenhilfe: gerne

> Was die Bevölkerung mehrheitlich nur akzeptiert, ist eine um ihre kriegerische Kampfeinsatzkomponente gebrachte Kriseninterventionsarmee ‚light', die bei humanitären Hilfs- und Katastropheneinsätzen konfliktschlichtend dabei ist und mit dem Helfersyndrom der Deutschen konform geht (Wiesendahl 2002, 115).

Im vorigen Unterkapitel wurde die Differenz angesprochen zwischen den weniger Verdienenden und weniger Gebildeten, die einer solche Aufgaben für die Bundeswehr einbeziehenden aktiven Außenpolitik eher skeptisch, und den besser Verdienenden und besser Gebildeten, die ihr eher positiver gegenüberstehen. Wie kann man sie erklären? Damit, dass letztere politischer denken und daher eher geneigt sind, komplexe politische Zielsetzungen zu akzeptieren? Damit, dass erstere die verwickelten Probleme von Sicherheitspolitik in einer globalisierten Sicherheitslandschaft nicht angemessen durchschauen? Oder dass sie sie schon angemessen durchschauen, jedoch zu anderen Schlussfolgerungen kommen? Und welche Rolle spielen die Medien und ihre Nutzung durch die Konsumenten bei der Festigung der einen oder anderen Einstellung?

soziale Schichten-Spezifik

Mit solchen Fragen kommt man vielleicht einem Erklärungsversuch näher. Aber eine richtige Erklärung steht noch aus.

13.4 Politische Prioritätensetzung

Einer der kompetentesten Journalisten für den Bereich der Sicherheitspolitik in Deutschland, Lothar Rühl, ist in seinen zahlreichen Artikeln in der *Neuen Zürcher Zeitung* und der *Frankfurter Allgemeinen Zeitung* nicht müde geworden, auf

hinkender Diskurs

Widersprüchliches in der militärpolitischen Ausrichtung von NATO und EU und ganz besonders auch von Deutschland hinzuweisen. Ganze Gebirge von Euphemismen hat er zuweilen mit einem einzigen Satz untertunnelt. Zum Beispiel mit diesem: „Die Übernahme der Verantwortung für die militärische Sicherheit in ganz Afghanistan durch die NATO hat jenseits der juristischen Feinheiten alle beteiligten Verbündeten faktisch zu Kriegsparteien gemacht" (FAZ vom 30. Oktober 2006). Dies wurde zu einem Zeitpunkt niedergeschrieben, als Regierung, Opposition und Militärführung noch alles unternahmen, um dem Wort Krieg im Zusammenhang mit der deutschen Beteiligung and ISAF auszuweichen. Gewiss sind die „juristischen Feinheiten" nicht als überflüssig oder gar schädlich anzusehen. Aber wenn sie dazu missbraucht werden, um die Einsicht in die Lage zu verschleiern, und genau das geschah massiv zu dieser Zeit in Deutschland, dann ist es doppelt nötig, zu einer kühlen politischen Analyse zu gelangen – ohne Beschwichtigung und Beschönigung.

13.4.1   Abwägungen

Einsätze müssen begründet werden – Nicht-Einsätze auch

Nicht jede multinationale Mission zur Krisenbewältigung und Friedensstabilisierung macht die intervenierenden Länder und ihre Streitkräfte zur „Kriegspartei". Anders aber als eine Zeitlang noch angenommen, erweist sich die Mehrzahl der humanitären oder auf die Wiederherstellung der internationalen Sicherheit ausgerichteten Einsätze als schwierig, langwierig und teuer. Da die Zahl der Krisenherde auf der Welt, die solche Einsätze im Namen der Vereinten Nationen oder einer großen Regionalorganisation für kollektive Sicherheit eigentlich erforderlich machen, die Möglichkeiten der in Frage kommenden Staaten übersteigt, sehen wir uns in der misslichen Situation, nicht nur die tatsächlich erfolgenden Einsätze, sondern auch das Ausbleiben solcher Einsätze begründen zu müssen. Das können wir seit 2011 im Nahen Osten studieren, wo die Vereinten Nationen ganz unterschiedlich auf die internen Konflikte und Bürgerkriege in Libyen und Syrien reagieren (siehe Kapitel 4.5). Darunter haben in erster Linie die Menschen zu leiden, die es in solchen Krisenherden aushalten müssen.

internationale Arbeitsteilung

Ein formaler Ausweg aus diesem politisch-moralischen Dilemma bietet sich mit dem Verweis auf internationale Arbeitsteilung an. Deutschland muss heute zwar wie auch jeder andere Staat seine eigene Sicherheit global definieren, aber es kann nicht, ebenso wenig wie jedes andere Land, an jedem Fleck eingreifen, wo ein legitimer und aus humanitären Gründen notwendiger Militäreinsatz ansteht. Allerdings lassen sich überzeugende Kriterien für eine internationale Arbeitsteilung gar nicht so einfach ausfindig machen. So hat zum Beispiel das Kriterium der territorialen Nähe eine gewisse Plausibilität. In einer globalisierten Sicherheitslandschaft funktioniert es aber nicht mehr so richtig. In Bezug auf Darfur (und Somalia, Ruanda, dem Kongo, neuerdings Mali usw.) zu sagen: das sollen doch die Afrikaner selbst regeln, heißt nichts anderes als den drangsalierten Menschen dort die Hilfe zu versagen und eigene Interessen an der Stabilität in dieser Region zu vernachlässigen.

13.4.2   Humanitäres Engagement und nationales Interesse

Ein anderes und sozusagen klassisches Kriterium für die Entscheidung über die
Teilnahme eigener Streitkräfte an humanitären oder als Krisen-Deeskalation
angelegten Einsätzen ist das eigene nationale Interesse. Anders, als vielleicht aus
global-humanistischer Sicht gewünscht, spielt das jeweilige nationale Interesse
(das heißt, das was die entscheidenden Regierungen und Parlamente als das nationale Interesse ansehen) immer eine gewichtige Rolle, je nach den Umständen
mal eher betont oder eher in den Hintergrund gerückt.

nationales Interesse
bleibt immer im
Spiel…

Allerdings gibt es da ein Problem. Lothar Rühl hat es so formuliert:

> Die Bestimmung ‚nationaler deutscher Interessen' als politische Voraussetzung für
> ein militärisches Engagement ist in einer akuten Krise schwierig und trägt als Leit-
> satzkatalog nicht weit (FAZ vom 3. Januar 2007).

Das ist vor deshalb richtig, weil es bei den in Frage stehenden Entscheidungen
über eine Einsatzbeteiligung fast immer vorkommt, dass die jeweils eigenständig
definierten nationalen Interessen mehrerer Staaten sich teils überschneiden, teils
gegenseitig in die Quere kommen. Im Ergebnis werden dann die Entscheidungen, etwa im Sicherheitsrat der Vereinten Nationen, von einem diplomatischen
Mix aus sachbezogenen und sachfremden Entscheidungsgründen bestimmt. Es
kommt zu schwierigen Abwägungen, zu Paketlösungen (*linkages*) und Kompro-
missen.

…und steuert Ein-
satzentscheidungen
mit

In gar nicht so wenigen Fällen wird also eine Entscheidung über die Beteiligung an einem Einsatz gar nicht wegen der Krisen und Konflikte im Einsatzgebiet gefällt, sondern weil eine Regierung sich im internationalen Umfeld nicht
isolieren will. Deutschland begann 2001/2002 seine Sicherheit auch deshalb „am
Hindukusch" zu verteidigen, um den Slogan vom damaligen Verteidigungsminister Struck aufzugreifen, weil es sich am Irak-Krieg der Bush-Administration
und deren „Koalition der Willigen" nicht beteiligen, zugleich aber demonstrieren
wollte, dass es deswegen den sicherheitspolitischen Zusammenhalt des Westens
nicht mutwillig zur Disposition stellt. Das Afghanistan-Engagement war also
auch ein Ausgleich für die Abstinenz im Irak-Krieg. Das gilt übrigens nicht nur
für Deutschland, sondern etwa auch für ein Land wie Kanada. Lothar Rühl hat
wohl recht, wenn er formuliert:

> Deutschland konnte 2001 und seither die militärische Teilnahme am ‚Krieg gegen
> den Terror' ebenso wenig verweigern oder von politischen Bedingungen abhängig
> machen wie 1999 die militärische Beteiligung und die politische Mitverantwortung
> im Kosovo-Krieg (FAZ vom 3. Januar 2007).

Noch kräftiger tritt das nationale Interesse als Entscheidungsmotiv immer dann
hervor, wenn es sich bei der fälligen Sachfrage um ein Element geostrategischer
Machtbalancen handelt. Der Sicherheitsrat der Vereinten Nationen konnte 1998/
99 keinen Beschluss zur Kosovo-Krise fassen, weil zwei seiner Veto-Mächte
ihre besonderen Beziehungen zur serbischen Regierung nicht gefährden wollten
und eine Schwächung Serbiens in der Balkan-Region als Stärkung des Westens

Beispiel Kosovo-
Einsatz 1999

interpretierten, was nicht in ihrem nationalen Interesse lag. 2012 wiederholte sich diese Konstellation in der Angelegenheit des syrischen Bürgerkrieges.

Wenn man dies alles nüchtern feststellt, darf man dennoch nicht das Gewicht humanitärer Argumente in den nationalen und internationalen Entscheidungs-Prozessen unterbelichten. Diese werden in demokratisch verfassten Gesellschaften nicht selten von humanitären Interessengruppen vorgebracht und in den öffentlichen Diskurs eingeschleust. Auch aus dem UNO-System selbst gibt es viele Impulse, die auf die nationalen Entscheidungsprozesse im Sinne humanitärer Vorstellungen einwirken.

Volker Perthes, seit 2005 Direktor der Stiftung Wissenschaft und Politik in Berlin, hat vier Gruppen von Kriterien unterschieden, die bei der Entscheidung über eine deutsche Beteiligung an Kriseninterventionen mit eigenen Truppen bedacht werden sollten:

Kriterien für eine rationale Entscheidung

Die erste Gruppe betrifft das völkerrechtliche Mandat eines solchen Einsatzes...Die zweite Fragengruppe bezieht sich auf die Erfolgsaussichten und die Risiken eines Einsatzes...Der dritte Kriterienkomplex bezieht sich auf die möglichen Dynamiken einer Krise...Die vierte Gruppe von Kriterien bezieht sich auf die Interessen und Ziele Deutschlands als europäischer und internationaler Akteur (FAZ vom 14. Februar 2007).

Perthes verbindet diesen Katalog mit der Vorstellung, Deutschland und die Europäische Union hätten weder die Ambitionen noch die Fähigkeiten, eine Rolle als globale Ordnungsmacht zu spielen. Was die Ambitionen betrifft, so bin ich mir da nicht so sicher. Die Fähigkeiten, die man dazu brauchte, sind allerdings noch unterentwickelt. Aber ob es sinnvoll und angemessen ist, dieses Defizit (wenn es denn eines ist) gewissermaßen normativ festzuschreiben, muss offen bleiben.

Gewalt-Deeskalation und Wiederaufbau-Perspektiven

Die internationale Ordnung und die Menschen in ihr brauchen zu ihrem Schutz Entwicklungs- und Lebensbedingungen, die möglichst ohne Gewalt auskommen. Der Einsatz von Streitkräften zwecks Deeskalation von Sicherheitsgefährdungen und Krisenstabilisierung kann Voraussetzungen für eine „Friedenskonsolidierung" schaffen, aber kaum mehr. Insofern stimmt der allerdings meist ganz undifferenziert verwendete Slogan „Krieg ist keine Lösung". Erst wenn die lokale Gewalt einigermaßen gezähmt ist und die lokalen Akteure, oder jedenfalls die meisten, sich am Wiederaufbau konstruktiv beteiligen wollen, kann richtig damit begonnen werden, haltbare soziale und politische Strukturen zu rekonstruieren. Insofern ist der Militäreinsatz eine absolut notwendige, durch nichts zu ersetzende, aber niemals hinreichende Bedingung für den Erfolg einer Krisenentschärfung. Wer sich zu einem solchen Einsatz entschließt, muss in Rechnung stellen, dass er unvollständig bleibt und seine Ziele verfehlt, wenn dieser Militäreinsatz nicht von langwierigen und kostspieligen zivilen Aufbauprozessen begleitet wird oder sie zur Folge hat.

Wann, wo und wie?

Stefanie Flechtner merkt in diesem Zusammenhang an, dass der innenpolitische Konsens über eine Sicherheitspolitik mit Auslandseinsätzen der Bundeswehr rasch anfangen kann zu bröckeln,

- insbesondere dann, wenn die Kosten dieser Politik steigen, Erfolge ausbleiben oder ernsthafte politische Alternativen in der Debatte auftauchen. In jedem Fall wird die Frage, wann, wo und wie Deutschland sich im Rahmen seiner neuen Sicherheitspolitik militärisch engagiert, auch in Zukunft eine der zentralen gesellschaftspolitischen Debatten der deutschen Außenpolitik bleiben (Flechtner 2007, 13)

Bei allen Entscheidungen über die Teilnahme an multinationalen Militäreinsätzen muss von Anfang an mitbedacht werden, dass der schwierigere Teil des Engagements nicht-militärischer Natur ist und unter Umständen sehr viel Zeit benötigt. Die eigenen Werte und materiellen Interessen, politische Kalküle, Bündnisperspektive, die Wahrnehmung des Konfliktes in der eigenen und der Welt-Öffentlichkeit, all dies spielt in die Entscheidung über den Militäreinsatz hinein. Zu häufig wird dabei nur auf die manifesten Gewaltakte geblickt, die es zu unterbinden gilt. Was *danach* auf die intervenierenden Mächte zukommt, muss aber eigentlich schon *vor* der Intervention bedacht werden, so schwierig das ist. Unterbleibt dies, landen die intervenierenden Mächte einen Pyrrhus-Sieg und manövrieren sich in eine Sackgasse. Dafür haben wir gegenwärtig nicht wenige Beispiele. Eines davon ist Afghanistan.

Bedeutung des Faktors Zeit

14 Fallbeispiel: Die Bundeswehr in Afghanistan

Thema dieses Kapitels ist die deutsche Militärpräsenz in Afghanistan im Rahmen der beiden Missionen *Operation Enduring Freedom* (OEF) und *International Security Assistance Force* (ISAF) seit Ende 2001 bis zur Gegenwart. Dabei wird teilweise auf eigene Studien zu diesem Thema zurückgegriffen (von Bredow, 2013).

rasch anwachsender Literaturberg zu Afghanistan

Die Literatur (Fachanalysen, publizistische Beiträge, Erlebnisberichte, selbst Romane) zum Afghanistaneinsatz wächst seit kurzem rapide – ein Zeichen dafür, dass dieser Einsatz wie kein anderer bisher auf das Selbstverständnis und das politische Bewusstsein der Deutschen einwirkt. In der Regel bedrückend einwirkt! Als informationsreiche und auch sonst sehr anregende Untersuchungen seien die – übrigens auf einer Doktorarbeit an der FernUniversität in Hagen beruhende – Monographie von Ulf von Krause (2011) sowie die Beiträge in den Sammelbänden von Brummer/Fröhlich (2011) und Seiffert/Langer/Pietsch (2012) und nicht zuletzt die luzide Studie des Hamburger Sozialwissenschaftlers Naumann (2013) hervorgehoben.

Rolle Deutschlands und der Bundeswehr

Nicht der Afghanistan-Krieg (so die international übliche Bezeichnung) insgesamt, seine Hintergründe und mannigfachen Aspekte können hier ausgeleuchtet werden, sondern nur die sicherheitspolitische Rolle Deutschlands darin. Um den Krieg umfassend zu beschreiben und zu analysieren, müsste ausführlich auf die Langzeit-Entwicklung in Afghanistan, die Geschichte der inner-afghanischen Auseinandersetzungen während des Ost-West-Konflikts und die erfolglose, aber folgenreiche Intervention der Roten Armee in Afghanistan 1979 bis 1988/89 und den anschließenden verheerenden Bürgerkrieg eingegangen werden,

USA in Afghanistan während der 1980er Jahre

aus dem die von Pakistan unterstützten Taliban 1996 als Sieger hervorgingen und ein eigentümlich fundamentalistisch-islamisches Regime errichteten. Dieses Regime unter Mullah Omar gewährte Osama bin Laden und dem Terrornetzwerk al Qaida Unterschlupf, alten Bekannten aus dem Krieg gegen die sowjetische Invasion, und kam deshalb ins Visier der Bush-Administration, die unmittelbar nach den Terroranschlägen vom 11. September 2001 einen „weltweiten Krieg gegen den Terror" (*global war on terror* GWOT) proklamierte, an dem sich zahlreiche Staaten, manche mit einer eigenen Agenda, und auch die NATO beteiligten. Eine bittere Pointe dieser Vorgeschichte liegt darin, dass die USA ihrerseits mit beträchtlicher Tatkraft den afghanischen Widerstand gegen die UdSSR unterstützt hatten, Seit an Seite gewissermaßen mit den aus islamischen Ländern nach Afghanistan strömenden freiwilligen Kämpfern für eine islamische Republik Afghanistan.

Sicherheitspolitischer Lernprozess

Diese Geschichte ist ungemein spannend und lehrreich zu studieren. Hier bleibt es bei einer Skizze, denn, wie gesagt, in diesem Kapitel soll es vordringlich um die Rolle der Bundeswehr im Afghanistan-Krieg seit Ende 2001 gehen. Dabei müssen auch viele andere, nämlich die zivilen Aspekte deutscher Beteiligung an der internationalen Afghanistanhilfe, weitestgehend unberücksichtigt bleiben. Die Entwicklung dieser Auslandsmission der Bundeswehr und ihre innenpolitischen Motive, ihre internationalen Verknüpfungen, zivilen Aspirationen und militärischen Probleme erwiesen sich als ein viel Zeit in Anspruch nehmender und schmerzhafter sicherheitspolitischer Lernprozess.

Meine These ist: Hier handelt es sich um ein Fallbeispiel für das allmähliche Schließen einer kognitiven Lücke des deutschen sicherheitspolitischen Diskurses innerhalb des politischen Systems und der Öffentlichkeit. Eine solche kognitive Lücke bestand (und besteht teilweise noch, aber sie wird kleiner) darin, dass der Verteidigungs- und Abschreckungszweck der Bundeswehr nach 1990 zwar durch einige andere, vornehmlich Schutz- und zivile Wiederaufbau-Zwecke ergänzt wurde. Aber der für eine Einsatzarmee (um diesen Ausdruck einmal ganz unkritisch zu verwenden) in solchen Aufgaben notwendigerweise enthaltene Zweck der kriegerischer Intervention wurde verdrängt. In spöttischem Tonfall hat das der langjährige Deutschland-Korrespondent der Neuen Zürcher Zeitung so ausgedrückt:

> So absurd es klingt: Die Bundesrepublik leistet sich eine Armee mit dem Ziel, diese von genuin militärischen Aufgaben fernzuhalten…um jeden Preis (soll) das Bild einer friedfertigen und selbst in psychischen Extremsituationen stets völlig kontrolliert agierenden Armee aufrechterhalten werden (Gujar 2007, 87f.).

14.1 Der deutsche Militärbeitrag

Afghanistan hat eine weit in vergangene Zeiten zurückreichende Konflikt-Geschichte. Darauf kann in unserem Zusammenhang nicht eingegangen werden, auch nicht auf die direkten und indirekten materiellen und mentalen Hinterlassenschaften des afghanischen Kampfes gegen die Intervention der Sowjetunion (Braithwaite 2011) zwischen 1979 und 1989 und des anschließenden Bürgerkrieges zwischen den verschiedenen ethnischen Gruppierungen. Mit tatkräftiger Unterstützung Pakistans siegten die Taliban und übernahmen 1996 die Macht in Kabul. Es versteht sich von selbst, dass diese unmittelbare Vorgeschichte sowie die lebendig gebliebene Erinnerung an frühere Kriege nicht als einziger, aber als ein ganz wichtiger Schlüssel zum Verständnis der Vorgänge in Afghanistan seit der militärischen Vertreibung der Taliban aus ihrer Regierungsposition anzusehen sind (Barfield 2010).

Pakistans Hilfe für die Taliban

Nach dem Sieg über das Taliban-Regime in Kabul herrschte in Afghanistan überwiegend große Erleichterung. Viele Afghanen betrachteten die Soldaten der westlichen Streitkräfte als Befreier. Mit großem Optimismus kehrten auch zahlreiche Exil-Afghanen in das Land zurück, die vor dem Bürgerkrieg und dem Islamismus der Taliban geflohen waren. Aufbauhilfe seitens der westlichen Länder, darunter auch Deutschland, wurde versprochen und in mehreren sogenannten Geberkonferenzen detailliert abgesprochen. Bei der Umsetzung der Hilfszusagen kam es allerdings häufig zu Engpässen. Die westlichen Staaten gingen Verpflichtungen ein, von denen sie eigentlich hätten wissen müssen, dass sie diese gar nicht erfüllen konnten.

Befreiung von der Taliban-Herrschaft

ISAF versus OEF

Die Bundesregierung und die deutsche Öffentlichkeit missverstanden ISAF mentalitätsentsprechend als „weiche" Mission, bei der es vordringlich auf zivile Wiederaufbauleistungen ankomme – in der Hauptsache um materielle und organisatorische Infrastruktur. Hingegen wurde die parallel weiterlaufende OEF immer als eine von Amerika dominierte, rein militärische Mission angesehen, bei der es um die Jagd auf Terroristen und nichts anderes ging. Vor allem auch wegen der zahlreichen in den Medien gemeldeten „Kollateralschäden" einzelner OEF-Einsätze bekamen diese mit der Zeit ein negatives Image. In der vereinfachten Sicht aus deutschen Fernsehsesseln bedeutete OEF Krieg, wohingegen ISAF für Frieden und zivilgesellschaftlichen Aufbau stand. Das deutsche OEF-Mandat ist 2010 ausgelaufen.

Stationierung im ‚ruhigen' Norden

Das ISAF-Kontingent der Bundeswehr blieb zunächst auf Kabul beschränkt. Erst im Dezember 2003 wurde das Mandat auf Teile Nord-Afghanistans erweitert. Kundus, später auch Faisabad und Mazar-e-Scharif waren nun die Orte, in denen und von denen ausgehend deutsche Soldaten zivile Aufbauprojekte schützen und afghanische Sicherheitskräfte (in der Hauptsache Polizeipersonal) ausbilden sollten. Zu dieser Zeit galt der Norden Afghanistans im Gegensatz zu südlichen Provinzen wie Kandahar oder Helmand als „ruhig". Die Truppe brauchte, wie es schien, Angriffe von Rebellen und Selbstmordattentäter nicht zu fürchten. An eigene Kampfeinsätze dachte kaum jemand. In dem nur für den Dienstgebrauch der Truppe veröffentlichten „Leitfaden für die Bundeswehrkontingente" konnte man in dem Band über Afghanistan mit Stand vom April 2007 noch folgende Eingangssätze lesen:

> Eine Gefährdung des Einsatzkontingentes durch kriegerische Handlungen im klassischen Sinn erscheint derzeit unwahrscheinlich. Die während der Kriege verlegten Landminen stellen für die deutschen Kräfte derzeit immer noch eine hohe Gefährdung dar (Zentrum für Nachrichtenwesen 2007, 7).

Im Folgeabschnitt wird dann zwar auf Selbstmordanschläge und behelfsmäßige Sprengvorrichtungen als sehr wohl vorhandene Gefährdungen hingewiesen (auf derselben Seite auch auf große Gefährdungen durch diverse Gifttiere wie Schlangen und Skorpione), aber über allem schwebt die Beruhigung: Wo wir sind, braucht nicht gekämpft zu werden.

wenig Sicherheitsprobleme bis 2006

Im Jahr 2005 stieg die Zahl der deutschen ISAF-Soldaten auf annähernd 3000. Der Deutsche Bundestag erweiterte das entsprechende Mandat mit einer komfortablen Mehrheit, die eben auch deshalb zustande kam, weil das deutsche Kontingent keine direkten Sicherheitsprobleme zu haben schien. Die politische und militärische Führung in Berlin sowie die Mehrzahl der Journalisten werteten Afghanistan als ein zwar durchaus kostenintensives, jedoch nicht risikobehaftetes Unternehmen. Mit anderen Worten: gut für Afghanistan, gut für das internationale Image Deutschlands und ein heilsames Pflaster für die durch die deutsche Nicht-Teilnahme am irakischen Interventions-Abenteuer angeknacksten deutsch-amerikanischen Beziehungen.

Deutschlands Sicherheit am Hindukusch

Wegen dieser vermeintlichen *win-win*-Situation gab es bei den Mandatsverlängerungen im Bundestag Zwei-Drittel-Mehrheiten. Die rot-grüne Koalitionsregierung Schröder/Fischer hatte die Afghanistan-Mission eingeleitet. Als medial durchschlagskräftiges, vielleicht auch etwas kryptisches Motto galt alsbald der häufig wiederholte, oft variierte Satz des seinerzeitigen Verteidigungsministers Peter Struck (SPD): „Deutschlands Sicherheit wird auch am Hindukusch verteidigt". Nur eine Handvoll Abgeordneter der CDU/CSU und FDP, gewissermaßen „die üblichen Verdächtigen", votierten dagegen, und die Partei Die Linke stand immer geschlossen gegen den Afghanistan-Einsatz. Die Zahl der Abweichler in den Bundestagsparteien wuchs allerdings mit der Zeit, besonders nach 2005 (Bildung einer Großen Koalition) und nach 2009 (Regierungsübernahme einer CDU/CSU/FDP-Koalition).

Trotz der dennoch großen Bundestags-Mehrheiten in unterschiedlichen politischen Konstellationen gab es in der Öffentlichkeit, wie Meinungsumfragen zeigen, durchgehend eine eher skeptische Haltung gegenüber dem Afghanistan-Einsatz. Über die Jahre hat sie sich deutlich verstärkt.

14.2 Caveats

Caveats sind juristisch-politische Bestimmungen, vor allem Einschränkungen des Handlungsspielraums, die Soldaten eines Kontingents in einem bestimmten Einsatz unbedingt zu beachten haben. Solche Beschränkungen der Handlungsfreiheit von Truppen in einer Mission sind nichts Ungewöhnliches. Mehr oder weniger jedes Land, das Kontingente für ISAF bereitgestellt hat, hat diesen eine Reihe von Caveats mit auf den Weg gegeben.

14.2.1 Eingeengter Handlungsrahmen

Im deutschen Fall stammen sie vom Deutschen Bundestag und von der obersten militärischen Führung. Caveats bilden einen wichtigen Teil der *Rules of Engagement,* die in der Regel aus guten Gründen nicht öffentlich gemacht werden. Zu den deutschen Caveats, die zu den umfangreichsten innerhalb der ISAF-Mission zählen, gehörte lange, dass deutsche Soldaten ihre Waffen *nur* zur Selbstverteidigung einsetzen und *nicht* auf flüchtige Angreifer schießen durften, wenn diese ihren Angriff abbrachen. Die Teilnahme an Offensiv-Operationen war den Bundeswehr-Soldaten von ISAF erst einmal überhaupt nicht erlaubt. (Dies galt allerdings nicht für Spezialkräfte, die im Rahmen von OEF an Missionen teilnahmen.) Auch die indirekte Unterstützung solcher Operationen blieb untersagt; Maßnahmen gegen den Anbau von und den Handel mit Drogen ebenfalls. Als im Jahr 2007 die deutschen Soldaten, deren Dienstaufgabe es seit ein paar Monaten war, die Soldaten eines afghanischen Infanterie-Bataillons auszubilden, dieses Bataillon bei seinem Einsatz in einer Südprovinz als Mentoren begleiten sollten, blockte das Verteidigungsministerium ab (Jungbauer 2010, 67). Erst Mitte 2009 wurden die *Rules of Engagement*, zusammengefasst in der sogenannten Taschenkarte der Soldaten, der militärischen Lage in den Nordprovinzen angepasst.

(Randnotiz: eingeschränkte rules of engagement)

Die große Mehrheit der Soldaten des deutschen ISAF-Kontingents verlässt die Lager so gut wie nie und ist, wie der Journalist Stefan Kornelius schreibt, "mit Büroarbeiten und dem Flugplatz-Betrieb beschäftigt" (Kornelius, 2009, 49).

(Randnotiz: unechte Friedensstimmung und Bürokratie)

Ein bisschen Friedensstimmung wird in den deutschen Camps bürokratisch ver-
mittelt – so wird großer Wert auf korrekte Mülltrennung gelegt. Es gilt die deutsche Straßenverkehrsordnung. Dagegen ist nichts einzuwenden. Aber wenn es
nach dem altbekannten Palmström-Prinzip, „dass nicht sein kann, was nicht sein
darf", dazu dient, alles aus dem Bewusstsein zu verdrängen, was nach einer
„echten" Kriegs-Situation aussieht, obwohl man sich doch mitten darin befindet,
dann ist das auf fahrlässige Weise *over-protective*. Um einen enttäuschten und
verbitterten deutschen Soldaten und Teilnehmer der ISAF-Mission zu zitieren:

> Die Bundesrepublik war nur (oder immerhin) bereit, sich an der Konfliktnachsorge
> zu beteiligen und dem Land nach Taliban-Terror und amerikanischer Bombardie-
> rung lächelnd und winkend auf die Beine zu helfen. Die Logik schien dabei zu besa-
> gen, dass bei solchen hehren Absichten eigentlich nichts schiefgehen kann (Linde-
> mann 2010, 22).

über 50 gefallene
deutsche Soldaten
und Polizisten

Genau das tat es aber. Bis zum Februar 2013 sind 53 Soldaten der Bundeswehr
und drei deutsche Polizisten während des Afghanistaneinsatzes gefallen oder
sonst wie ums Leben gekommen, übrigens niemand in den letzten 18 Monaten.
Die Zahl der physisch oder psychisch verletzten Soldaten ist weitaus größer.
Wenig verständlich erscheint dabei das Verhalten der Militärbürokratie gegenüber den Soldaten mit post-traumatischen Belastungsstörungen. Offenbar gab es
im Ministerium den Ehrgeiz, die Zahl der darunter leidenden Soldaten statistisch
niedrig zu halten.

posttraumatische
Belastungsstörung
PTBS

Viele dieser Defizite und Probleme wurden in den letzten zwei Jahren allerdings auch offiziell erkannt und zum Teil energisch angegangen. Das muss man
nicht zuletzt dem auch sonst reformfreudigen Verteidigungsminister Karl-
Theodor zu Guttenberg (CSU) zugute halten, der Ende Oktober 2009 von Bundeskanzlerin Angela Merkel (CDU) als Minister berufen wurde. Er und der neu-
berufene Generalinspekteur der Bundeswehr Volker Wieker (im Amt seit Ende
Januar 2010) haben unverzüglich damit begonnen, die Einsatzbedingungen des
ISAF-Kontingents der Bundeswehr an die Kriegssituation in Afghanistan anzupassen.

14.2.2   Erklärungsversuche

parlamentarische
Koalitionsregierun-
gen neigen zu
Caveats

Die deutschen Caveats gehören zu den am weitesten ausgedehnten Beschränkungen für die Streitkräfte. Auch andere NATO-Länder praktizieren solche Restriktionen, Belgien, Italien und Spanien etwa, aber auch die Türkei und Rumäni-
en. Die Vereinigten Staaten, Großbritannien, Frankreich, aber auch Polen und
Dänemark verfügten solche weitgehenden Einschränkungen des Handlungsspielraums ihrer ISAF-Truppen nicht. Warum ist das so? Saideman/Auerswald (2012)
beziehen sich bei ihrer Erklärung auf mehrere Wirkfaktoren, wobei ihnen insbesondere der Vergleich bestimmter Strukturelemente des politischen Systems und
der strategischen Kultur der betroffenen Länder weiterhilft. So stellen sie fest,
dass parlamentarische Koalitionsregime generell eher dazu neigen, ausführliche
Caveats zu formulieren, wohingegen Präsidialregime und parlamentarische
Einparteien-Regierungen (gleichviel ob als Mehrheits- oder als Minderheitsre-

gierung) eher lockere Restriktionen für ihre militärischen Kontingente formulieren. Das liegt schlicht an dem jeweiligen Willensbildungsprozess, der in Koalitionen komplexer und kompromissorientierter ausfallen muss.

Der zweite Wirkfaktor ist die strategische Kultur eines Landes. Im Fall Deutschlands spielt dabei der Schatten der Vergangenheit eine große Rolle. Die Angst, auch nur den Anschein einer „Militarisierung" der Sicherheitspolitik zu erwecken, lässt so ein enges formales Verhaltenskorsett für die eigenen Truppen im Einsatz entstehen, für das andere Länder ohne die spezifisch deutschen Erfahrungen kaum Verständnis aufbringen können. Das hat, nebenbei, nichts mit der Inneren Führung zu tun. *Deutschlands Furcht vor einer Militarisierung der Sicherheitspolitik*

Die Schlussfolgerungen, die Saideman/Auerswald aus ihrer Analyse ziehen, spiegeln unter anderem auch eine grundlegende Skepsis in Bezug auf die Interoperabilität (Zusammenarbeitsfähigkeit) multinationaler Streitkräfte: *Auswirkungen auf die Interoperabilität*

> In concrete terms, the United States should be cognizant of what is possible before publicly asking a country like Germany (and some other NATO allies) to do more in Afghanistan. Such countries are unlikely to give their troops more battlefield discretion. On the other hand, approaching a leader from a majoritarian parliamentary system, or a strong presidential system, with a request to take a more active role in combat has a greater chance of paying dividends, depending on who is making decisions in those systems. Getting new mandates through a body like the Bundestag is simply harder than changing an individual's mind or hoping that an individual policymaker will be replaced (Saideman/ Auerswald 2012, 82).

14.3 Parlament und Öffentlichkeit

Einerseits besitzt der kombinierte Erklärungsansatz von Saideman/Auerswald eine Menge Plausibilität, sowohl mit Blick auf das politische System und die sicherheitspolitische Willensbildung in Regierung und Parlament als auch auf die strategische zivil-militärische Kultur. So gewinnt man auch ein besseres Verständnis für die im Bündniskontext einmalige Notwendigkeit der Bundesregierung unter Kanzler Schröder, die Entscheidung des Bundestages über eine deutsche Beteiligung an der Afghanistan-Mission der NATO mit der Vertrauensfrage zu verknüpfen. Am 16. November 2001 sprachen sich nach heftigen Diskussionen vor allem in den beiden Regierungsparteien SPD und Grüne 336 von 666 Abgeordneten für eine Beteiligung aus. 326 Abgeordnete stimmten mit Nein, wobei sie entweder die Einsatzbeteiligung ablehnten und ein Scheitern der Regierung in Kauf nahmen oder, wie bei der CDU/CSU und FDP, trotz weit überwiegender Zustimmung zu dem Militäreinsatz die Funktionsunfähigkeit der Regierung bloßstellen wollten. Ein Tenor in den publizistischen Kommentaren damals lautete: riskantes Spiel des Kanzlers, aber er hat gewonnen. *Schröders Vertrauensfrage Ende 2001*

Dass ernsthafte Sachfragen mit parteipolitischen Kalkülen verbunden werden, das ist vielleicht nicht schön, aber in Demokratien beim Wechselspiel zwischen Regierung und Opposition üblich. Aufschlussreich ist nicht so sehr dieser Aspekt der Entscheidung, vielmehr sind es die doch offensichtlich sehr weitreichenden Skrupel bei Abgeordneten der Regierungskoalition, dem Militäreinsatz in Afghanistan zuzustimmen. Der sah damals noch eher nach einem Anti-Terror-Einsatz und weniger nach einem Sicherheitsschutz- und Wiederaufbau-Einsatz aus, in den ISAF dann überging.

Vorrang ziviler Aspekte garantiert Zustimmung zum Mandat

Alle folgenden (jährlich erneuerten) Mandate für die Afghanistan-Mission der Bundeswehr passierten den Bundestag mit erheblich klarerer Mehrheit. Diese Mehrheit wurde auch nicht darunter beeinträchtigt, dass die öffentliche Zustimmung zum Afghanistan-Einsatz stetig sank.

Skepsis der Öffentlichkeit

Selbst wenn man in Rechnung stellt, dass die Antworten in solchen Umfragen häufig von jüngsten Vorkommnissen in Afghanistan beeinflusst wurden, ist der Meinungstrend seit 2002 eindeutig erkennbar.

Tabelle 14.1:   Sinkende Zustimmungsrate zur deutschen Beteiligung an ISAF

Die Bundeswehr sollte sofort aus Afghanistan abziehen (Zustimmung %):

März 2002	30
April 2004	47
Juli 2006	56
Juli 2007	55
September 2008	60
Juli 2009	69

Quelle: Infratest Dimap, Der Spiegel vom 6. Juli 2009.

Im Herbst 2010 fragte das Allensbach-Institut „War die deutsche Beteiligung an der internationalen Schutztruppe in Afghanistan ein Fehler?" 59 % der Befragten bejahten diese Frage (FAZ vom 27. Oktober 2010). Offensichtlich gab (und gibt) es einen deutlichen Unterschied zwischen der Einstellung der politischen Elite zur ISAF-Beteiligung und der Haltung der Bevölkerung. Bei den Bundestagswahlen 2009 hatte dies aber so gut wie keine Bedeutung für die Stimmabgabe (Schoen 2010). Dennoch: in Zeiten, in denen es für die Regierung enger wird, kann sie sich solche Diskrepanzen auf Dauer schlecht leisten. Entweder es gelingt ihr, die Öffentlichkeit von ihren Vorstellungen zu überzeugen. Oder sie knickt sozusagen ein und ist dann geneigt, dem weit verbreiteten Meinungsbild ihrerseits zu folgen, vor allem im Blick auf irgendwelche Wahlen im Bund oder den Ländern.

14.4 Der Schock vom 4. September 2009

Bombardierung der Tanklastzüge am 4. 9. 2009

Am 4. September 2009, zehn Minuten vor zwei Uhr nachts, explodierten zwei 500 Pfund-Bomben vom Typ GBU-38 in einem schmalen, fast trockenen Flussbett in der Nähe von Kundus. Abgeworfen wurden sie von Piloten der amerikanischen Luftwaffe auf Anforderung des deutschen Oberst Klein. Am Nachmittag des 3. September hatten Taliban-Kämpfer zwei Lastwagen überfallen und entführt, die mit Kraftstoff beladen waren und auf dem Weg von der Grenze zu Tadschikistan nach Kabul waren. Der Fluchtweg der beiden entführten Lastwagen endete gegen 17.30 Uhr unfreiwillig auf einer Sandbank im Kundus-Fluss. Sie waren von hier nicht mehr wegzubewegen, und im Nu machten sich zahlreiche Menschen, darunter Taliban-Kämpfer und Bewohner eines nahe gelegenen Dorfes, an den Tanks mit Kanistern und anderen Behältern zu schaffen, um einen Teil der Beute zu wegzuschaffen.

Der Entscheidungsprozess im Lagezentrum des *Provincial Reconstruction Teams* (PRT) Kundus und die Entscheidungsgründe für den Luftangriff sind, trotz einer großen Zahl von Untersuchungen und Untersuchungsberichten unterschiedlicher Instanzen, nicht mit letzter Klarheit deutlich geworden. Offensichtlich wollte Oberst Klein durch den Luftangriff auf die Tanklaster möglichst viele Taliban-Kämpfer außer Gefecht setzen. Wie viele Nicht-Kämpfer und nur neugierige oder an ein paar Litern kostenlosen Benzins interessierte Zivilisten sich vor Ort aufhielten, ob ihr Tod infolge der Angriffe billigend in Kauf genommen wurde, ob und warum bestimmte Einsatz-Vorkehrungen missachtet wurden, ob der Einsatz militärisch gerechtfertigt oder ein militärischer Fehler war, darüber ist in der deutschen Öffentlichkeit eine ungewöhnlich heftige Kontroverse entbrannt. Zum ersten Mal seit dem Ende des Zweiten Weltkriegs war ein deutscher Offizier für eine Kriegshandlung verantwortlich, während der hundert oder mehr Menschen getötet wurden, von denen weder er selbst noch irgendjemand sonst in den entscheidenden Momenten wissen konnte, ob es sich um feindliche Kämpfer oder Zivilisten handelte. *(schwierige Rekonstruktion der Entscheidung)*

Der Kundus-Vorfall spielte sich kurz nach einer von den Vereinigten Staaten initiierten und mehr als nur kosmetisch gedachten Veränderung der ISAF-Vorgehensweise gegen die Taliban und drei Wochen vor den Wahlen zum Deutschen Bundestag ab – für die Regierung in Berlin wirklich so etwas wie ein *worst case*. Die Reaktionen in Berlin, aber auch in anderen westlichen Hauptstädten, waren deshalb vorhersehbar panisch. Die Öffentlichkeit wurde Zeuge eines merkwürdigen Balletts von falschen Kommuniqués des Ministers („keine getöteten Zivilisten"), im Ton sehr kräftigen, später dann etwas abgemilderten Statements von US-General Stanley McCrystal, des Oberkommandierenden von ISAF seit Juni 2009, sowie einer moralischen Verurteilung seitens des französischen Außenministers, dem sich einige Kollegen aus der EU gerne anschlossen. Es gingen auch, schließlich leben wir in Deutschland, etliche Strafanzeigen gegen den Verteidigungsminister und Oberst Klein ein (die daraufhin aufgenommenen Ermittlungen gegen ihn wurden im April 2010 eingestellt). *(heftige politische Reaktionen)*

Wie tief der Schock ging, den der Kundus-Vorfall in Deutschland, insbesondere in den deutschen Medien, ausgelöst hat, mag man an der Titelgeschichte der Wochenzeitschrift Der Spiegel vom 1. Februar 2010 ablesen. Hier wurden der Vorfall und die Reaktionen darauf ausführlich behandelt – unter dem spektakulären und pathetischen Titel „Ein Deutsches Verbrechen". *(ein Deutsches Verbrechen?)*

Der allgemeine Aufschrei in den deutschen Medien zielte zunächst auf die Person des Oberst Klein, der durch seine Entscheidung ein für allemal das Bild der Bundeswehr als einer freundlichen, helfenden, schützenden und niemals tödlichen Streitmacht geschwärzt hatte. Später dann, als deutlicher geworden

war, dass die Situation in dem PRT-Lagezentrum in der Tat ziemlich unübersichtlich gewesen war und eine Entscheidungsabwägung enorm schwierig, konzentrierte sich der Ärger in den meisten Medien mehr auf den Minister Jung, den
damaligen Generalinspekteur Schneiderhan und vor allem auch auf die Informa-
tionsabteilung des Ministeriums.

Auf paradoxe Weise kam dann jedoch die freundliche Indifferenz als dominierende Einstellung der Bundesbürger zur Bundeswehr in den folgenden Wochen dem sicherheitspolitischen Status quo zugute. Für die Bundestagswahlen
am 27. September spielte die riesige Aufregung in den Medien über den Kundus-
Vorfall so gut wie keine Rolle. Die Afghanistan-Mission war schon vorher in der
Öffentlichkeit wenig beliebt gewesen, und die Zahl derjenigen, die sie ablehnten,
wuchs jetzt noch weiter. Indes hatte dies nur geringen Einfluss auf das allgemeine Wahlverhalten.

Schock für die
politische und
militärische Führung
der Bundeswehr

Ganz anders muss man die Reaktion in der Militärbürokratie und bei den
sicherheitspolitischen Eliten des Landes beurteilen. Der Kundus-Vorfall wirkte
hier wie ein Schock. Die Selbstwahrnehmung von Deutschland als dem sanften
Friedensbringer in Afghanistan musste drastisch revidiert werden. Der Afghanistaneinsatz war ein Kriegseinsatz, wenn auch einer im Rahmen der „neuen Kriege", die sich von (zwischenstaatlichen) Kriegen herkömmlicher Art in wichtigen
Punkten unterscheiden. Ein solcher Einsatz geht nicht ohne mannigfache Be-
schädigungen ab. Da hatte man sich vorher in die Tasche gelogen. Damit war es
nun vorbei.

14.5 Exit

Versuchsballon
„Kriegsähnliche
Zustände"

Minister zu Guttenberg, im Amt seit Ende Oktober 2009, gab sich als junger und
dynamischer Verteidigungsminister mit einem riesigen Reformprogramm und
dem Mut zu einem jederzeit offenen Wort, soweit man für die Politikersprache
überhaupt offene Worten unterstellen kann (nicht unbedingt pejorativ gemeint,
nur als Beobachtung). Das kam in der deutschen Öffentlichkeit gut an, zumal er
außerdem noch auf die journalistische Unterstützung des Springer-Konzerns
bauen durfte. Der Minister brach mit etlichen Tabus im deutschen Afghanistan-
Diskurs, als er zunächst in einer Art semantischem Test feststellte, diese „Stabili-
sierungsmission" laufe unter „kriegsähnlichen Zuständen" ab, schließlich aber
sogar das bis dahin strengstens vermiedene K-Wort – Krieg – verwendete. Die
Bundeskanzlerin folgte nach einigem Zögern diesem neuen Sprachgebrauch. Die
in Afghanistan eingesetzten Soldaten schätzen diese offene Sprache, zumal sie
auch von einigen bitter benötigten Verbesserungen ihrer Ausrüstung begleitet
wurde.

Kritik aus der Sicht
der eingesetzten
Soldaten

Seither melden sich aber auch vermehrt Soldaten mit Einsatzerfahrungen zu
Wort, sei es in Internet-Blogs (etwa soldatenglück.de oder bendler-blog.de), sei
es mit Artikeln und Büchern. Meist wird darin kein Blatt vor den Mund genommen und in scharfen Worten auf die Diskrepanz verwiesen zwischen dem politischen und sicherheitspolitischen Diskurs in Deutschland einerseits und den Zuständen in Afghanistan andererseits, wie die Autorinnen und Autoren sie vorge-

funden haben. Diese Kritik wurde im politischen System Deutschlands bezeichnenderweise zuerst vom Wehrbeauftragten aufgegriffen und in seine Jahresberichte eingearbeitet. Zugleich, auch das ist ein Effekt des Weckrufs vom Herbst 2009, ist der sicherheitspolitische Diskurs in Deutschland deutlich professioneller geworden, was etwa in einer wachsenden Zahl von Fachbeiträgen zum Ausdruck kommt, in denen die Probleme und Schwierigkeiten nicht mehr vereinfacht werden. Das hätte man früher gebraucht.

14.5.1 Rückzug

Inzwischen hat aber längst eine neue Afghanistan-Debatte begonnen – die Exit-Debatte. Einige andere Länder wie die Niederlande und Kanada haben hier als Vorreiter gewirkt. Dort waren es vor allem innenpolitische Gründe, welche die Regierungen zur Ankündigung des Rückzugs bewogen haben. Die Obama-Administration folgte, ebenfalls aus innenpolitischen Gründen. Gerade an Exit-Debatten, dem Pro und Contra eines Rückzugs der eigenen Streitkräfte aus einer multinationalen Mission, lässt sich der kaum zu überschätzende Einfluss innenpolitischer Faktoren auf sicherheitspolitische Partizipations-Entscheidungen bezüglich solcher Missionen studieren.

Exit-Wettlauf der NATO-Staaten

Der schrittweise Abzug deutscher Truppenteile begann 2012. Ob Deutschland, wie angekündigt, bis zum Jahr 2014 alle oder so gut wie alle Bundeswehr-Soldaten aus Afghanistan abgezogen haben wird, blieb zunächst noch offen. Aus den Reihen der Politiker ist in diesem Zusammenhang häufig der Euphemismus zu hören, der Rückzug aus dem Land erfolge auf problemangemessene Weise und zeitgleich mit der schrittweisen Übergabe der Verantwortung für die innere Ordnung dort an die heimischen Behörden.

wieder Chaos?

Das humanitär-entwicklungspolitische Wiederaufbau-Programm für Afghanistan ist bis heute nur ansatzweise umgesetzt worden, trotz der vielen staatlichen und nicht-staatlichen Akteure, die sich daran beteiligt haben, mal koordiniert, mal in wechselseitiger Abgrenzung zueinander. Tinko Weibezahl (2012), Auslandsmitarbeiter der Konrad-Adenauer-Stiftung in Kabul, überschreibt seine vorläufige Bilanz nach elf Jahren Bundeswehreinsatz in Afghanistan entsprechend vorsichtig mit „bedingt erfolgreich". Außerdem äußert er die Befürchtung, die ISAF-Truppensteller werden unter lautstarkem Herausstellen von Teilerfolgen das Land weitgehend sich selbst, das heißt seinen internen, miteinander verfeindeten Kräften überlassen. Afghanistan könnte im schlimmsten Fall wieder ins Chaos versinken. Ähnlicher Pessimismus kennzeichnet eine Analyse der künftigen Aussichten eines Friedensprozesses in Afghanistan von Nils Wörmer:

> Weder in der afghanischen Gesellschaft noch unter den wichtigsten nicht-militanten Gruppierungen des Landes gibt es einen Konsens darüber, wie der Friedensprozess ablaufen soll (Wörmer 2012, 8).

Die proklamierten politischen Ziele Deutschlands und anderer westlicher Staaten aus den Jahren 2001/2002 werden heute von fast allen Beobachtern und Beteiligten als politisch naiv, viel zu ambitioniert und sogar als kontraproduktiv für das

überambitionierte Ziele für Afghanistan

Langzeit-Verhältnis zwischen dem Westen und der islamischen Welt angesehen. Mit am schärfsten hat Philipp Münch seine Kritik formuliert:

> Aufgrund des Konsensprinzips, welches innerhalb des höchsten NATO-Gremiums wie auch innerhalb der Bundesregierung gilt, gibt es keine Strategie für den Afghanistan-Einsatz, die sowohl Zweck und Ziel als auch den Weg und die Mittel zu dessen Realisierung ausreichend definieren würde. Das Problem der Konsensbildung überdecken sollen Dokumente, die zwar von den Verantwortlichren als ‚Strategie' bezeichnet werden, tatsächlich jedoch nur aus priorisierten Wunschlisten von oft stark bedeutungsoffenen Begriffen besteht (Münch 2011, 29).

Entsprechend vermehrt hat sich die Zahl derjenigen, die nun im Rückblick den ganzen Afghanistan-Einsatz für verfehlt halten. In Deutschland waren es am Anfang nur wenige, die den Afghanistan-Einsatz öffentlich kritisierten (Peter Scholl-Latour, die Linkspartei, Margot Käßmann, Jürgen Todenhöfer – seltsame Mischung). Später haben auch viele anfängliche Befürworter dieses Einsatzes ihre Meinung geändert.

> Dieser Krieg, den ich selbst befürwortet habe, erfüllt mich heute immer wieder mit Trauer, wenngleich nicht mit Scham: der Krieg war falsch, aber das konnte man vorher nicht wissen…Der Versuch gerade der Deutschen, mit der Petersberg-Konferenz Ende 2001 eine Art Marshall-Plan für Afghanistan aufzustellen, war überdies aller Ehren wert und durchaus nicht von vornherein zum Scheitern verurteilt (Ulrich 2011, 130).

fatale geopolitische Konstellation

Indes erleichtert der Stellungswechsel von einem uninformierten und bornierten Optimismus zu einem enttäuschten Pessimismus keineswegs eine Lösung der afghanischen Probleme, sondern macht sie eher noch komplizierter. Denn es ist ja bekannt, dass hinter den internen Konflikten Afghanistans einige hochbrisante makro-regionale Verwicklungen lauern: Pakistan als fragiler Staat besitzt nukleare Waffen und ist tief verstrickt in einen Konflikt mit dem ebenfalls über solche Waffen verfügenden Indien. Für die geopolitischen und geostrategischen Ziele der iranischen Führung könnten demnächst ebenfalls nukleare Waffen zumindest als Drohpotential eingesetzt werden. Und außerdem gehören die zentral-asiatischen Staaten, früher Teil der Sowjetunion, zu den brutalsten Diktaturen weltweit, die mittels des üblichen Grundfehlers solcher Regime ihre aktuelle Stabilität mit Mitteln erzwingen, die irgendwann in der Zukunft auf die Machthaber zurückfallen werden (vgl. Rashid 2009).

Deutschland nicht im Alleingang

Im November 2012 veröffentlichte die Bundesregierung zur Unterrichtung des Deutschen Bundestages einen weiteren Fortschrittsbericht Afghanistan. Der Titel gibt sich hoffnungsfroher, als der Inhalt dieses Berichts es eigentlich erlaubt. Hier wird die Exit-Perspektive für die Jahre 2013 und 2014 erläutert. Weitgehend unerläutert bleibt, wie weit es mit dem „Fortschritt" Afghanistans bis 2014 gekommen sein wird. Dass nach dem Abzug von ISAF dennoch weitere westliche Truppen im Lande bleiben, allerdings in weit geringerem Umfang, wird betont, bleibt aber eine noch nicht weiter konkretisierte Perspektive. Immerhin – für Deutschland war und ist es wichtig, dass der Rückzug der Bundeswehr nicht im Alleingang, sondern nach, wenn auch ziemlich holprigen, Absprachen innerhalb der NATO erfolgt. Schließlich war der ISAF-Einsatz deutscher und anderer Kontingente immer auch gedacht gewesen als gemeinsame Anstrengung mit dem Ziel, den NATO-Zusammenhalt nicht weiter erodieren zu lassen.

14.5.2 Rückblick

Für mehr als eine Zwischenbilanz der ISAF-Mission ist es noch zu früh. Unzweifelhaft hat die westliche Präsenz Spuren in der Gesellschaft des Landes hinterlassen. Diejenigen Afghanen, die ein paar Jahre ihren Lebensunterhalt dadurch sicherten, dass sie sich in den Dienst der ausländischen Truppen (und zivilen Hilfsorganisationen) stellten, werden es auf jeden Fall ökonomisch und vermutlich auch politisch schwer haben. Es ist kaum genauer einzuschätzen, wie künftige Regierungen, sehr vermutlich unter Einschluss der Taliban, wenn nicht sogar unter ihrer Führung, mit den durch westliche Einflüsse in Gang gekommenen oder verstärkten sozialen Veränderungen (u. a. im Bildungswesen, im Gesundheitswesen, bei den Rechten für Frauen) umgehen werden.

In Deutschland hat es gegen Ende des langjährigen Afghanistaneinsatzes, nämlich im September 2009, einen sicherheitspolitischen Weckruf gegeben. Bis dahin verschloss das politische Berlin, gleichviel ob in Zivil oder in Uniform, die Augen vor dem, was sich in diesem Einsatz abspielte, der sich nämlich sehr bald in einen Krieg entwickelte, einen „neuen Krieg", in dem die üblichen Trennungen „klassischer" Kriege sowie die Normen des humanitären Völkerrechts nur halb gelten. Deutschland wollte alle gewaltsamen Konflikte in Afghanistan vermeiden und seine Soldaten ausschließlich als Entwicklungshelfer und Sozialarbeiter einsetzen. Diese Absicht war so fest in die Wahrnehmungsraster eingebrannt, dass man sich in Berlin lange Zeit der Illusion hingab, das eigene Aufbaukonzept für Afghanistan sei wegen seiner zivilen Akzente eben weitaus besser als die militärisch dominierten Konzepte anderer Länder, insbesondere der Vereinigten Staaten. Diese Selbsttäuschung überdauerte auch alle Signale, die ab 2005 deutlich machten, dass der Norden Afghanistans keineswegs „sicher" ist und schon gar nicht wegen der Liebe und Verehrung der dortigen Afghanen für die Deutschen. *(unergiebige Konfrontation ziviler und militärischer Aspekte)*

Demokratien tun sich im Allgemeinen nicht schwer mit kurzfristigen „humanitären Interventionen", wozu nicht zuletzt die Bildmedien ihren aufrüttelnden Beitrag leisten. Sie tun sich indes überaus schwer mit Langzeit-Operationen, in denen es um den Wiederaufbau von Gesellschaften geht, die Bürgerkriege, Massaker und Völkermord durchgemacht haben. Das liegt auch daran, dass, übrigens anders als beim Wiederaufbau Deutschlands und Japans nach 1945, die post-Konflikt-Phase zumeist durch neue oder das Wiederaufleben der alten Konflikte geprägt wird. Ein Engagement von außen ist schwierig, braucht Zeit und viel Ressourcen. Das muss bei der Entscheidung zur Intervention bedacht werden. So schwer es dann manchmal fällt, sich den zahlreichen Gründen, die in einer bestimmten politischen Konstellation für eine Intervention sprechen, zu verschließen – manche davon haben mit der Sache selbst sowieso nur indirekt zu tun -, so kann das doch klüger sein, als sich von dem gerade attraktiv erscheinenden Argumenten-Schwarm forttragen zu lassen. *(Intervention und Demokratie-Export)*

Entscheidungen
implizieren
Konsequenzen

Es kommt halt immer auf den Einzelfall an. Und man kann auch keine direkten Lehren aus der jeweils vorigen Interventions-Entscheidung ziehen. Negative Erfahrungen in Afghanistan bedeuten nicht automatisch, dass man in Libyen nicht eingreifen sollte. Und möglicherweise positive Erfahrungen in Libyen lassen sich ihrerseits nicht auf den Fall Syrien übertragen.

Drohnen statt
Interventionen?

Wenn allerdings die Entscheidung zur Intervention gefallen ist, dann muss man sich darauf gefasst machen, dass sie zeit- und materialaufwendig ist, dass die eigenen Soldaten, Polizisten oder die zivilen Helfer Opfer gewaltsamer Übergriffe werden können und der Einsatz auch Menschenleben kostet. Deutschland hat so auf die harte Weise lernen müssen, dass eine „Intervention light" nicht geht, dass der Krieg, wenn man daran teilnimmt, und sei es mit hehren Motiven, auch immer eine schmutzige Seite hat. Der Einsatz von Streitkräften und auch der präzisesten Waffensysteme birgt immer das Risiko, dass auch die „falschen Leute" davon betroffen werden. Keine noch so munteren Werbespots können diesen Sachverhalt überdecken. Auch nicht die Hoffnungen, die für ein paar Jahre mit der neuen „Wunderwaffe", den Drohnen, verbunden sind.

Ausblick

In den nächsten Jahren dürften sich die Neuen Sicherheitsstudien international weiter verbreiten. Für universitäre Grundlagenforschung und für angewandte, auf kurz und mittelfristig sich stellende politische Entscheidungsprobleme hin ausgerichtete Analysen und Studien in staatlichen und privaten Denkfabriken wird die Nachfrage eher größer werden. Das liegt einfach daran, dass die Komplexität der Globalisierung samt ihren Begleiterscheinungen die Suche nach Sicherheit, und sei es nur etwas mehr Sicherheit, in den verschiedensten politischen, wirtschaftlichen, ökologischen und technologischen Zusammenhängen zu einem wichtigen Gegenstand menschlichen Denkens und Handelns gemacht hat.

Selbstverständlich trifft das auch für die militärische Dimension von Sicherheit zu. Es klingt paradox, ist es aber nicht: Militärische Sicherheit hat im Vergleich zu anderen Sicherheits-Dimensionen an Gewicht verloren, aber eben nur in diesem Vergleich. Konzentriert man den Blick auf die Entwicklung von Streitkräften und Strategien, Rüstungsentwicklung und das Aufflammen organisierter Gewalt, kann man nur leicht erschrocken feststellen, dass von einer verminderten Bedeutung militärischer Sicherheit und auch einem Trend zur Verminderung materieller oder ideeller Ressourcen für militärische Sicherheit keine Rede sein kann. Zwar konstatieren, was die weltweiten Ausgaben für Rüstung betrifft, die Statistiken des *Stockholm International Peace Research Institute* (SIPRI) und die Veröffentlichungen zur Military Balance des *International Institute for Strategic Studies* (IISS) in London immer mal wieder rückläufige Zahlen in bestimmten Makro-Regionen. Aber in anderen Makro-Regionen sieht das wieder anders aus, und mit der Zeit steigen die Zahlen wieder.

Gewichtung militärischer Sicherheit

Insofern kann man den Verfechtern der verschiedenen Variationen des Realismus in der Forschung wenig entgegensetzen, wenngleich von dieser Feststellung zu einem sicherheitspolitischen Rundum-Fatalismus ein weiter Weg ist, den man nicht zu gehen braucht.

Was die Beschäftigung mit Krieg und Frieden, der Einsatztypologie moderner Streitkräfte und den Voraussetzungen und Konsequenzen von multinationalen Militäraktionen wie Krisenstabilisierungen, humanitären Interventionen und Friedensmissionen heute und in den vor uns liegenden Jahren so spannend macht, das sind vor allem fünf Aspekte:

- die Schnittstellen mit zivilen Aktionen staatlicher und nicht-staatlicher Akteure zur Sicherheitsvorsorge und Sicherheitsstabilisierung;
- die Testläufe des sich quantitativ und qualitativ weiterentwickelnden Instrumentariums zur Bewahrung und Wiederherstellung von Sicherheit in der internationalen Politik;
- die langsame, von Rückentwicklungen nicht freie Entfaltung einer neuen Dimension des internationalen oder Völkerrechts mit anderen als herkömmlichen Handlungsanweisungen und Handlungsverboten für Streitkräfte;

Künftig besonders spannende Aspekte

- der Anpassungs-Imperativ für die Streitkräfte, um den neuen Herausforderungen entsprechen zu können;
- die Veränderungen des gesellschaftlichen Umfeldes für Streitkräfte und entsprechend des zivil-militärischen Verhältnisses.

Eine große und die verschiedenen sicherheitsrelevanten Vorgänge in und zwischen Staaten vereinheitlichende Perspektive kann man nicht anbieten. Schade eigentlich. Aber weder sind die hoffnungsfrohen Ausblicke auf eine wegen der Ausbreitung von Demokratien im internationalen System oder wegen einer Machtverschiebung von den nur selbstbezogen agierenden Staaten zu einem übergeordneten und dem großen Ganzen der globalen Politik verpflichteten internationalen Organisations-System wirklich fundiert. Noch lässt sich leugnen, dass die alarmistischen Chaos-Prognosen letztlich kaum mehr sind als der Ausdruck einer subjektiven rhetorischen Lust am Untergang.

notwendig: politische Urteilskraft

Zur Analyse und Beurteilung künftiger Sicherheitspolitik auf nationaler, makro-regionaler und globaler Ebene braucht es – aber das ist auf allen anderen Feldern der Politik ganz genauso – politische Urteilskraft (vgl. von Bredow/ Noetzel 2009). Sie ist ein wichtiges Instrument zur allgemeinen politischen Orientierung. Aber man braucht politische Urteilskraft auch dafür, nicht nur eine politische Situation an sich, sondern den Diskurs über diese Situation zu analysieren. Diese beiden Ebenen gehen heute in der „Informationsgesellschaft" oder der „Mediengesellschaft" ineinander über.

Das Erkennen und Aushalten von *Ambivalenzen*, von *Widersprüchen* und *Zielkonflikten* gehört auch dazu; und bei den Themen der Neuen Sicherheitsstudien gibt es davon reichlich.

Tabellen und Übersichten

Empfohlene Literatur

Da in diesem Buch drei zwar aneinandergrenzende, aber in der Regel getrennt voneinander behandelte Themenfelder als Einheit betrachtet werden, gibt es zwar für jedes einzelne davon sehr empfehlenswerte Literatur, aber so gut wie keine Publikationen, denen ein ähnlichen Ansatz zugrunde liegt. Das werden die sich hierzulande nach einem gewissen Vorlauf im angelsächsischen Sprachraum gerade entwickelnden Neuen Sicherheitsstudien zu leisten haben. Wer sich über den Stand und die thematischen Schwerpunkte dieser Forschung einen ersten Gesamtüberblick verschaffen will, sei auf die beiden folgenden Veröffentlichungen verwiesen:

- Williams, Paul D. Hrsg. 2013². *Security Studies. An Introduction.* London und New York: Routledge.
- Collins, Alan Hrsg. 2010². *Contemporary Security Studies.* Oxford: Oxford University Press.

An beiden Bänden hat sich eine große Zahl von Fachleuten beteiligt. Beide sind überaus materialreich, übersichtlich gegliedert und didaktisch geschickt aufgemacht. Lehrbücher dieser Art haben im anglophonen Sprachraum eine lobenswerte Tradition, auf die wir hierzulande nur etwas neidisch blicken können.

Wie weit die sozialwissenschaftliche Sicherheitsforschung sich auf interdisziplinäre Fragestellungen und Vorgehensweisen einzustellen hat und wie sie diese Herausforderung angeht, lässt sich einem Sammelband entnehmen, dessen Lektüre, wenn sie sich ganz lohnen soll, allerdings bereits beträchtliche Fachkenntnisse voraussetzt:

- Daase, Christopher, Philipp Offermann und Valentin Rauer Hrsg. 2012. *Sicherheitskultur. Soziale und politische Praktiken der Gefahrenabwehr.* Frankfurt/M.: Campus.

Eine knappe Einführung in die Theorien, Doktrinen und klassischen Institutionen der in der Hauptsache auf Militär und Streitkräfte konzentrierten Sicherheitspunkte, adressiert an alle, die sich auf akademischem Niveau mit den internationalen Beziehungen beschäftigen, bietet dieser Sammelband:

- Enskat, Sebastian und Carlo Masala Hrsg. 2014. *Internationale Sicherheit. Eine Einführung.* Wiesbaden: Springer VS.

Die Literatur über die politisch-militärische Kultur Deutschlands und die Vorgeschichte und Geschichte der Bundeswehr von ihrer Gründung bis zur Gegenwart hat in den letzten Jahren quantitativ zugenommen, und auch qualitativ hat sie, wenn man das so unverblümt sagen darf, aufgeholt. Sozialwissenschaftliche

Ansätze und historische, archiv-gestützte Forschungen ergänzen einander. Einen auch für internationale Vergleiche offenen Überblick zu Methoden, Theorien und Inhalten der sozialwissenschaftlichen Militärforschung findet sich in:

- Leonhard, Nina und Jacqueline Werkner Hrsg. 2012². *Militärsoziologie. Eine Einführung*. Wiesbaden: VS Verlag für Sozialwissenschaften.

Als sehr nützliches Kompendium für die Geschichte der Bundeswehr in den ersten 50 Jahren ihres Bestehens hat sich erwiesen:

- Nägler, Frank Hrsg. 2007. Die Bundeswehr 1955 bis 2005. Rückblenden, Einsichten, Perspektiven. München: Oldenbourg.

Jedes dieser Bücher eignet sich als vertiefende Ergänzung, aber auch als Ausgangspunkt für intellektuelle Ausflüge in Themenfelder, die mit denen in diesem Buch bearbeiteten thematischen Schwerpunkten aufs engste verknüpft sind.

Literaturverzeichnis

Abenheim, Donald. 1989. *Bundeswehr und Tradition. Die Suche nach dem gültigen Erbe des deutschen Soldaten.* München: Oldenbourg.

Afheldt, Horst, Christian Potyka, Utz-Peter Reich und Carl-Friedrich von Weizsäcker. 1972. *Durch Kriegsverhütung zum Krieg? Die politischen Aussagen der Weizsäcker-Studie 'Kriegsfolgen und Kriegsverhütung'.* München: C. Hanser.

Ahammer, Andreas und Stephan Nachtigall (Hrsg.). 2010. *Wehrpflicht – Legitimes Kind der Demokratie.* Berlin: Berliner Wissenschafts-Verlag.

Albrecht, Ulrich. 1980. *Die Wiederaufrüstung der Bundesrepublik. Analyse und Dokumentation.* Köln: Pahl-Rugenstein.

Algieri, Franco. 2010. *Die Gemeinsame Außen- und Sicherheitspolitik der EU.* Wien: Facultas.

Apelt, Maja (Hrsg.). 2010. *Forschungsthema: Militär. Militärische Organisationen im Spannungsfeld von Krieg, Gesellschaft und soldatischen Subjekten.* Wiesbaden: VS Verlag für Sozialwissenschaften.

Apt, Wenke. 2010. *Reform der Bundeswehr. Chancen und Risiken des Personalabbaus.* SWP-Aktuell 80. Berlin.

Arbeitsgemeinschaft Kriegsursachenforschung und Wolfgang Schreiber (Hrsg.). 2008. *Das Kriegsgeschehen 2006. Daten und Tendenzen der Kriege und bewaffneten Konflikte.* Wiesbaden: VS Verlag für Sozialwissenschaften.

Arbeitskreis Internationale Sicherheitspolitik der Friedrich-Ebert-Stiftung. 2014. *Die deutsche Sicherheitspolitik braucht mehr Strategiefähigkeit.* Berlin.

Arbeitskreis Internationale Sicherheitspolitik der Friedrich-Ebert-Stiftung. 2012. *Ein Kompass für die GSVP.* Berlin.

Bald, Detlef. 2005. Die Bundeswehr. *Eine kritische Geschichte 1955-2005.* München: C. H. Beck.

Bald, Detlef. 1999. Der Paradigmenwechsel der Militärpolitik. *Mittelweg 36,* 8 (5): 23-32.

Bald, Detlef u. a. (Hrsg.). 2008. *Zurückgestutzt, sinnentleert, unverstanden. Die Innere Führung der Bundeswehr.* Baden-Baden: Nomos.

Barany, Zoltan. 2012. *The Soldier and the Changing State. Building Democratic Armies in Africa, Asia, Europe, and the Americas.* Princeton, N.J.: Princeton University Press.

Barfield, Thomas. 2010. *Afghanistan. A Cultural and Political History.* Princeton, N. J.: Princeton University Press.

von Baudissin, Wolf Graf. 1982. *Nie wieder Sieg! Programmatische Schriften 1951-1981,* hrsg. Cornelia Bührle und Claus von Rosen. München: Piper Verlag.

von Baudissin, Wolf Graf. 1969. Soldat für den Frieden. Entwürfe für eine zeitgemäße Bundeswehr, hrsg. Peter von Schubert. München: Piper Verlag.

Beebe, Shannon D. und Mary Kaldor. 2010. *The Ultimate Weapon is No Weapon. Human Security and the New Rules of War and Peace.* New York: Public Affairs.

Bellamy, Alex J. 2011. Libya and the Responsibility to Protect: The Exception and the Norm. *Ethics and International Affairs* 25. (3): 263-269.

Bericht der Strukturkommission der Bundeswehr. 2010. *Vom Einsatz her denken. Konzentration, Flexibilität, Effizienz.* http://www.vbb.dbb.de/pdf/bericht_strukturkommission.pdf

Beyrau, Dietrich, Michael Hochgeschwender und Dieter Langewiesche (Hrsg.). 2007. *Formen des Krieges. Von der Antike bis zur Gegenwart.* Paderborn: F. Schöningh.

Biehl, Heiko, Bastian Giegerich und Alexandra Jonas (Hrsg.). 2013. *Strategic Cultures in Europe. Security and Defence Policies Across the Continent.* Wiesbaden: Springer VS.

Biehl, Heiko und Rüdiger Fiebig. 2011. *Zum Rückhalt der Bundeswehr in der Bevölkerung. Empirische Hinweise zu einer emotional geführten Debatte.* SOWI Thema 2/2011. Strausberg.

Biehl, Heiko, Jörg Keller und Maren Tomforde. 2005. ‚Den eigentlichen Einsatz fährt meine Frau zu Hause…'. Belastungen von Bundeswehr-Soldaten und ihren Familien während des Auslandseinsatzes. In *Diener zweier Herren. Soldaten zwischen Bundeswehr und Familie,* hrsg. Gerhard Kümmel, 73-107. Frankfurt/M.: P. Lang.

Biscop, Sven. 2008. Permanent Structured Cooperation and the Future of the ESDP: Transformation and Integration. *European Foreign Affairs Review,* 13: 431-448.

Bohrmann, Thomas, Karl-Heinz Lather, und Friedrich Lohmann (Hrsg.). 2013. *Handbuch Militärische Berufsethik. Bd. 1: Grundlagen.* Wiesbaden: Springer VS.

Bonacker, Thorsten und Jan Bernhardt. 2006. Von der *security community* zur *securitized community:* Zur Diskursanalyse von Versicherheitlichungsprozessen am Beispiel der Konstruktion einer europäischen Identität. In *Methoden der Sicherheitspolitischen Analyse. Eine Einführung,* hrsg. Alexander Siedschlag, 219-242. Wiesbaden: VS Verlag für Sozialwissenschaften.

Bourke, Joanne. 1999. *An Intimate History of Killing. Face to Face Killing in 20th Century Warfare.* New York: Basic Books.

Boutros-Ghali, Boutros. 1992. *Die Agenda für den Frieden. Analysen und Empfehlungen des UN-Generalsekretärs – Forderungen an die deutsche Politik.* Bonn-Bad Godesberg: Stiftung Entwicklung und Frieden.

Braithwaite, Sir Rodric. 2011. The Russians in Afghanistan. *Asian Affairs,* 42 (2): 213-229.

Brauch, Hans Günter u.a. (Hrsg.) 2008. *Globalization and Environmental Challenges. Reconceptualizing Security in the 21st Century.* Berlin: Springer.

von Bredow, Wilfried. 2013. Afghanistan-Schock. Über die deutschen Schwierigkeiten mit einer kognitiven Lücke in der Sicherheitspolitik. In *Geheimdienste, Diplomatie und Krieg. Das Räderwerk der Internationalen Beziehungen. Festschrift zum 65. Geburtstag von Wolfgang Krieger,* hrsg. Carlos Collado Seidel, S. 277-291. Münster: LIT Verlag.

von Bredow, Wilfried. 2010a. Bundeswehr-Reform. Kleine Schritte und ein großer Sprung. *Zeitschrift für Staats- und Europawissenschaften,* 8 (3) 384-411.

von Bredow, Wilfried. 2010b. Die Neuen Sicherheitsstudien zwischen Internationalen Beziehungen, Militärsoziologie und Friedens- und Konfliktforschung. In *Politikwissenschaft in Deutschland, hrsg.* Irene Gerlach, Eckhard Jesse, Marianne Kneuer und Nikolaus Werz, 423-434. Baden-Baden: Nomos.

von Bredow, Wilfried. 2008a. *Militär und Demokratie in Deutschland. Eine Einführung.* Wiesbaden: VS Verlag für Sozialwissenschaften.

von Bredow, Wilfried. 2008b. Akzeptanz ohne Verbindlichkeit. Die deutsche Sicherheitspolitik im zivilgesellschaftlichen Diskurs. In *Sicherheitspolitische Kommunikation im Wandel,* hrsg. Dieter Ose, 83-97. Baden-Baden: Nomos.

von Bredow, Wilfried. 2007. Erweitertes Einsatzspektrum der Bundeswehr – Konsequenzen für die Innere Führung. In *Innere Führung für das 21. Jahrhundert. Die Bundeswehr und das Erbe Baudissins,* hrsg. E. Wiesendahl, 129-138. Paderborn: F. Schöningh.

von Bredow, Wilfried. 2006. Kämpfer und Sozialarbeiter. Soldatische Selbstbilder im Spannungsfeld herkömmlicher und neuer Einsatzmissionen. In *Handbuch Militär und Sozialwissenschaften.* 2. akt. und erw. Aufl., hrsg. Sven Bernhard .B. Gareis und Paul Klein, 314-321. Wiesbaden: VS Verlag für Sozialwissenschaften.

von Bredow, Wilfried. 2004. Melancholischer Abschied. Nach dem Ende des Ost-West-Konflikts hat die Wehrpflicht ausgedient. *Frankfurter Allgemeine Zeitung*, 17. August 2004.

von Bredow, Wilfried. 1997. Im Schlagschatten des Bundesverfassungsgerichts. Die neubestimmte Rolle der Streitkräfte in der Außen- und Sicherheitspolitik des vereinigten Deutschland. In *Revision des Grundgesetzes? Ergebnisse der Gemeinsamen Verfassungskommission (GKV) des Deutschen Bundestages und des Bundesrates*, hrsg. Norbert Konegen und Peter Nitschke, 159-176. Opladen: Verlag Leske & Budrich.

von Bredow, Wilfried. 1992. Der KSZE-Prozess. Von der Zähmung zur Auflösung des Ost-West-Konflikts. Darmstadt: Wiss. Buchgesellschaft.

von Bredow, Wilfried. 1983. *Moderner Militarismus. Analyse und Kritik*. Stuttgart: Kohlhammer.

von Bredow, Wilfried und Thomas Noetzel. 2009. *Politische Urteilskraft*. Wiesbaden: VS Verlag für Sozialwissenschaften.

Brück, Tilman, Olaf J. de Groot und Friedrich Schneider. 2011. The Economic Costs of the German Participation in the Afghanistan War. *Journal of Peace Research* 48 (6): 793-805.

Brüning, Christoph. 2004. Der informierte Abgeordnete. Die Informationspflicht der Regierung als ‚Bringschuld' gegenüber dem Parlament. *Der Staat*, 43: 511-541.

Brummer, Klaus. 2013. Die Innenpolitik der Außenpolitik. Die Große Koalition, ‚Governmental Politics' und Auslandseinsätze der Bundeswehr. Wiesbaden: Springer VS.

Brummer, Klaus und Stefan Fröhlich (Hrsg.). 2011. Zehn Jahre Deutschland in Afghanistan. Sonderheft 3/2011 der *Zeitschrift für Außen- und Sicherheitspolitik*.

Bulmahn, Thomas. 2012. *Ergebnisse der Bevölkerungsumfrage 2012. Kurzbericht*. Strausberg: Sozialwissenschaftliches Institut der Bundeswehr.

Bulmahn, Thomas. 2006. Das sicherheits- und verteidigungspolitische Meinungsklima in Deutschland. Aktuelle Ergebnisse der SOWI-Bevölkerungsbefragung 2005. *SOWI News* 1/2006, 1-11.

Bulmahn, Thomas, Rüdiger Fiebig und Carolin Hilpert. 2011. *Sicherheits- und verteidigungspolitisches Meinungsklima in der Bundesrepublik Deutschland*. SOWI-Forschungsbericht 94. Strausberg.

Bundesministerium der Verteidigung. 2012. Die Neuausrichtung der Bundeswehr. Nationale Interessen wahren – Internationale Verantwortung übernehmen – Sicherheit gemeinsam gestalten. Berlin.

Bundesministerium der Verteidigung. 2011. *Verteidigungspolitische Richtlinien*. Berlin.

Bundesministerium der Verteidigung. 2010a. *Bericht des Generalinspekteurs der Bundeswehr zum Prüfauftrag aus der Kabinettsklausur vom 7. Juni 2010*. http://www.rk-mgk-bayreuth.de/pdf/sipo/0100919_0209_Bericht_des_GenInsp__ Endfassung-1.pdf (Zugriff am 10.10. 2012)

Bundesministerium der Verteidigung. (2010b): Innere Führung. Selbstverständnis und Führungskultur der Bundeswehr. Berlin

Bundesministerium der Verteidigung. 2008. ZDv 10/1 Innere Führung. http://www. innerefuehrung.bundeswehr.de/portal/a/zinfue/!ut/p/c4/JYvLCsIwEEX_aCaVatWd DwQV1J3WjSTtWGLSpMSJgvjxJngPnM3h4hUTTr50J1l7Jy1esG70XL3hadTto90 9EkjDkawlCJEao-AxEmKK5_xtCRrviLOZHOvkLkj2AQYf2OYSQ0gFdIu1KNZL UYqJ-K_4VqvZfneqyvH2sDni0PeLH0bIQeM!/ (Zugriff am 12.9.2012).

Bundesministerium der Verteidigung. 2006. *Weißbuch zur Sicherheitspolitik Deutschlands und zur Zukunft der Bundeswehr*. Berlin.

Bundesministerium der Verteidigung. 2004. *Grundzüge der Konzeption der Bundeswehr*. Berlin.

Bundesministerium der Verteidigung. 2003. *Verteidigungspolitische Richtlinien* (Manuskript). Berlin.

Bundesministerium der Verteidigung. 2002. Die Bundeswehr – sicher ins 21. Jahrhundert. Eckpfeiler für eine Erneuerung von Grund auf. Berlin.

Bundesministerium der Verteidigung. 1994. Weißbuch zur Sicherheit der Bundesrepublik Deutschland und zur Lage und Zukunft der Bundeswehr. Bonn.

Bundesministerium der Verteidigung. 1985. Weißbuch zur Lage und Entwicklung der Bundeswehr. Bonn.

Bundesministerium der Verteidigung. 1970. Weißbuch zur Sicherheit der Bundesrepublik Deutschland und zur Lage der Bundeswehr. Bonn.

Bundesregierung. 2012. Fortschrittsbericht Afghanistan zur Unterrichtung des Deutschen Bundestages.   http://www.auswaertiges-amt.de/cae/servlet/contentblob/632316/ publicationFile/174653/121128_Fortschrittsbericht_2012.pdf (Zugriff 21. Februar 2013).

Bundeszentrale für politische Bildung (Hrsg.). 2009. *Grundgesetz für die Bundesrepublik Deutschland.* Bonn.

Buschmann, Nikolaus und Dieter Langewiesche (Hrsg.). 2003. *Der Krieg in den Gründungsmythen europäischer Nationen und der USA.* Frankfurt/M.: Campus.

Butler, Judith. 2010. Raster des Krieges. Warum wir nicht jedes Leid beklagen. Frankfurt/M.: Campus.

Buzan, Barry und Lene Hansen. 2010. *The Evolution of International Security Studies.* Cambridge: Cambridge University Press.

Chauvistré, Eric. 2009. Wir Gutkrieger. Warum die Bundeswehr im Ausland scheitern wird. Frankfurt/M.: Campus.

Chiari, Bernhard (Hrsg.). 2012. Auftrag Auslandseinsatz. Neueste Militärgeschichte an der Schnittstelle von Geschichtswissenschaft, Politik, Öffentlichkeit und Streitkräften. Freiburg i. Br.: Rombach.

Chiari, Bernhard und Magnus Pahl (Hrsg.). 2010. *Auslandseinsätze der Bundeswehr.* Paderborn: F. Schöningh.

Chickering, Roger und Stig Förster (Hrsg.). 2003. *The Shadows of Total War. Europe, East Asia, and the United States, 1919-1939.* Cambridge: Cambridge University Press.

Chojnacki, Sven. 2006. Kriege im Wandel. Eine typologische und empirische Bestandsaufnahme. In *Den Krieg überdenken. Kriegsbegriffe und Kriegstheorien in der Kontroverse,* hrsg. Anna Geis, 47-74. Baden-Baden: Nomos.

von Clausewitz, Carl. 1973. *Vom Kriege,* hrsg. Werner Hahlweg, 18. Aufl., Bonn: F. Dümmler.

Clement, Rolf. 2004. Parlamentsbeteiligungsgesetz. Kommentar. *Deutschlandradio* vom 25. 03. 2004. http://www.dradio.de/dlf/sendungen/kommentar/255302/ (Zugriff am 10. 12. 2011).

Collins, Alan (Hrsg.). 2010². *Contemporary Security Studies.* Oxford: Oxford University Press.

Conze, Eckart. 2009. Die Suche nach Sicherheit. Eine Geschichte der Bundesrepublik Deutschland von 1949 bis zur Gegenwart. München: Siedler.

Cooper, Robert. 2004. The Breaking of Nations. Order and Chaos in the 21st Century. London: Atlantic Books.

Cordesman, Anthony H. 2010. *The Afghan War at End 2009: A Crisis and New Realism.* Washington, D.C.: Center for Strategic and International Studies.

Cottey, Andrew. 2013². *Security in 21st Century Europe.* Houndmills, Basingstoke: Palgrave Macmillan.

van Creveld, Martin. 2009. Gesichter des Krieges. Der Wandel bewaffneter Konflikte von 1900 bis heute. München: Siedler.

van Creveld. Martin. 2005. Kampfkraft. Militärische Organisation und Leistung 1939-1945. Graz: Ares Verlag.

van Creveld, Martin. 1998. *Die Zukunft des Krieges*. Stuttgart: Gerling Akademie Verlag.

Croft, Stuart und Rita Floyd. 2011. European Non-Traditional Security Theory: From Theory to Practice. *Geopolitics, History, and International Relations*. 3 (2): 152-179.

Croissant, Aurel und David Kühn 2011. *Militär und zivile Politik*. München: Oldenbourg.

Czempiel, Ernst-Otto. 1999. *Kluge Macht. Außenpolitik für das 21. Jahrhundert*. München: C. H. Beck.

Daase, Christopher. 2011. Der Wandel der Sicherheitskultur – Ursachen und Folgen des erweiterten Sicherheitsbegriffs. In *Zivile Sicherheit. Gesellschaftliche Dimensionen gegenwärtiger Sicherheitspolitiken*, hrsg. Peter Zoche, Peter Kaufmann und Rita Haverkamp, 139-158. Bielefeld: transcript Verlag.

Daase, Christopher, Philipp Offermann und Valentin Rauer (Hrsg.). 2012. *Sicherheitskultur. Soziale und politische Praktiken der Gefahrenabwehr*. Frankfurt/M.: Campus.

Däniker, Gustav. 1992. Wende Golfkrieg. Vom Wesen und Gebrauch künftiger Streitkräfte. Frankfurt/M.: Report Verlag.

Dahl Martinsen, Kaare. 2013. Totgeschwiegen? Deutschland und die Gefallenen des Afghanistan-Einsatzes. *Aus Politik und Zeitgeschichte*, 63 (44): 17-23.

Daxner, Michael und Hannah Neumann (Hrsg.). 2012. *Heimatdiskurs. Wie die Auslandseinsätze der Bundeswehr Deutschland verändern*. Bielefeld: transcript Verlag.

Deutsche Vereinigung für Parlamentsfragen. 2010. Parlamentsarmee zwischen Grundgesetz und internationalem Völkerrecht. In *DVParl-Forum*, www.vo2s.de/mi_dvparl 2010.pdf (Zugriff 07. 12. 2012).

Deutscher Bundestag. 2012. *Unterrichtung durch den Wehrbeauftragten. Jahresbericht 2011* (53. Bericht). Drucksache 17/8400 vom 24. 1. 2012. Berlin.

Diedrich, Torsten, Hans Ehlert, und Rüdiger Wenzke (Hrsg.). 1998. *Im Dienste der Partei. Handbuch der bewaffneten Organe der DDR*. Berlin: Chr. Links Verlag.

Dülffer, Jost. 2008. Frieden stiften. Deeskalations- und Friedenspolitik im 20. Jahrhundert. Köln: Böhlau.

Dülffer, Jost, Martin Kröger und Rolf-Harald Wippich (Hrsg.). 1997. Vermiedene Kriege. Die Eskalation von Konflikten der Großmächte zwischen Krimkrieg und Erstem Weltkrieg (1856-1914). München: Oldenbourg.

Enskat, Sebastian und Carlo Masala (Hrsg.). 2013. *Internationale Sicherheit. Eine Einführung*. Wiesbaden: Springer VS.

Etzersdorfer, Irene. 2007. Krieg. Eine Einführung in die Theorie bewaffneter Konflikte. Köln: Böhlau.

Europäische Sicherheitsstrategie. 2003. *Ein sicheres Europa in einer besseren Welt*. www.consilium.europa.eu/uedocs/cmsUpload/031208ESSIIDE.pdf (Zugriff am 14. 5. 2010)

Flechtner, Stefanie. 2007. *In neuer Mission. Auslandseinsätze und die deutsche Sicherheitspolitik*. Bonn-Bad Godesberg: Friedrich-Ebert-Stiftung (Projekt Kompass 2020).

Foley, Conor. 2008. The Thin Blue Line. How Humanitarianism Went to War. London: Verso.

Forster, Anthony. 2011. The Transformation of European Armed Forces. In *European Security since the Fall of the Berlin Wall*, hrsg. Frédéric Mérand, Martial Foucault und Bastien Irondelle, 193-212. Toronto: University of Toronto Press.

Franke, Jürgen. 2012. Wie integriert ist die Bundeswehr? Eine Untersuchung zur Integrationssituation der Bundeswehr als Verteidigungs- und Einsatzarmee. Baden-Baden: Nomos.

Fröhling, Hans-Günter. 2006. Innere Führung und Multinationalität. Eine Herausforderung für die Bundeswehr. Berlin: Carola Hartmann Miles-Verlag.

Gärtner, Heinz. 2008². Internationale Sicherheit. Definitionen von A-Z. Baden-Baden: Nomos.

Gareis, Sven Bernhard. 2006². Das Multinationale Korps Nordost in Stettin. In *Handbuch Militär und Sozialwissenschaft*, hrsg. Sven Bernhard Gareis und Paul Klein, 390-400. Wiesbaden: VS Verlag für Sozialwissenschaften.

Gareis, Sven Bernhard. 2005. *Deutschlands Außen- und Sicherheitspolitik. Eine Einführung*. Opladen: Barbara Budrich Verlag.

Gat, Azar. 2008. *War in Human Civilization*. Oxford: Oxford University Press.

Geiger, Gebhard. 2007. EU-Sicherheitsforschung. Der Beitrag der Wissenschaft zur europäischen Sicherheit. Berlin: SWP-Aktuell 21.

Geis, Anna, Harald Müller und Wolfgang Wagner (Hrsg.). 2007. Schattenseiten des Demokratischen Friedens. Zur Kritik einer Theorie liberaler Außen- und Sicherheitspolitik. Frankfurt/M.: Campus.

Gemeinsame Sicherheit. 2000. Gemeinsame Sicherheit und Zukunft der Bundeswehr. Bericht der Kommission an die Bundesregierung. Bonn.

Gerhold, Lars und Jochen Schiller (Hrsg.). 2012. Perspektiven der Sicherheitsforschung. Beiträge aus dem Forschungsforum Öffentliche Sicherheit. Frankfurt/M.: Peter Lang Verlag.

von Gersdorff, Gero. 2009. *Die Gründung der Nordatlantischen Allianz*. München: Oldenbourg.

Gertz, Bernhard. 1998. Die Entwicklung der Inneren Führung aus der Sicht des Deutschen Bundeswehr-Verbandes. In *Innere Führung im Wandel. Zur Debatte um die Führungsphilosophie der Bundeswehr* hrsg. Andreas Prüfert, 13-18. Baden-Baden: Nomos.

Giegerich, Bastian. 2012. *Die NATO*. Wiesbaden: VS Verlag für Sozialwissenschaften.

Goebel, Peter (Hrsg.). 2000. Von Kambodscha bis Kosovo. Auslandseinsätze der Bundeswehr seit Ende des Kalten Krieges. Frankfurt/M.: Report Verlag.

Greenwood, Christopher. 1993. Gibt es ein Recht auf humanitäre Intervention? In: *Europa-Archiv* 48 (4): 93-106.

Groß, Jürgen. 2005. *Demokratische Streitkräfte*. Baden-Baden: Nomos.

Grüner, Jan Ingo. 2012. Ankunft in Deutschland. Die Intellektuellen und die Berliner Republik 1998-2006. Berlin: be.bra Verlag.

Gujer, Eric. 2007. Schluss mit der Heuchelei: Deutschland ist eine Großmacht. Ein Standpunkt. Hamburg: Edition Körber-Stiftung.

Haas, Harald und Franz Kernic. 1998. Zur Soziologie von UN-Peacekeeping-Einsätzen. Ergebnisse sozialempirischer Erhebungen bei österreichischen UN-Kontingenten. Baden-Baden: Nomos.

Hadjer, Tahmina Sadat. 2010. Die Bundeswehr in Afghanistan. Zivil-militärische Zusammenarbeit. Bonn: Bouvier.

vom Hagen, Ulrich. 2012. Homo Militaris. Perspektiven einer kritischen Militärsoziologie. Bielefeld: transcript Verlag.

Haltiner, Karl W. 2006. Vom Landesverteidiger zum militärischen Ordnungshüter. In *Handbuch Militär und Sozialwissenschaften*. 2. akt. u. erw. Aufl., hrsg Sven Bernhard Gareis und Paul Klein, 518-526. Wiesbaden: VS Verlag für Sozialwissenschaften.

Haltiner, Karl W. 2003b. The Decline of the European Mass Armies. In *Handbook of the Sociology of the Military*, hrsg. Guiseppe Caforio, 61-384. New York: Kluwer Academic.

Haltiner, Karl W. und Gerhard Kümmel (Hrsg.). 2008. *Wozu Armeen? Europas Streitkräfte vor neuen Aufgaben*. Baden-Baden: Nomos.

Hansen, Marc. 2012. Vom Friedensalltag zur Kriegserfahrung. Eine kulturgeschichtliche Annäherung an Bundeswehrsoldaten im Kampfeinsatz. In *Auftrag Auslandseinsatz*, hrsg. Bernhard Chiari, 263-273. Freiburg i. Br.: Rombach.

Hartmann, Uwe. 2007. Innere Führung. Erfolge und Defizite der Führungsphilosophie für die Bundeswehr. Berlin: Carola Hartmann Miles-Verlag.

Hassner, Pierre. 1993. Im Zweifel für die Intervention. Ein Plädoyer. *Europa-Archiv* 48 (6): 151-158.

Heidenkamp, Henrik. 2010. Der Entwicklungsprozess der Bundeswehr zu Beginn des 21. Jahrhunderts. Wandel im Spannungsfeld globaler, nationaler und bündnispolitischer Bestimmungsfaktoren. Frankfurt/M.: Peter Lang Verlag.

Hellmann, Gunter. 2007. Sicherheitspolitik. In *Handbuch zur deutschen Außenpolitik, hrsg.* Siegmar Schmidt, Gunter Hellmann und Reinhard Wolf, 605-617. Wiesbaden: VS Verlag für Sozialwissenschaften.

Herberg-Rothe, Andreas. 2003. *Der Krieg. Geschichte und Gegenwart.* Frankfurt/M.: Campus.

Herspring, Dale R. 2000. Requiem für eine Armee. Das Ende der Nationalen Volksarmee der DDR. Baden-Baden: Nomos.

Herz, John H. 1961. *Weltpolitik im Atomzeitalter.* Stuttgart: Kohlhammer.

Hinsch, Wilfried und Dieter Janssen. 2006. Menschenrechte militärisch schützen. Ein Plädoyer für humanitäre Interventionen. München: C. H. Beck.

Hintze, Otto. 1975. Staatsverfassung und Heeresverfassung. In *Militarismus,* hrsg. Volker Berghahn, 61-85. Köln: Kiepenheuer & Witsch.

Hoffmann, Oskar. 2005. Der Mensch in der Transformation der Bundeswehr. In *Ein Job wie jeder andere? Zum Selbst- und Berufsverständnis von Soldaten,* hrsg. Sabine Collmer und Gerhard Kümmel, 47-57. Baden-Baden: Nomos.

Hoffmann, Oskar und Andreas Prüfert (Hrsg.). 2001. Innere Führung 2000. Die deutsche Führungskonzeption für eine Bundeswehr auf dem Weg ins 21. Jahrhundert. Baden-Baden: Nomos.

Hokayem, Emile. 2012. Syria and its Neighbours. *Survival* 54 (2): 7-14.

Holzgrefe, J. L. und Robert O. Keohane (Hrsg.). 2003. *Humanitarian Intervention. Ethical, Legal, and Political Dilemmas.* Cambridge: Cambridge University Press.

Hoppe, Christoph. 1993. Zwischen Teilhabe und Mitsprache. Die Nuklearfrage in der Allianzpolitik Deutschlands 1959-1966. Baden-Baden: Nomos.

Howard, Michael. 1976. *War in European History.* Oxford: Oxford University Press.

Howorth, Jolyon und Anand Menon. 2009. Still Not Pushing Back. Why The European Union Is Not Balancing the United States. *Journal of Conflict Resolution* 53 (5): 727-744.

Howorth, Jolyon und Anand Menon (Hrsg.). 1997. *The European Union and National Defence Policy.* London: Routledge.

Institut für Friedensforschung und Sicherheitspolitik an der Universität Hamburg (Hrsg.). 1995. *Die Europäische Sicherheitsgemeinschaft. Das Sicherheitsmodell für das 21. Jahrhundert.* Bonn: Stiftung Entwicklung und Frieden.

Jäger, Thomas. (Hrsg.). 2010. *Die Komplexität der Kriege.* Wiesbaden: VS Verlag für Sozialwissenschaften.

Jäger, Thomas und Rasmus Beckmann (Hrsg.). 2011. *Handbuch Kriegstheorien.* Wiesbaden: VS Verlag für Sozialwissenschaften.

Jäger, Thomas und Gerhard Kümmel (Hrsg.). 2007. *Private Military and Security Companies. Chances, Problems, Pitfalls and Prospects.* Wiesbaden: VS Verlag für Sozialwissenschaften.

Jäger, Thomas und Ralph Thiele (Hrsg.). 2011. *Transformation der Sicherheitspolitik. Deutschland, Österreich, Schweiz im Vergleich.* Wiesbaden: VS Verlag für Sozialwissenschaften.

Jameson, Frederic. 1998. The Cultural Turn. Selected Writings on the Postmodern 1983-1998. London: Verso.

Janowitz, Morris. 1964. The Professional Soldier. A Social and Political Portrait. New York: The Free Press.

Jermer, Helmut. 2001. Innere Führung – auf den Punkt gebracht. Gedanken zu Wesen und Wirkung der Führungskultur der Bundeswehr. In: *Innere Führung 2000. Die deutsche Führungskonzeption für eine Bundeswehr auf dem Weg ins 21. Jahrhundert,* hrsg. Oskar Hoffmann und Andreas Prüfert, 41-60. Baden-Baden: Nomos.

Jungbauer, Stefan. 2010. Die Bundeswehr in Afghanistan. Die innerstaatlichen Restriktionen des deutschen ISAF-Einsatzes. Hamburg: Verlag Dr. Kovač.

Kaldor, Mary. 2000).Neue und alte Kriege. Organisierte Gewalt im Zeitalter der Globalisierung. Frankfurt/M.: Suhrkamp.

Kaldrack, Gerd F. und Hans-Gert Pöttering (Hrsg.). 2011. Eine einsatzfähige Armee für Europa. Die Zukunft der Gemeinsamen Sicherheits- und Verteidigungspolitik nach Lissabon. Baden-Baden: Nomos.

Kant, Immanuel. 1959, EA 1795. Zum ewigen Frieden. Ein philosophischer Entwurf. In *Kleinere Schriften zur Geschichtsphilosophie, Ethik und Politik,* hrsg. Karl Vorländer. S. 115-169. Hamburg: Felix Meiner Verlag.

Katsioulis, Christos. 2010. Die neue NATO-Strategie. Kompromiss auf Zeit. Internationale Politikanalyse. Berlin: Friedrich-Ebert-Stiftung.

Keegan, John. 1995. *Die Kultur des Krieges.* Berlin: Rowohlt.

Keller, Patrick. 2010. *Die Selbstvergewisserung der NATO: Das neue Strategische Konzept.* Analysen & Argumente, 86. Berlin: Konrad-Adenauer-Stiftung.

Kempin, Ronja und Christian Kreuder-Sonnen 2010. Gendarmerieeinheiten in internationalen Stabilisierungsmissionen. Eine Option für Deutschland? SWP-Studie S6/2010. Berlin.

Koenigs, Tom. 2011. Machen wir Frieden oder haben wir Krieg? Auf UN-Mission in Afghanistan. Berlin: Wagenbach.

Kevenhörster, Paul. 2008³. *Politikwissenschaft. Bd.1: Entscheidungen und Strukturen der Politik.* Wiesbaden: VS Verlag für Sozialwissenschaften.

Kirsch, Ulrich (Hrsg.). 2010. Darum Wehrpflicht! Zur aktuellen Debatte um die Zukunft der deutschen Wehrpflicht. Baden-Baden: Nomos.

Klein, Paul J. 2010. Die Wehrpflicht vor dem Aus? In *Wehrpflicht – Legitimes Kind der Demokratie,* hrsg. Andreas Ahammer und Stephan Nachtigall, 107-116. Berlin: Berliner Wissenschafts-Verlag.

Klein, Paul. 2006². Das Eurokorps. In *Handbuch Militär und Sozialwissenschaft,* hrsg. Sven Bernhard Gareis und Paul Klein, 416-423. Wiesbaden: VS Verlag für Sozialwissenschaften.

Klein, Paul und Rolf P. Zimmermann (Hrsg.). 1993. Beispielhaft? Eine Zwischenbilanz zur Eingliederung der Nationalen Volksarmee in die Bundeswehr. Baden-Baden: Nomos.

Knöbl, Wolfgang und Gunnar Schmidt (Hrsg.). 2000. *Die Gegenwart des Krieges. Staatliche Gewalt in der Moderne.* Frankfurt/M.: Fischer Taschenbuch Verlag.

Kornelius, Stefan. 2009. Der unerklärte Krieg. Deutschlands Selbstbetrug in Afghanistan. Ein Standpunkt. Hamburg: Edition Körber-Stiftung.

Koschut, Simon. 2013. Sicherheitspolitische Identität in den Internationalen Beziehungen: konzeptionelle Überlegungen und empirische Praxis. *Zeitschrift für Außen- und Sicherheitspolitik* 6 (1): 53-75.

Krause, Keith. 2007. *Towards a Practical Human Security Agenda.* Policy Paper 26. Geneva: Geneva Centre for the Democratic Control of Armed Forces (DCAF).

von Krause, Ulf. 2013. Die Bundeswehr als Instrument deutscher Außenpolitik. Wiesbaden: Springer VS.

von Krause, Ul. (2011. Die Afghanistaneinsätze der Bundeswehr. Politischer Entscheidungsprozess mit Eskalationsdynamik. Wiesbaden: VS Verlag für Sozialwissenschaften.

Krell, Gert. 2009. Weltbilder und Weltordnung. Einführung in die Theorie der internationalen Beziehungen. 4. überarb. u. aktual. Aufl. Baden-Baden: Nomos.

Kümmel, Gerhard. 2014. Truppenbild ohne Dame? Eine sozialwissenschaftliche Begleit-
untersuchung zum aktuellen Stand der Integration von Frauen in die Bundeswehr.
Potsdam: Zentrum für Militärgeschichte und Sozialwissenschaften der Bundeswehr.

Kümmel, Gerhard. 2012. Die Hybridisierung der Streitkräfte. Militärische Aufgaben im
Wandel. In *Militärsoziologie. Eine Einführung*. 2. akt. und erg. Aufl., hrsg. Nina
Leonhard und Ines-Jacqueline Werkner, 117-138. Wiesbaden: VS Verlag für Sozi-
alwissenschaften.

Kümmel, Gerhard. 2010. Sex in the Army. Militärische Organisationen und Sexualität. In
*Forschungsthema: Militär. Militärische Organisationen im Spannungsfeld von
Krieg, Gesellschaft und soldatischen Subjekten*, hrsg. Maja Apelt, 221-242. Wiesba-
den: VS Verlag für Sozialwissenschaften.

Kümmel, Gerhard und Bastian Giegerich (Hrsg.). 2013. *The Armed Forces: Towards a
Post-Interventionist Era?* Wiesbaden: Springer VS.

Kujat, Harald. 2011. Das Ende der Wehrpflicht. *Aus Politik und Zeitgeschichte* 61 (48): S.
3-7.

Kutz, Martin. 2006. *Deutsche Soldaten. Eine Kultur- und Mentalitätsgeschichte*. Darmstadt: Wissenschaftliche Buchgesellschaft.

Langewiesche, Dieter. 2010. Wie neu sind die *Neuen Kriege*? In *Macht und Recht. Völkerrecht in den internationalen Beziehungen*, hrsg. Ulrich Lappenküper, und Reiner
Marcowitz, 317-332. Paderborn: F. Schöningh.

Lemke, Bernd u. a. 2006. Die Luftwaffe 1950 bis 1970. Konzeption, Aufbau, Integration.
München: Oldenbourg.

de Libero, Loretana. 2012. Deutsche Soldaten und der Tod in Afghanistan. In *Auftrag
Auslandseinsatz*, hrsg. Bernhard Chiari, 275-283. Freiburg i. Br.: Rombach.

Lindemann, Marc. 2010. Unter Beschuss. Warum Deutschland in Afghanistan scheitert.
Berlin: Econ.

Ludendorff, Erich. 1936². *Der totale Krieg*. München: Ludendorff's Verlag.

Luhmann, Niklas. 1969. *Legitimation durch Verfahren*. Neuwied: Luchterhand.

Mair, Stefan (Hrsg.). 2007. Auslandseinsätze der Bundeswehr. Leitfragen, Entscheidungs-
spielräume und Lehren. SWP-Studie 27. Berlin.

Major, Claudia. 2011. Legitimation und Umrisse einer Europa-Armee. In *Reader Sicher-
heitspolitik*, Ausgabe 9/2011, http://www.radersipo.de/portal/a/sipo/!ut/p/c4/JYz
BDoIwEES_qC0VNMabhINGT14UL6bA0myEtlkWSYgfb5GZZC7vZdRTxTrzQ
WsYvTOdeqiyxkM1yWpq4DVg8JLJuKH11P8dmQkHI5AwYxuJFdHtwCLjyoV5z
xDYuFndl_cGZO0d8LIMjjGuJcOeZPDE3UJGokgkNqpMdJHrVKfJGv3dX_PLab
PLtsU5v6nQ98cfte67nQ!!/ (Zugriff 4. 2. 2013)

Manig, Bert-Oliver. 2004. Die Politik der Ehre. Die Rehabilitation der Berufssoldaten in
der frühen Bundesrepublik. Göttingen: Wallstein Verlag.

Mannitz, Sabine. 2011. Redefining Solderly Role Models in Germany. *Armed Forces and
Society* 37 (4): 680-700.

Mayer, Sebastian. 2009. Europäische Sicherheitspolitik jenseits des Nationalstaats. Die
Internationalisierung von Präventions- und Interventionsmaßnahmen in NATO und
EU. Frankfurt/M.: Campus.

de Maizière, Thomas. 2012. Die Neuausrichtung der Bundeswehr. Eine Antwort auf die
sicherheitspolitischen Herausforderungen unserer Zeit. https://dgap.org/de/node/
21446 (Zugriff am 12. 10. 2012).

de Maizière, Ulrich. 1989. In der Pflicht. Lebensbericht eines deutschen Soldaten im 20. Jahrhundert. Herford: Verlag E. S. Mittler.

Mey, Holger H. 2001. *Deutsche Sicherheitspolitik 2030*. Frankfurt/M.: Report Verlag.

Meyer, Berthold. 2010. Bundeswehr ohne Wehrpflichtige – Was folgt daraus für die Parlamentsarmee im Einsatz? HSFK-Report 11/2010. Frankfurt/M.

Meyer, Berthold. 2009. Innere Führung und Auslandseinsätze: Was wird aus dem Markerzeichen der Bundeswehr? HSFK-Report 2/2009. Frankfurt/M.

Meyer, Georg-Maria. 2002. Rent a Soldier! Zur Privatisierung militärischen Gewaltpotentials. In *Europäische Streitkräfte in der Postmoderne, hrsg.* Gerhard Kümmel und Sabine Collmer, 81-96. Baden-Baden: Nomos.

Meyer, Georg-Maria und Sabine Collmer. 1993. Kolonisierung oder Integration? Bundeswehr und deutsche Einheit. Eine Bestandsaufnahme. Wiesbaden: Westdeutscher Verlag.

Meyers, Reinhard. 2011. Krieg und Frieden. In *Handbuch Frieden,* hrsg. Hans J. Gießmann und Bernhard Rinke, 21-50. Wiesbaden: VS Verlag für Sozialwissenschaften.

Meyers, Reinhard. 1994. *Begriff und Probleme des Friedens*. Opladen: Verlag Leske & Budrich.

Meyers, Reinhard. 1997[3]. Grundbegriffe und theoretische Perspektiven der Internationalen Beziehungen. In *Grundwissen Politik*. Bonn: Bundeszentrale für politische Bildung.

Michels, Carsten und Benjamin Teutmeyer. 2010. Private Militärfirmen in der internationalen Sicherheitspolitik: Ansätze einer Einordnung. In *Die Komplexität der Kriege*, hrsg. Thomas Jäger, 97-124. Wiesbaden: VS Verlag für Sozialwissenschaften.

Militärgeschichtliches Forschungsamt (Hrsg.). 2006ff. *Sicherheitspolitik und Streitkräfte der Bundesrepublik Deutschland*. Mehrere Bände. München: Oldenbourg.

Militärgeschichtliches Forschungsamt (Hrsg.). 1990. *Anfänge westdeutscher Sicherheitspolitik 1945-1956. Bd. 2: Die EVG-Phase*. München: Oldenbourg.

Moelker, René und Joseph Soeters. 2006[2]. Das Deutsch-Niederländische Korps. In *Handbuch Militär* und *Sozialwissenschaft*, hrsg. Sven Bernhard Gareis, und Paul Klein, 401-415. Wiesbaden: VS Verlag für Sozialwissenschaften.

Mölling, Christian. 2012. *Deutsche Verteidigungspolitik*. SWP-Aktuell 18. Berlin.

Moore, Jonathan. 2007. Deciding Humanitarian Intervention. *Social Research. An International Quarterly of Social Sciences* 74 (1): 169-200.

Müller, Harald. 2002. Antinomien des demokratischen Friedens. *Politische Vierteljahresschrift* 43 (1): 41-86.

Münch, Philipp. 2011. Strategielos in Afghanistan. Die Operationsführung der Bundeswehr im Rahmen der International Security Assistance Force. SWP-Studie S 30. Berlin.

Münkler, Herfried. 2009. Die Bundeswehr der Zukunft zieht Helden an. In *WELT-Online*, vom 18. 11. 2009. http://www.welt.de/politik/deutschland/article5253427/Die-Bundeswehr-der-Zukunft-zieht-Helden-an.html (Zugriff 17 12. 2012).

Münkler, Herfried. 2006. *Der Wandel des Krieges. Von der Symmetrie zur Asymmetrie*. Weilerswist: Velbrück Wissenschaft.

Münkler, Herfried. 2005. Die neuen Kriege. In *Neue Kriege. Akteure, Gewaltmärkte, Ökonomie*, hrsg. Siegfried Frech und Peter I Trummer, 13-32. Schwalbach/Ts.: Wochenschau Verlag.

Münkler, Herfried. 2002a. *Die neuen Kriege*. Reinbek: Rowohlt.

Münkler, Herfried. 2002b. Über den Krieg. Stationen der Kriegsgeschichte im Spiegel ihrer theoretischen Reflexion. Weilerswist: Velbrück Wissenschaft.

Münkler, Herfried und Karsten Malowitz, Karsten (Hrsg.). 2008. *Humanitäre Intervention. Ein Instrument außenpolitischer Konfliktbearbeitung – Grundlagen und Diskussion.* Wiesbaden: VS Verlag für Sozialwissenschaften.

Muth, Jörg. 2011. Command Culture. Officer Education in the U.S. Army and the German Armed Forces, 1901-1940, and the Consequences for World War II. Denton, Texas: University of North Texas Press.

Nachtwei, Winfried. 2011. Militärintervention in Libyen – Notwendigkeit, Legitimität, Risiken. In *ZIF-Policy-Briefing*, Mai 2011.

Nägler, Frank. 2007. Muster des Soldaten und Aufstellungskrise. In *Die Bundeswehr 1955 bis 2005. Rückblenden, Einsichten, Perspektiven.* 81-99. München: Oldenbourg.

Neubauer, Helmut. 1996. Die Deutsch-Französische Brigade – vom politischen Symbol zum einsatzfähigen Großverband. In Martin, Ernst (Hrsg.). *Eurokorps und Europäische Einigung.* 331-350. Bonn: Edition Zeitgeschichte.

Neugebauer, Karl-Volker (Hrsg.). 2008. Grundkurs deutsche Militärgeschichte, Bd. 1: Die Zeit nach 1945. Armeen im Wandel. München: Oldenbourg.

Neugebauer, Karl-Volker (Hrsg.). 2007. Grundkurs deutsche Militärgeschichte, Bd. 2: Das Zeitalter der Weltkriege 1914 bis 1945. Völker in Waffen. München: Oldenbourg.

Naumann, Klaus (General a. D.). 2013. Heute wertvoller denn je. Warum die NATO unverzichtbar bleibt. *Internationale Politik.* 68 (1): 110-116.

Naumann, Klaus. 2013. Der blinde Spiegel. Deutschland im afghanischen Transformationskrieg. Hamburg: Hamburger Edition.

Naumann, Klaus. 2008. Einsatz ohne Ziel? Die Politikbedürftigkeit des Militärischen. Hamburg: Hamburger Edition.

Naumann, Klaus. 2007a. Generale in der Demokratie. Generationsgeschichtliche Studien zur Bundeswehrelite. Hamburg: Hamburger Edition.

Naumann, Klaus. 2007b. Innere Führung im beschleunigten Wandel. In *Die Bundeswehr heute und morgen. Sicherheitspolitische und militärsoziologische Herausforderungen,* hrsg. Gerhard Kümmel und Sabine Collmer, 101-104. Baden-Baden: Nomos.

NATO. 2010. *Strategisches Konzept.* http://www.auswaertiges-amt.de/cae/servlet/contentblob/550808/publicationFile/125772/101120-Strategisches-Konzept-Nato.pdf (Zugriff am 20. 1. 2013).

Noetzel, Timo und Benjamin Schreer 2007. Spezialkräfte der Bundeswehr. Strukturerfordernisse für den Auslandseinsatz. SWP-Studie 26. Berlin.

Nolte, Georg und Heike Krieger. 2003. European Military Law Systems: Summary and Recommendations. In *European Military Law Systems,* hrsg. Georg Nolte, 1-17. Berlin: de Gruyter.

Nye, Jr., Joseph S. 2011. *The Future of Power.* New York: Public Affairs.

Nye, Jr., Joseph S. 2004. *Soft Power. The Means to Success in World Politics.* New York: Public Affairs.

Obermann, Emil (Hrsg.). 1970. Verteidigung. Idee, Gesellschaft, Weltstrategie, Bundeswehr. Ein Handbuch. Stuttgart: Stuttgarter Verlagskontor.

Office of Force Transformation. 2003. *Military Transformation. A Strategic Approach.* Washington, DC.

von Ondarza, Nicolai. 2012. Legitimatoren ohne Einfluss? Nationale Parlamente in Entscheidungsprozessen zu militärischen EU- und VN-Operationen im Vergleich. Baden-Baden: Nomos.

Opitz, Eckardt (Hrsg.). 2001). Fünfzig Jahre Innere Führung. Von Himmerod (Eifel) nach Priština (Kosovo) – Geschichte, Probleme und Perspektiven einer Führungsphilosophie. Bremen: Edition Temmen.

Pearce, Fred. 2012. *Land Grabbing. Der globale Kampf um Grund und Boden*. München: Verlag Antje Kunstmann.

Perthes, Volker. 2012. Das Regime Asad (sic!) kann nicht mehr gewinnen. In *Neue Zürcher Zeitung* v. 13. 3. 2012.

Philippi, Hans und Fritz Wolff, Fritz (1979). Staat und Verwaltung. In *Ausstellungskatalog Aufklärung und Klassizismus in Hessen-Kassel unter Landgraf Friedrich II (1750-1785)*. 15-22. Kassel: Staatliche Kunstsammlungen.

Popitz, Heinrich. 1999². *Phänomene der Macht*. Tübingen: Mohr Siebeck Verlag.

Porter, Patrick. 2009. *Military Orientalism. Eastern War Through Western Eyes*. New York: Columbia University Press.

Range, Clemens. 2005. *Die geduldete Armee. 50 Jahre Bundeswehr*. Müllheim: Verlag Translimes Media.

Rashid, Ahmed. 2009. Descent into Chaos. The U.S. and the Disaster in Pakistan, Afghanistan, and Central Asia. New York: Penguin Books.

Rautenberg, Hans-Jürgen und Norbert Wiggershaus (Hrsg.). 1977. Die ‚Himmeroder Denkschrift' vom Oktober 1950. Politische und militärische Überlegungen für einen Beitrag der Bundesrepublik Deutschland zur westeuropäischen Verteidigung. Karlsruhe: G. Braun Verlag.

Reinfried, Hubert und Ludwig Schulte. 1985. *Die Sicherheit der Bundesrepublik Deutschland*. Regensburg: Walhalla & Praetoria Verlag.

Rink, Martin. 2006. ‚Strukturen brausen um die Wette'. Zur Organisation des deutschen Heeres. In *Das Heer 1950 bis 1970. Konzeption, Organisation, Aufstellung*, hrsg. Helmut R. Hammerich u.a., 353-483. München: Oldenbourg.

Rössler, Tjarck. 1977. Innere Führung. In *Bundeswehr und Gesellschaft. Ein Wörterbuch*, hrsg. Ralf Zoll, Ekkehard Lippert und Tjarck Rössler, 123-133. Wiesbaden: Westdeutscher Verlag.

Rohkrämer, Thomas. 1990. Der Militarismus der 'kleinen Leute'. Die Kriegervereine im Deutschen Kaiserreich 1871-1914. München: Oldenbourg.

Rosenau, James N. 1990. *Turbulence in World Politics. A Theory of Change and Continuity*. Princeton, N. J.: Princeton University Press.

Rühle, Michael. 2011. Die NATO im Zeitalter der Globalisierung. In *Politische Studien* 62 (435 der Gesamtfolge): 16-23.

Rutten, Maartje (Hrsg.). 2001. *From St. Malo to Nice. European Defence Core Documents*. Paris (Chaillot Papers 47).

Saideman, Stephen M. und David P. Auerswald. 2012. Comparing Caveats: Understanding the Sources of National Restrictions upon NATO's Mission in Afghanistan. *International Studies Quarterly* 56 (1): 67-84.

Sander-Nagashima, Johannes Berthold. 2006. *Die Bundesmarine 1955 bis 1972. Konzeption und Aufbau*. München: Oldenbourg.

Schaprian, Hans-Joachim. 2006. Zur Transformation der Bundeswehr. Überlegungen zur Weiterentwicklung der Inneren Führung. Bonn-Bad Godesberg: Friedrich-Ebert-Stiftung.

Scherrer, Philipp. 2010. Das Parlament und sein Heer. Das Parlamentsbeteiligungsgesetz. Berlin: Verlag Duncker & Humblot.

Schlaffer, Rudolf J. 2006a. Der Wehrbeauftragte 1951 bis 1985. Aus Sorge um den Soldaten. München: Oldenbourg.

Schlaffer, Rudolf J. 2006b. „Schleifer" a.D.? Zur Menschenführung im Heer in der Aufbauphase. In *Das Heer 1950 bis 1970. Konzeption, Organisation, Aufstellung*, hrsg. Hammerich u.a., 615-698. München: Oldenbourg.

Schlaffer, Rudolf J. und Wolfgang Schmidt (Hrsg.). 2007. Wolf Graf von Baudissin 1907-1993. Modernisierer zwischen totalitärer Herrschaft und freiheitlicher Ordnung. München: Oldenbourg.

Schlichte, Klaus. 2011. Kriegsursachenforschung – ein kritischer Rückblick. In *Friedens- und Konfliktforschung hrsg.* Peter Schlotter und Simone Wisotzki, 81-111. Baden-Baden: Nomos.

Schönbohm, Jörg. 1992. Deutsche kommen zu Deutschen. In *Ein Staat – Eine Armee. Von der NVA zur Bundeswehr*, hrsg. Dieter Farwick, 30-57. Frankfurt/M.: Report-Verlag.

Schneckener, Ulrich (Hrsg.). 2006. Fragile Staatlichkeit. ‚States at Risk' zwischen Stabilität und Scheitern. Baden-Baden: Nomos.

Schneiderhan, Wolfgang. 2007. *50 Jahre Wehrpflicht in der Bundeswehr.* http://www.bmvg.de/portal/a/bmvg/service/redenundinterviews/redenderstaatssekret aere?yw_contentURL=/C1256F1200608B1B/W26ZSFC8484INFODE/content.jsp.h tml (Zugriff am 6. 10. 2010).

Schoen, Harald. 2010. Ein Bericht von der Heimatfront. Bürger, Politiker und der Afghanistaneinsatz der Bundeswehr. *Politische Vierteljahrsschrift* 51 (3) 395-408.

Schraut, Hans-Jürgen. 1993. *Die Streitkräftestruktur der Bundeswehr 1956-1990. Eine Dokumentation.* Ebenhausen: Stiftung Wissenschaft und Politik.

Schreer, Benjamin. 2005. Streitkräftetransformation kein Selbstläufer. In *Ausblick. Deutsche Außenpolitik nach Christoph Bertram,* hrsg. Volker Perthes, 18-21. Berlin: Stiftung Wissenschaft und Politik.

Schreer, Benjamin. 2003. Die Transformation der US-Streitkräfte im Lichte des Irakkriegs. SWP-Studie 48. Berlin.

von Schubert, Klaus (Hrsg.). 1978. Sicherheitspolitik der Bundesrepublik Deutschland. Dokumentation 1945-1977, Teil I. Köln: Verlag Wissenschaft und Politik.

Seibel, Wolfgang. 2011. Prinzipienlosigkeit als Prinzip. In: *Frankfurter Allgemeine Zeitung,* v. 24. 10. 2011.

Seidler, Franz W. und Helmut Reindle. 1971. *Die Wehrpflicht.* München: Olzog-Verlag.

Seiffert, Anja, Phil C. Langer und Carsten Pietsch (Hrsg.). 2012. *Der Einsatz der Bundeswehr in Afghanistan. Sozial- und politikwissenschaftliche Perspektiven.* Wiesbaden: VS Verlag für Sozialwissenschaften.

Senghaas, Dieter. 1992). Weltinnenpolitik – Ansätze für ein Konzept. In *Europa-Archiv* 47 (22): 643-652.

Sheehan, Michael. 2010. Military Security. In Collins, Alan (Hrsg.). *Contemporary Security Studies.* Second Edition. S. 169-184. Oxford: Oxford University Press.

Siedschlag, Alexander (Hrsg.). 2006. *Methoden der sicherheitspolitischen Analyse. Eine Einführung.* Wiesbaden: VS Verlag für Sozialwissenschaften.

Sofsky, Wolfgang. 2005. *Das Prinzip Sicherheit.* Frankfurt/M.: S. Fischer Verlag.

Sommer, Theo. 2012. Diese NATO hat ausgedient. Das Bündnis muss europäischer werden. Hamburg: Edition Körber-Stiftung.

Speckmann, Thomas. 2010. Profis ohne Mission. Was ist die Aufgabe der Bundeswehr von morgen? Die geplante Reform der Streitkräfte führt in die Irre. In *Die Zeit.* www.zeit.de/2010/41/P-oped-Bundeswehr (Zugriff: 22. 10. 2012).

Spiegel Online. 2012. *Uno-Generalsekretär wettert gegen Blockade im Sicherheitsrat.* http://www.spiegel.de/politik/ausland/syrien-ban-ki-moon-kritisiert-blockade-im-uno-sicherheitsrat-a-854204.html (6.9.2012)

Stephan, Cora. 1998. *Das Handwerk des Krieges.* Berlin: Rowohlt.

von Stietencron, Heinrich und Jörg Rüpke (Hrsg.). 1995. *Töten im Krieg.* Freiburg: Alber Verlag.

Strohmeier, Gerd. 2007. *Bericht zur Mitgliederbefragung des Deutschen Bundeswehrverbandes (Strohmeier-Studie).* https://dbwv.de/C125747A001FF94B/vwContent ByKey/W27KDFRX757DBWNDE/$FILE/DBWV_Gesamt.pdf .

Swatek-Evenstein, Mark. 2008. *Geschichte der ‚Humanitären Intervention'.* Baden-Baden: Nomos.

Terlinski, Marcin. 2008. The European Army – How to Do It Right? *PISM Strategic Files,* 4. http://www.pism.pl/index/?id=9a86d531e19ec6f5937ad1373bb118bd (Zugriff 4.2.2013).

Teschke, Bruno. 2007. Mythos 1648. Klassen, Geopolitik und die Entstehung des europäischen Staatensystems. Münster: Verlag Westfälisches Dampfboot.

Tettweiler, Falk. 2011. Lernen in Interventionen? Evaluation am Beispiel der deutschen Afghanistan-Mission. SWP-Studie S 22. Berlin

Thiele, Ralph (Hrsg.). 2000. Wehrpflicht auf dem Prüfstand. Über die Zukunft einer Wehrform. Berlin: Ullstein Verlag.

Thoß, Bruno. 2006. NATO-Strategie und nationale Verteidigungsplanung. Planung und Aufbau der Bundeswehr unter den Bedingungen einermassiven atomaren Vergeltungsstrategie. München: Oldenbourg.

Tilly, Charles. 1990. States Coercion, Capital, and European, AD 990-1990. Oxford: Blackwell.

Tomforde, Maren. 2010. Neue Militärkultur(en). Wie verändert sich die Bundeswehr durch die Auslandseinsätze? In Forschungsthema: Militär. Militärische Organisationen im Spannungsfeld von Krieg, Gesellschaft und soldatischen Subjekten, hrsg. Maja Apelt, 193-219. Wiesbaden: VS Verlag für Sozialwissenschaften.

von Trotha, Lutz. 1999. Formen des Krieges. Zur Typologie kriegerischer Aktionsmacht. In *Ordnungen der Gewalt, hrsg,* Sighard Neckel, und Michael Schwab-Trapp, 71-95. Opladen: Leske & Budrich.

Uhle-Wettler, Franz. 1989. *Die Gesichter des Mars. Krieg im Wandel der Zeiten.* Erlangen: Straube Verlag.

Ulbert, Cornelia und Sascha Werthes (Hrsg.). 2008. Menschliche Sicherheit. Globale Herausforderungen und regionale Perspektiven. Baden-Baden: Nomos.

Ulrich, Bernd. 2011. Wofür Deutschland Krieg führen darf. Und muss. Eine Streitschrift. Reinbek: Rowohlt.

Unabhängige Kommission für Abrüstung und Sicherheit. 1982. *Der Palme-Bericht. Common Security.* Berlin: Verlag Severin und Siedler.

Varwick, Johannes. 2008. Die NATO. Vom Verteidigungsbündnis zur Weltpolizei? München: C. H. Beck.

de Vasconcelos, Álvaro. 2011. *The Agenda for the EU-US Strategic Partnership.* Paris: Institute for Security Studies.

Vogt, Wolfgang R. 1972. Militär und Demokratie. Funktionen und Konflikte der Institution des Wehrbeauftragten. Hamburg: R. v. Decker's Verlag G. Schenck.

Vollmer, Günter. 1978. *Die Streitkräfte.* Regensburg: Walhalla und Praetoria Verlag.

Wæver, Ole. 2008. Peace and Security: Two Evolving Concepts and Their Changing Relationship. In *Globalization and Environmental Challenges. Reconceptualizing Security in the 21st Century,* hrsg. Hans Günter Brauch u. a., 99-111. Berlin: Springer.

Wæver, Ole. 2005. The Constellation of Securities in Europe. In *Globalization, Security, and the Nation State. Paradigms in Transition,* hrsg. Ersel Aydinli und James N. Rosenau, 151-174. Albany, N.Y.: State University of New York Press.

Wæver, Ole und Barry Buzan. 2010². After the Return to Theory: The Past, Present, and Future of Security Studies. In *Contemporary Security Studies.* hrsg. Alan Collins, 463-483. Oxford: Oxford University Press.

Wehler, Hans-Ulrich. 2000. Nationalstaat und Krieg. In Rösener, Werner (Hrsg.). *Staat und Krieg. Vom Mittelalter bis zur Moderne.* 225-240. Göttingen: Vandenhoeck & Ruprecht.

Weibezahl, Tinko. 2012. Bedingt erfolgreich. Vorläufige Bilanz nach elf Jahren Bundeswehreinsatz in Afghanistan. KAS Auslandsinformationen 28 (10): 85-109.

Weiss, Thomas G.. 2011. RtoP Alive and Well after Libya. *Ethics and International Affairs* 25 (3): 287-292.

Werkner, Ines-Jacqueline (Hrsg.). 2004. Die Wehrpflicht und ihre Hintergründe. Sozialwissenschaftliche Beiträge zu einer aktuellen Debatte. Wiesbaden.

Wiefelspütz, Dieter. 2008. *Der Auslandseinsatz der Bundeswehr und das Parlamentsbeteiligungsgesetz.* Frankfurt/M.: Verlag für Polizeiwissenschaft.

Wiefelspütz, Dieter. 2005. Das Parlamentsheer. Der Einsatz bewaffneter deutscher Streitkräfte im Ausland, der konstitutive Parlamentsvorbehalt und das Parlamentsbeteiligungsgesetz. Berlin: Berliner Wissenschaftsverlag.

Wiesendahl, Elmar (Hrsg.). 2005. Neue Bundeswehr – neue Innere Führung? Perspektiven und Rahmenbedingungen für die Weiterentwicklung eines Leitbildes. Baden-Baden: Nomos.

Wiesendahl, Elmar. 2002. Innere Führung außer Diensten. Zur schleichenden Ausmusterung eines unzeitgemäßen Leitbildes. In *Innere Führung. Ein Plädoyer für eine zweite Militärrefor,* hrsg. Detlef Bald und Andreas Prüfert, 101-117. Baden-Baden: Nomos.

Wiesner, Ina (Hrsg.). 2013. *Deutsche Verteidigungspolitik.* Baden-Baden: Nomos.

Williams, Paul D. (Hrsg.). 2013². *Security Studies. An Introduction.* London: Routledge.

Wittmann, Klaus. 2010. Plädoyer für den Erhalt der Allgemeinen Wehrpflicht. In *Wehrpflicht – Legitimes Kind der Demokratie,* hrsg. Andreas Ahammer, und Stephan Nachtigall, 230-239. Berlin: Berliner Wissenschaftsverlag.

Wörmer, Nils. 2012. Sondierungsgespräche und Friedensinitiativen in Afghanistan. SWP-Aktuell 70. Berlin

Wolfrum, Edgar. 2003. Krieg und Frieden in der Neuzeit. Vom Westfälischen Frieden bis zum Zweiten Weltkrieg. Darmstadt: Wissenschaftliche Buchgesellschaft.

Zalewski, Marysia. 1996. 'All These Theories Yet The Bodies Keep Piling Up: Theories, Theorists, Theorising. In *International Theory: Positivism and Beyond,* hrsg. Steve Smith, Ken Booth und Marysia Zalewski, 340-353. Cambridge: Cambridge University Press.

Zentrum für Nachrichtenwesen der Bundeswehr. 2007. *Leitfaden für Bundeswehrkontingente Afghanistan.* Grafschaft-Gelsdorf.

Zilian Jr., Frederick. 1999. From Confrontation to Cooperation. The Takeover of the National People's (East German) Army by the Bundeswehr. Westport, CT.: Praeger.

Zoche, Peter, Stefan Kaufmann und Rita Haverkamp (Hrsg.). 2011. *Zivile Sicherheit. Gesellschaftliche Dimensionen gegenwärtiger Sicherheitspolitiken.* Bielefeld: transcript Verlag.

Zoll, Ralf (Hrsg.). 1979. Wie integriert ist die Bundeswehr? Zum Verhältnis von Militär und Gesellschaft in der Bundesrepublik. München: Piper-Verlag.

The manufacturer's authorised representative in the EU is Springer
Nature Customer Service Centre GmbH, Europaplatz 3, 69115 Heidelberg,
Germany. If you have any concerns regarding our products, please
contact ProductSafety@springernature.com

Printed and bound by CPI Group (UK) Ltd, Croydon, CR0 4YY
23/04/2026
02095638-0008